西充年鉴

2019

XICHONG NIANJIAN

西充

西充县地方志办公室　编

黄河出版传媒集团
阳光出版社

图书在版编目（CIP）数据

西充年鉴. 2019 / 西充县地方志办公室编. -- 银川:
阳光出版社, 2020.5
ISBN 978-7-5525-5294-2

Ⅰ. ①西… Ⅱ. ①西… Ⅲ. ①西充县－2019－年鉴
Ⅳ. ①Z527.14

中国版本图书馆CIP数据核字(2020)第074159号

西充年鉴 2019　　西充县地方志办公室　编

责任编辑　赵维娟
封面设计　白龙江文化
责任印制　岳建宁

黄河出版传媒集团
阳光出版社　出版发行

出 版 人　薛文斌
地　　址　宁夏银川市北京东路139号出版大厦（750001）
网　　址　http://www.ygchbs.com
网上书店　http://shop129132959.taobao.com
电子信箱　yangguangchubanshe@163.com
邮购电话　0951-5014139
经　　销　全国新华书店
印刷装订　成都市金雅迪彩色印刷有限公司
印刷委托书号　（宁）0016986

开　　本　880 mm × 1230 mm　1/16
印　　张　18.75
字　　数　585千字
版　　次　2020年5月第1版
印　　次　2020年5月第1次印刷
书　　号　ISBN 978-7-5525-5294-2
定　　价　198.00元

《西充年鉴 2019》编纂委员会

《西充年鉴2019》编辑部

主　编　　王昌良

副主编　　杜洪林　李光涛

编　辑　　严洪明　李白杨　何宇元

编辑说明

一、本书以马克思列宁主义、毛泽东思想、邓小平理论、“三个代表”重要思想、科学发展观和习近平新时代中国特色社会主义思想为指导，坚持辩证唯物主义和历史唯物主义的观点，突出时代特色和地方特色。

二、《西充年鉴 2019》是由西充县人民政府主办、西充县地方志办公室主编、阳光出版社出版的地方综合性大型资料工具书。旨在如实记述编写时限内西充县自然、政治、经济、文化、社会等各方面情况。本年鉴立足地方特色、时代特色和年度特色，汇集了较为全面的信息资料，为各级领导干部科学决策与管理提供参考依据，为社会各界了解西充、宣传西充、建设西充提供翔实、准确的地情资料，也为续修县志积累了史料。

三、《西充年鉴 2019》是西充县第十三部综合年鉴，时限为 2018 年 1 月 1 日至 12 月 31 日，图片、文存和附录等部分内容时限适当下延。

四、本年鉴采用类目体编辑法，设类目、分目、条目，以条目为基本记述单元。类目与分目标题使用不同的字体、字号。类目标明于书眉，便于检索。条目标题以黑体字加方头括号表示。

五、本年鉴内容层次的设置，表示类目与条目之间的层次关系，并配备检索系统，书前刊有目录，方便读者查阅和检索。

六、本年鉴稿件均由全县各乡镇和县级各部门、企事业单位提供，并经领导审阅后加盖单位公章。撰稿人随文署名，以示尊重其劳动成果，并文责自负。文中所用数据由于统计口径不同而略有差异时，均以统计部门数据为准，敬请读者在引用时加以注意。

七、《西充年鉴 2019》的编纂出版，得到了全县各部门、单位和社会各界人士的关心、帮助和支持，在此一并表示感谢。由于水平有限，难免有疏漏之处，竭诚欢迎广大读者提出改进意见，以便进一步提高《西充年鉴》的质量。

西充县地方志办公室

2019 年 9 月

4 月 25 日，四川省人民政府副省长尧斯丹（前排中）到西充调研乡村振兴工作

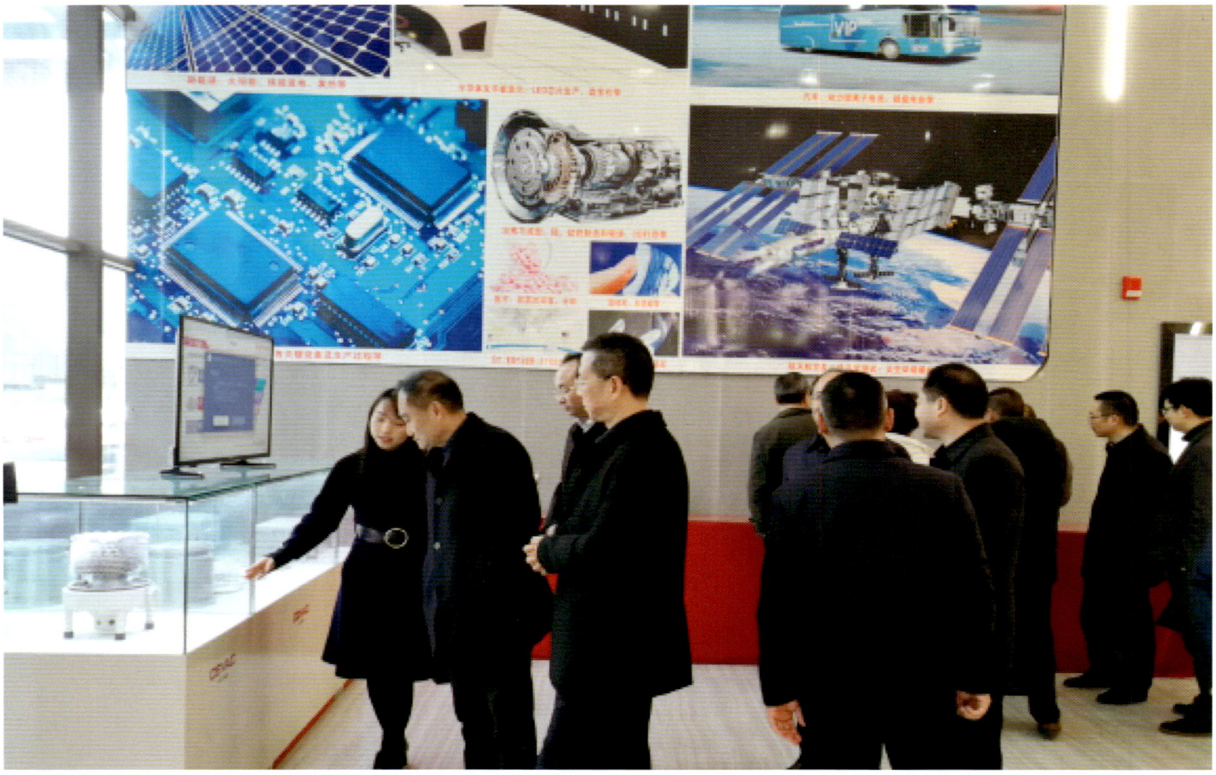

12 月 11 日，四川省政协副主席、中国民主同盟四川省委主委赵振铣（左二）调研四川九天真空科技有限公司发展情况和军民融合高端装备制造产业园项目建设情况

3月5日，四川省交通运输厅厅长汪洋（右二）调研绵（阳）西（充）高速公路进展情况

3月8日，四川省国土资源厅厅长杨冬生（左二）在金源乡川德合作项目区调研

3 月 8 日，四川团省委书记刘会英（中）调研共青团西充县委参与实施乡村振兴战略工作

4 月 25 日，四川省档案局局长高山（中）到西充县调研档案馆建设

7 月 27 日，南充市委书记宋朝华（中）参加在西充举行的南充市重点项目拉练会

7 月 27 日，南充市市长吴群刚（中）参加在西充举行的南充市重点项目拉练会，并参观坐落于西充的亚洲有机产业创新发展峰会永久会址

西充县委书记孙骏（左三）调研金（泉）太（平）线现代农业园区建设情况

西充县县长张光全（左三）参观第二届“西充巧媳妇”农副产品展示展销会

西充县人大常委会主任张伟（前排右二）带领县人大代表视察金（泉）太（平）线现代农业园区项目建设

西充县政协主席付杰修（右二）率领县级相关部门到多扶调研河长制工作

1 月 17 日，中共西充县第十三届委员会第五次全体会议召开

1 月 23 日—25 日，西充县第十六届人民代表大会第三次会议召开

1 月 21 日—24 日，政协第十届西充县委员会第三次会议召开

12 月 24 日，西充县召开乡村振兴大会

5 月 31 日—6 月 1 日，甘肃省委副书记、省长唐仁健（左二）率甘肃省代表团一行来西充县考察脱贫攻坚工作

8 月 22 日，广西壮族自治区政协副主席、百色市委书记、市人大常委会主任彭晓春（中）带领百色市党政代表团到西充县考察脱贫攻坚工作

12 月 4 日，西充县委书记孙骏（中）率队到邛崃考察

7 月 18 日，新川蒲食品科技成都有限公司到西充考察红薯精深加工项目

5 月 22 日—23 日，丽珀集团领导到西充考察

11 月 9 日，召开西充县银行业机构 2018 年度银企对接会暨战略合作签约仪式

11 月 22 日，马尔康市村第一书记组团考察西充金（泉）太（平）线晚熟柑橘园和农业科技园区

9 月 18 日，德国专家组到金源乡考察川德土地综合整治项目

9 月 21 日，南充市首届农民丰收节在西充桃博园举行

农民丰收节

3 月 16 日，西充县第六届桃花节在古楼镇充国香桃源景区开幕

有机 西充
生态西充 百姓银行

相约仙林仙境 共
主办：中共西充县仙林镇党委 、仙林镇人民政府、
承办：四川来有生态农业开发有限公司
协办：西充县旅游协会

“山水蚕乡·桑韵西充”
主办单位：西 充 县 旅 游 局

1 | 2
3

1. 4 月 3 日，2018 西充首届牡丹文化节在仙林镇黄楝坪村开幕
2. 4 月 26 日，西充县首届蚕桑文化节在义兴镇举行
3. 7 月 3 日，西充县第六届充国香桃品果节在古楼镇过江楼村举行

7 月 27 日，南充市 2018 年第三季度重大项目集中开工活动在西充县多扶工业园区举行

度重大项目集中开工
7月27日

国家现代农业示范区柑橘产业园

区
柑
桔
产
业
园

智慧农业园蔬菜大棚

西充科技园智慧农业园区

智慧农业总控制中心

南充农业电商产业园
川东北有机农产品精深加工产业园

1 | 2
3

1. 建设中的川东北有机农产品精深加工产业园
2. 产业新城建设
3. 西充工业集中区常林园区

太极集团四川南充制药有限公司

标准化厂房

九天真空制造车间

通光光缆生产车间

车公园

1 | 2
3

1. 凤鸣镇双龙桥“产村一体区”
2. 青龙乡场镇建设
3. 多扶镇产城一体化建设

海绵城市建设

鹭岛综合体一角

南西田园新城建设

射（洪）蓬（安）公路西充段

青龙湖
国家湿地公园
槐树
青龙

1 | 2
3

1. 打造中的青龙湖湿地公园
2. 桃博园
3. 城北湿地公园

工程建设平面图

绵（阳）西（充）高速公路

绵阳至西充高速公路是《四川省高速公路规划》中的一条重要联络路线，它将绵（阳）遂（宁）高速、遂（宁）西（充）高速及广（元）南（充）高速公路联系起来，使之形成完善快捷的高速公路网络。

绵阳至西充高速公路起于绵阳市三台县永明镇，止于南充市顺庆区龟石坝，线路全长 124 公里，设计双向四车道，时速 80 公里，工程概算投资 102.7293 亿元，由四川铁路产业投资集团有限公司、成都华川公路建设有限公司、绵阳市人民政府、南充市人民政府投资建设。

绵西高速公路西充段途经凤和、仁和、常林、晋城、占山、永清、金山 7 个乡镇 24 个村 125 个社，总长 29.6 公里，占地 3200 亩，在仁和和晋城设立两个收费站。为了工程建设顺利推进，成立绵西高速公路西充段建设协调指挥部，在指挥部的协调努力下，化解了各种矛盾，确保了稳定，完成了征地拆迁补偿工作。绵西高速公路于 2018 年 12 月顺利建成通车。

西充南收费站

占山互通

征地勘测

上级领导调研工程建设情况

征地拆迁协调

9 月，新建的东风路幼儿园投入使用

儿童之家

2 月 12 日，西充县妇联举行“贫困母亲两癌救助”中央专项彩票公益金发放仪式

8 月 24 日，西充县文明办组织开展“西充县 2018 年文明单位捐资助学活动仪式”

残疾人康复中心工作人员对残疾儿童进行康复训练

1 月 16 日，西充县 2018 年“情系母亲·与爱同行”暖冬行动启动仪式在岱林乡天桥村举行

目 录

西充概貌

中国共产党西充县委员会

西充县人民代表大会常务委员会

西充县人民政府

中国人民政治协商会议西充县委员会

民主党派与工商联

群众团体

政 法

军　事

农业农村

工 业

综合管理

财税 金融

商贸 旅游

教育 科技 体育

文化 传媒 卫生

环境保护　城乡建设

交 通

人力资源　社会保障

邮政 信息化

公用事业

民间协会

乡　镇

人物与先进

文 存

附 录

专题记载

民生工程

【概况】 2018年，省、市下达西充县的10项民生工程任务和涉及的16件民生实事，共97个小项。其中，保障类项目67个，占总数的69%，大部分培训补助类小项目基本为往年延续项目，均按既有方式有序推进，并全面完成；建设类项目30个，占总数的31%，除实施乡村居民聚居点生活污水处理、新建厕所2个小项进入收尾阶段外，其他28个项目均已全面建成。

【征求公众意见】 按照南充市民生工程办公室“实施一批地方特色的民生实事”的工作要求，西充县自2015年以来，连续4年实施县级民生大事。从2017年11月20日开始，通过电视公告等多种形式向全县群众公开征集2018年度民生工程实施建议和意见。截至1月底，通过县政府门户网站邮箱或领导信箱、县民生工程办公室接访或电话接听等渠道，收集汇总意见30多条。与此同时，县民生工程办公室向县级相关部门征求意见，收集各单位2018年度拟实施的民生项目。经汇总梳理后，列出15项群众受益面较广、社会影响力相对较大的项目，作为2018年为民办实事的备选项目。至2018年2月中旬，县委、县政府主要领导两次主持召开专题会议，研究西充县2018年县级民生大事实施项目、资金落实和相关保障工作，最终确定县城文庙改造、青龙湖湿地公园提档升级、农村危房改造、东风路幼儿园、海绵城市建设、义兴镇污水处理厂、四河治理、滨河路棚户区改造等10件民生大事，并以专门文件下达实施，拓展民生工程惠民覆盖面。

【细化分解责任】 坚持“一事一主体、一主体一责任人”的工作要求，对民生工程建设类项目逐个明确“时间表”“路线图”，坚持挂图作战，实现责任落实落地。3月底，市委、市政府下达2018年度民生工程具体目标任务后，县民生工程领导小组立即组织召开全县民生工程实施动员大会，以正式文件将96个小项民生工程的具体责任分解落实到33个县级责任部门和8位县级分管领导，相关部门主要负责人分别与县政府签订责任书。对于县级民生大事，采取县委常委挂帅负总责的办法，确保有效统筹推进工程进度。县民生办要求各责任单位根据文件下达的目标任务，分别制定出详细的实施方案，从实施地点、进度要求、资金安排等方面逐一分解，目标细化到季、月直至旬，务必确保工作任务、完成时间、考核奖惩具体化，以制度、章程规范实施人员责任，保证任务细化落实，要求将项目作战图悬挂于施工现场，接受群众和社会的监督。

【各方联动形成合力】 结合城市发展规划，统筹全局，合理安排，优先保证民生工程建设用地。在土地供应极度紧张的情况下，落实土地近100亩，用于残疾人康养中心、东风路幼儿园、垃圾转运站、厕所革命等项目建设。整合项目布局和资金调配，将农村危房及土坯房改造、新改建农村公路、农村安全饮水、集镇和新村绿化、乡村居民聚居点生活污水处理等项目与精准脱贫工作统筹实施，既加快工程实施进度，又实现社会效益最大化。建立发改、财政、目标督查、纪检监察等部门和项目实施单位联席会议制度，在项目规划、资金筹拨、工程监管各环节统筹协调，要求相关部门简化工程前期工作办理程序，采取前期工作并联审批、预算及财评特事特办等方式，最大限度地缩短前期工作周期。

【规范建管程序】 西充县民生工程办公室根据各部门报送的实施方案建立台账，完善督查方案，对进度滞后项目的分管县级领导报送情况通报，向责任单位下达整改通知，要求在规定时间内完成分时段进度要求。各单位将项目实施方案向群众公开，征求群众意见建议，在实施过程中广泛吸纳群众参与，接受群众监督。如在年初的公租房分配过程中，主管部门、社区干部、人大代表和政协委员相关人员组成7个审核小组，先后3次入户、2次公示，最终确定入住名单，经公证摇号选房，张澜路、府南西路、张澜学校等4处安置点976户居民顺利入住。在建好农村基础设施的同时，通过财政补贴保障、部门业务考核、乡镇统筹管理、村社具体管护的方式，积极探索村道公路、小微水利的后续管护办法，推进民生工程可持续发挥效益。

【严格督查问责】 严格落实民生工程“一把手”责任制，在实行县委常委会每月听取一次分管领导情况汇报的同时，县委、县政府主要领导不定期进行现场督查。1—11月，县委主要领导三次深入民生工程项目现场办公，主持召开民生工程促进会一次，要求欠进度项目单位主要负责人说明情况，作出承诺。县纪委、县目督办将海绵城市建设、高标准农田建设、县乡道改造、棚户区改造等8项民生工程建设类项目纳入重点工作挂牌督办范围，对照挂图作战表，采取半月现场督查、每月进度挂牌、负责人电视台检讨等方式进行强力督办。根据《西充县重点工作挂牌督办制度》的规定，2018年先后5次对11个项目责任人发出14份督办通知，要求限期整改。同时对6位分管县级领导发出9份项目进度滞后的情况通知，提请领导深入一线，强化协调、弥补欠账。

【就业促进工程】

促进城乡劳动者就业创业

目标任务：促进城乡劳动者就业。全县城镇新增就业0.61万人，城镇失业人员再就业0.1万人，就业困难人员就业300人，城镇登记失业率控制在4.2%以内；劳务品牌培训300人；农民工等人员返乡下乡创业培训100人;青年劳动者技能培训900人。

完成情况：实现城镇新增就业7673人，城镇失业人员再就业1116人，就业困难人员再就业361人，城镇登记失业率3.88%；劳务品牌培训320人；农民工等人员返乡下乡创业培训265人；青年劳动者技能培训1188人。

帮扶下岗失业人员再就业

目标任务：下岗失业人员再就业220人。

完成情况：开展“春风行动”，落实就业人员260人。

扶持城乡残疾人居家灵活就业

目标任务：城乡残疾人居家灵活就业3673人。

完成情况：帮助城乡残疾人居家灵活就业5236人，投入资金124万元。通过开展残疾人职业技能培训和就业援助月等活动，为残疾人提供就业岗位和生产服务；实施残疾人居家灵活就业（创业），直补和扶持2002名残疾人创业（就业）；为太平烤酒坊有限责任公司、瑞鑫包装装潢有限公司等4家企业提供残疾人居家灵活就业劳动岗位补贴。

【扶贫解困工程】

城乡困难群众医疗救助

目标任务：对符合医疗救助条件的重点救助对象，经各类医疗保险报销后的住院自付费用在年度救助限额内，救助比例不低于70%。

完成情况：持续建立健全以城乡医保为基础，“参保救助、门诊救助、住院救助”三位一体的医疗救助模式，提高医疗救助标准，加大医疗救助力度。全面落实精准扶贫对象医疗救助政策，全额报销贫困人口县域内政策范围内住院费用，支付救助资金54.23万元；对其他特困供养对象、重性精神病患者及城乡特殊困难群众实施重特大疾病救助，在经各类医疗保险报销后的政策范围内住院自付费用在年度救助限额内，救助比例不低于70%。累计发放救助资金2291万元。

法律援助

目标任务：为受援人群提供法律援助2064人次。其中，办理法律援助案件192件，其他法律援助事项1680件。新建2个乡镇（街道）规范化法律援助工作站。

完成情况：为受援人群提供法律援助2594人次。其中，办理法律援助案件268件，其他法律援助事项2058件。新建双江等2个乡镇（街道）规范化法律援助工作站。

计划生育奖励扶助

目标任务：给予符合条件的农村部分计划生育家庭父母每人每年960元奖扶金；给予符合条件的独生子女伤残或死亡家庭父母每人每年6240元或7800元扶助金。

完成情况：经统计符合条件的9963人，共需资金1315.86万元全部拨付到位。

困难职工救助

目标任务：为符合条件的建档困难职工每人每年提供300元至1000元的生活和医疗救助资金。

完成情况：救助400人，拨付救助资金60万元。

贫困残疾人扶贫解困

目标任务：扶持740名农村残疾人发展农业生产；为770名贫困残疾人适配亟须的基本型辅助器具。

完成情况：扶持农村贫困残疾人发展生产42857人，投入资金133万元；帮助贫困残疾人适配辅助器具，发放776人，投入资金47.9万元。

贫困家庭残疾人健康救助

目标任务：对全县贫困白内障患者实施复明手术50例；为43名贫困家庭脑瘫儿童提供康复救助；为5名贫困家庭听力残疾儿童提供康复救助。

完成情况：由县人民医院对贫困白内障患者实施复明手术，完成50例；救助贫困家庭脑瘫儿童55人，包括资助康复训练、康复手术和适配辅助器具等；为6名贫困家庭听力残疾儿童提供人工耳蜗手术、助听器适配、听力语言康复训练等服务。

农村社会化服务体系建设

目标任务：新建或升级改造基层社2个，新建或改造电子商务服务点2个，新建或升级改造农村社区综合服务社2个，建成专业合作社2个。

完成情况：新建观凤乡惠农供销合作社、古楼镇惠农供销合作社；改造完成义兴镇五显垭村、中岭乡楼子寺村商务服务点；新建古楼镇过江楼村等2个农村社区综合服务社；建成西充县青狮镇皇庆沟佳家九叶青花椒种植等2个专业合作社。

提高困难残疾人生活补贴标准

目标任务：提高持有第二代残疾人证的低保对象困难残疾人生活补贴标准，发放标准从每人每月60元提高至70元。

完成情况：全面落实困难残疾人生活补贴。自1月1日起，将困难残疾人生活补贴调整为80元/月，为16139名困难残疾人发放生活补贴1412.128万元。

用好四项基金，对贫困家庭教育、医疗、产业发展的特殊困难给予救助和扶持

目标任务：拓展四项基金筹资渠道，引导建立长效补充机制，保持基金合理规模。对在享受现有教育、医疗帮扶政策基础上，仍然存在特殊困难的农村贫困家庭，通过教育、卫生扶贫基金给予及时救助。更好发挥产业扶持基金和扶贫小额信贷分险基金支持贫困群众产业发展作用，促进贫困群众持

续增收。

完成情况：对住院贫困户在医保报账、民政大病救助等结束后，对剩余部分实施医疗救助，目前累计使用资金 204.16 万元。

【教育助学工程】

学前教育

目标任务：减免 1100 名家庭经济困难在园幼儿保教费。

完成情况：减免 1604 名家庭经济困难在园幼儿保教费 131.2 万元。

义务教育

目标任务：义务教育学生“一补”。在义务教育“三免”基础上，为 3000 名家庭经济困难寄宿学生提供生活补助。

完成情况：为 3984 名家庭经济困难寄宿学生发放生活补助金 426 万元。

职业教育

目标任务：中等职业技术学校招生 900 人，免除除艺术类相关表演专业外的 2100 名中职学生的学费。

完成情况：完成中等职业技术学校招生 1100 人，免除除艺术类相关表演专业外的 2100 名中职学生的学费。

资助家庭经济困难学生

目标任务：为 2400 名普通高中家庭经济困难学生发放国家助学金；免除 2500 名普通高中家庭经济困难学生学费；为 600 名符合条件的中职学校家庭经济困难学生发放生活补助；资助 220 名 2016 年及以后新入学的建档立卡贫困家庭本、专科学生；资助 28 名建档立卡贫困家庭中职学生；资助家庭经济困难职工子女上学 190 人。

完成情况：为 2500 名普通高中家庭经济困难学生发放国家助学金 480 万元；免除 2500 名普通高中家庭经济困难学生学费 151.198 万元；为 760 名中职学校家庭经济困难学生发放生活补助 152 万元；资助 2016 年及以后新入学的建档立卡贫困家庭本、专科学生 240 名，资助金额 96 万元；资助建档立卡贫困家庭中职学生 50 名，资助金额 2.5 万元；资助家庭经济困难职工子女 215 人，资助金额 21.5 万元。

“三区”人才支持计划教师专项计划

目标任务：选派不少于 2 名教师，为推动贫困地区、民族地区和革命老区各级各类教育发展提供人才支持。

完成情况：选派 2 人赴南部县支教，拨付资金 4 万元。

教育基础设施建设

目标任务：全面改善贫困地区义务教育薄弱学校基本办学条件，改扩建校舍、运动场 4.75 万平方米。

完成情况：改建校舍、运动场 47735 平方米，投入资金 1957 万元。

【社会保障工程】

城乡困难群众最低生活保障

目标任务：全面落实城乡低保等困难群众救助政策，保障困难群众基本生活。城乡低保标准不低于全省城乡低保标准低限，做到以户为单位、按标施保、应补尽补、应保尽保、动态管理。

完成情况：配合国家财政部四川专员组对困难群众社会救助工作绩效评价工作，开展城市低保年度审核普查和农村低保专项治理工作。为城乡低保对象发放低保资金 14673.08 万元。

城乡居民基本养老保险

目标任务：按照每人每年不低于 300 元的标准，为全县 27760 名 60 周岁以上的散居特困人员，居家养老城乡低收入家庭中的失能、失智、残疾独居老年人，居家养老计划生育特殊家庭老年人以及城乡低收入家庭中 80 周岁以上居家养老的老年人提供居家养老服务。

完成情况：依托政府购买服务的方式，持续为全县 27760 名符合条件的困难家庭失能老人和 80 周岁以上老人提供助餐、助浴、助医等居家养老服务。为成都颐伦居家养老服务中心拨付资金 516.4 万元，推进居家养老服务有序开展。

实施农村公办养老机构床位改造提升行动

目标任务：持续推进农村公办养老机构床位适老化改造提升，改造农村公办养老机构床位 250 张，更好地满足农村老年人养老服务需求。

完成情况：改造提升太平、金源、金山 3 个乡镇敬老院，改善设施条件，提升服务质量。拨付项目改造资金 250 万元。

城乡居民基本医疗保障

目标任务：按照国、省统一部署，进一步提高城乡居民基本医疗保险财政补助标准，提高医疗保障水平，缓解城乡居民“看病贵”问题。城乡居民参保率达 97%，参保居民住院医疗费用政策范围内报销比例达 75%。

完成情况：城乡居民参保率达 105.7%；参保居民住院医疗费用政策范围内报销比例为 75.1%。

城乡社区儿童之家建设

目标任务：建设 20 个城乡社区儿童之家。

完成情况：建成晋城镇白鹤观村、珠涯庵社区、多扶镇万佰堰社区等 20 个儿童之家。

为重度残疾人发放护理补贴

目标任务：为 10343 名重度残疾人发放护理补贴。

完成情况：通过银行打卡直发的方式，为 13601 名重度残疾人发放护理补贴 891.429 万元。

城乡居民养老保险

目标任务：城乡居民养老保险缴费人数达 8.56 万人，基金征收达 2996 万元。

完成情况：截至 5 月 31 日，参保缴费人数达 9.44 万人；城乡居民社会养老保险基金累计征收 5064 万元。

公共服务基层平台建设

目标任务：县城和乡镇人社公共服务平台标准化率达 100%，社区服务站点（窗口）标准化率达 100%，行政村服务站点（窗口）建成率达 90%，村级平台标准化水平大幅提升。

完成情况：乡镇平台标准化率达 100%，投入资金 53 万元；社区平台标准化率达 11%，投入资金 34 万元；行政村服务站点（窗口）建成率达 90%，投入资金 34 万元。

困难群体城乡居民基本养老保险

目标任务：全县 2.9 万建档立卡未标注脱贫的贫困人口、低保对象、特困人员等困难群体，参加城乡居民基本养老保险的个人缴费部分，由财政部门按每人每年 100 元标准代缴。

完成情况：三类贫困人员城乡居保代缴 22600 人，完成应保尽保。

【医疗卫生工程】

基本公共卫生服务

目标任务：开展城乡居民健康档案管理、健康教育管理、慢性病管理等 14 类基本公共卫生服务，城乡居民健康档案电子建档率达 93%。

完成情况：扎实开展城乡居民健康档案管理、健康教育管理、慢性病管理等基本公共卫生服务，完成建档率达 95.10%。

免费孕前优生健康检查

目标任务：向城乡符合生育政策的计划怀孕夫妇免费提供孕前优生健康检查，目标人群覆盖率达 80% 以上。

完成情况：向城乡符合生育政策的计划怀孕夫妇免费提供孕前优生健康检查。由县妇幼保健院具体实施，完成 3981 人。

贫困人口基本医疗保障

目标任务：对全县建档立卡贫困人口参加城乡居民基本医疗保险的个人缴费部分，由财政部门按规定标准给予全额代缴。

完成情况：对全县 4.79 万建档立卡贫困人口参加城乡居民基本医疗保险的个人缴费部分，财政局全额代缴。

全额报销贫困人口县域内政策范围内住院费用

目标任务：对建档立卡贫困人口在县域内定点医疗机构就医的，在基本医疗保险、大病保险报销后，剩余住院医疗费用由城乡居民基本医疗保险按政策给予报销，个人医疗费用支出控制在 10% 以内。

完成情况：对相关人员报销 10915 万元贫困人

口县域内政策范围内住院费用，报销比例达100%。

对贫困人口进行免费健康体检

目标任务：在基本公共卫生对65岁及以上老年人和7岁以下儿童进行免费健康体检的基础上，在脱贫攻坚期间对贫困人口开展1次免费健康体检服务。

完成情况：完成8302人，0~6岁、65岁及以上贫困人口免费健康体检经费由公共卫生经费支付，7~64岁贫困人口免费健康体检经费由县财政按50元/人进行补助，该项经费101.28万元全部拨付。

【百姓安居工程】

缓解城镇居民住房困难

目标任务：改造城镇危旧房棚户区5574套。

完成情况：本年度下达改造城镇危旧房棚户区任务数5574户，包括城中片区（一期）棚户区、城东片区（一期）棚户区、县城内综合改建、双凤槐树综合改建等建设项目，已完全完成本年度任务，拨付项目资金32347万元，拨付比例100%。

农村危房改造

目标任务：改造2962户农村危房和382户农村土坯房。

完成情况：改造任务全部完成。

地质灾害治理

目标任务：避险搬迁安置40户。

完成情况：撤离搬迁40户。

【民生基础设施工程】

农村交通建设

目标任务：新（改）建农村公路140公里。

完成情况：新建成通乡油路或水泥路24.9公里：线路为车龙至新星6.3公里、观音至东太9.8公里、永清至太和2.1公里、青狮至青龙6.7公里；新改建农村公路53公里：完成板凳垭至东岳庙村道16公里，常林乡亭子垭等村道37公里；完成农村产业路近100公里。

国、省干线公路养护管理

目标任务：国、省干线公路路面使用性能指数达83（PQI）。

完成情况：国道212线迎部检进行中修改造，于9月30号全部完工，性能使用指数达83（PQI）。

发展高效节水灌溉

目标任务：完成0.3万亩高效节水灌溉任务。

完成情况：全面完成主体工程。

菜篮子工程

目标任务：新（改）建专业蔬菜基地0.4万亩；引进蔬菜试验新品种10个，蔬菜新品种和新技术示范推广面积0.5万亩；培育100亩以上的生产主体10个。

完成情况：采取以奖代补方式，完成新（改）建专业蔬菜基地0.4万亩；引进蔬菜试验新品种10个，蔬菜新品种和新技术示范推广面积0.5万亩；培育100亩以上的生产主体10个。

【生态环境工程】

天然林保护及退耕还林

目标任务：巩固退耕还林成果9.6万亩，补偿集体和个人所有公益林30.97万亩。

完成情况：2018年度退耕还林政策资金兑付工作涉及全县44个乡镇511个村12.5万余退耕农户，兑现488.67万元；全面落实森林资源管护责任制，并按国家政策给予农户生态效益补偿金。按照《天然林资源管护办法》，全县30.07万亩森林资源纳入了天然林资源保护工程管护范围。2018年，兑现生态效益补偿金456.77万元。

嘉陵江绿色生态走廊建设

目标任务：造林1.5万亩，封育0.6万亩，湿地生态修复0.1万亩，森林质量提升2万亩，完成集镇和新村绿化8个。

完成情况：利用林业重点县建设项目、新一轮退耕还林工程，在金源、李桥、青狮等乡镇实施青花椒、柑橘、雷竹造林1.5万亩；编制《西充县封山育林项目作业设计》，在生态环境较脆弱、水土流失较严重的晋城、东太、扶君、莲池等乡镇实施封山育林0.6万亩；完成1000亩多塘系统及湖岸消落带（湿地）植被恢复，种植芦苇、睡莲、荷花、菖蒲等本土挺水、浮水、沉水植物；实施森林抚育森林质量提升2万亩，其中，国家项目任务9200亩，林农自主抚育1.1万亩；完成晋城、多扶、凤鸣、莲池等乡镇8个新村聚居点绿化工程。

实施城乡垃圾污水处理专项行动

目标任务：实施3个镇、村垃圾和污水无害化处理，启动实施93个乡村居民聚居点生活污水处理。

完成情况：青狮镇生活垃圾收转运体系建成投入使用；完成永清、西碾AB污水处理站及配套管网工程；完成西充县《农村生活污水治理专项规划》，已开工实施多扶镇老林沟村、义兴镇书房山村、曹家庙村、王家崖村、青龙乡蚕华山村、双洛乡老家湾村等90个村生活污水治理设施建设，并结合各乡镇污水处理厂设施建设，延伸污水收集管网覆盖城乡结合部村民聚居点污水收集。

实施公共厕所改建工程

目标任务：在全县范围开展“厕所革命”，分类筹资、分项推进实施各类厕所新（改）建工程。新（改）建厕所59座，其中，新建43座，改建16座。

完成情况：新建中医院对面、莲花湖畔等处公厕43座；改建将军路等处公厕16座。

【文化体育工程】

文化设施免费开放

目标任务：免费开放1个图书馆、1个文化馆、44个乡镇综合文化站。

完成情况：44个乡镇综合文化站免费开放；建成县级图书馆、文化馆，并实现免费开放。

体育场馆免费开放

目标任务：公共体育场馆向群众免费开放，体育锻炼9万人次。

完成情况：体育场馆免费开放达9.5万余人次，完成年度目标任务105%。

农村公益电影放映

目标任务：免费放映农村公益电影7056场次。

完成情况：全面完成农村电影放映7056场。

电视户户通工程

目标任务：完成381户电视户户通工程建设任务。

完成情况：完成381户电视户户通工程建设任务。

【社会治安防控工程】

综治中心建设

目标任务：县级综治中心建设全面完成；乡镇综治中心规范化建设完成44个、社区完成23个、村完成176个。

完成情况：完成区级综治中心建设1个，乡镇综治中心建设44个，社区综治工作站建设32个，村综治工作站建设587个。

“雪亮”工程建设

目标任务：完成210个村（社区）“雪亮”工程建设任务，逐步整合社会视频资源，实现城乡视频监控一体化。

完成情况：全面完成全县村（社区）“雪亮”工程建设任务。

网格化服务管理

目标任务：县级具有社会服务管理职能的部门、群团组织和涉及民生的企业、城镇农村及“两所一院”全覆盖。纳入网格化服务管理的县级机关部门18个，纳入网格化服务管理的村镇673个，纳入网格化服务管理的派出所12个，纳入网格化服务管理的司法所6个，纳入网格化服务管理的卫生院48个。

完成情况：全县纳入网格化服务管理的县级机关部门18个，纳入网格化服务管理的村镇673个、司法所6个、派出所12个，乡镇卫生院48个。

平安村（社区）创建

目标任务：完成186个村（社区）创建任务。

完成情况：根据《关于转发〈南充市平安村（社区）创建标准及考核试行办法〉的通知》，对全县所有村（社区）进行统筹规划，创建平安村（社区）186个。

有机农业建设

【概况】 西充有机农业围绕建设“中国有机农业第一县”目标，把住产业基地建设、新型主体培育、特色品牌创建、有机产品认证质量监管等关键环节，按照“抓主体培育、抓标准生产、抓质量监管、抓科技支撑、抓市场营销”的工作重点，加大有机农业规模化、标准化、品牌化、市场化建设。截至年底，全县建成有机食品生产基地18.5万亩，其中，75个基地、12万亩、100个品种获得有机认证或有机转换认证，有机农业总产值达35亿元。

【发展目标】 南充市委六届八次全会赋予西充“争当有机农业排头兵”发展新使命，西充县委《关于集中力量抓好10件大事的决定》明确，当前和今后一个时期，全县要加快推进辐射全国的有机食品供给地、亚洲知名的有机农产品研发中心、西部有机农产品交易中心、有机农业地方标准制定中心建设，擦亮西充有机农业金字招牌，争当西部第一、全国领先的“中国有机农业第一县”，力争到2021年，建成有机农业基地25万亩，认证面积15万亩，认证品种105个，有机农产品商品化率达95%以上，有机农业产值突破50亿元。

【基地建设】 全年新建15个有机农业生产基地，面积2万亩，优选5个新基地、1个扩展基地进入有机认证，新增认证面积1万亩。完成航粒香、金科、广绿、凤鸣绿色等基地标准化提升建设工作，其中，新建广绿公司扩展基地道路400米。在广绿、凤鸣绿色、高新公司等15个标准化提升建设基地，新建生态隔离带50公里，栽植马甲子150万株。启动义兴镇西充县乡村振兴有机农业教育示范基地建设工作，分别进行产业基地、基础设施配套、有机文化博览馆、有机职业农民培训基地、有机农业专家大院、西充国际有机峰会永久会址等建设。

【设施配套】 制作安装新老基地地块标识牌80余个，采购安装频振式杀虫灯240盏，安插诱虫板1.5万张，完善和整改投入品库房16个。

【标准生产】 编制发布西充县有机农产品区域性地方质量团体标准20个；全年分批进行75个新老基地160个水、土、气等环境指标抽样检测工作，合格率达100%；分三批完成70个老基地及1个新扩展基地的复评认证、5个新基地的首次认证工作，现场认证合格率达100%，认证抽检产品120余种，合格率达100%；规范有机农业投入品流通渠道，建成投入品超市2家，建立有机投入品购进、销售、使用信息溯源系统。

【质量监管】 县有机办、县市场监管局对全县有机农业基地、加工和销售单位开展常态化巡查和执法检查，对发现的问题及时进行整改和处罚，按照“优胜劣汰、动态管理”机制，全年问责企业10家，淘汰企业2家；督促认证机构加强证后监管，全年进行监督检查15个次，非例行性检查达24个次，保证认证监管质量；积极开展西充县有机农产品县级监督检查抽检服务，全县分批次抽检产品200余种，合格率达100%。

【技术服务】 完善有机农业技术研发中心功能，组建有机农业技术专家团队，启动与四川省农业科学院、国际有机农业亚洲理事会战略合作，开展有机水稻、有机小麦、有机香桃、有机脐橙等主导产业的地力改良培肥、植保技术、产业管护技术研发工作；新引进眉山益稷农业和成都绿金公司以及台湾农业技术团队，与全县24家有机农业企业签订技术合作协议，开展有机生产社会化服务。

【品牌建设】 制定《西充县农产品区域公用品牌“好充食”使用管理办法》，建立健全品牌管理制度、授权使用制度和监督检查制度，完成50余家农业企业的西充县区域公用品牌“好充食”授权使用工作，实行区域公用品牌和企业品牌“双品牌”制管理。在成南高速、成德南高速、高坪机场，以及微博、微信、西充网等平台积极宣传“好充食”区域品牌，加速形成以区域公用品牌为主导、企业品牌为支撑的西充有机农产品品牌集群。成功注册“好充食”图形商标，完成地理标志产品卡通形象“充国四兄妹”的商标和版权注册工作。在四川省2018·市（州）长农产品品牌推介活动上，位于西充县的四川省航粒香米业有限公司“航粒香·米”获得“四川省优质品牌农产品”奖。

【市场营销】 在已建成北京、成都、重庆、广州、深圳等城市有机农产品旗舰店12家，有机产品配送店251家，有机体验馆10家的基础上，新建成都“西充有机馆”旗舰店1家、配送店8家，电商平台2家，建成西充商会有机农产品展示展销中心。

【对外宣传】 组织企业参加2018中国国际有机食品博览会（上海）、第十九届中国绿色食品及第十二届中国有机食品博览会（厦门）及西充县第六届桃花节有机产品展示展销，并开展多次迎接领导视察的有机农产品展示，接待省内外参观考察团50余批次；完成成（都）南（充）高速公路、成（都）巴（中）高速公路等交通要道大型宣传广告牌制作和更新。委派有机农业企业代表赴菲律宾比斯利格市参加国际有机农业运动联盟第三届亚洲大会，为表彰西充对国际有机农业运动联盟第二届亚洲大会的支持和贡献，大会向西充颁发特别贡献奖奖牌。争取和国际有机农业亚洲联盟合作，筹备2019年国际有机产业创新发展峰会，进一步提升西充形象和知名度。

（撰稿：县有机食品办公室 杨聪文）

工业集中区建设

【概况】 2018年年末，园区入驻企业84家，建成投产67家。其中，规模以上企业48家，高新技术企业13家，上市企业6家。工业产值突破130亿元，工业增加值增速达10%，利税5.4亿元，提供就业岗位10000余个。2月，西充县工业集中区纳入《国家开发区审核公告目录（2018年版）》。

【基础设施建设】 为确保第三季度项目拉练考核圆满完成，工业集中区提前两个月全面完成军民融合精密制造产业园市政道路1.4公里、配套管网2.8公里的建设任务；完成元规真空产业园道路、雨污管网建设及水电气的规划、预算、财评工作；军民融合精密制造产业园挡墙150米、边坡治理3.8万平方米、路灯安装及渠道工程建设快速推进；完成旷达后面挡墙建设150米；立民制冷科技公司拟用地、四川应友光电科技有限公司建设项目用地完成场平；2018年第三季度全市项目开工典礼现场在多扶园区举行。

【争资引项】 县工业集中区管委会主动配合县投资促进合作局，根据园区主导产业延链招商，外出考察和对接外来客商近100次，跟进项目36个；呈德轴承、永益缘轴承、立民铝合金壳体等6个项目签约落地；与惠州光发射机光接收机组件、光模块和联源汽车内饰、天阔LED灯带3个项目商讨投资协议；惠州皓赛光器件、东汉有机醪糟有机米酒、铁牛矿机汽车配件等7个项目完成互访，并编制可研报告；争取到基础设施建设引导资金500万元；利用“园保贷”、工发资金两个融资平台，为多福油脂、展登服饰、光大饲料解决生产流动资金820万元。

【服务企业】 园区搭建校企合作平台，为星河科技、源维机械落实专业技术人员18人。为元规真空、伟天精机、汇基服饰等企业推荐就业人员100余人。园区充分发挥企业服务部和“一站式”服务中心职能，妥善解决企业在建设发展中的各种问题，在公司设立登记、环评、安评、项目备案等方面及时为企业办结事项50余件；调解企业劳动用工纠纷17件；举办就业培训班6次，为企业培训员工近300人。园区对重点项目、骨干企业实行项目服务经理制，进行“保姆式”服务。2018年年底，完成军民融合高端装备制造产业园10家企业厂房主体工程。元规军民融合真空技术应用产业园、爱尔华伟天精机、汇基服饰、航宇输配电设备等项目建成投产。呈德轴承、永益缘轴承、爱尔华光电半导体零部件等项目完成方案评审。

【园区拓展】 省级开发区前置审批条件通过省相关部门认可，省发改委上报省人民政府。南充市西充产业新城以“PPP”模式推进，进入财政部“PPP”项目库，并挂网招投标。组建产业新城建设领导班子，成立南充市西充产业新城项目建设指挥部，制定实施规划和相关制度，与国土局议定房屋、土地征收方案。

【安全环保】 签订企业安全生产目标管理责任书；协助安监、消防等部门排查入驻园区企业的安全隐患，开展拉网式安全生产检查10余次，发放安全生产整改通知书20余份；对危化及有毒物品进行专项检查，督促企业规范其管理。督促新、改、扩建设项目履行环境保护“三同时”制度；配合相关部门开展企业污染源普查工作，摸清企业的污染源现状、数量、分布等基本情况，指导企业最大限度减少施工现场扬尘对大气的污染；做好道路清扫保洁、洒水降尘工作，按标准对园区3座公厕进行日常清毒，协同县环保局、多扶镇，加强对暗沟和河道的清理；完成阳溪河生态护栏建设和下游部分点位及园区还房小区居民点的绿化工程。

（供稿：工业集中区管委会办公室）

大事记

1 月

3 日　市委副书记、市长吴群刚到西充县督导土地整治项目实施情况。吴群刚先后到观凤乡、青狮镇、义兴镇，实地了解观凤乡袁塘坝土地整理项目、观凤乡城乡土地增减挂钩项目以及义（兴）青（狮）观（凤）十万亩高标准农田项目推进情况。

3—10 日　西充有机农产品区域品牌“好充食”，亮相北京世纪商城金源燕莎 mall 商城。

4 日　国家粮食局、中国农业发展银行公布四川省航粒香米业有限公司和四川泰森粮油有限责任公司为重点支持粮油产业化龙头企业，资格有效期至 2020 年 12 月 31 日。

16 日　四川省委农村工作会议在成都召开，会上宣读《省委省政府关于命名 2017 年度省级“四好村”的通报》，西充县璧山垭村、古楼村、杜宇寺村、三清庙村、书房垭村、殿子山村、新书房村、金龟庵村、观音堂村、蚕华山村、树金桥村、檬子垭村、马龙村、老林沟村等 14 个村被四川省委、省政府命名为 2017 年省级“四好村”。

是日　西充县 2018 年“情系母亲·与爱同行”暖冬行动启动仪式在岱林乡天桥村举行，该村 40 名贫困妇女获赠“母亲邮包”。活动涉及岱林、金源、中南等 18 个乡镇，惠及 800 余名妇女。“母亲邮包”项目是中国妇女发展基金会实施的项目，通过发动社会各界“一对一”捐助，选取妇女日常生活用的毛毯、围巾、手套、袜子等生活用品，帮助解决她们生活中的一些实际困难。

是日　省人大常委会城乡环境资源委员会副主任杨文、环保厅副厅长彭勇等携新华社、中国环境报等 16 家媒体记者共 30 余人到西充开展环保宣传采访活动，就西充县生猪养殖污染治理经验成效进行专题采访报道。

17 日　中共西充县第十三届委员会第五次全体会议在金领莲花大酒店举行。全会学习贯彻落实党的十九大、省委十一届二次全会和市委六届七次全会精神，审议通过《中共西充县委关于全面深入贯彻落实党的十九大精神，大力实施“533 战略规划”，加快建设“中国西部现代农业公园”的决定》和《中共西充县第十三届委员会第五次全体会议决议》；大会总结报告过去一年县委常委会的工作；安排部署 2018 年工作。

18 日　由香港著名导演麦贯之和四川导演任用银联袂执导，黄海冰、刘真佑、赵甜鸽等主演的电影《缺失》在西充开机。

19 日　根据县职称改革工作领导小组《关于同意组建西充县新闻专业初级专业技术职务评审委员

会的通知》，评委会由唐晓勇、冯斌、王良毅、胥思明、罗东、马丹、郑亚明等 7 人组成，评委会任期为 2018 年 1 月至 2019 年 12 月。评委会下设办公室在县委宣传部。这是西充县首次设立新闻专业初级专业技术职务评审委员会。

22—24 日　政协第十届西充县委员会第三次会议在县城召开。受政协第十届西充县委员会常务委员会委托，县政协主席付杰修向大会作常委会工作报告。县政协副主席何轩向大会作关于县政协十届一次、二次会议以来提案工作情况的报告。县政协人力资源环境委员会、县教育科学文化卫生体育委员会、中国民主建国会西充县支部委员会和政协委员刘川分别就《关于南西田园新城城南新区建设的几点建议》《关于加强农村公路养护管理的建议》《推进医疗改革・优化医疗服务》和《关于脱贫奔康产业园建管的建议》等议题发言。杨会琼当选为政协西充县第十届委员会秘书长。会议通报表扬政协西充县委员会十届一次全会以来优秀政协委员、优秀提案；听取政协第十届西充县委员会第三次会议提案审查报告。县委书记孙骏在大会上作《团结一致携手前行・齐心协力共谋跨越・坚定不移推动“533”战略规划落地落实》的讲话。

23—25 日　西充县第十六届人民代表大会第三次会议在在县城召开。会议听取并通过县人民政府代县长张光全代表县人民政府向大会所作的政府工作报告、县人大常委会主任张伟向大会所作的县人大常委会工作报告、县人民法院院长刘建菊向大会所作的县人民法院工作报告和县人民检察院检察长唐恒博向大会所作的县人民检察院工作报告。会议书面听取《关于西充县 2017 年国民经济和社会发展计划执行情况及 2018 年国民经济和社会发展计划草案的报告》《关于西充县 2017 年财政预算执行情况和 2018 年财政预算草案的报告》。与会代表以无记名投票方式，全票选举张光全为县人民政府县长，杨佳为县监察委员会主任。补选县十六届人大常务委员会委员，选举出席市第六届人民代表大会的代表。根据《四川省宪法宣誓制度实施办法》，新当选的县人民政府县长张光全、县监察委员会主任杨佳等在会上进行宪法宣誓。县委书记孙骏作《不忘初心担使命、击鼓奋进促发展，决战决胜“533”战略规划》的讲话。

29 日　四川省发展和改革委员会、四川省农业厅、四川省经济和信息化委员会等七部门批准南充市西充县农村产业融合发展示范园建设。

是日　西充县 2018 年文化、科技、卫生“三下乡”活动在双凤镇启动，县委常委、宣传部部长陈伟，副县长周小红出席启动仪式。

30 日　西充县监察委员会挂牌成立。县委书记、县深化监察体制改革试点工作领导小组组长孙骏，县委常委、县纪委书记、县监察委员主任杨佳共同为西充县监察委员会揭牌。同时，西充县监察委员会成立大会召开。市纪委副书记、市监委副主任王荣秀到会指导。县深化监察体制改革试点工作领导小组组长、副组长和成员单位主要负责人，县纪委监委机关干部参加成立大会。县委副书记、县长张光全主持大会。

是月　四川省农业厅授予西充县青禾生态休闲农庄为四川省第二批省级示范休闲农庄。

2 月

1 日　南充市大型沼气工程开工仪式在西充县岱林乡九峰山生态纯粮养殖专业合作社举行。

2—6 日　县有机食品办公室牵头组织航粒香等 15 家有机农业企业，参加在南充市西山广场举办的南充市首届特色优质农产品迎春展销会。

6—7 日　西充县在县川剧团等地举行 2017 年县城公租房实物配租摇号选房分配仪式，848 户低收入家庭喜获安居之所。县纪委、县公证处、县人大代表、县政协委员、新闻媒体对整个分配过程进行全程公证监督。本次公租房分配对象为符合公租房准入条件的新就业职工、城镇中低收入住房困难家庭、外来务工人员和农民工等群体，按照公开、公平、公正、就近入住的原则进行分配。此次分配公租房房源共848套，其中，张澜路二期公租房240套、西（充）古（楼）路公租房228套、城北新区公租房380套。建筑面积为50平方米至60平方米，房屋租赁期限为一年，租赁期满后，县房管中心将再进行资格审核，对不符合条件的予以清退，符合条件的重新签订租赁合同。

12日　西充县“贫困母亲两癌救助”中央专项彩票公益金发放仪式在县委宣传部会议室举行。县委常委、总工会主席何俐出席发放仪式。参会领导为8名“两癌”妇女每人发放10000元的“两癌”救助金。

是日　西充县举办“生态田园 有机西充”2018年春节联欢晚会。晚会分“礼赞西充”“加油西充”“温暖西充”“大美西充”4个篇章14个节目，此次春晚是西充县首次采取现场直播和网络同步直播方式，近10万网友通过微信、微博等平台实时收看。

3月

3日　四川电视台在《田园四川》栏目中推出电视专题《西充：以“有机”之名打造现代农业融合样本》，全面展示西充县建设“中国西部现代农业公园”的生动实践。

5日　省交通厅厅长汪洋到西充县调研省级交通重点项目——绵（阳）西（充）高速公路西充段占山互通建设情况。绵（阳）西（充）高速公路起于绵阳市三台县永明镇，经盐亭、西充，终点为顺庆区龟石坝，与广元至南充高速公路相接。路线全长124.358公里，其中西充段全长29.16公里。

9日　县妇联组织全县各界妇女代表在西碾乡敬二垭村开展“走进乡村 问情连心”活动。西充县各级先进妇女典型、妇女工作者代表、党群系统女干部等150人参加活动。活动中县妇联为该村30名贫困妇女发放“母亲邮包”，全国三八红旗手、全国巾帼建功标兵赵凤林为全村群众做感恩奋进宣讲，妇女代表们参观该村油菜花产业，与群众交心谈心。

12日　由西充县绿化委员会召集组织“全民植树、振兴乡村”为主题的义务植树活动在张澜故居举行。参加本次植树节活动的有西充县委、县人大常委会、县政府、县政协部分领导干部，以及县绿化委员会各成员单位负责人、县林业局全体干部职工、县森林公安局全体干警、莲池镇政府干部职工、青年志愿者、学生代表总计167人。整个活动栽植红叶梅1680株、榆叶梅1360株。

13日　南充市“两区”划定暨春耕生产现场会在西充召开。市委常委林建国、市政府副市长向贵瑜、市政协副主席王翠花参加会议。

14日　省政协农业委员会主任、民革四川省委专职副主委郑学炳一行5人到西充县考察调研，市政协副主席、民革南充市委主委王晓贤等4人陪同调研。

16日　西充县第六届桃花节在古楼镇充国香桃源景区赵家庙村的桃花广场开幕。四川旅游协会副秘书长孙倩，市旅游局局长唐宗政，县委常委、宣传部部长陈伟，县人大常委会副主任杨平，县人民政府副县长周小红、胡媛，县政协副主席杨家舜等省、市、县领导出席开幕式。本次活动以“生态田园 有机西充”为主题，围绕展示桃文化作品、促进农民增收、丰富文化元素、提升游客参与度、推广康养旅游理念等，开展诗歌散文摄影展、第二届“巧媳妇”农副产品展示展销会、户外徒步大赛、书香朗读摄影、古装穿越体验、婚纱派对等丰富多彩的活动。

20日　第二届“西充巧媳妇”农副产品展示展销会在古楼镇赵家庙村桃花广场举行。来自全县44个乡镇的“巧媳妇”们参加活动。54个参展单位展示120多种农副产品，极富西充乡土特色。市妇联主席朱逢娟，县长张光全，县委常委、县总工会主席何俐等领导亲临指导。

22日　西充县与北京碧水源科技股份有限公司举行海绵城市建设一期PPP项目签约仪式。县委书记孙骏、县委副书记廖先毅、副县长杨春林出席签约仪式。一期工程，包含城南新区市政道路管网建设工程、绵（阳）西（充）高速公路出口及连接线建设工程、广（元）南（充）高速公路多扶出口及遂（宁）西（充）高速公路常林出口景观工程等6个子项目。

是日 由县妇女联合会主办，县文化广播影视局、县摄影家协会协办的桃花节系列活动之一——巾帼书香朗读摄影主题活动在古楼镇赵家庙村举行。莅临当天活动的有市妇联主席朱逢娟，县委常委、县委宣传部部长陈伟，县委常委、县总工会主席何俐，县政府副县长周小红、胡媛等领导。

28日 西充紫岩河市级河长南充市政协副主席傅宗洪带领紫岩河市级联络员单位负责人、市旅游局局长唐宗政等9人，开展紫岩河例行巡河检查工作。

31日 义兴镇百科有机生活公园举行川东北低空旅游飞行首飞仪式。市旅游局局长唐宗政、副局长贾理龙、南充市旅游协会会长蒋志伟莅临现场。县委常委、宣传部部长陈伟，县人民政府副县长周小红、胡媛，县政协副主席杨家舜出席。人民网、央广网、中国网、华西都市报、四川新闻网、四川在线、南充日报等10余家媒体现场采访。

4月

2日 西充县启动第二次全国污染源普查工作。

3日 西充县首届牡丹文化节在仙林镇黄楝坪村开幕。县委常委、宣传部部长陈伟，副县长胡媛等出席开幕式。人民网、中新网、中国县域经济报、腾讯网、网易、南充日报、南充晚报等20余家网络媒体刊发稿件30余篇，详细介绍西充以花为媒、农旅融合、促进乡村振兴的举措和成效。

11日 西充县举行人民武装部党委第一书记任职大会，会议根据《南充军分区党委关于增补西充县人武部党委第一书记的批复》，决定增补县委书记孙骏为西充县人民武装部党委第一书记。市委常委、南充军分区司令员蒋济南宣读军分区党委决定并讲话。

22日 中央电视台4套中文国际频道《中国新闻》栏目以《四川西充：十万亩桃花竞相绽放》为题，深度报道西充县以花为媒，因时因地制宜推出特色赏花节目，游客不仅可以赏桃花，还能够体验古装穿越、品鉴有机美食，别出心裁地把传统文化与自然美景结合，促进三产融合发展、推动乡村振兴战略谱新篇，取得累累硕果。

25日 四川省副省长尧斯丹在南充市委常委、市总工会主席林建国，市政府副市长向贵瑜，市农牧业局局长腾明鹏，县长张光全，副县长何德清和县农牧业局局长程忠良的陪同下到古楼香桃基地、桃博园、元斗桃园等地视察西充实施乡村振兴战略、现代农业融合发展建设工作。

是日 省档案局局长高山到西充调研指导档案工作，实地查看西充县档案馆新馆项目建设情况，了解档案整理、保管、利用等情况。

26日 西充县首届蚕桑文化节在义兴镇青禾农庄拉开序幕。本届桑蚕文化节作为西充县乡村旅游系列活动之一，开幕式当日吸引1000余人次前来品桑蚕宴，感受桑蚕文化。此次活动由义兴镇人民政府、西充县旅游局、西充县旅游协会主办，青禾桑业科技有限公司承办。

27日 西充县举行庆祝五一国际劳动节暨第二届“劳动光荣最美劳动者”颁奖典礼。活动对西充县第二届最美劳动者获奖者进行表扬，并举行文艺表演。西充县第二届“劳动光荣最美劳动者”评选活动于3月下旬启动，经过前期单位推荐、个人自荐、组委会综合评审，在全县机关、企事业单位、民营经济实体及农村工作的广大劳动者中投票表决出20名正式候选人，并通过公开投票评选最终评选出杨光富、许杰、张宜雄、王建、张丽萍、赵欢、赵尧晏、姚文金、高铭、曹坤明10位第二届最美劳动者。

5月

4日 四川日报、四川新闻网等媒体到金泉、义兴等乡镇，调研金（泉）太（平）线万亩现代柑橘产业园和智慧农业发展情况，并在5月8日的《四川日报》刊发新闻《三个切片看智慧农业长啥样》，图文结合介绍西充县智慧农业发展成效。

10日 西充县与恒大集团举行项目签约仪式，标志着总投资160亿元的恒大南西田园康养生态城项目正式落户西充县。市委副书记古正举，县委书记孙骏，县委副书记、县长张光全，县人大常委会主任张伟，县政协主席付杰修，县委副书记廖先毅等与恒大集团四川公司常务副总经理黄庆辉、恒大集团南充总经理王国伟等出席签约仪式。县委副书记、县长张光全代表县政府与企业相关负责人在项目投资协议书上签字。恒大南西田园康养生态城项目位于西充南西田园新城，总投资160亿元，项目占地3000亩，分三期建设，是以康养休闲、教育配套、主题商业和滨湖生态公园为重点内容的生态城。

16—17日 全省工会集体协商专题培训暨现场观摩会在西充县举行。省总工会副主席胥纯出席会议开幕式并讲话，省总工会副主席武晓鹏主持会议，市委常委、市总工会主席林建国，县委副书记、县长张光全，县委常委、县总工会主席何俐出席会议。会上，西充县就麻竹产业集体协商工作经验作交流发言，全省工会集体协商专职指导员代表就大竹县的先进经验作交流介绍。

25日 省妇联副主席李静到西充县就妇女创业就业、乡村振兴等工作开展调研。市委常委、总工会主席林建国，县委常委、总工会主席何俐先后陪同调研。李静一行到西充县百门寺桃源种养殖专业合作社调研女大学生创业工作，先后查看电商销售平台、有机循环农业基地，对西充妇联探索成功的“党政支持、妇联引导、团队带动、电商助推、辐射示范”妇女创业模式给予了高度肯定。

6月

5月31日—6月1日 甘肃省委副书记、省长唐仁健率甘肃省代表团到西充考察脱贫攻坚工作。南充市委书记宋朝华，市委副书记、市长吴群刚，西充县委副书记、县长张光全陪同考察。

7—8日 按照“排位入围、自愿申报、公开竞争、专家评审、择优排序”的原则，经过专家严格评审，西充县成功评为四川省2018—2020年中央财政产油大县奖励资金集中使用示范县。

30日 西充县第二届莲花文化节在双洛乡老家湾村举行。此次活动由西充县旅游局、西充县旅游协会、西充县文广局和双洛乡人民政府共同主办。文化节主场设在双洛乡老家湾村，活动主题是“盛世恒大·荷美双洛”。

7月

3日 以“果迎天下客、花醉有缘人”为主题的西充县第六届充国香桃品果节在古楼镇过江楼村举行。

4日 南充市委常委、市人民政府副市长王美如到西充调研指导农村承包土地的经营权抵押贷款试点工作。

10日 四川省农业厅批准西充县古楼齐心怡家生态家庭农场为四川省第四批家庭农场省级示范场。

19—20日 市委书记宋朝华到西充县向干部群众宣讲习近平总书记对四川工作系列指示的精神和省委十一届三次全会精神、省委书记彭清华在南充调研指示精神，实地督促检查西充县贯彻落实中央大政方针、省委决策部署和市委决定要求落地落实情况。宋朝华到西充军民融合高端装备制造产业园、四川建华职业学院详细了解项目建设推进情况；到金泉乡柏林山村宣传省委十一届三次全会精神，督导该村脱贫攻坚工作，看望慰问贫困群众；实地察看川东北农产品精深加工产业园建设和智慧农业示范园、双龙农牧玫瑰花谷基地；调研南西田园新城建设、城市夜景光亮工程等，并听取西充县委、县政府工作汇报。

9—20日　县妇联组织召开农村妇女“两癌”免费筛查工作，在指定医疗机构——县妇幼保健院筛查对象200人，均来自宏桥、岱林、金山等10个乡镇的建档立卡贫困妇女、留守妇女。

24日　共青团西充县第十一次代表大会召开，会议选举了共青团西充县第十一届委员会常委、书记、副书记和共青团西充县第十一届委员会委员、候补委员。县委书记孙骏出席会议并讲话。团市委副书记谢清平到会祝贺并致辞。县委副书记、县长张光全，县人大常委会主任张伟，县委副书记廖先毅等出席大会开幕式。团县委书记韩玺代表共青团西充县第十届委员会向大会作《以习近平新时代中国特色社会主义思想武装青年为深入实施“533”战略规划奋力开启“中国西部现代农业公园”新征程贡献青春力量》的工作报告。

27日　市委书记宋朝华，市委副书记、市长吴群刚分组率市委六届八次全体（扩大）会议暨南充市项目拉练和项目工作推进会与会人员赴西充开展项目拉练。与会人员分别到金（泉）太（平）线万亩脱贫奔康柑橘产业园、南西田园新城、军民融合高端装备制造产业园、川东北农产品精深加工产业园区、西充县智慧农园、双龙桥幸福美丽新村等现场参观考察。宋朝华将西充大发展定位为争当“有机农业排头兵”、打造“乡村旅游目的地”、建设“产城一体示范区”。

30日　位于西充的四川省航粒香米业有限公司种植的“航粒香”大米，被四川省农业厅确定为“2018年向社会公开推介四川省优质品牌农产品”。

8月

1日　省人民政府办公厅发布《关于深入推进经济发达镇行政管理体制改革的实施意见》，西充县多扶镇被确定为全省经济发达镇行政管理体制改革试点镇。

7日　四川省农业厅等10个部门批准西充县清清有机农业专业合作社、西充县大成种养殖专业合作社、西充县义兴友林产业合作社为四川省第十批农民合作社省级示范社。

8日　四川省农业厅组织省内专家到西充现场验收农牧业局和四川农业大学在西充县祥龙乡实施的玉米密植高产全程机械化生产示范片和玉米田间节肥节水节药综合技术集成与示范项目核心示范片。

9日　西充县农牧业局召开2018年重大动物疫病“非洲猪瘟”防治工作紧急会议。县农牧业局分管领导张建军、动物疫病预防控制中心全体人员、动物卫生监督所全体人员、执法大队人员、各乡镇畜牧兽医站站长及西充县各大型猪场负责人参加会议。

14日　科技部农村中心地方处副处长李宇飞，中国农业机械化科学研究院研究员赵有斌，中国农业大学教授杨富裕，科技部农村中心地方处项目专员韩志华，四川省科技厅农村处处长蔡红等领导和专家对四川南充国家农业科技园区西充建设项目进行现场考察，西充高分通过现场验收。

18日　西充县仁济医院开业。该医院为民营医院，位于内正街原妇幼保健院。

21—23日　中国共产党西充县第十三届六次全体会议在县城召开。全会由县委常委会主持。全会集中两天半时间召开县委全委会、全县项目推进会，组织党政代表团赴蓬安县、阆中市考察学习。全会学习习近平新时代中国特色社会主义思想和总书记对四川工作系列重要指示精神，全面贯彻省委十一届三次全会、市委六届八次全会决策部署，听取和讨论县委书记孙骏代表县委常委会作的工作报告，审议通过中共西充县委《关于全面推动习近平总书记对四川工作系列重要指示精神在西充落地落实的决定》和《关于加快推动高质量发展争 当“有机农业排头兵”打造“乡村旅游目的地”建设“产城一体示范区”的决定》《关于集中力量抓好“10件大事”的决定》《关于纵深推进全面从严治党构建县域良好政治生态的决定》。孙骏就上述四个决定讨论稿向全会作说明。

21日 中国女子水球国家队西充籍运动员王欢，获得2018年雅加达亚运会女子水球冠军。王欢是四川省西充县鸣龙镇十村人，这是她第一次参加亚运会。

22日 广西壮族自治区政协副主席、百色市委书记、市人大常委会主任彭晓春率党政代表团到西充考察脱贫攻坚工作。南充市委书记宋朝华、市政协主席吴小可、市委副书记古正举，以及西充县委书记孙骏、政法委书记蒲永红、县政府副县长何德清陪同考察。

24日 四川省发展和改革委员会发布公示，同意设立四川西充经济开发区。开发区主导产业为机械、生物科技、农产品加工。设立地点在南充市西充县。开发区规划面积2.1万亩；开发区设立核准面积为5376亩，分常林园区和多扶园区。常林园区范围为：东至县谯周大道，南至县污水处理厂，西至常林乡亭子垭村，北至常林乡灵芝桥村。多扶园区范围为：东至多扶镇任家沟村，南至多扶镇创业池村，西至多扶镇五庙山村，北至多扶镇银家沟村。

是日 西充县举行2018年文明单位捐资助学活动仪式。县委常委、宣传部部长陈伟出席活动。县财政局、国网西充县供电公司等19家省、市级文明单位及19名贫困大学新生参加。19名受助学生分别获得4000～5000元的助学金。

28日 西充县政府组织召开农村承包土地的经营权抵押试点工作座谈会，县政府分管副县长何德清，财政局、农工办、农牧局、人民银行和试点金融机构主要负责人出席了会议。

29日 2018第九届C21论坛暨南充市现代农业投资推介活动的参会客商到西充现代农业产业融合园、西充县金（泉）太（平）线万亩脱贫奔康柑橘产业园、西充县川东北有机农产品精深加工产业园参观考察、寻找商机。湖州弘鑫生态农业科技有限公司、海南甘霖农业科技发展有限公司等60余家省内外企业代表参加考察。

是日 南充市农牧业局批准西充县义和冯家沟村土家禽养殖农民专业合作社等11家专合社为南充市第七批市级示范社，批准西充县中岭乡神通庵村生态种养殖等9个家庭农场为南充市第二批家庭农场市级示范场。

9月

8月31日—9月3日 “西充黄心苕”地理标志产品参加在唐山举办的2018中国国际商标品牌节暨中华品牌商标博览会，获中华商标协会颁发的“2018中华品牌商标博览会”金奖。

5日 全国人大常委会副委员长、民盟中央委员会主席丁仲礼到莲池镇考察张澜故居，并到民盟中央林“梅园”，栽下一株香樟树。全国人大农业和农村委员会副主任委员、民盟中央副主席龙庄伟，民盟中央社会服务部部长刘圣宇参加考察。

是日 南充市第四次全国经济普查启动仪式在晋城镇库楼坝社区举行。南充市第四次全国经济普查领导办公室主任、市统计局局长刘晓梅，市统计局副局长何强，西充县第四次全国经济普查领导小组组长、县委常委、副县长向峰，西充县、晋城镇第四次全国经济普查领导小组及办公室全体成员、指导员、普查员等100余人出席仪式。

7日 在第34个教师节来临之际，县委书记孙骏到西充中学看望慰问优秀教师代表，并通过他们向辛勤耕耘、无私奉献的全县广大教师和教育工作者及离退休教师致以节日问候和美好祝愿。同行的还有县委常委、宣传部部长陈伟，县教育体育和科学技术局局长蒲道林等。

是日 县委副书记、县长张光全到天宝中学、县示范幼儿园看望慰问优秀教师、困难教师代表程本旺、张秀容等人，向辛勤耕耘在教育一线的广大教师致以节日的祝福和感谢。

21日 南充市首届“中国农民丰收节”在西充县桃博园（古楼）开幕。活动由市委宣传部、市委农工委主办,西充县人民政府等承办,以“庆祝丰收、弘扬文化、振兴乡村”为宗旨,以“庆丰收、话丰收、享丰收”为主题。

27日 浙江省供销合作社联合社党委书记、理事会主任邵峰带领考察团到西充县考察农产品精深加工项目及投资环境。在省供销合作社联合社副主任杨武秀，县委书记孙骏，县委副书记、县长张光全的陪同下，考察团前往川东北有机农产品精深加工产业园、金科农业有限公司等地，实地观摩西充县现代农业发展、农产品精深加工项目推进等情况。

30日 在四川省2018·市（州）长农产品品牌推介活动上，省农业厅向全社会公开推介2018年度四川省农产品优秀区域公用品牌、2018年度四川省优质品牌农产品。航粒香大米被四川省农业厅评为四川省优质品牌农产品。

是月 西充县东风路幼儿园投入使用。该幼儿园是经县十五届人民政府第八十九次常务会议研究，同意在东风路与环城大道四段交汇处新建的公立幼儿园，于6月竣工。

10月

9日 中国农业发展银行监事会主席于学军率队到西充县调研金（泉）太（平）线万亩脱贫奔康产业园。中国农业发展银行监事会专职监事马晓光、中国农业发展银行监事会副处长胡亚伟，中国农业发展银行四川省分行行长熊钧，市委常委、副市长王美如，西充县委书记孙骏，政法委书记蒲永红参加调研。

25日 市委书记宋朝华，市委副书记、市长吴群刚分别率领出席全市乡村振兴大会的与会人员到西充县凤鸣镇双龙桥村等地参观考察乡村振兴现场。

30日 在四川省2018·市（州）长农产品品牌推介活动中,四川省航粒香米业有限公司“航粒香米”获得四川省农业厅优质品牌农产品奖。

是日 县农业农村局在金泉乡星科农业发展有限公司召开2018年凤鸣、太平、仙林、大全、岱林5个乡镇发展晚熟柑橘推进大会，5个乡镇的党委书记、镇长、村书记、村主任100余人参加了会议。

11月

6日 县有机食品办公室与国际有机农业运动联盟亚洲理事会协商，双方签署为期10年的长期合作协议，共同创建国际公认的有机活动品牌。

7日 全市省级妇女儿童维权站示范点项目工作推进会在凤鸣镇双龙桥村召开，市妇联副主席汪春梅出席会议，顺庆区、高坪区、阆中市、西充县妇联主席、分管副主席及项目所在乡镇（街道）妇联主席、村（社区）妇联主席参加会议。与会人员参观了顺庆区潆溪街道办长兴社区妇女儿童维权站和西充县凤鸣镇双龙桥村妇女儿童维权站。座谈会上，顺庆区、高坪区、阆中市、西充县维权站示范点负责人就实施省级妇女儿童维权站示范点工作作交流发言。

13日 市委常委、南充军分区司令员蒋济南率队到西充县检查指导民兵调整改革落实工作。县委常委、县人民武装部政委代利义，县人民武装部部长孙宏志陪同检查。当天，蒋济南到多扶镇和县人民武装部民兵应急连集结地，通过现场点验、实地走访和查阅资料等方式，对西充县民兵调整改革、基层应急民兵分队组织建设、军事训练、政治工作等情况进行实地检查。

17—21 日 人民日报、新华社、农民日报等3家媒体组团到西充采风。记者团先后参观金山乡有机红心苕种植基地、川东北有机农产品精深加工园区和智慧农业示范园。

19 日 县农牧业局组织召开全县非洲猪瘟防控工作部门联席会议。县财政局、县金融协作服务中心、邮政西充分公司、县城市执法局、县市场监督管理局、县交通运输局、县政府应急办公室、县环境保护局、县林业局、县卫生和计划生育局、县公安局、县委宣传部等单位和部门分管负责人及相关人员参加会议。

22 日 为弘扬纪信忠义文化，紫岩乡纪公庙举行纪信诞辰2270周年纪念活动，海内外纪氏后人350余人，及西充县纪氏后人550余人齐聚西充县紫岩乡纪公庙，缅怀纪信，庆祝纪公庙被评为西充县文物保护单位，举行纪氏祭祀、书法展览、文艺演出、坝坝宴、参观文物古迹等丰富多彩的活动。

29 日 农发行四川分行副行长向阳带领人民日报、人民网、新华社、金融日报等新闻媒体到西充万亩高标准农田项目建设地召开2018年新闻发布会·西充现场会。

是月 四川省市场监督质量管理中心和四川省诚信315品牌企业促进会授予四川桐子河观光农业有限公司“四川省十佳优秀农业示范单位”称号。

12 月

3 日 四川省农田水利基本建设现场会在南充市召开。省委常委、省直机关工委书记曲木史哈出席。南充市委书记宋朝华，省水利厅厅长胡云，南充市委副书记、市长吴群刚，省人力资源和社会保障厅副厅长赖荣等出席。西充金（泉）太（平）线百里百村农建综合示范区作为现场会三个参观点之一迎接检查。县委书记孙骏，常委、政法委书记蒲永红、副县长何德清、水务局局长郭峥嵘分别就西充县农田水利建设情况向与会代表作介绍。

7—9 日 县有机食品办公室组织航粒香、德仁和、金科等5家农业企业及其他农产品，参加在厦门国际会展中心举办的第十九届中国绿色食品博览会暨第十二届中国国际有机食品博览会，航粒香有机大米获优秀产品奖。

13 日 南充市旅游局局长唐宗政率领市旅游局景区质量等级评定委员会现场考核验收中国有机生态循环第一村（双龙桥幸福美丽新村）和桃文化博览园创建国家3A级景区。

17 日 国家农产品质量安全“百安县”和全国百家经销企业“双百”对接活动在北京全国农业展览馆举行。西充县作为首批国家农产品质量安全县组织农产品生产经营企业参展。

21 日 西华师范大学校党委书记王平安带领调研组到西充金（泉）太（平）线考察调研现代农业建设工作。

是日 亚洲有机农业技术研发中心与国际有机农业运动联盟亚洲理事会和西充县有机食品办公室、南充市质监局、南充市农牧业局、北京五洲恒通认证有限公司、北京世纪科环生态农业研究院联合举办的有机农业生产技术研讨会在西充县茂源大酒店三楼会议室召开。

24 日 召开西充县乡村振兴大会，县委书记孙骏出席大会，县委副书记、县长张光全主持会议，县人大常委会主任张伟，县政协主席付杰修等县四大班子在家领导出席了会议。当天，与会人员参观了双凤镇跳蹬河村、川东北有机农产品精深加工产业园、金（泉）太（平）线脱贫奔康万亩柑橘产业园、桃文化博览园等。会议明确全县实施乡村振兴战略的总体思路、奋斗目标、主要任务，部署了乡村振兴“十大工程”，即中国有机农业第一县建设工程、乡村旅游目的地建设工程、镇村示范建设工程、城乡供水一体化建设工程、乡村路网联通提升工程、生态系统建设工程、推进人才培育工程、党建示范引领工程等。

25 日 西充县首届中小学生诗词大赛在张澜学

校学术厅举行。来自全县27名选手参加了本次比赛。本次比赛最后评选出小学、初中各9个团体奖和16个人奖项，以及3个优秀指导奖。

29日　四川绵阳至西充高速公路（简称绵西高速）开通运营。绵西高速公路起于绵阳市三台县永明镇，接绵阳南环高速公路，经盐亭县、西充县，止于西充县龟石坝与广元至南充高速公路相接，路线全长约124公里。这条高速公路连通四川绵阳和南充两个省内重要区域中心，还同时串起沿线5条高速公路（绵阳绕城高速、绵遂高速、成巴高速、遂西高速、广南高速），将绵阳到南充的距离从目前的160公里缩短至125公里，通行时间缩短至1小时。

是日　西充为期三年的城市路边停车收费届满。县街道公共停车位于2015年12月由县国资委公开拍卖，三年的收费权由绵阳三江物业服务有限公司中标。依据西充县发改局《关于县城区机动车辆临时占道停放服务收费标准有关问题的通知》，即停15分钟之内不收费，超过15分钟每车3元。

是月　城北湿地公园（一期）对外开园。城北湿地公园建设项目是西充县“10件大事”之一，也是西充县2018年重点民生项目和第一个“会呼吸”的公园。项目总占地3705亩，概算投资10亿元，属西充县“四河”流域水环境综合治理工程子项目，一期项目规划面积1305亩，从大磉蹬桥至观音桥，投资5000万元。一期工程于2018年1月开建，12月，城北湿地公园（一期）对外开园。公园按照虹溪河河水形成的自然滩涂、小岛，划分为各具特色的3个区域，一区包含公园前广场、景观亭、公厕；二区包含岛屿、游步道、景观小品；三区以休闲广场为主。在设计上，坚持“加工去加工”理念，对虹溪河畔滩涂、小岛进行保护性开发，栽种各类水生植物和景观植物。为了保护性开发保留了一处人不能上去的孤岛，让原本生长在这里的鸟类仍可以安居。

西充概貌

建置区划

【历史沿革】 据西充地方史志记载，早在四五千年以前，嘉陵江南充区河段内的先民们就在西充这块古老的土地上繁衍生息，他们不仅与中原民族有着较为密切的联系，而且创造了中原远古文明所含的地方文化，创造这种文化的先民为“百濮”等族。

大约公元前 21 世纪至公元前 771 年（夏、商、西周），相传禹分天下为九州，县境随四川皆属梁州。殷商、西周时，又将梁州并入雍州，县境隶雍州。

约公元前 5 世纪，居住在今湖北清江流域的巴族之一的禀君徙入川东地区，建立巴国，县境隶巴国。巴子建国以后，继遭秦、楚夹击，政治中心相继由江州（今重庆）、垫江（今合川）迁到阆中。战国时，县境仍为巴国地。

316 年（周慎王五年），秦灭巴、蜀后建立巴郡和蜀郡。从此，县境隶巴郡阆中县。

200 年，刘邦称汉中王，巴地遂为汉有。西汉王朝建立以后，即以将军纪信（西充紫岩人）“诳楚存汉”之功，分阆中县置安汉县，继又分阆中县置充国县（东汉初并入阆中县，后复置）。从此县境分别隶巴郡的充国县和安汉县。

蜀汉时期，县境隶巴西郡的西充国县与安汉县。

266 年（西晋泰始二年），分益州，置梁州，县境遂隶梁州巴西郡的西充国县和安汉县。

431 年（刘宋元嘉八年），改巴西郡为北巴西郡，县境随安汉县、西充国县隶此。梁王朝建立后，县境分别隶巴州南宕渠郡的安汉县和北巴州木兰郡的西充国县。

553 年（西魏元钦二年），改南梁北巴州为隆州，县境隶隆州金迁郡的晋城县与南宕梁郡的安汉县。

583 年（隋开皇三年），文帝改郡为州，实行州、县二级制，以安汉县、晋城县隶隆州。公元 589 年（开皇九年）改安汉县为南充县，县境隶隆州的晋城县与南充县。

621 年（唐武德四年），分南充、相如二县置果州。同年又析果州的南充、隆州（阆州）的南部和梓州盐亭置西充县，隶果州。因县境位于南充之西，加之古有西充国名，治内有西充山，故名西充。

627 年（贞观元年）至 758 年，西充先后隶剑南道、山南西道的果州和剑南道南充郡、山南西道果州。

907—960 年（五代十国），西充随果州先后隶前蜀、后唐、后蜀。

960—1279 年（宋代），西充随果州先后隶西川路、川峡路、潼川府路、潼川路顺庆府。

1260 年（中统元年），西充随顺庆府隶陕西四川行中书省。

1283 年（至元二十年），将流溪县以飞地形式并入西充县。1286 年（至元二十三年）西充隶四川中书省顺庆路。

1376 年（洪武九年），西充随顺庆府隶四川录宣布政使司。1377 年（洪武十年），撤西充入南充。1380 年（洪武十三年），再析南充置西充，原流溪县留南充。

1644—1911 年（清代），西充隶四川省顺庆府。

1912—1949 年（民国时期），西充先后隶顺庆府、川北道、四川省第十一行政督察区。

1950 年 1 月 4 日，中国人民解放军进驻晋城，西充和平解放，隶西南区川北行署区南充专署。

1952 年 9 月 1 日，恢复四川省建制，西充隶四川省南充专区。

1968 年，隶四川省南充地区。

1993 年 7 月，国务院撤南充地区设南充市后，西充县隶四川省南充市。

【行政区划】 清康熙《西充县志》载："西充原有据德、高阳、西厚、恩化、丰乐、太安、西充、在城八里，里编十甲。国朝并西充，在城二里，计六里三十九甲。"

光绪《西充县志》所载的政区仍为据德、高阳、西厚、恩化、丰乐、太安六里，甲增至四十二。

宣统《西充乡土志》载："西充县旧分东、南、西、北四路。今因之为东、南、西、北四区，加上合治城内（护成团）外的中正区，共五大区，除护城团外，计辖四十个场镇。"

1934 年（民国二十三年），全县仍设东、南、西、北、中正五区，次年并为三个区。后又根据"分区设置办法"的要求，将各团合并调整为联保，分别划归三个区管辖。

1937 年（民国二十六年），全县计有 3 区、32 联保、492 保、5018 甲。

1940 年（民国二十九年），实行新县制，全县分设 5 个指导区、32 乡镇、601 保、6017 甲。

1944 年（民国三十三年），根据查口立户，按户编甲，按甲编保的规定，全县仍编 5 个指导区、32 乡镇，保、甲略有增加。1947 年（民国三十六年），保调整为 565，甲为 5907。

1950 年年初，县人民政府将全县 32 个乡镇分别划给城关、太平、义中、金凤 4 个区管辖。7 月 3 日增设占山、青狮 2 区和 23 个乡，全县共有 6 区 55 乡。

1951 年 10 月，又增设多扶区，各区所辖乡普遍进行了调整。

1952 年 7 月，西充的文井、壁山两乡划归蓬溪县，南部县的罐垭、义和、金源、李家划入西充。同时增设八区、城关镇和四乡。1953 年 9 月，盐亭县折弓乡和南充县中和乡部分村划入西充。将南充、盐亭、南部的部分乡、村划入西充县，全县调整 8 个区、60 个乡、1 个镇。

1955 年 3 月，撤销第六区（占山区），12 月再撤第七区（多扶区），并把乡镇合并为 41 个。各区所领乡镇都随区的撤销和乡镇的合并而做了调整。

1956 年 1 月 18 日，将大林并入大全乡。10 月 11 日，撤销仁和区，所属乡镇分别划归双凤、义兴、晋新 3 区。

1957 年 2 月，分晋新乡置虹溪乡。

1958 年，区仍为 5 个，乡则合并为 34 个人民公社。

1961 年，增设扶君、常林、东岱、凤和 4 个人民公社。

1962 年，恢复多扶区和大林、木角、中兴 3 个人民公社。全县共 6 区 1 镇 47 个公社。

1967 年，区、人民公社和镇普遍更名。

1981 年，区、乡重新确定标准名称。

1984 年，公社改乡，全县辖 6 区、5 镇、43 乡。

1992 年 9 月，撤区并乡建镇，撤销晋新、太平、义兴、槐树、双凤、多扶 6 区。全县设 15 镇、11 乡。

1994 年 8 月，完善乡镇建制。缩小太平、仙林、古楼、义兴、青狮、凤鸣、关文、槐树、鸣龙、高院等 10 个镇和永清乡的管辖范围。恢复金泉、华光、岱林、李桥、中岭、观凤、复安、紫岩、青龙、双洛、同德、金山12乡的建制。全县建制为15镇、23乡。

1997年7月，将1992年调整乡镇建制中被撤销的原晋新、太平、义兴、槐树、双凤、多扶6区和被撤并的原观音、常林、木角、义和、中南、东岱、凤和、群德、扶君9乡恢复建制。全县建制调整为6区15镇32乡603村5675村（居）民小组。

2001年4月，撤销6个区委、区工委，组建县委、县人民政府派驻的区督导办公室。

2003年12月，撤销6个区的督导室，建立晋新、太平、义兴、槐树、双凤、多扶6个区工作委员会。

2005年8月，撤销6个区工委，恢复6个督导室，全县置6个督导室、15镇32乡。

2006年7月，撤销6个督导室和观音、木角、群德3个乡。将观音乡合并到晋城镇，木角、群德合并到常林乡。全县建制为15镇、29乡。

2013年7月，经四川省人民政府批准，莲池乡改建制为莲池镇。

2018年年末，全县建制为16镇、28乡，分别是晋城镇、莲池镇、太平镇、仙林镇、大全镇、古楼镇、义兴镇、凤鸣镇、青狮镇、关文镇、槐树镇、多扶镇、鸣龙镇、双凤镇、仁和镇、高院镇、扶君乡、常林乡、占山乡、宏桥乡、金源乡、东太乡、华光乡、岱林乡、李桥乡、金泉乡、中岭乡、观凤乡、紫岩乡、复安乡、双洛乡、西碾乡、永清乡、青龙乡、中南乡、罐垭乡、义和乡、车龙乡、祥龙乡、东岱乡、同德乡、凤和乡、双江乡、金山乡。全县有585个村、36个社区，2346个村（居）民小组。

【位置境域】 西充县位于四川盆地中偏北部，地跨东经105°36′4″~106°4′7″，北纬30°52′4″~31°15′7″。东邻顺庆区，南接嘉陵区，西南连射洪县、蓬溪县，西靠盐亭县，北与南部县接境。县人民政府驻地晋城镇，在县中南部，距省会成都240公里，距南充市区30公里。县内广（元）南（充）、成（都）巴（中）、遂（宁）西（充）、绵（阳）西（充）高速公路纵横交汇，国道212线纵贯南北。

自然环境

【地形】 西充地处川东北丘陵地区，地势西北高，东南低，中部突起。东西长44.7公里，南北宽42.4公里。平均海拔约400米，最高点为县境西部的万年山，海拔617米；最低点为莲池乡沙滩桥河底，海拔290米。

【地貌】 低山，分嘉涪诸山、中横诸山、华岳诸山3个体系。嘉涪诸山由盐亭县挂刀山伸入县境鸣龙镇的酒店垭后继续延伸，连接境内的44个山体，从分水岭再蜿蜒盘旋入蓬溪县境，由分水岭东分一小支为车龙乡的双凤山，向东南入南充市嘉陵区。连接起来的嘉涪诸山县境段长59.31公里。中横诸山，从嘉涪诸山的神童、皂角二坳向东延伸，依次连接打锣山至四方碑等30个山体后与顺庆区的舞凤山相连。中横诸山在县境内全长62.9公里。华岳诸山，从南部伏虎、千秋交界的大路山向南延伸，经何家寨直伸入县境，连接华岳山、天堡寨山、瓜瓜山至鸣龙镇回龙观而脉尽。

丘陵，分高丘中谷、中丘中谷、低丘平坝3个层次。

高丘中谷，总面积240平方公里，占县境面积的21.65%，主要分布在西北部的罐垭、义和、鸣龙、青龙、双洛、双江和西南部的高院、同德、祥龙、东岱以及群德、占山等乡镇和地区。海拔多在500米以上，相对高度100~200米，谷宽50~100米，地形起伏，丘陵连绵，偶尔低山耸立，出露岩层多属蓬莱镇上段，以灰白、灰黄色砂岩为主，产状平缓、倾角小、坡度较大，丘高沟长，光照不足，冷泉水多。

中丘中谷，总面积620平方公里，占县境面积的55.93%。主要分布在北部的槐树、义兴、紫岩、西碾和东北部的金源、李桥、大全、岱林、华光以及东南部的多扶、金山、永清等乡镇一带；海拔一般在400~500米，相对高度为50~150米，谷宽70~120米；岩层产状近于水平，受大自然长期削蚀作用，地形碎破，山区分布无规律。

低丘平坝，总面积约 248.5 平方公里，占县境面积的 22.42％，呈肺状形分布在仁和、凤和、双凤、车龙、青狮、观凤、凤鸣、复安、金泉、晋城、常林、莲池等乡镇；海拔高度一般在 350~450 米，相对高度 50~100 米，谷宽 100~200 米，出露岩层为蓬莱镇组下段。丘低谷宽，坡度较小，地势较平，土层深厚、肥沃。

【地质】 县域地表出露地层为侏罗系上统及第四系，侏罗系上统包括遂宁组和蓬莱镇组。遂宁组是县境出露的最老地层，地层近东向西锯齿状延伸，包括多扶镇—晋城镇—车龙乡一线以南县境，占全县面积的 13.78%。蓬莱镇组覆盖县境扶君乡—晋城镇—多扶镇—占山乡一线以北及以西的大部分地区。第四系主要分布于龙滩河及其支流虹溪河、三岔河、紫岩河和宝马河等河流的阶地上，占全县面积的 1.29％。

县境位于四川盆地中北部，在中国大地构造分区上归属杨子准地台，四川台向斜，川中台拱，龙女等穹窿。县境地表出露的侏罗系上统受力形或的褶皱，为四列舒缓褶皱组成。

【土壤】 县境土壤以紫色母岩形成的紫色土为主，按质地划分为沙土、沙壤土、轻壤土、中壤土、重壤土、黏土 6 种。

沙土，占总耕地面积的 3.42%，代表土种为棕紫沙土，耕层单粒结构松散，漏水漏肥严重，通透性较强，宜耕期长，宜种度窄，作物产量低。

沙壤土，占总耕地面积的 0.26%，代表土种有石骨子土、紫潮沙土，耕层单粒或粒状结构，宜耕期长，耐涝怕旱，漏水漏肥，宜种度较窄，发小苗不发老苗，作物产量不高。

轻壤土，占总耕地面积的 6.02%，代表土种为夹沙土、石骨子夹沙土等，耕层粒状结构，松散，保水保肥较差，耐涝不耐旱，发小苗不发老苗，好耕好种，宜耕期长，宜种度较窄，作物产量中等。

中壤土，占总耕地面积的 67.7%，代表土种为紫潮泥田、夹沙泥土、夹沙泥田等，耕层团粒或粒状结构，疏松多孔，土层较深厚，沙黏适中，土质好，能保水保肥，好耕好种，宜耕期长，宜种度广，发小苗也发老苗，作物产量高。

重壤土，占总耕地面积的 21.68%，代表土种为红棕紫泥土、紫潮泥田、夹沙大泥土、夹沙大泥田等，土层深厚，块状结构，保水保肥力强，宜耕期较长，宜种度广，耐旱怕涝，易受涝灾，作物送老壮子，产量高。

黏土，占总耕地面积的 0.92%，代表土种有黄泥田、黄泥土等。土层深厚，块状结构，保水保肥力强，无前催有后劲，土壤黏重，难排水，宜耕期短，特别是干耕比较困难，作物产量中等。

【气候】 西充县属亚热带湿润季风气候区，春早冬晏，四季分明。自然灾害以旱为主，间有涝、风、雹灾。

年度气候特点　2018 年气温偏高，降水正常略偏多，日照正常略偏少。年内出现寒潮 3 次，暴雨 6 次，大暴雨 1 次，大风 7 次。

气温　2018 年年平均气温 17.3℃，比历年值 16.8℃偏高 0.5℃；年极端最高气温 39.5℃，比历年极端最高值 41.3℃低 1.8℃；年极端最低气温 -3.9℃，比历年极端最低值 -4.4℃高 0.5℃。

降水　年总降水量为 1055.3 毫米，比历年值 959.2 毫米略偏少 10％。

日照　年总日照时数为 1191.9 小时，比历年平均值 1302.5 小时略偏少 8%。

其他　年内无霜期 315 天，最多风向为北风，年平均相对湿度 83%。

重要天气过程　1 月 24 日—26 日，出现一次降温降雨天气过程，平均气温累积下降 5.8℃；12 月 5 日—8 日，出现降温降雨天气过程，平均气温累积下降 5.4℃；12 月 27 日—30 日，出现一次强降温及雨雪天气过程，平均气温累积下降 6.2℃。

7 月 20 日—22 日、8 月 20 日、8 月 28 日—29

日、8月31日—9月1日为高温日，7月18日—24日，8月13日—16日，8月24日—9月4日为高温期;3月4日、4月4日、5月5日—6日、5月17日、5月22日、5月26日、6月8日出现大风天气，极大风速分别为19.6米/秒、21.3米/秒、17.0米/秒、19.9米/秒、20.0米/秒、17.5米/秒、17.0米/秒。

5月20日、6月18日、6月24日、6月30日、7月3日、7月29日、8月5日出现暴雨，其中6月30日为大暴雨，雨量为123.9毫米。

自然资源

【土地】 2018年，全县国土总面积1662280.05亩。土地分为耕地、园地、林地、草地、城镇村及工矿用地、交通运输用地、水域及水利设施用地、其他土地八大类。实有耕地面积743110.5亩。其中，水田226657.8亩,同比增加1.52%;旱地516452.7亩，同比增加1.18%；园地19366.8亩，同比减少1.13%；林地551033.1亩，同比减少0.13%;草地3987.45亩，同比减少0.45%；城镇村及工矿用地148626亩，同比增加1.08%；城市和建制镇用地26305.05亩，村庄用地119831.1亩，采矿用地1265.7亩，风景名胜及特殊用地1224.3亩；交通运输用地30360.6亩，同比增加6.59%；水域及水利设施用地39210.6亩，同比增加0.34%；其他土地126585亩，同比减少8.70%。

【矿藏】 县内已发现各类矿产7种，其中经过地质调查评价和勘查的矿产较少。除盐卤还未开采外，其余均有矿点。2018年年末，全县有莲池中型石油油田和罐垭八角中型天然气气田各1个，砖用页岩31处，砖瓦用黏土、含钾岩石、矿泉水各1处，小型油气田52口。除2个中型油气田外，其余矿床规模全属小型矿床及矿点。

石油主要分布在义和、鸣龙、槐树、金源、李桥和祥龙、车龙、占山、莲池、金山、永清、多扶、扶君等乡镇。其中莲池中型油田，已探明石油资源量1492万吨，可采储量89.5万吨，现剩余可采储量60.1万吨。

天然气多随油井伴生，但储量较少。其中罐垭八角中型气田，累计探明资源量86.47亿立方米，可采储量34.02亿立方米，现剩余可采储量25.39亿立方米。

盐卤在县城西部（西碾、群德至车龙一线以西）广泛分布。埋藏浅，最浅15米可见咸水，一般埋藏深度30~100米。

页岩在本县广泛分布，是优势矿种。经详细调查、勘查，截至2018年年底，砖瓦用页岩总储量约457.48万立方米。其中，砖瓦用页岩382.58万立方米，建筑用砂岩74.9万立方米。

【水资源】 西充县地处嘉陵江、涪江水系分水岭地带，县内水资源贫乏，无大江大河，季节性缺水严重，属十年九旱的老旱区。农业生产靠天吃饭，水利设施十分薄弱，人畜饮用水十分困难。县域内长度在10公里以上的河流共16条，总长350.6公里，分属嘉陵江和涪江两大水系。鸣龙、高院等乡（镇）大都属涪江水系，流域面积86.11平方公里，占全县面积7.8%；其余属嘉陵江水系，流域面积1020.48平方公里，占全县面积的92.2%。流域面积在100平方公里以上的河流有5条，均属嘉陵江水系，分别为宝马河、紫岩河、虹溪河、三叉河、龙滩河。县域年平均降雨量989.9毫米，平均径流深289.3毫米。地表水3.20亿立方米,地下水0.47亿立方米，中等年水资源总量为3.67亿立方米，相比全国同类地区处于较低水平。人均拥有水量507立方米，仅占全省平均人均水量的1/5，占全国人均水量的1/4。

【野生动物】 2018年，县域内发现的野生动物有47种。野生鸟类资源十分丰富，主要有麻雀、喜鹊、白头翁、水老鸹、珠颈斑鸠、啄木鸟、鸡冠雀、翠鸟、八哥、红嘴蓝鹊、画眉、鹊鸲（粪鸦雀）、黄鹂、云雀、大杜鹃（布谷鸟、包谷雀）、家燕、胡豆雀（俗名）、山树莺、老鹰、雀鹰（鹞子、鹞鹰）、猫头鹰、野鸡、灰鹤、白鹭、苍鹭（青桩）、夜鹭（夜哇子、哇子）、秧鸡等。另外，还有青头潜鸭、泥鸭、牛背鹭等。黑鹳、白鹳在县内已为数稀少，青龙偶有所见。

兽类常见的有野兔、黄鼬、野猪、野猫、穿山甲、田鼠、家鼠等。

爬行类常见的有蛇、龟、鳖等。

昆虫类常见的有双齿陶锹甲、云斑天牛、细纹罗花金龟、蜻蜓等。

全县水域广泛分布各种鱼类，主要有33种。其中，经济鱼类有鳙鱼、白鲢、草鱼、鲤鱼、鲫鱼、黄鳝、鲶鱼、鳜鱼等19种。鳙鱼、白鲢、草鱼、鲤鱼、鲫鱼为县内主要养殖鱼类。

此外，县内部分水域还生长着乌龟、团鱼、河蚌、田螺等水生动物。但这些水生资源产量甚少，特别是野生的乌龟、团鱼几乎到了绝迹的地步。

【植物】 西充是全国绿化模范县、全国木材战略储备县、全省产业强县培育县。县内有四川西充青龙湖国家湿地公园、百福寺森林公园、张澜故居、九龙潭等重要森林景点。森林植物种类有37科61属96种。其中，经济林木11科62种，灌木18个种。

林木主要有柏木、刺槐（亦称洋槐）、榆树、青冈栎、水青冈、黄楝、黄葛树、樟树、楠树、银杏树、黄荆、法国梧桐、泡桐、马尾松、大叶桉、细叶桉、紫穗槐、紫荆、野山楂、马桑、毛竹、芦竹、苦竹、麻竹、斑竹、雷竹等。

经济类主要有桑、油桐、油橄榄、漆树、白蜡树、向日葵、桃、李、杏、梅、柿、梨、柚、甜橙、枇杷、樱桃、葡萄、枣、柑等。全县均有分布。

药类主要有半夏、红花、荆介、白芷、威灵仙、枳、泽泻、茴香、紫苏、藿香、麦冬、天冬、柴胡、前胡、牛蒡、石菖蒲、益母草、车前、艾、地黄、薄荷、金钱草、鱼腥草、夏枯草等。

牧草类有白茅、龙须草（亦称蓑草）、狗尾草、狗牙根、芦苇等33种。在全县均有分布。

观赏植物类主要有桂花、菊花、栀子、夹竹桃、月季花、月月红、杜鹃花、莲、牵牛花、鸡冠花、兰花、凤仙花、胭脂花、报春花、昙花、蝴蝶花、腊梅、仙人掌、万年青、美人蕉、文竹、芭蕉、吊兰等。

此外，县内部分水域还生长着鱼笋、芡实、菱角、莲藕、水芋等水生植物。

2018年继续实施天然林保护工程、退耕还林荒山造林工程、绿色通道工程、植被恢复工程和湿地保护工程五大生态工程，培育竹产业、特色经果林、木本油料林、林下经济和森林生态旅游五大优势产业，建设基层林业服务体系、森林资源保护体系、林政执法体系、森林防火减灾体系、林业有害生物防治体系五大保障体系，发挥产品供给功能、就业增收功能、生态保护功能、观光休闲功能、文化传承功能五大功能，实现资源增长、产业增效、农民增收、社会受益、西充增彩五大奋斗目标。2018年年末，全县有林地面积555190.95亩，其中，森林面积549849.3亩，森林覆盖率达33.07%，活立木蓄积248万立方米。全年林业年产值14亿元，农民林业人均收入201.38元。

自然灾害

【地质灾害】 全县的地质灾害主要发生和分布在区内北部浅丘地区，地形地貌复杂，相对高差大，地势陡峻，岩层软硬相间，结构破碎，地质构造作用强烈，断裂、皱褶和裂隙较发育，表层风化作用强烈。加之雨量充沛，气候恶劣，滑坡、崩塌等地质灾害经常发生。同时，由于各种不合理的人类工程活动影响，加剧和诱发了地质灾害的发生。

【病虫害】 主要为森林病虫和作物病虫。森林病虫，全县常见的有柏毛虫（亦称蜀柏毒蛾）、红黄半皮丝叶蜂、杨树食叶害虫、柏木实蜂、桤木叶甲。多以柏毛虫害为主，几乎年有发生。作物病虫，全县主要农作物病虫害种类有549种，其中，虫害311种，病害238种，主要害虫天敌有400多种，分属63个目63个科。危害重的病虫害有：稻瘟病、纹枯病、锈病、白粉病、赤霉病、黑斑病、软腐病、菌核病、赤枯麦蚜、麦蜘蛛、玉米螟、地老虎、薯叶甲等。年均有发生。

人口与民族

【人口】 总量　全县人口以汉族为主。2018年，全年有263358户，总人口600725人，人口密度542人/平方公里。

性别　2018年，全县有男性315388人，女性285337人。

年龄　2018年，全县18岁以下有88770人；18~34岁有134322人；35~59岁有234141人；60岁及以上有143492人。

性质　2018年，全县有城镇人口127967人，乡村人口472758人。

变动　2018年，全县出生6035人，人口出生率为10.05‰；死亡4942人，人口死亡率为8.23‰，人口自然增长率为1.82‰；全年迁入1500人，其中，省内迁入730人，省外迁入770人，迁入率为0.25‰；全年迁出7796人，其中，迁往省内4846人，迁往省外2950人，迁出率为1.30‰，总迁移率为1.55‰。年末，城镇化率为40.86%。

备注：人口自然增长率采用卫计局数据核算，未使用公安年报数据计算。

【民族】 县内有24个民族，以汉族为主。有23个少数民族，270人，主要通过移民和婚配两种方式进入。其中，彝族47人，苗族36人，壮族32人，土家族30人，藏族27人，回族15人，蒙古族12人，白族9人，布依族9人，傣族9人，侗族7人，羌族7人，瑶族7人，傈僳族6人，佤族3人，水族2人，阿尼族2人，朝鲜族2人，仡佬族2人，拉祜族2人，满族2人，红畲族1人，黎族1人。

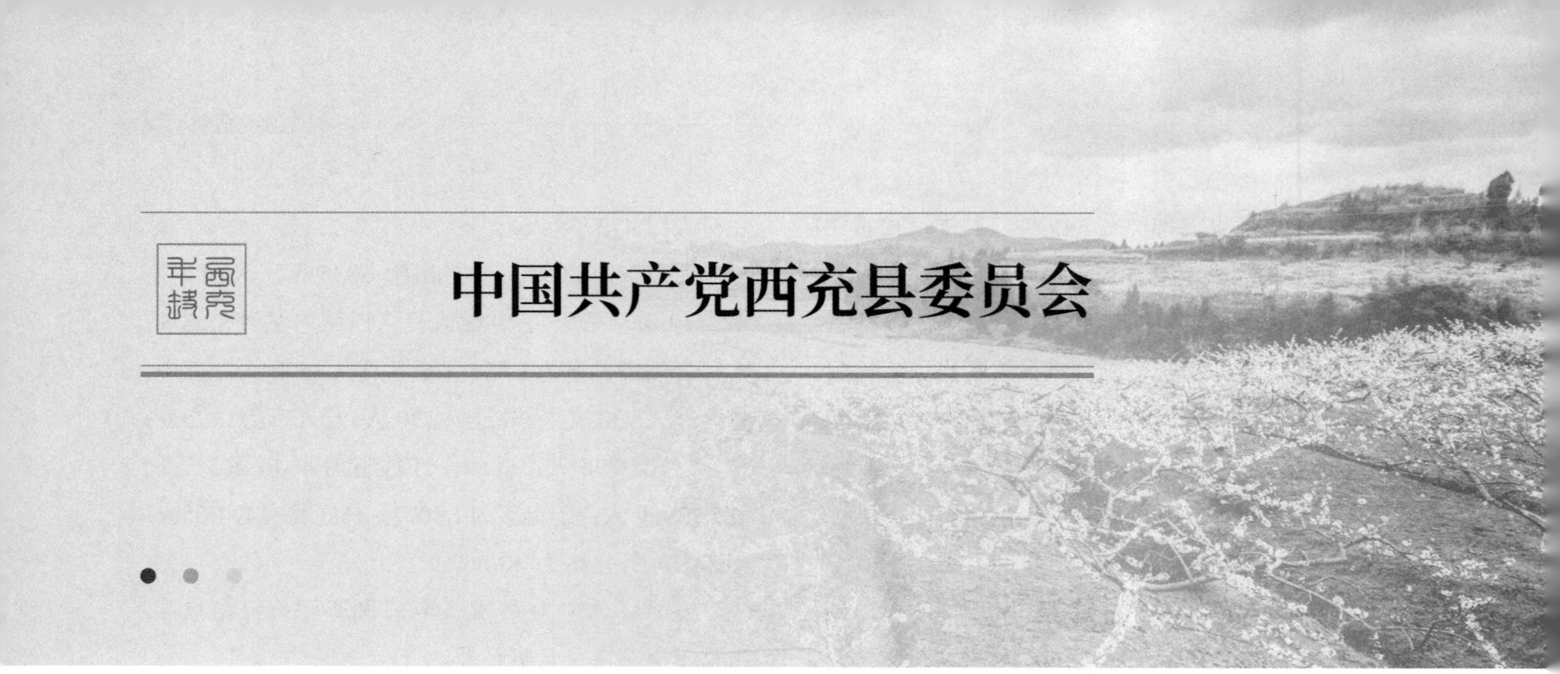

中国共产党西充县委员会

全体会议

【西充县委第十三届五次全会】 1月17日，中共西充县第十三届委员会第五次全体会议在金领莲花大酒店举行。

全会由县委常委会主持。全会全面深入学习贯彻落实党的十九大、省委十一届二次全会和市委六届七次全会精神，审议通过《中共西充县委关于全面深入贯彻落实党的十九大精神大力实施“533战略规划”加快建设“中国西部现代农业公园”的决定》和《中共西充县第十三届委员会第五次全体会议决议》；总结报告2017年县委常委会的工作；安排部署2018年工作，提出2018年的工作总体思路是：高举中国特色社会主义伟大旗帜，坚持以习近平新时代中国特色社会主义思想为指导，深入贯彻落实党的十九大、中央经济工作会议、省第十一次党代会、省委十一届二次全会、省委经济工作会议、市第六次党代会、市委六届七次全会、市委经济工作会等系列会议精神，紧紧围绕省委“三大发展战略”和市委“155发展战略”，全面落实市委坚决打赢“六场攻坚战”、坚决打赢“三场持久战”、坚决抓好“五大统筹”决策部署，坚持“稳中求进、进中求快、快中求好”的工作主基调，坚持高质量可持续发展要求，深入实施县委“533战略规划”，决胜现代农业、工业振兴、旅游康养、城乡建设、脱贫攻坚“五大战场”，汇聚重点改革、精准招商、创新创业“三大动力”，强化依法治县、从严治党、基层党建创新“三大保障”，全力办好事关西充长远发展的“10件大事”，奋力开启建设“中国西部现代农业公园”新征程。

全会提出了2018年工作的奋斗目标是：坚决实现“三巩固三提升三达到”。“三巩固”即巩固高于全国、高于全省、高于全市的良好增长态势；巩固全省示范、西部领先、全国一流的有机农业优势地位；巩固风清气正、崇廉尚法、实干争先的良好政治生态。“三提升”即提升现代农业、新型工业、旅游康养质量；提升城市建管、改革创新、开放合作水平；提升维护稳定、改善民生、从严治党能力。“三达到”即地区生产总值达到131.5亿元、增长8.7%以上，全社会固定资产投资达到146.2亿元、增长16%以上，地方一般公共预算收入达到6.6亿元、增长10%以上。

出席全会的有县委委员27人，县委候补委员6人。列席会议的有不是县委委员、候补委员的县级领导干部，担任过正县级领导职务的退休干部，不是县委委员、候补委员的县纪委常委，县人大、县政协各专委会主要负责人，县直部门、县属国有企业主要负责人，乡镇党委书记、乡镇长，驻县省、市单位负责人，市党代表等。

【西充县委第十三届六次全会】 中国共产党西充县第十三届委员会第六次全体会议，于2018年8月21日—23日在县城召开。全会由县委常委会主持。全会深入学习贯彻习近平新时代中国特色社会主义思想和习近平总书记对四川工作系列指示精神，全面贯彻省委十一届三次全会、市委六届八次全会决策部署，听取和讨论县委书记孙骏代表县委常委会作的工作报告，审议通过中共西充县委《关于全面推动习近平总书记对四川工作系列重要指示精神在西充落地落实的决定》和《关于加快推动高质量发展争当"有机农业排头兵"打造"乡村旅游目的地"建设"产城一体示范区"的决定》《关于集中力量抓好"10件大事"的决定》《关于纵深推进全面从严治党构建县域良好政治生态的决定》。孙骏就"1+3"决定（讨论稿）向全会作说明。

全会明确2018年下半年西充县经济社会发展的思路和目标：认真贯彻落实中央大政方针和省委十一届三次全会、市委六届八次全会决策部署，坚持"稳中求进、进中求快、快中求好"的总基调，聚焦聚力"三大定位"战略目标，大力实施"533"战略规划，全力以赴打好"九场战役"，主要经济指标增速保持"高于全国、高于全省、高于全市"，力争全年地区生产总值达140亿元以上、增长13%以上，地方一般公共预算收入达6.6亿元以上、增长10%以上。下半年西充县工作主要安排是：一要坚决打好全面小康"三场攻坚战"，要打好精准脱贫攻坚战、打好污染防治攻坚战、打好风险防控攻坚战；二要坚决打好专注发展"三场突围战"，要打好项目建设突围战、打好对外开放突围战、打好改革创新突围战；三要坚决打好从严治党"三场持久战"，要打好管党治吏持久战、打好正风肃纪持久战、打好惩贪治腐持久战。

全会套开了全县项目推进会，组织党政代表团赴蓬安县、阆中市考察学习。在蓬安县委书记蒲国，县委副书记、县长崔竹君，阆中市委书记张斌的陪同下，西充县委书记孙骏带领县委十三届六次全会与会人员考察蓬安县"蜀北桑海"现代农业园区、G244燕山大道改线工程项目、相如故城景区及配套设施项目、阆中市天林乡五龙村脱贫攻坚项目、张飞牛肉中央厨房冷链物流建设项目等重点项目现场，了解蓬安县、阆中市在重点项目建设、脱贫攻坚、产业培育、乡村振兴等方面所取得的成绩。

出席会议的县委委员29人、候补委员6人。列席会议的有：不是县委委员、候补委员的县级领导干部，副县级及以上退休干部代表，不是县委委员、候补委员的县纪委常委，县政协秘书长，县人大、政协各科室主要负责人，县直部门、县属国有企业主要负责人，乡镇党委书记、乡镇长，驻县单位、金融机构主要负责人，部分重点企业负责人，部分市党代表、县人大代表、县政协委员。

常务委员会

【概况】 2019年，西充县委召开了42次常委会（扩大）会议，其中较为重要的有38次。

【西充县委十三届第四十二次常委会（扩大）会议】 会议于1月10日由县委书记孙骏主持召开，传达学习《中共南充市纪委、南充市监察局关于进一步严明元旦、春节期间廉洁纪律的通知》，市委六届七次全会，全市"三场攻坚战"项目拉练会，市委经济工作会暨项目建设、对外开放、产业发展、金融工作大会精神，研究县人民代表大会、县政协会议有关事宜，听取全县贯彻党的十九大精神和执行党章党规检查情况汇报并研究整改措施。

【西充县委十三届第四十四次常委会（扩大）会议】 会议于1月15日由县委书记孙骏主持召开，听取2017年主要经济指标预计完成情况，研究2018年主要经济指标，研究县委十三届五次全会相关事项，审议县人民代表大会、县政协会议相关工作报告、县财政局党组关于2018年预算方案（草案）的报告。

【西充县委十三届第四十五次常委会（扩大）会议】 会议于1月26日由县委书记孙骏主持召开，观看南充市委《再访“三场攻坚战”》曝光片，传达学习《四川省信访工作责任制实施细则》、全市经济工作“开门红”推进会暨一季度安全稳定工作部署会会议精神、中共十九届中央委员会第二次全体会议精神、中共十九届中央纪律检查委员会第二次全体会议精神、中央政法工作会精神、全国扫黑除恶专项斗争电视电话会会议精神。

【西充县委十三届第四十六次常委会（扩大）会议】 会议于2月9日由县委书记孙骏主持召开，传达学习《南充市社会稳定风险评估实施办法》和市委书记宋朝华在市委常委会（扩大）会议传达贯彻省人民代表大会、省政协会议精神时的讲话精神，研究贯彻意见，会议还传达学习中央、省委和市委宣传部长会议精神、省十三届人民代表大会一次会议精神、省政协十二届一次会议精神、全市住房城乡建设工作会议精神、全市关工委2018年度工作暨首届关心下一代十佳五老表彰会议精神、《四川省市县党政主要领导干部履行经济责任重点风险提示清单》《四川省市县党政主要领导干部履行自然资源资产管理和生态环境保护重点风险提示清单》和《中共四川省委办公厅、四川省人民政府办公厅关于做好2018年度表彰奖励工作有关事项的通知》，研究扫黑除恶相关工作，审议《关于深化西充县县属国有企业负责人薪酬制度改革的实施办法》和县纪委全会相关资料，听取《关于县委常委班子民主生活会征求意见的报告》和县委第三轮巡察工作情况汇报，开展《忏悔实录VI》学习讨论。

【西充县委十三届第四十七次常委会（扩大）会议】 会议于2月12日由县委书记孙骏主持召开，传达学习全市项目建设、精准脱贫、对外开放“三场攻坚战”现场拉练会议精神。

【西充县委十三届第四十八次常委会（扩大）会议】 会议于2月22日由县委书记孙骏主持召开，集中观看习近平总书记到四川视察新闻报道，专题传达学习习近平总书记到四川视察讲话精神和省委常委（扩大）会议、全省领导干部大会、市委常委（扩大）会议精神。

【西充县委十三届第四十九次常委会（扩大）会议】 会议于3月5日由县委书记孙骏主持召开，传达学习市委关于学习贯彻习近平总书记到四川视察讲话精神的要求、学习中央农村工作会议精神、学习中央第四巡视组巡视四川省工作动员会议精神、学习全市群团改革工作推进会议精神，中国共产党第十九届中央委员会第三次全体会议精神、市人民代表大会、政协会议精神和中央、省委和市委组织部长会议精神，审议《贯彻落实中央八项规定精神、省委省政府十项规定精神、市委市政府九项规定精神和县委县政府十项规定实施细则》和《关于加强川东北农产品精深加工产业园招商工作若干事项的决定》。

【西充县委十三届第五十次常委会（扩大）会议】 会议于3月8日由县委书记孙骏主持召开，传达学习《中央办公厅关于严明政治纪律切实保证党和国家机构改革顺利进行的通知》《南充市委办公室关于贯彻落实〈党委（党组）网络意识形态工作责任制实施细则〉的通知》、全市统战工作会议精神和《中共中央关于深化党和国家机构改革的决定》，审议《中共西充县委关于维护党中央集中统一领导的规定》《重大问题联合督查督办工作办法》和《同级纪委向同级党政领导班子成员定期通报党风廉政建设情况促进落实主体责任实施办法》。

【西充县委十三届第五十四次常委会（扩大）会议】 会议于3月24日由县委书记孙骏主持召开，传达学习《中华人民共和国宪法修正案》，全国人民代表大会和全国政协会议精神，习近平总书记在十三届全国人民代表大会一次会议闭幕会及参加内蒙古、广东、山东、重庆、解放军和武警部队代表团审议时发表的讲话精神及参加全国政协联组会议时的讲话精神，政府工作报告，全省领导干部大会及王东明、彭清华、尹力讲话精神，省信访联席办关于进一步做好中央第四巡视组转交信访事项办理报送工作要求并研究贯彻意见。

【西充县委十三届第五十五次常委会（扩大）会议】 会议于3月27日由县委书记孙骏主持召开，传达学习《习近平同志在打好精准脱贫攻坚战座谈会上的讲话》并研究贯彻意见，传达学习全市落实中央第五环境保护督察组督察反馈意见整改工作推进会议精神并研究当前环境保护工作，研究当前安全生产工作，审议并原则通过《中共西充县委2018年工作要点》《中共西充县人民政府2018年工作要点》《中共西充县人大常委会2018年工作要点》《政协西充县委员会2018年工作要点》和《政协西充县委员会2018年度协商计划》。

【西充县委十三届第五十六次常委会（扩大）会议】 会议于4月9日由县委书记孙骏主持召开，专题学习《中共四川省委巡视工作办法》，传达学习省纪委党风廉政建设社会评价满意度集体约谈会议和省纪委副书记郑东风讲话精神，以及全国保密工作会议、省委保密委员会全体会议暨全省保密工作会议、市委保密委员会全体会议暨全市保密工作会议精神并研究贯彻意见；通报市纪委督察西充贯彻执行中央八项规定精神情况反馈问题和市纪委书记伍定讲话精神并研究整改措施；审议并原则通过《中共西充县委常委班子2017年度民主生活会查摆问题整改方案》和《西充县乡镇党委书记抓党建工作述职评议考核问责办法（试行）》。

【西充县委十三届第五十七次常委会（扩大）会议】 会议于4月20日由县委书记孙骏主持召开，专题学习《中华人民共和国监察法》，传达学习彭清华同志在学习贯彻习近平新时代中国特色社会主义思想和习近平总书记对四川工作重要指示精神读书班上的讲话精神、市委常委会第80次会议及市委书记宋朝华讲话精神、全省公务接待工作座谈会精神，并研究贯彻意见；审议并原则通过《西充县第二届“劳动光荣——最美劳动者”表扬对象名单》和《全省贫困村优秀第一书记、先进帮扶单位和优秀驻村干部表扬对象推荐名单》。

【西充县委十三届第五十八次常委会（扩大）会议】 会议于4月28日由县委书记孙骏主持召开，专题学习近期中央纪委公开曝光的七起违反中央八项规定精神问题，传达学习全市开展“大学习、大讨论、大调研”活动系列文件精神、《中共中央、国务院关于对〈河北雄安新区规划纲要〉的批复》精神、《地方党政领导干部安全生产责任制规定》精神、《中共中央办公厅、国务院办公厅关于严禁自行出台政策发放工资、津贴、补贴有关问题的通知》精神、全市县处级主要领导干部学习贯彻习近平新时代中国特色社会主义思想和习近平总书记对四川工作指示精神读书班精神和市委书记宋朝华讲话，并研究贯彻意见。会议听取县环保局党组关于近期环保工作的汇报，传达学习《南充市落实中央环境保护督察反馈意见整改销号实施办法》，研究2018年度进一步加强党风廉政建设，提升群众满意度工作。

【西充县委十三届第五十九次常委会（扩大）会议】 会议于5月11日由县委书记孙骏主持召开，专题学习中共中央办公厅、国务院办公厅印发的《健全落实社会治安综合治理领导责任制规定》，传达学习《中共南充市委办公室关于凝神聚力狠抓落实的通知》并研究贯彻意见，听取县委政法委关于近期全县平安建设工作的汇报，安排部署全县近期重点工作，研究国道212线西充县城区过境段改建工程征地拆迁补偿安置办法有关事宜，审议金（泉）太（平）线现代农业万亩柑橘产业示范园组织设置建议方案，审议并原则通过《恒大南西田园康养生态城项目投资合作协议（审议稿）》。

【西充县委十三届第六十次常委会（扩大）会议】 会议于5月26日由县委书记孙骏主持召开，现场督导金（泉）太（平）线万亩现代柑橘产业园东岗山植被恢复工作，传达学习全国生态环境保护大会会议精神，习近平总书记的讲话精神和市委书记宋朝华批示精神，省、市防汛抗旱减灾工作电视电话会议精神，通报县纪委关于市目督办通报西充县部分乡镇防汛减灾工作落实不力的调查处理结果，并研究近期防汛抗旱减灾工作，研究给予违纪干部纪律处分。

【西充县委十三届第六十一次常委会（扩大）会议】 受县委书记孙骏委托，会议于6月8日由县委副书记、县长张光全主持召开，专题学习《环境影响评价法》，并通报河北省7起因空气环境质量恶化而被追责问责典型案例，学习习近平总书记在纪念马克思诞辰200周年大会上的讲话精神和在十九届中央政治局第五次集体学习时的讲话精神，学习全省“大学习、大讨论、大调研”活动工作推进会议精神和市委“大学习、大讨论、大调研”活动专刊第26期、27期、28期文件精神，听取全县“大学习、大讨论、大调研”活动工作推进情况汇报，学习《中共四川省委办公厅、四川省人民政府办公厅关于严禁自行出台政策发放工资、津贴、补贴的通知》和《中共南充市委办公室、南充市人民政府办公室关于严禁自行出台政策发放工资、津贴、补贴的通知》精神，学习《南充市从事生产经营活动事业单位改革工作方案》的通知，听取西充县整改落实省市督察通报有关问题的情况汇报并研究当前工作，听取县法院决胜“基本解决执行难”情况汇报，审议《加强和支持人民法院“基本解决执行难”工作的实施意见》（审议稿）。会议还书面传达《中共四川省委办公厅关于严格执行和落实请示报告制度的通知》精神、十九届中央国家安全委员会第一次会议精神、全国网络安全和信息化工作会议精神、贯彻落实《中央巡视工作规划（2018—2022年）》推进会精神、嘉陵江流域河长制工作推进会精神、省委彭清华书记在“大学习、大讨论、大调研”成果交流汇报会暨省委中心组学习会上的讲话、《关于进一步激励广大干部新时代新担当新作为的意见》和市委全面深化改革工作推进会会议精神。

【西充县委十三届第六十二次常委会（扩大）会议】 受县委书记孙骏委托，会议于6月22日由县委副书记、县长张光全主持召开，专题学习四川省纪委通报的7起落实“两个责任”不力被问责典型案例，传达学习省委书记彭清华在南充调研指示精神和在川东北经济区工作座谈会讲话精神，以及市委书记宋朝华在市委常委会（扩大）会议专题传达贯彻省委书记彭清华在南充调研指示精神和在川东北经济区工作座谈会讲话精神时的讲话（摘要）、《中共四川省委办公厅关于严禁擅自发布、传播中央文件和省委文件有关事项的通知》《中共南充市委办公室关于进一步做好新时代党史工作的通知》，同时听取西充县党史工作汇报并研究贯彻意见，审议共青团西充县第十一次代表大会委员会组成人员候选人建议名单和《西充县“充国英才工程”实施方案》。

【西充县委十三届第六十三次常委会（扩大）会议】 会议于6月29日由县委书记孙骏主持召开，专题学习《中共中央、国务院关于全面加强生态环境保护坚决打好污染防治攻坚战的意见》和省生态环境保护大会精神，传达学习市委书记宋朝华调研仪陇、蓬安、营山讲话精神并研究贯彻意见，听取南充西充产业新城PPP项目有关情况的汇报、县政府党组关于将西充县鹤鸣庵社区棚户区改造等4个项目列入政府购买服务有关情况的汇报、川东北（南充）康养文化小镇PPP项目有关情况的汇报，审议关于成立中共西充县法学会党组的建议方案、县纪委向县一级党和国家机关派驻纪检机构的建议方案和关于县纪委向县一级党和国家机关派驻纪检机构编制调整的建议方案。会议还研究县纪委派驻机构筹备组组长人选。

【西充县委十三届第六十四次常委会（扩大）会议】 受县委书记孙骏委托，会议于7月4日由县委副书记、县长张光全主持召开，传达学习省委十一届三次全会精神、市委书记宋朝华在市委常委会（扩大）会议上传达贯彻省委十一届三次全会精神时的讲话精神，以及《中共四川省委办公厅关于认真学习宣传贯彻省委十一届三次全会精神的通知》和《中共南充市委办公室关于认真学习宣传贯彻省委十一届三次全会精神的通知》并研究贯彻意见，传达学习全市平安建设群众满意度评价工作推进会议精神并研究平安建设工作，会议还传达学习《习近平：在深入推动长江经济带发展座谈会上的讲话》。

【西充县委十三届第六十五次常委会（扩大）会议】 会议于7月17日由县委书记孙骏主持召开，专题学习国家发改委印发的《企业投资项目事中事后监管办法》，审议《关于处置到县委、县政府违法上访行为的工作规定（审议稿）》和《“互联网+无车承运”西南区域总部项目投资协议（审议稿）》，传达全省安全生产紧急电视电话会议精神，听取西充县近期安全生产工作情况汇报并研究下步工作，通报上半年全市党风廉政建设社会满意度评价测评结果并研究下一步工作，研究对违纪干部的处分意见。

【西充县委十三届第六十六次常委会（扩大）会议】 会议于7月23日由县委书记孙骏主持召开，传达学习市委书记宋朝华调研西充指示精神和在西充工作汇报会上的讲话精神。

【西充县委十三届第六十七次常委会（扩大）会议】 会议于7月30日由县委书记孙骏主持召开，专题观看四川党风廉政教育警示片《荣辱两重天》，专题传达了市委六届八次全体（扩大）会议、全市2018年二季度“三场攻坚战、三场突围战”现场拉练工作推进会议精神并研究贯彻意见。

【西充县委十三届第六十八次常委会（扩大）会议】 会议于8月21日由县委书记孙骏主持召开，传达学习《关于进一步规范使用有关表述的提醒事项》《关于党务公开一般不实行依申请公开的提醒事项》《习近平总书记在十九届中央政治局第六次集体学习时的讲话》和《中共中央国务院关于防范化解地方政府隐性债务风险的意见》，并研究贯彻意见，研究县委十三届六次全会相关事项、扫黑除恶专项斗争相关事宜、西充县泓源水务发展有限公司发行非公开定向融资工具有关事宜，以及2017年度市管干部年度考核和县委常委班子成员分工调整相关工作。

【西充县委十三届第六十九次常委会（扩大）会议】 会议于8月23日由县委书记孙骏主持召开，听取中共西充县十三届委员会第六次全体会议各讨论小组第一召集人对本组讨论情况的汇报，审议并原则通过了《中共西充县十三届委员会第六次全体会议决议（讨论稿）》。

【西充县委十三届第七十次常委会（扩大）会议】 会议于8月31日由县委书记孙骏主持召开，专题学习2018年修订的《中国共产党纪律处分条例》，传达学习全国宣传思想工作会议精神，研究“争当有机农业排头兵”“打造乡村旅游目的地”“建设产城一体示范区”及“10+2”大事工作推进相关事宜，听取上半年全县党风廉政建设及社会评价工作汇报、县政府党组关于四川安汉实业投资集团有限责任公司发行非公开定向融资工具相关工作汇报，以及县政府党组关于2017年度岗位目标奖、个别群体2017年年度慰问金和一次性困难补助发放相关工作汇报。

【西充县委十三届第七十一次常委会（扩大）会议】 会议于9月11日由县委书记孙骏主持召开，传达学习《彭清华同志在省推进区域协同发展领导小组第一次会议上的讲话》精神、四川省落实中央巡视组反馈意见整改动员大会精神及省委书记彭清华讲话精神、《中共四川省委办公厅、四川省人民政府办公厅关于认真落实中央巡视组反馈意见严格精简文件会议的通知》精神、市委书记宋朝华关于《中共西充县委关于学习贯彻市委六届八次全会精神及朝华书记调研西充重要指示精神的报告》的批示精神、《关于开展宗教工作自查自纠的通知》，并研究贯彻意见；听取县政府党组关于全县2018年主要经济指标目标任务调整相关工作汇报，审议《西充县加快推进民营经济发展的意见（审议稿）》《四川建华职业学院项目投资协议（审议稿）》；听取县人大常委会、县政府、县政协、县法院、县检察院党组书记2018年二季度落实党风廉政建设主体责任情况汇报，县委常委班子成员上半年述责述廉汇报和县委第四轮巡察工作情况汇报，并研究下一步工作。

【西充县委十三届第七十二次常委会（扩大）会议】 会议于9月14日由县委书记孙骏主持召开，传达学习全市脱贫攻坚领导小组会议精神和市委全面深化改革领导小组第十八次会议精神，并研究贯彻意见。

【西充县委十三届第七十三次常委会（扩大）会议】 会议于9月29日由县委书记孙骏主持召开，传达南充市落实中省环境保护督察反馈意见整改工作暨县级城市集中式饮用水水源地环境问题整治工作推进会议精神、市委书记宋朝华在《关于全市100件大事推进落实情况的专报》和《中共南充市纪委关于营山县"十件大事"督察有关情况的报告》上的批示精神、土地例行督察反馈问题整改工作第二次推进会暨南充市第三次全国国土调查领导小组（扩大）会议精神、《中共中央、国务院关于加强和改进新形势下宗教工作的意见》《中共中央办公厅、国务院办公厅印发〈关于加强和改进新形势下伊斯兰教工作的意见〉的通知》《中共四川省委办公厅、四川省人民政府关于加强和改进新形势下宗教工作的实施意见》《中共四川省委办公厅、四川省人民政府办公厅关于印发〈省委统战部、省民族宗教委关于加强新形势下基督教工作的实施意见〉的通知》《四川省民族宗教委关于印发〈关于进一步做好新时代全省伊斯兰教工作若干意见的通知〉的通知》《南充市环境保护行政约谈办法（试行）》，并研究贯彻意见。听取了2018年脱贫攻坚第二轮全覆盖督导工作开展情况汇报、西充县"争当有机农业排头兵""打造乡村旅游目的地""建设产城一体示范区"实施意见及"10+2"大事实施方案相关情况汇报；研究防范化解金融风险有关事宜和西充县国家税务局、地方税务局联合党委改设西充县税务局党委的有关事项。

【西充县委十三届第七十四次常委会（扩大）会议】 会议于10月15日由县委书记孙骏主持召开，传达学习《中共四川省委关于彻底肃清周永康流毒影响持续净化四川政治生态的决定》及《中共四川省委办公厅关于认真学习贯彻〈中共四川省委关于彻底肃清周永康流毒影响持续净化四川政治生态的决定〉的通知》精神、全市党风廉政建设社会评价工作推进会议精神、中央扫黑除恶第10督导组实地督导南充反馈意见，并研究贯彻意见和下一步工作，听取近期涉军维稳工作汇报、近期环保工作汇报，并研究下步工作，安排部署近期重点工作。

【西充县委十三届第七十五次常委会（扩大）会议】 会议于10月30日由县委书记孙骏主持召开，传达学习全市乡村振兴大会精神、《中共南充市委办公室关于认真学习贯彻落实〈关于强化责任担当提高决策效率的纪要〉精神的通知》；审议《中共西充县委办公室关于强化责任担当提高决策效率的通知（审议稿）》《中共南充市委办公室关于印发〈南充市县以上党和国家机关党员领导干部民主生活会实施细则（试行）〉的通知》，并研究贯彻意见；听取近期涉军维稳工作情况汇报、重点部门关键岗位干部履职情况社会评价结果汇报、全县党风廉政建设社会评价工作汇报，并研究下一步工作；审议县政府党组关于晋城镇撤镇设街道办及车龙乡撤乡设镇的请示、《西充县"西充英才工程"实施办法（审议稿）》《中共西充县委关于县委常委会带头进一步增强法治观念深化依法治县实践的意见（审议稿）》，并研究相关事宜。

【西充县委十三届第七十六次常委会（扩大）会议】 会议于11月9日由县委书记孙骏主持召开，专题学习了《中华人民共和国土壤污染防治法》《中共四川省委办公厅印发〈关于进一步激励全省广大干部新时代新担当新作为的实施意见〉的通知》和《中共南充市委办公室印发〈关于进一步激励全市广大干部新时代新担当新作为的实施意见〉的通知》，并研究贯彻意见，研究奋力夺取全年经济目标任务“满堂彩”相关工作，审议西充县“10+2”大事实施方案（军民融合高端装备制造产业园建设工程、南充市西充产业新城建设工程）、《西充县国家安全工作领导小组关于建立健全党委（党组）反间谍安全防范责任制的实施意见（试行）（审议稿）》《西充县财政资金审批拨付管理办法（审议稿）》，并研究相关工作，研究了西充县首届“十大优秀民营企业家”拟表彰人员名单。

【西充县委十三届第七十七次常委会（扩大）会议】 会议于11月23日由县委书记孙骏主持召开，专题学习了《生产安全事故报告和调查处理条例》和《南充市生产安全事故责任追究和整改措施落实情况评估办法》，通报近期全国重大交通安全事故，学习市领导有关批示精神并研究近期安全生产工作，学习南充市奋力打好项目建设大会战专题调度会议精神并研究贯彻意见，审议西充县“三大定位”实施意见和“10+2”大事实施方案（“争当有机农业排头兵”实施意见、“中国有机农业第一县”建设工程实施方案、50万亩现代农业特色产业基地建设工程实施方案），会议还传达学习了中国工会第十七次全国代表大会、中国妇女第十二次全国代表大会和省工会第十四次代表大会、省妇女第十三次代表大会精神，听取了县政府党组关于《西充县晚熟柑橘产业融合发展示范园区建设项目投资协议》相关情况的汇报，审议《西充县支持企业上市（挂牌）奖补办法（暂行）》，研究优化南充市西充产业新城PPP项目方案有关事宜。

【西充县委十三届第七十八次常委会（扩大）会议】 会议于11月27日由县委书记孙骏主持召开，传达学习省委、省政府实施“一干多支”发展战略推进川南、川东北、攀西经济区和川西北生态示范区协同发展工作会议精神及省委书记彭清华讲话精神，《生态环境部通报四川省绵阳市磷石膏堆场整改不力典型案例》（四川省服务保障中央生态环境保护督察“回头看”工作专报第46期），习近平关于扫黑除恶专项斗争指示精神、全国扫黑除恶专项斗争推进会议精神、全省扫黑除恶专项斗争推进会议精神和中央扫黑除恶专项斗争第10督导组督导四川省反馈南充问题相关整改要求，并研究贯彻意见和下一步工作；听取近期全县招商引资工作汇报、县政府党组关于西充县实验驾校（张澜路外侧）校区搬迁补偿有关情况的汇报、县政府党组关于《实验驾校投资协议》有关情况的汇报、县委第五轮巡察工作汇报，并研究相关工作；研究关于成立退役军人事务管理局相关事宜。

【西充县委十三届第七十九次常委会（扩大）会议】 会议于2018年11月30日由县委书记孙骏主持召开，专题学习《中国共产党支部工作条例（试行）》，传达学习省委书记彭清华在广东省川籍农民工座谈会上的讲话精神、《中共四川省委四川省人民政府关于全面加强生态环境保护坚决打好污染防治攻坚战的实施意见》《中共四川省委四川省人民政府关于促进民营经济健康发展的意见》《中共南充市委办公室南充市人民政府办公室关于进一步规范领导干部外出请假有关事项的通知》，并研究相关工作。会议还传达学习了中央全面深化改革委员会第五次会议精神、省委全面深化改革领导小组第三十二次会议精神、市委全面深化改革领导小组第十九次会议精神，研究2018年脱贫攻坚成效考核相关工作事宜，审议《西充县社会信用体系建设工作实施方案（审议稿)》《西充县推进供给侧结构性改革总体方案《(审议稿)》《西充县关于推进安全生产领域改革发展的实施方案(审议稿)》《西充县推进国家监察向乡镇(街道)延伸的实施方案》,听取全县党风廉政建设社会评价满意度工作汇报并研究下一步工作,研究调整县深化监察体制改革试点工作小组成员相关事宜。

【西充县委十三届第八十次常委会(扩大)会议】 会议于12月7日由县委书记孙骏主持召开,传达学习了各级组织工作会议精神、全市人才发展大会精神和全市党校工作会议精神,以及省市宣传思想工作会议、网络安全和信息化工作会议精神;听取2018年全县意识形态工作汇报,学习全市奋力打好目标任务大会战工作调度会议精神、全市脱贫攻坚总结推进会议精神、全市禁毒人民战争动员部署会议精神、全市卫生与健康大会精神、全市金融工作大会精神,并研究贯彻意见;审议《中共西充县委关于制定西充县乡村振兴战略规划(2018—2022年)的建议(审议稿)》,听取县纪委关于开展党员干部利用地方特产谋取私利问题集中整治的报告。

【西充县委十三届第八十一次常委会(扩大)会议】 会议于12月13日由县委书记孙骏主持召开,传达学习了中共四川省委十一届四次全会精神、《中共四川省委四川省人民政府关于印发〈市县机构改革的总体意见〉的通知》,并研究贯彻意见;听取县人大常委会、县政府、县政协、县法院、县检察院党组书记2018年三季度落实党风廉政建设主体责任情况汇报和县纪委关于十届省委第二巡视组巡视西充反馈意见整改情况的报告。

【西充县委十三届第八十二次常委会(扩大)会议】 会议于12月19日由县委书记孙骏主持召开,传达学习《中共四川省委办公厅四川省人民政府办公厅印发〈关于加快推进成都平原经济区协同发展的实施意见〉等5个文件的通知》、市委书记宋朝华12月11日在《国办发文鼓励地方真抓实干激励措施将进一步向基层市县倾斜》上的批示、《中共四川省委办公厅四川省人民政府办公厅关于全面深入开展违规发放工资、奖金、津贴、补贴问题专项整治的通知》、市委书记宋朝华12月12日在《基层"微腐败"和不正之风的五大表现》上的批示,并研究贯彻意见,会议还审议并原则通过《西充县机构改革方案》。

【西充县委十三届第八十三次常委会(扩大)会议】 会议于12月28日由县委书记孙骏主持召开,传达学习了习近平在十九届中央政治局第十次集体学习时的讲话、宋朝华同志在市委常委会(扩大)会议传达学习省委十一届四次全会精神时的讲话(摘要)、《中共四川省委办公厅四川省人民政府办公厅印发〈关于贯彻省委"一干多支"发展战略推动区域协同发展重要部署责任分工方案〉的通知》、中共中央纪委印发《关于持之以恒正风肃纪确保2019年元旦春节风清气正的通知》,审议西充县"三大定位"实施意见和"10+2"大事实施方案(打造"乡村旅游目的地"实施意见、农业公园和乡村旅游目的地建设工程实施方案)、《中共西充县委十三届七次全体(扩大)会议筹备方案(讨论稿)》,研究全县2019年春节前后重要会议活动预安排有关事宜、元旦春节期间全县重点工作和县总工会关于选配西充县总工会兼职副主席相关事宜。

(供稿:县委办公室)

县委办公室工作

【概况】 2018年,县委办公室坚持建设"中国西部现代农业公园"战略目标,坚定不移推进"533"战略规划,在参谋辅政、办文办会、服务中心、督促检查、后勤保障、机要保密等方面做了大量的工作,较好地完成了各项目标任务。

【完成重点调研课题】 紧扣县委工作重点,紧扣经济社会发展中的热点难点和群众关注的焦点问题，完成重点调研课题20余个，撰写《关于争当“有机农业排头兵” 打造“乡村旅游目的地”建设“产城一体示范区”的调研报告》《关于深入实施同城一体发展战略 将西充率先建成南充城市副中心的调研报告》《关于建设中国有机农业第一县的调研报告》等调研报告20余篇，被各级刊物采用10余篇。

【政务服务】 完成全委会主题报告和农业农村工作会、脱贫攻坚推进会等大会的书记讲话稿。发挥统筹协调职能，做好南充市首届中国农民丰收节、省市重要领导调研接待、全市项目拉练等统筹服务工作。成功办好中共西充县委十三届六次全会、全县作风建设大会、全县乡村振兴大会、县委经济工作会等全县大会。做好机关大楼正常运转后勤保障工作。全年编发《督查督办》22期，加强对市、县重要会议精神贯彻落实的督促检查，对市委、县委领导批示交办事项实行归口管理，并及时对督查督办情况进行通报。全年上报信息794条，完成市委下达的信息工作任务；及时传递基层反映情况，印发《每周要情》42期。

（撰稿：县委办公室张楠楠）

组织工作

【概况】 2018年，全县组织工作以党的政治建设为统领，以不断提高组织工作质量和水平为主线，围绕中心、服务大局，各项工作有序推进。

【思想政治建设】 把保证全党服从中央、坚决维护以习近平同志为核心的党中央权威和集中统一领导，作为重大政治责任和首要政治任务。县委中心组坚持示范引领，第一时间传达学习习近平到四川视察指示精神，各级党组织普遍开展5次以上集中学习研讨，开展学习交流10次以上。举办全县科级领导干部学习贯彻党的十九大精神轮训班、学习贯彻习近平新时代中国特色社会主义思想和习近平总书记对四川工作指示精神读书班等9期，培训党员干部1548人次。开展以“党在我心中、永远跟党走”为主题的学习贯彻党的十九大精神知识竞赛活动，经过初赛、复赛，党群系统、西充中学等8支代表队从20支队伍中脱颖而出，最终通过决赛的激励角逐，评选出一等奖1名、二等奖2名、三等奖3名、优秀奖2名、组织奖12名、优秀选手6名。开展“大学习、大讨论、大调研”活动。县委中心组开展集中专题学习5次、大讨论3次，采取“主课题＋子课题”相结合的方式开展大调研，由县级领导联系分管领域，重点围绕打造成渝第二城副中心、建设“中国有机农业第一县”等审定17个调研主课题，全县各级党组织围绕“天府六问”“果州十二问”和“西充九问”，开展“为新时代添彩”“扬红色正能量”“新时代新担当新作为”等专题讨论200余场次。推进“两学一做”学习教育。在全县范围内开展“践行十九大、服务‘533’、当干事先锋”主题活动，推动全县党员干部学做相促、干在实处。围绕“不忘初心 牢记使命”，以学《党章》考《党章》为重点，开展“党课大讲堂”“追寻红色足迹”“党员‘一帮一’志愿服务”等党日主题活动1500余场次，通过瞻仰红色教育基地、革命先辈讲传统、重温入党誓词等形式，集体传颂红色文化，砥砺政治品质。

【干部队伍建设】 科学选拔配备干部。鲜明“重党性、重品行、重公认、重实绩”的选用导向，注重在项目建设、脱贫攻坚、乡村振兴、管党治吏等领域培养选拔干部。2018年，全县调整任免干部10批次，涉及96人；新提拔科级干部34人，其中35岁以下年轻干部6人、女干部2人、党外干部2人、本科及以上学历26人。注重“按需培训”“差异化培训”，先后选派50名干部到中央党校、复旦大学等高等院校学习培训，137名领导干部参加35期中央、省、市组织的专题培训班。遴选52名涵盖农业农村、城市建设、经济发展等领域的优秀年轻干部作为战略培养人选，参加为期2周的集中学校培训、1周返岗锻炼，并分两组前往长江三角洲与珠江三江洲城市群学习考察，促进干部培训与经济社会发展的同频共振、互动共融。推进公务员职务与职级并行的工作，及时办理45名干部的职务与职级晋升。清理领导干部在社会团体、企业兼职2人，对10名领导同志进行离任或任期经济责任审计，对1名乡镇党委书记进行自然资源资产任期审计，对4名因健康原因无法正常履职和2名不适宜担任现职的科级领导干部进行免职处理，查处并给予党纪政纪处分的副科级以上干部7人次，开除党籍和开除公职1人，党内严重警告1人，党内警告5人。对5名科级干部进行了提醒、函询、诫勉等组织处理。

【人才队伍建设】 在广泛征求意见和建议的基础上，制定《"充国英才工程"实施办法》，构建更具竞争力的人才引进、培养开发、管理使用、评价激励等机制。履行党管人才政治责任，制定《西充县2018年人才工作要点》《西充县2018年人才工作目标责任制考核指标体系》等系列文件，层层落实人才工作目标责任制。加大高层次人才招引力度。对接"嘉陵江英才工程"，以高层次急需人才为重点，组织企事业单位参加省市专场人才招聘会和山西师范大学等知名高校就业推荐会4次，为九天真空、西充中学、统计局等企事业单位引进硕士研究生5人、大学本科43人。搭建人才工作平台。校地、校企合作进一步深化，九天真空、太极制药等一大批产学研协同创新平台进一步夯实，成功申报国家专利40余项，带动人才队伍进一步提档升级。教育系统创建"三名"工作室15个（4个名学校工作室、4个名校长工作室、7个名师工作室），卫计系统创建"名医工作室"1个。通过定向培养、学历教育、在职培训、网上学习等方式，完成专业技术人员培养培训和继续教育3300余人次。依托培训机构举办各类职业技能培训班12期，培训1726人次。各主管部门和行业协会举办泥瓦匠、家政、电焊、烹饪各类专题培训班20余场，培训600余人次。建立县级领导联系优秀人才制度和重大决策专家咨询制度，27名县级干部与各类高层次人才建立联系。在全县营造"四个尊重"的良好氛围，春节、七一慰问各类优秀人才50余名，列支慰问经费4万元。

【基层组织建设】 加强支部建设。坚持以提升基层党组织组织力为重点，全域提升党建工作质量和水平。分类创建示范基层党组织26个，扎实开展组织系统"扫黑除恶"专项斗争和新一轮"三分类三升级"活动，整顿软弱涣散党组织42个。开展乡镇领导班子和村"两委"班子运行分析研判，发放问卷调查表2000余份，全覆盖谈心谈话3000余人次，全面摸清村党组织班子情况，为进一步优化村支部班子建设提供重要参考。全年举办实体培训132期，培训党员9614人次，轮训调训村（社区）党组织书记600余人次，依托农民夜校开展集中教学12431场次、分组分片教学438场次、上门送学764场次、远程辅学95场次，培训党员群众131365人次。充实党建力量，各单位分别明确1名分管领导和1名具体业务人员。印发《基层党建工作标准化手册》和《纪实手册》2500余套，规范支部工作标准和纪实管理。严格党员发展程序和标准，2018年预审合格发展对象420人。在金（泉）太（平）线现代农业万亩柑橘产业示范园覆盖的行政村，探索建立党支部引领产业发展、基层治理、脱贫攻坚、农村改革等方面的体制机制，创新组织设置成立园区党工委1个、联合支部3个，推行"一建二定三管"等工作模式，培育党员致富带头人、农村家庭能人，强化示范引领。创新"一联系、双交叉巡回、一复核"督导方式，设立基层党建督导固定日，将全县44个乡镇、10个部门党委划入5个督导组，组织部各股室分别联系指导1个督导组和所辖单位，乡镇、部门间采取交叉循环督导方式，开展全覆盖督查2次，印发督察通报2期。助力脱贫攻坚。完成第一书记年度考核，召开全县"五个一"和"三个一"帮扶力量协调小组联席会议2次，工作推进会3次，选派驻村工作队队员255名，调整轮换第一书记26名。严格第一书记管理，开展扶贫领域作风整治，结合抓党建促脱贫攻坚“三个走遍”，对79个建档立卡贫困村进行全覆盖督导4次，反馈问题200余条。年初落实第一书记工作经费预算，发放1639名离职村干部生活补助874920元。统筹市县划拨党费53.65万元，慰问困难党员、老党员、因公牺牲干部家属等921人。分流大学生村官6人，统筹落实到乡镇和学校。推荐省级先进基层党组织1个、优秀党支部1个、优秀共产党员1名、优秀第一书记4名。

（撰稿：县委组织部陈大东）

纪律检查和监察工作

【概况】 2018年，西充县纪委、监委认真贯彻落实党的十九大、十九届三中全会和习近平总书记系列讲话精神，按照十九届中央纪委第二次全会、省十一届三次全会及市委六届八次全体（扩大）会议部署要求，全面落实管党治党政治责任，保持坚强政治定力和正风反腐高压态势，为西充经济社会发展提供纪律保障。

【落实主体责任】 出台《2018年党风廉政建设和反腐败工作的实施意见》，梳理重点任务34项，明确牵头县领导、牵头单位和协办单位。2月23日—24日，县纪委十三届三次全会召开，会议深入贯彻党的十九大和十九届中央纪律二次全会、省纪委十一届二次全会、市委六届七次全会、市纪委六届三次全会和县委十三届五次全会精神，总结县纪委2017年工作、部署2018年任务，为深入实施“533”战略规划提供法纪保证。会议期间，县委书记与县委班子成员、乡镇（部门）党委（党组）书记签订党风廉政建设“两个责任”目标责任书，晋城镇、古楼镇、民政局、市场监督管理局党委（党组）负责人进行述责述廉，并现场接受县纪委委员质询。

【纪律检查】 实施“19+5+2”专项检查治理，19个部门牵头对职责范围内扶贫任务完成情况开展自查自纠，县纪委组织力量全方位解剖5个贫困村，开展危房改造资金、产业帮扶资金“两项资金”的检查治理，对落实不好、推进不力的问责追责。制作扶贫领域《阳光问责》曝光片，对34名干部进行现场问责，并组织全县各单位干部职工观看。2018年，县纪委查处扶贫领域违纪问题51件，处理53人；成立5个督察组，对104个重点项目进行全覆盖督察，先后对欠进度的18个项目进行现场督办，协调解决问题36个；安排专门力量，组织对中央、省环保督察组交办环境问题线索涉及失职失责问题的查处工作，严肃追究20名干部工作责任，用督察问责的实际行动助力生态环境保护。

【预防腐败工作】 县委常委会议、县政府常务会议先后讲纪学法75次。组织28名县级领导，158名乡镇（部门）“一把手”赴川中监狱参观学习，接受警示教育。组织全县4100名公务员参加法纪知识考试。组织扶贫战线干部、涉农部门干部204人旁听职务犯罪庭审2场，全县干部大会集中观看和各部门、各乡镇分散观看各类警示教育片160余次，编印《基层“微腐败”问题警示录》，组织村（社区）基层干部学习，增强党员干部的党纪党规意识。6月13日，印发《关于开展国家公职人员违规为子女操办“升学宴”借机敛财问题专项治理的通知》。10月23日，组织各乡镇分管负责人、农业服务中心主任、“一卡通”管理问题成员单位分管负责人100余人，参加原西充县义和乡农业服务中心主任王艺涉嫌贪污罪职务犯罪案件庭审。

【维护群众利益】 查处违反中央八项规定精神问题19个，给予党纪政务处分19人。扎实开展“作风整顿月”活动，画出“上班纪律八严禁、八小时外纪律九必须、会议纪律十不准”3条红线，开展暗访检查60余次，发现问题26个，立案查处不作为及“懒散拖”问题5件，给予党纪政务处分7人，问责处理32人，点名道姓通报曝光28人。分行业、分领域开展“行业不正之风”专项整治，督促整改问题130余个。扎实推进惠民惠农“一卡通”管理问题专项整治，1名干部被开除党籍、开除公职，移送司法机关处理，345人主动说清问题，清退返还资金48.38万元，追缴退回资金72.85万元。6月25日，完成并上报四川省审计厅交办的巴南高速公路西充段建设协调指挥部违规挤占征拆资金问题线索的调查处理。

【案件查处】 以城乡基层为重点，严肃查处发生在群众身边的贪污侵占、截留挪用、执法犯法、失职渎职、涉黑涉恶等问题。2018年全县各级纪检、监察组织受理信访举报383件次，其中检举控告类179件次，同比下降9.5%。处置各类问题线索374件，同比增长53.9%，立案233件，结案213件，党纪政纪处分208人，移送司法机关6人，查处科级领导干部22人、“一把手”8人。严格执行重大案件通报和案发单位专题民主生活会剖析、重大典型案件分级通报曝光制度，先后在市、县两级媒体曝光典型案件102件。5月29日，南充市农业科技园区管理委员会副主任何某挪用公款、受贿案审查调查终结，并移送西充县人民检察院审查起诉，该案为西充县监察委首例留置案、首例移送起诉案。大全镇农业服务中心主任兼林业站站长程某和大全镇童家湾村村主任袁某（群众）未依法履行监管责任，存在严重渎职，导致大全镇童家湾村超范围砍伐林木达89立方米。8月31日，程某渎职案移送县检察院审查起诉。

【纪检监察体制改革】 推进监察体制改革，转隶干部编入执纪监督一线，充实监督执纪机构人数。1月10日，县委书记、县深化监察体制改革试点工作小组组长孙俊主持召开县深化监察体制改革试点工作小组第三次会议，县委常委、县纪委书记杨佳汇报改革试点工作推进情况。会议议定编制划转及县纪委（监委）内设机构设置试行方案，明确县检察院20名转隶人员名单。1月25日，西充县第十六届人民代表大会第三次会议全票选举杨佳为县监察委员会主任，补选县纪委常委黄磊为县十六届人大常务委员会委员，并根据《四川省宪法宣誓制度实施办法》在会上进行宪法宣誓。1月30日，县委召开县监察委员会成立大会。会前，县委书记、县深化监察体制改革试点工作小组组长孙骏和县委常委、县纪委书记、县监察委员会主任杨佳共同为县监察委员会揭牌。市纪委副书记、市监委副主任王荣秀，市纪委常委周莉等到会指导。截至年末，全面完成县纪委派驻机构改革，人员到岗到位、运转有序。推进国家监察向乡镇延伸工作。12月13日，全县44个乡镇全面完成派出监察室挂牌工作。

（撰稿：县纪律检查委员会谢颖）

宣传思想

【概况】 2018年，全县宣传思想工作坚持以习近平新时代中国特色社会主义思想和党的十九大精神为统揽，开展学习贯彻落实全国宣传思想工作会议、全国网络安全和信息化工作会议精神，承担举旗帜、聚民心、育新人、兴文化、展形象的使命任务，为实施“533”战略规划，实现“三大定位”战略目标提供思想舆论保障和精神文化支持，全面完成全年工作目标任务。

【党委（党组）中心组理论学习】 印发《中共西充县委中心组2018年度理论学习安排意见》《中共西充县委宣传部关于进一步做好党委（党组）理论学习中心组学习有关工作的通知》，推行县委中心组常委专题辅导制度、中心发言制度。集中学习12次，其中组织“实施乡村振兴战略”专题调研1次，形成调研文章18篇。推广使用全省党委（党组）中心组网络学习平台，加强对各乡镇各部门党组（党委）中心组学习的日常指导和监督考核，到晋城镇、槐树镇、旅游局、县教育体育和科学技术局等30余个乡镇、部门督促指导党委（党组）中心组理论学习工作。

【开展学习宣讲活动】 组织开展习近平新时代中国特色社会主义思想和党的十九大精神、习近平总书记来川视察讲话精神“进基层”专题宣讲，认真组织学习宣传贯彻省委十一届三次全会、市委六届八次全会、县委十三届六次全会精神，抽调县级领导干部和社科理论骨干成员近100人次，到各乡镇、机关、企事业单位和村、社区等集中开展系列专题宣讲500余场次。其中，邀请市委宣讲团到西充县宣讲3场，县级领导到联系乡镇部门和帮扶贫困村宣讲40余场，县委宣讲分队到乡镇、部门和企业宣讲100余场，各乡镇群众宣讲分队开展微宣讲300余场，全县党员干部群众5万余人次参加各级宣讲报告会。

【开展“大学习、大讨论、大调研”活动】 举办为期3天的全县科级主要领导干部学习贯彻习近平新时代中国特色社会主义思想和习近平总书记对四川工作重要指示精神读书班，对全县250余名科级领导干部开展集中轮训，开展6次“大讨论”集中研讨活动。县委中心组成员主动践行“三走”工作法、“三个一”工作法，到乡镇、部门、项目现场等开展调查研究，分别到联系乡镇、部门、帮扶村至少作1次宣讲报告或讲1次党课，撰写调研文章17篇；各乡镇各部门党组（党委）因地制宜制定相适应的N个子课题，形成“1+17+N”的调研课题体系，形成调研课题120余个。

【社会宣传报道】 围绕习近平新时代中国特色社会主义思想和习近平总书记对四川工作重要指示精神，以及省委十一届三次全会、市委六届八次全会、县委十三届六次全会等会议精神，抓住改革开放40周年节点，突出乡村振兴、脱贫攻坚、农业供给侧结构性改革、生态文明建设等工作，策划推出系列主题宣传。在《人民日报》推出《切实维护各类产权主体合法权益》《出谋献策增强群众获得感》两篇文章，分别推广西充县保护产权工作和脱贫奔康、乡村振兴经验；新华社1周连续刊发《四川西充：12名“名誉村主任”领证上岗助农增收奔康》《西充：公开评议党员监督18名“群众不满意”村干部被约谈》两篇文章，分别推广西充县兼职第一书记和“八公开一评议”工作；在中央电视台中文国际频道推出《四川西充：十万亩桃花竞相绽放》，宣传西充乡村旅游盛况。国家、省重点媒体用稿达810余篇，市级以上主流媒体用稿达2000余篇。

突出“三场攻坚战”“三场突围战”“三场持久战”主题，在全市项目现场拉练期间，连续两年协调《南充日报》用5个整版，推出产业发展、项目建设、基础设施、招商引资等方面系列报道。坚持“一季一主题、一月一重点”，突出“533”战略规划、“三大定位”战略目标、“10+2”件大事战略，精心组织“主流媒体乡村振兴西充行”“知名网络媒体采风活动”等重大活动，结合桃花节、品果节、项目拉练、脱贫攻坚感恩奋进主题教育活动、南充市首届农民艺术节等活动做好“开门红”“双过半”“满堂彩”等重要节点宣传，宣传“西充亮点”“西充特色”“西充形象”。

2018年桃花节举办期间，新华社、中新社、四川日报等主流媒体刊播报道20篇（条）。其中，中央电视台连续6年报道西充桃花节农旅融合游人如织的盛况，《农民日报》整版刊发《四川省西充县古楼镇：桃花映红了幸福的脸庞》，四川电视台《美食美旅》栏目1分钟专题节目播放《开发乡村旅游，打造特色产业》。

邀请人民网、凤凰网、国际在线、华西都市报、四川新闻网等近30家媒体开展西充县重点项目建设暨“双过半”媒体采风活动，推出新闻稿件100余篇，点击率突破50万。策划推出川东北有机农产品精深加工产业园招商宣传，推出系列宣传稿件10余篇，制作H5、抖音20余条，在今日头条、财经网、中国农村网、凤凰网等35家重点网络平台发稿157

篇次，转载500余篇次，浏览量突破1100万。

针对群众广泛关注的城市改造、高考中考、食品安全等问题，定期组织县内外媒体跟踪报道，及时释疑解惑。组织10余家县内外媒体到海绵城市施工现场，对工程建设总体规划、工期安排、质量监管和推进情况进行现场采访，推出《建海绵城市 造生态之城》《加快推进海绵城市建设，让西充城既有“面子”又有“里子”》等系列专题报道，“微西充”《抢眼！西充莲花湖景区、园林路、莲花路等区域即将华丽转身》当晚点击量超3万次，并通过四川新闻网、四川在线、四川经济网、新浪、腾讯、搜狐等网端进行广泛推送扩散，及时回应社会关切。在官方“两微一端”、县政府门户网策划推出“2018高考中考系列专题”5篇文章，分别从政策解读、志愿填报、注意事项、现场扫描、录取动态等不同方面对中高考进行全方位介绍，将权威资讯第一时间传达至学校、家长和学生。

同时，及时关注推出充国香桃销售、南西田园新城、食品安全等社会关注焦点专题报道。建立宣传思想工作联席会议制度，组建宣传思想工作微信群、QQ群等宣传矩阵，出版《宣传动态》刊物，构建整体统筹、上下联动的立体宣传网络。推进融媒体建设，制定《西充县融媒体建设实施方案》，拟整合县电视台、县委新闻报道组、县政府门户网、官方客户端、微信、微博力量，建设集“党政参谋助手、正面宣传引导、舆情应对管控、便民惠民服务”四大功能的融媒体中心，构建“统一管理、统筹策划、一次采集、多种生成、多元传播”的全新业务模式。

【意识形态工作】 严格落实意识形态工作责任制，制定全县宣传思想年度工作要点，县委常委会全年两次专题研究意识形态工作，意识形态工作责任制领导小组召开4次意识形态工作联席会商会议，分析研判当前意识形态工作形势，及时研究解决突发问题、重大事项和重要网络舆情，县委常委会向全会报告意识形态工作2次、向市委专题汇报3次，发文对全县意识形态工作通报1次，推动工作落实。严格考核问责，将意识形态工作责任制落实情况纳入各乡镇各部门年度目标考核、纪检监察和巡察监督重要内容，班子成员把意识形态工作作为民主生活会和述职报告的重要内容，接受监督和评议。组织意识形态工作责任制专项督察1次，对发现问题及时汇总上报，并进行督促整改落实。

【新闻和文化行业管理】 将县电视台、“微西充”、西充在线、西充网等从事新闻信息服务、具有媒体属性和舆论功能的6个传播平台依法纳入管理，对所有新闻信息服务和相关业务从业人员实行准入管理。

【开展评优活动】 开展文明校园创建、“三名工程”评选等表彰活动，西充中学、中南乡小学等5所学校获“四川省文明校园”称号，评选名学校5所、名校长5名、名教师30名，评选师德师风先进集体20个、先进个人190名。

【基层意识形态阵地管理】 成立国家农业科技产业园区、充国香桃产业园区、金（泉）太（平）线现代农业万亩柑橘产业示范园等5个党委，建成26个基层党组织示范点，开展“三分类三升级”活动，整顿软弱涣散农村基层党组织33个。选优配强领导班子，严格落实干部动议提名、推荐考察、任免宣布的有关程序和要求，调整任免宣传文化系统领导干部10人，其中，提拔3人，交流2人。

【基层基础工作】 各乡镇、县级各部门党委（党组）均明确宣传思想文化工作分管领导，乡镇综合文化站（中心）均配置至少1至2名专职人员具体负责综合文化工作。加强党外知识分子引导服务，建设基层商会6个、行业商会5个、异地商会4个，吸纳会员275名，选聘党外知识分子35名进入特约监察员、检察员等岗位，引导有序履行参政议政、民主监督职能。

【舆情监测】 组建舆情QQ、微信工作交流群，构建县、乡两级信息互动、有效监测的平台，落实24小时值班备勤等机制制度，建立健全监测、预警、应对“三位一体”的网络舆情联动应急处置体系，监测到342条负面新闻或信息，报送《舆情专报》49期，电话告知相关部门300余次，及时正面回应91次。针对可能引发舆情的重点敏感苗头，实时监测巡查，及时掌握相关动向，并组织网评员跟评引导40余次。收集网络民意、重要舆情信息，积极向市网信办等部门报送社会舆情信息，在社区、论坛等网络平台发布正能量稿件200余篇。

【网络安全宣传】 精心策划主题，全年发布政策、工作动态、民生、环保督察、扫黑除恶等稿件2000余条次，其中，十九大精神和习近平总书记来川视察讲话精神主题宣传稿件143条次，阅读量10万余次，点赞数2000余次。指导“西充网”商业媒体组织开展西充县第六届桃花节开幕式网络直播活动，点击量突破10万余人次。做好西充县2018年国家网络安全宣传周工作，设置宣传点位8处、发放宣传资料5万余份、发送宣传短信10万余条。“微西充”官方微信有8篇微信文章入选每周全省区县微政账号最热门10篇文章，全市两次综合排位位列第二名、第三名。

【网络安全监管】 狠抓《账号十条》《约谈十条》《微信十条》《互联网管理法律法规》等规章制度落地落实，加强网络内容监管。联合县公安局、县文化广播影视局、县教育体育和科学技术局等部门开展“清朗”专项行动、“扫黄打非 护苗2018”专项行动、教育类移动应用程序专项整治等专项行动，针对发现的西充中学网站、县检察院网站安全漏洞，第一时间约谈相关单位负责人，并督促整改，完善安全防范措施，提高网络安全防范意识。依法打击网络违法犯罪，开展专项巡查整治行动，全面清理整治属地网站各类违法违规有害信息，约谈自媒体负责人20余人次，督促其依法文明办网，落实管理责任。

【网络队伍建设】 由县级各部门、乡镇抽出100余名政治素质好、业务水平过硬的人员组建网络评论工作队，不断完善县、乡两级网络工作队伍建设，每天适时网络监控，负责收集好涉及本单位、本部门的网络舆情信息，并及时正面跟帖引导500余条次；组织网评队员完成省市罗杰网络评论转发、跟帖任务300余条，网评文章10余篇；充分利用“西充县百人新媒体宣传扩散”微信群等渠道，联动扩散信息10000余条次。

（撰稿：县委宣传部袁叶）

统一战线

【党的集中统一领导】 县委调整统战工作领导小组，并将县委宗教工作联席会议升格为县委宗教工作领导小组；制定统战工作领导小组《工作规则》、办公室《工作细则》等相关制度。

【思想政治教育引领】 2018年，县委统战部以纪念“五一口号”发布70周年、改革开放40周年为契机，开展“不忘合作初心，继续携手前进”政治交接学习、征文征稿等主题活动和“大学习、大讨论、大调研”活动，并以“月半沙龙”“上善书院”等为载体，开展专题学习、调研座谈。

【统战组织和人士队伍建设】 县委统战部指导成立西充县新的社会阶层人士联谊会工业集中区分会。实施“育苗工程”，完善干部培养计划，完善党外干部数据库和后备人才库；推荐优秀党外干部参加省、市、县各级各类干部培训班，年度培训党外干部30余人次；向县委及县委组织部推荐优秀党外干部，2018年新提拔使用2人，其中1人任正科实职，1名任副科实职。完成政协委员届中调整，增补常委1人、委员4人。

【多党合作事业】 健全社会主义协商民主机制，召开党风廉政建设情况通报会、经济社会运行情况通报会、党外代表人士专题学习会、民主协商会，引导民主党派、工商联和无党派人士围绕县委、县政府的重大决策、部署和中心工作积极建言献策；完善情况通报、联谊交友、对口联系、特约监督等相关制度，扩展民主党派和无党派人士知情渠道。下达统一战线年度调研课题，指导各民主党派和无党派代表人士围绕县委“533”战略规划和各自工作领域开展调查研究，形成《关于加快西充农村电商发展的思考》等11篇调研成果，为县委、县政府决策部署提供重要参考。

【经济统战】 县委统战部在全县非公经济代表人士中开展理想信念教育实践活动，召开纪念改革开放40周年非公经济代表人士中秋茶话会；组织开展非公经济调研活动，指导工商联增强为非公经济企业排忧解难的主动性，提升服务能力和水平，推动非公经济企业健康发展。指导工商联开展“同心·万企帮万村”行动，11名民营企业家担任贫困村“名誉村主任”，28家企业签约结对帮扶30个贫困村，通过项目带动、资金支持、就业培训等帮助当地群众发展致富。各民主党派、工商联和无党派人士充分发挥优势资源，积极为招商引资、项目攻坚牵线搭桥、贡献力量。

【特色工作】 创新实践“11235”乡镇统战工作法。在多扶、义兴等乡镇示范建设基础上，通过健全统一战线基层组织，完善工作制度，加强队伍建设，开展“乡友联谊会”、非公经济企业及新媒体座谈会等活动，不断扩大工作面，为“乡村振兴”汇聚人才、凝聚力量。创新实践“322+1”园区新的社会阶层人士统战工作法。园区党委“三建一引导”，建立县新联会工业集中区分会，建立“新联之家”和新联分会联络站，建立健全运行制度，引导新的社会阶层人士有序参与政治。新联分会致力“两创一培养”，开展管理创新、技术创新，着力提升企业市场竞争力。与县就业局等部门开展企业职工招聘、技能培训、技能竞赛等活动，培养一支高素质工人队伍。园区企业“两支一激励”，支持员工开展创新创造，支持员工参与有关活动，引导星河科技、九天真空等非公经济企业制定奖励办法，推动形成人人思创新、人人搞革新、争当企业主人翁的浓厚氛围。加强组织建设，成立企业联合党支部；加强阵地建设，建立同心·书吧、月半沙龙，创办同心讲堂上善书院，建设好充食电商营销平台，开展统一战线助力高考志愿填报、新联会新力量“画笔暖童心”等一系列特色亮点活动，凝聚“西商人”、汇聚“西商力”、奉献“西商智”，打造靓丽的“同心·西商汇”统战品牌。

（撰稿：县委统战部周立）

党校工作

【概况】 2018年，县委党校工作坚持党校姓党，围绕西充县发展大局和干部教育培训工作的具体要求，发挥理论宣传主阵地、干部培训主渠道、党性锻炼大熔炉作用，各项工作顺利完成，全年培训人数749人次。

【干部培训】 2018年，县委党校举办学习贯彻党的十九大精神乡科级主要领导读书班、学习贯彻党的十九大精神专题轮训班、入党积极分子培训班、优秀年轻干部和人才递进培养计划培训班等班次，培训人数749人次。同时，县委党校教师到县人大常委会、县委组织部、县国土局、县烟草公司、太平、古楼、义兴、凤鸣、永清、仁和等部门和乡镇宣讲党的十九大精神、习近平总书记来川视察讲话精神，受众人群达2000余人，完成上级安排的宣讲任务。

【科研工作】 参加省、市党校系统科研课题申请立项、招标等工作，确立申报省委党校重大委托课题《西充县基层党组织引领农民专业合作社发展助推乡村振兴的调查与思考》、市委党校系统立项招标课题《西充县提升农民专业合作社功能助推乡村振兴的调查思考》及市委党校立项年度课题《孩子的明天，祖国的未来——西充县留守儿童生存现状与关爱策略探索》《西充县政府扶持有机农业发展的调查研究》《西充县健康扶贫情况调查与分析》，并全部结项。县委党校在县级以上刊物上发表理论文章4篇，并在2018年度全市党校系统第九届科研成果评奖中获优秀科研组织奖，武文艳获优秀科研成果二等奖，李静、唐建琴获三等奖。

（撰稿：县委党校王云辉）

机构编制工作

【概况】 2018年是全力推进“争当有机农业排头兵”“打造乡村旅游目的地”“建设产城一体示范区”建设的开局之年，县编办按照“围绕大局保中心、重点用编”的思路，充分调度机构编制资源来解决发展中的问题，为西充发展提供坚强有力的机构编制保障。

【清理规范行政审批中介服务】 根据《西充县人民政府办公室关于清理规范行政审批中介服务的通知》（西府办发〔2017〕164号）文件精神，县编办认真开展排查清理工作，会同县法制办，最终确认房管局、粮食局等9个行政审批部门所涉及的34项中介服务事项。

【推进“最多跑一次”改革】 根据《西充县人民政府办公室关于印发〈西充县加快推进“最多跑一次”改革工作方案〉的通知》（西府办发〔2018〕93号）和《西充县人民政府办公室关于切实推进“最多跑一次”改革工作的通知》要求，县编办扎实开展“最多跑一次”改革工作，汇总审核各部门（单位）上报信息，形成西充县县本级“最多跑一次”和“全程网办”事项清单（第一批），“最多跑一次”事项已达到82.15%。

【积极争取编制使用】 经市委编办批准，2018年全县共争取使用各类编制363名，其中，行政编制64名，参公事业编制10名，事业编制289名。

【开展人员实名清理】 完成全县524个行政事业单位人员的基本信息清理工作，更新完善实名制系统信息，进一步加强网络化管理和信息共享进程。

【推进监察体制改革】 根据《中共中央办公厅印发〈关于在全国各地推开国家监察体制改革试点方案〉的通知》（中办发〔2017〕62号）、《全国人民代表大会常务委员会关于在全国各地推开国家监察体制改革试点工作的决定》和市纪委《关于县（市、区）纪委、监委机关内设机构设置的指导意见》等改革精神，组建西充县监察委员会机关。

【完成城管体制改革】 按照市委、市政府《关于深入推进城市执法体制改革改进城市管理工作的实施意见》（南委发〔2017〕30号）文件精神和十三届县委第41次常委会（扩大）会议要求，将西充县城市管理行政执法局更名为西充县城市管理和综合执法局，调整职能职责，调整下属事业单位隶属关系和职能职责，完善行政处罚权，进一步明确其综合执法职责。

【助力学前教育发展】 逐步解决公立幼儿园偏少的现状，推进西充县学前教育事业发展，设立东风路幼儿园，满足幼儿就近入园需求。

【完成机构编制审计】 对列入年度审计计划单位（卫计局、水务局等10个单位）的机构编制管理和执行情况开展专项审计，并将机构编制审计结论函告审计局，纳入审计报告。

【清理议事协调机构】 按市委编委《关于清理精简议事协调机构的通知》(南委编发〔2018〕46号)文件要求,认真清理规范议事协调机构,将现有议事协调机构按长期性、阶段性,调整为联席协调机制、整合、撤销等类别,分类别清理和精简。其中,长期性58个,可长期保留;阶段性32个,待工作任务完成后撤销;两个议事协调机构可予整合;12个议事协调机构可转为联席协调机制;67个议事协调机构应予撤销;所有保留的议事协调机构均按南委编发〔2018〕46号文件要求精简组成成员数。

【完成责任清单动态调整】 为持续推进政府权责清单制度建设,建立权责清单动态管理机制,根据县政府办《关于印发〈西充县县级部门责任清单动态调整管理办法〉的通知》精神,西充县委编办会同县法制办已全面完成了县级部门2018年责任清单动态调整工作,在西充县政府门户网站统一向社会公布。

【机构改革工作】 一是加强组织领导。成立县深化机构改革工作领导小组,日常工作由县委编办负责。领导小组办公室下设改革方案制定、干部人员安排、舆论宣传报道、财务资产管理、信访维稳5个专题工作组,分别由县委编办、县委组织部、县人力资源和社会保障局、县委宣传部、县财政局和县机关事务管理局、县信访局牵头负责相关领域工作。二是科学制定方案。坚决贯彻中央改革精神,严格按照省委《市县机构改革的总体意见》相关要求,充分考虑地方特色,多方科学研判,制定了机构改革方案,在规定时间内按程序完成了报批。

【扩权强镇工作】 继续推进扩权强镇试点工作,推动试点镇经济建设和社会建设再上新台阶。多扶镇申报为经济发达镇行政管理体制改革试点镇(全省共32个),制定改革实施方案,有序推进改革工作。

【机构编制评估】 按照南委编办发〔2017〕101号文件规定的程序和要求,对事业单位分类别开展机构编制评估,完成11个单位的评估工作。

【加强机构编制工作】 为进一步加强和完善机构编制管理工作,管住用好机构编制资源,推进机构编制法定化进程,维护机构编制刚性约束,由县编办起草,县委办、县政府办联合印发了《关于进一步加强和改进机构编制工作的意见》(西委办发〔2018〕58号)。

【法人年度报告工作】 完成事业单位法人年度报告及公示工作。注重事中事后监管,对事业单位法人年度报告事项开展抽查,对报告事项不实的单位提出批评,并责令限时整改。

【中文域名注册工作】 按照中央、省、市统一部署,组织收集注册单位基本信息,统一进行中文域名注册并缴费,全县“政务”和“公益”中文域名应注册363家,实际注册461家,注册率达127%。

(供稿:县委机构编制委员会办公室)

老干部工作

【概况】 2018年年末,全县有离休干部9人,县级退休干部107人。西充县委老干部局负责对全县离休干部和副县级以上退休干部做好管理和服务工作。

【落实政治待遇】 组织老干部进行政治学习,促进老干部与时俱进,与党中央、地方党委保持一致;认真执行老干部阅文制度,并确定专人负责,为老干部订《四川日报》《南充日报》《南充晚报》《中国老年报》《晚霞报》等10多种报纸杂志。坚持情况通报制度,适时请县委、县政府领导向老干部通报全县工业经济、城市建设、招商引资、重点工程建设、干部人事等方面的情况，使老干部及时了解县情，从而为全县社会、经济发展提出更好的建议。2月12日，县委、县政府召开2019年新春团拜会，县委书记孙骏、县长张光全、县人大常委会主任张伟和县政协主席付杰修在县政府二会议室召开老干部座谈会，县长张光全向老干部通报全县经济社会运行情况。5月18日，组织老干部代表到义兴镇百科有机生活公园参观调研智慧农业无土栽培项目。9月18日，县委、县政府在金领莲花大酒店举行老干部代表座谈会。10月31日，组织老干部对县内重点项目进行参观考察。

【生活待遇】 督促相关部门保证离退休费、医药费、财政支持三个保障机制的正常运行，确保“两费”落到实处，离休干部遗属生活补贴按时发放。坚持节日慰问和老干部生病住院看望制度，实行老干部首问负责制。凡老干部反映的问题都予及时协调解决，政策之外不应解决的也给予认真解释。

【发挥老干部余热】 把组织与自愿相结合，引导老干部量力而行献余热。3月3日，组织老干部在纪信广场举行庆祝毛主席发布“向雷锋同志学习”题词50周年活动。3月27日，组织老干部代表到义兴小学举行德育演讲。12月1日，组织老干部代表到金山乡开展慰问贫困户活动。

【开展老干部活动】 以老干部活动中心为载体，以社团组织为依托，开展形式多样的老干部活动。成立老干部诗词学会，老干部诗、书、画研究会，举办各种形式的文体艺术交流会、座谈会、研讨会、报告会，开展文化艺术交流，传承和发扬民族文化。6月26日，组织老干部在老干部活动中心举行庆祝中国共产党成立97周年文艺汇演。

（撰稿：中共西充县委老干部局）

目标管理督查督办

【概况】 中共西充县委、西充县人民政府目标管理督查督办办公室（以下简称“县目督办”）成立于1997年8月，是县委、县政府负责目标绩效管理、督查督办、效能建设、民生工程等工作的行政机构。2018年，县目督办紧紧围绕县委“533”战略规划，着力目标管理，强化督查督办，推进民生改善，有力促进全县各项工作的开展。

【下达目标任务】 完成《2018年目标绩效管理实施意见》的起草、修改完善、征求意见、合法性审查工作和乡镇、县直部门个性目标收集、整理、汇编、下达工作。重点突出中心工作和重点工作目标，对“10+2”件大事和川东北农产品精深加工产业园招商工作，实行额外加分考核。及时分解下达2018年度省上下达的绩效保证目标，落实到每位县级分管领导和责任单位，要求各责任单位刚性执行奋斗目标。

【目标监控】 组织人员对乡镇季节性个性目标进行考核验收，不定期对各乡镇重点工作目标完成情况进行暗访督查，确保过程监控到位。贯彻落实《关于加强新形势下党的督促检查工作的实施意见》，对十九大精神贯彻落实、习总书记来川视察重要讲话学习、省委“三大活动”落实等重大工作部署进行联合督查督办，确保政令畅通。重点对百里晚熟柑橘产业园、河长制工作落实、省市环保督察组交办件、固定资产投资入库等工作贯彻落实情况进行定期专项督察，促进县委、县政府重大工作部署有序开展。组建专项督察组，对二季度全市拉练项目点进行每天督察、每周快报，建立问题清单，及时将问题反馈给领导和责任部门，促进快速整改，推进工程进度。配合相关部门顺利完成迎接国务院及全省大督查工作和中央环保督察组对四川环保问题开展“回头看”工作。严格按照“及时、落实、高效”的要求，对

“96960”市民热线投诉电话转办件严查严办，快结快办、全年受理投诉事项212件，全部按时办结完成，办结率为100%。

【目标考评】 组织6个综合考核组，对全县44个乡镇和97个县级及省市垂管部门的年度主要目标完成情况进行现场核实，并首次实施被考核单位意见反馈制度，保障考核工作的公平公正。为做好2018年度市对县年终重点工作考核，召开重点部门参加的协调会议，做到上报数据的统一、科学、准确，同时对部门上报的核查现场进行一一踏勘，好中选优，获得全市综合第四名、类别县第一名的好成绩。为做好2017年度目标绩效奖发放工作，充分准备好预案，及时对一些特殊群体的上访和书面诉求做好政策解释和疏导工作，保证2017年度目标绩效奖顺利发放完成。

【推进项目有序实施】 2018年，省、市下达西充县的10项民生工程任务和涉及的16件民生大事，共97个小项。其中，保障类项目67个，占总数的69%，大部分培训补助类小项目基本为往年延续项目，均按既有方式有序推进，计生奖扶、天然林保护工程等少数项目补助资金前期开展复核公示，年底一次性兑现。建设类项目30个，占总数的31%，除实施乡村居民聚居点生活污水处理为跨年度实施项目外，其余农村危房改造、新（改）建农村公路、农村公办养老机构床位改造提升等29个小项全面完成。

【完成省政府督察组迎检工作】 6月中旬，省政府督察组到南充调研督导民生工程实施情况。统筹协调相关单位准备好现场，根据项目实物工作量和现场连线连片原则制定督察方案。面对督察组的严格照单验靶，无论是固定线路上的建议项目，还是暗访组的随机抽查项目，西充县原汁原味的省下达民生项目现场获得全市督察反馈会的肯定，为南充市争得荣誉。

【筹划2019年民生工程实施计划】 根据省、市工作部署，为及早谋划2019年拟实施的民生项目，既从县政府门户网站邮箱或领导信箱、县民生办接访或电话接听等渠道收集汇总意见，又同时向相关县级部门征求意见，收集汇总资料，编制完成拟实施方案，为西充县2019年度民生工程项目顺利实施打下基础。

（撰稿：县目标管理督查督办办公室杜成伟）

县直属机关工作

【机关党的建设】 安排部署县级机关各级党组织认真学习领会习近平关于加强党的政治建设重要论述，深入贯彻落实县委决定，牢牢把握政治机关属性，把党的政治建设摆在首位；全年开展机关党建季度督察（暗访）3次，发出问题整改清单22份；主持召开全县机关党建工作会议4次；围绕理想信念教育、业务技能提升、道德品行教育等方面，举办两期县直机关党组织书记培训班，对200余名基层党组织书记进行全覆盖培训；组织30余名党员干部参加井冈山干部教育学院、张思德干部学院等举办的党性教育专题培训班两期；开设党性教育讲堂两期，邀请专家、学者为200余名党员干部授课。学习贯彻党章和宪法，开展“送党章、学党章”活动，县直机关共赠送《党章》3000余本；推进党支部标准化规范化建设，会同县委组织部发放《机关党建标准化手册》《机关党组织工作纪实》和《党费收缴工作纪实》等规范性手册600余册；持续深化“三分类三升级”活动，严格落实“三会一课”、主题党日、组织生活会、民主评议党员等党内制度；举办县直机关入党积极分子培训班两期，180名同志考核合格；督促指导基层党组织发展党员37名；完善党内关怀和帮扶机制，开展春节、七一慰问老党员和生活困难党员活动。

【干部驻村帮扶工作】 为全县79个贫困村派驻驻村工作队队员279名；举办全县驻村干部培训班两期，培训558人次，实现市、县两级部门选派的驻村工作队队员全覆盖；承办全市干部驻村帮扶工作推进会，通过集中交流、现场观摩等方式，提升驻村帮扶工作水平。驻村帮扶工作特色经验《"三向用力"做好驻村工作队管理工作》在《南充机关党建》(2018年12月第四期）印发并全市推广；制作"最美驻村工作队"专题片6部，在西充电视台《身边》栏目滚动播放。围绕"七联"要求，结合脱贫攻坚、乡村振兴等战略要求，组织机关基层党组织和农村党组织开展结对共建行动，县直机关145个基层党组织与585个农村党组织结成对子，2000多名在职党员与党员群众结成对子开展共建活动；深化"双报到"和"党员义工日"活动，全县县级机关单位的2000余名党员参加志愿服务活动。

（撰稿：县直属机关工作委员会吉毅）

信访工作

【概况】 2018年，西充县人民政府信访局（中共西充县委群众工作部）接待和办理群众来信来访2365批（件）5206人次。办理群众来信710件，其中，办理"人民网""省长信箱"91件，办理县级领导批示件121件，按期办结率达100%。接待群众来访1655批4496人次，其中，重复访548批次，占信访总量的23%。群众到市访74批200余人次；赴省访45批81人次；进京越级访19批53人次。

【完善机制】 完善县级领导AB岗接访制度，在重要节点、敏感时期，县委、县政府接访点县级领导全天候接访。完善信访联席会议、领导包案、复查复核、听证会等制度。立足南充网上信访信息系统平台，安排专人办理网上信访，将网上信访件纳入督查范围。完善视频接访系统，让群众少跑路，信息多跑路。

【积案化解】 2018年，中央第四巡视组交办西充县82件信访事项（其中重复件17件），对交办案件全部列入县级领导包案调处，按照要求即交即办，并于6月22日全部按时办结，化解了严翔、刘杰等18件信访事项。按时办结省信访局督办件1件(何庆果案)，该件为省领导走基层联系案件。按时办结市领导包案3件。化解凤凰城、中南乡马中辉信访案和常林乡王晓敏、陈旭英信访案等积案老案。

【特色举措和创新经验】 坚持矛盾纠纷半月排查和台账建立，摸清家底，落实责任；坚持疑难突出信访问题召开信访听证会制度，推动疑难突出信访问题或化解、或终结、或妥善处置；坚持重要的疑难信访问题"带访"化解制度，还原事实真相，推动案结事了；坚持在重要时段各有关责任单位对重点人员实行"一日三报"及"零报告"制度；坚持定期开展信访干部业务知识培训，提升信访工作人员的业务素质；坚持开展重要信访事项风险评估活动，对可能出现的不稳定因素，进行科学分析、论证预测。

（撰稿：县信访局李帅）

党史研究

【党史征编】 完成《中共西充县委执政实录2017》编撰工作；编印《中国共产党西充历史大事记（2015—2016)》；完成《中国共产党西充历史大事记（2017—2018)》编撰工作；启动《中国共产党西充历史》(三卷）的资料收集及编印准备工作，对西充县历届党代会相关资料进行收集整理。

【资政育人】 县委党史研究室联合县委农村工作办公室、县农牧业局撰写了《充国桃园铺就致富路，城乡融合谱写新篇章——西充县探索城乡融合发展典型案例》《高举有机旗帜，逐梦绿色乡村——西充县大力发展有机农业纪实》两篇理论文章，并被市委党史研究室编印的《南充市改革开放40年要事纪略》收录。县委党史研究室与县委组织部、县委宣传部、县委党校等多个单位联动协作，于七一前夕举办党的知识暨十九大精神知识竞赛。县委党史研究室与县委宣传部、县关工委、县妇女联合会等部门联动协作，组织8名离退休老党员到晋城中学、复安小学、东岱小学等12所中小学校开展“传承红色基因，争做时代新人”主题党课教育活动，2300余名学生参加。

（撰稿：县委党史研究室张楠楠）

精神文明建设

【公民道德建设】 举行以“传递倡议，雷锋归来——争做新时代雷锋传人”为主题的志愿服务活动启动仪式。组织开展旅游节、义务植树、保卫母亲河、高考爱心送考等系列志愿服务活动。开展“我推荐、我评议身边好人”“十佳文明公民”等评选活动，评选表彰第六届十佳文明公民10名。槐树镇观音坝村党支部书记赵宗君获南充市第四届道德模范。邓如云、马良骥分别于9月、11月被省精神文明办公室评为“四川好人”。组织开展“学雷锋,学模范”活动，宣传学习身边好人，制作社会主义核心价值观主题微电影《观音坝》，印制《身边的楷模——第五届十佳文明公民先进事迹》，拍摄第五届十佳文明公民先进事迹短片。

【未成年人思想道德建设】 在全县中小学组织开展“时刻听党话，永远跟党走”爱国主义读书教育活动，2名学生获全国青少年爱国主义读书教育活动特等奖、3名学生获一等奖。组织开展“新时代好少年”“美德少年”评选工作，1人获四川省“新时代好少年”称号，侯飞帆获南充市第三届十佳美德少年称号，余小青、张晟烨获南充市第三届美德少年称号。槐树镇小学、多扶镇小学被评为四川省优秀乡村学校少年宫。截至年末，全县建成中央彩票公益金支持的乡村学校少年宫12所，自主建设32所，乡村学校少年宫建设全覆盖。争取中央项目少年宫建设、运转经费700余万元。

【群众性精神文明建设】 开展文明单位、文明村镇、文明校园、文明家庭创建活动，制定2018—2020三年创建规划，2018年创建市级最佳文明单位2个、市级文明单位3个，市级文明村镇33个、市级文明家庭10个，县级文明村镇100个、县级文明家庭99个，市级“新家园 新生活 新风尚”示范点1个。太平镇小学等19所学校获南充市首届文明校园称号，张澜学校创建为市级社会主义核心价值观示范点。截至年末，全县创建省级（最佳）文明单位13个，市级（最佳）文明单位54个，全国文明村镇2个,省级文明村镇2个,省级文明校园5所。开展“传家风、立家规、树新风”活动，紫岩乡马正平家庭获首届“南充好家规”称号，凤鸣镇蒙庆全家庭、电力公司蒲玲容家庭被评为四川省“三个一百”群众性精神创建活动100个经典家风好故事。组织开展“爱心助学”活动，发动各级文明单位捐赠资金近10万元，资助贫困大学新生19名。推动全县621个行政村（社区）发动群众讨论修订乡规民约，形成让群众能明白、愿遵守的乡规民约。

（撰稿：县精神文明建设办公室杜倩）

关心下一代工作

【法治教育】 西充县关心下一代工作委员会（以下简称“县关工委”）法治关爱团联合县法院、县检察院、县公安局、县司法局关工委前往西碾、华光、义和等10所中小学校开展法治宣讲活动，印发各种宣传资料10000余份，受教师生达2000余人；在26所家长学校开展法治宣讲，增强家长法治观念，4000余名家长受益；10月11日至12日，全市法治关爱工作座谈会在西充县召开，市关工委、市政法系统关工委和8个县、市、区关工委参加会议。

【开展“爱学习、爱劳动、爱祖国”教育】 县关工委宣传教育团、校外辅导团在晋城、李桥、罐垭、仁和等11所学校开展纪念改革开放40周年报告会，受教师生达3000余人。

【开展读书征文活动】 县关工委联合县教育体育和科学技术局举办新华文轩杯第二十一届全国青少年五好小公民“红旗飘飘，引我成长”主题读书征文演讲比赛，经过班级推荐、年级组选拔、校级比赛、片区比赛，层层选优的23名选手围绕“红旗飘飘，引我成长”主题展开演讲，并将优秀学生推荐参加全市比赛，2名学生获得二等奖。

【开展暑期关爱活动】 县关工委指导实验一小和香港吕明才小学开展两校交流，共同举行“筑梦新时代·争做好少年”青少年夏令营活动，230名学生、80余名香港志愿者和16名香港吕明才小学学生参加活动。

【欢庆六一】 六一国际儿童节期间，县关工委、县委统战部、县扶贫开发协会、团县委、县妇联、县教育体育和科学技术局等部门联合在义兴镇小学开展慰问贫困儿童暨庆六一文艺汇演活动。活动中，爱心人士捐款3.5万元，对80余名优生、贫困生给予嘉奖和资助，同时为学校捐赠办公桌椅和体育器材。各系统关工委分别在六一前后开展慰问、帮扶等活动，发放资金20余万元。

【金秋助学】 县关工委、县总工会、县扶贫开发协会、县教育体育和科学技术局、县民政局、团县委等单位通过财政拨款、上级帮解、单位自筹、社会帮助等方式，发放助学金139.3万元，资助404名2018年新入学困难大学生。

【开展暖冬行动】 县关工委到张澜学校、占山乡小学、大全镇小学、凤鸣镇小学等6所学校和高院镇三溪口村，为200余名困难留守儿童送去价值4万余元的过冬衣物和爱心礼包，并慰问20名基层“五老”代表；县扶贫移民局关工委对全县6岁至13岁建档立卡贫困家庭儿童335人，每人发放羽绒服、棉裤、手套为主的“温暖包”。县关工委、县扶贫开发协会、县教育体育和科学技术局、县扶贫移民局联合中国邮政西充分公司为414名小学生每人赠送价值200余元的“爱心礼包”。

【引资助学】 县关工委通过内引外联的方式多渠道引资助困。引入西充莲花印象房地产公司每年定期资助贫困学生70人，并在西充中学设立助学基金；联系西充农村商业银行引资4万元资助10名困难学生圆梦大学。

（撰稿：县关心下一代工作委员会蒋鸿宇）

西充县人民代表大会常务委员会

工作综述

2018年，西充县人民代表大会常务委员会（以下简称“县人大常委会”）召开常委会会议9次、主任会议13次，听取和审议专项报告46项，组织开展视察调研活动10次、执法检查1次，办理代表建议批评意见79件，全面完成县十六届人大三次会议确定的各项目标任务。

重要会议

【“三长”联席会】 1月19日，县人大常委会组织召开县人大常委会主任、县监察委员会主任和县人民法院院长、县人民检察院检察长、县公安局局长参加的联席会议，相互交流工作中的经验和问题，共同研究探讨推进全县经济社会发展的好思路、好方法、好路径。

【人民代表大会】 1月23—25日，西充县第十六届人民代表大会第三次会议在县城召开。

1月23日，西充县第十六届人民代表大会第三次会议在县城开幕。代县长张光全代表县人民政府向大会作工作报告。受县人大常委会的委托，县人大常委会主任张伟向大会作西充县人大常委会工作报告。会议听取了县人民法院院长刘建菊代表县人民法院所作的工作报告，听取县了人民检察院检察长唐恒博代表县人民检察院所作的工作报告，书面听取了西充县2017年国民经济和社会发展计划执行情况及2018年国民经济和社会发展计划草案的报告，书面听取了西充县2017年财政预算执行情况和2018年财政预算草案的报告。张伟主持开幕大会。本次大会应到代表246人，实到代表242人，符合法定人数。邀请列席本次会议的有何德清、杨春林、何涌泉、周小红、王智、何碧琼、何轩等县领导和县法院、县检察院、县人民武装部、县公安局、县工管委相关负责人，驻县全国、省人大代表，出席县十届政协三次会议的全体政协委员，担任过副县级以上职务的离退休干部，以及不是县人大代表的乡镇党委书记、各部门各单位负责人。

1月25日下午，西充县第十六届人民代表大会第三次会议举行第三次全体会议，在完成各项议程后，大会闭幕。张伟主持闭幕大会。本次大会应到代表246人，实到代表239人，符合法定人数。按照会议程序，在总监票人、监票人的监督下，与会代表以无记名投票方式，全票选举张光全为西充县人民政府县长，杨佳为西充县监察委员会主任，张光全、杨佳为西充县出席南充市第六届人民代表大会代表，补选罗云标、黄磊为西充县人大常委会委员。根据有关法律规定，新当选的市人大代表，需报请市人大常委会审查批准。大会以举手表决的方式通过《关于西充县人民政府工作报告的决议》《关于西充县 2017 年国民经济和社会发展计划执行情况及 2018 年计划的决议》《关于西充县 2017 年财政预算执行情况和 2018 年财政预算的决议》《关于西充县人民代表大会常务委员会工作报告的决议》《关于西充县人民法院工作报告的决议》和《关于西充县人民检察院工作报告的决议》。根据《四川省宪法宣誓制度实施办法》，新当选的县长张光全，县监察委主任杨佳等在会上进行宪法宣誓。县委书记孙骏作了题为《不忘初心担使命、击鼓奋进促发展，决战决胜“533”战略规划》的讲话。

【人大常委会会议】 1 月 12 日，受县人大常委会主任张伟委托，县人大常委会副主任杨平主持召开县人大常委会第十三次会议。会议听取了县财政局、县统计局的工作汇报，并开展满意度测评。会议审议通过县人大常委会《关于西充县监察委员会副主任、委员任免及主任、副主任、委员宪法宣誓有关事项的决定》和《关于召开西充县第十六届人民代表大会第三次会议的决定》。会议听取了县人大常委会领导班子成员述职述廉报告。

1 月 16 日，县人大常委会主任张伟主持召开县人大常委会第十四次会议。听取审议县十六届人大三次会议相关事项，依法免去张晓波、蒲永红副县长职务，任命程芳为县卫生和计划生育局局长、范映蛟为县交通运输管理局局长、何春为县司法局局长、郭峥嵘为县水务局局长、程忠良为县农牧业局局长，同意赵利民辞去西充县第十六届人大常委会委员和代表职务。

1 月 26 日，县人大常委会主任张伟主持召开县人大常委会第十五次会议，审议通过《西充县人民代表大会常务委员会关于同意将西充县城北拓展区（城中村）棚户区改造项目政府购买服务资金纳入财政预算的决定》《西充县人民代表大会常务委员会关于同意将西充县城东（城中村）棚户区改造项目政府购买服务资金纳入财政预算的决定》和《西充县人民代表大会常务委员会关于同意将西充县城中(城中村）棚户区改造项目政府购买服务资金纳入财政预算的决定》。会议任命严春林、赵利民为西充县监察委员会副主任，刘艳、李晓川、朱阳为西充县监察委员会委员。

3 月 19 日，县人大常委会主任张伟主持召开县人大常委会第十六次会议。会议任命胡媛为西充县人民政府副县长、雍智为西充县人大财政经济委员会委员，讨论通过《西充县人大常委会 2018 年工作要点》。

5 月 28 日，县人大常委会主任张伟主持召开县人大常委会第十七次会议。会议听取审议县人民政府《关于 2016 年度县级财政预算执行和其他财政收支审计查出问题整改情况的报告》，听取审议县人民法院《案件质量管理情况的报告》，依法免去冯国文西充县国土资源局局长职务，任命刘洪国为西充县副县长、公安局局长，赵荣辉为西充县国土资源局局长。

7 月 31 日，县人大常委会主任张伟主持召开县人大常委会第十八次会议。会议听取审议了县人民政府《关于 2018 年上半年国民经济和社会发展计划执行情况的报告》和《关于乡村旅游建设发展情况的报告》，审议通过《西充县人民代表大会常务委员会关于同意将西充县鹤鸣庵社区棚户区改造等 4 个项目政府购买服务资金纳入财政预算的决定》，任命青丹为西充县人民检察院检察员。会议还听取了县人大常委会领导班子成员述责述廉报告，并进行满意度测评。

9 月 29 日，县人大常委会主任张伟主持召开县人大常委会第十九次会议。会议听取县人大常委会执法检查组《关于检查〈中华人民共和国残疾人保障法〉实施情况的报告》，会议任命张洪波为西充县监察委员会副主任，代理西充县监察委员会主任职务，同意杨佳辞去西充县监察委员会主任职务。

11月29日，西充县第十六届人大常委会第二十次会议召开。会前学习《中华人民共和国环境保护法》。会议听取审议县人民政府《关于2017年财政决算及2018年1—9月财政预算执行情况的报告》《关于对〈食品安全法〉贯彻实施情况报告的审议意见研究处理情况的报告》和《关于县十六届人大三次会议代表建议办理情况的报告》。会议听取审议并表决通过县人民政府《2017年财政决算方案》和《关于提请车龙乡撤乡设镇相关行政区划调整的议案》《关于提请晋城镇撤镇设街道办相关行政区划调整的议案》。会议决定免去何坤的西充县城市管理和综合执法局局长职务，任命李念标为西充县城市管理和综合执法局局长，杨宏娟、唐怡君、洪海燕、吴云修、敬大喜、刘茂林、张舒、李小鹏、冯斌、陈飞为西充县人民法院人民陪审员。

12月29日，西充县第十六届人大常委会第二十一次会议召开。会议听取审议并表决通过了县人民政府《关于西充县2018年财政预算调整方案（草案）的报告》。会议还听取审议县人民政府《关于2018年全县环境保护工作情况的报告》。

【主任会议】 1月11日，县人大常委会主任张伟主持召开县人大常委会第十八次主任会议，听取了县人大常委会评议调查组对县财政局、统计局工作评议情况的汇报，研究讨论县十六届人大三次会议筹备工作有关事项。

1月16日，西充县第十六届人大常委会第十九次主任会议召开。会议研究讨论县人民政府《关于提请免去张晓波西充县人民政府副县长职务的议案》和《关于提请免去蒲永红西充县公安局局长职务的议案》，以及何春、程忠良、郭峥嵘、范映蛟、程芳等5人的人事任免议案。会议还讨论关于赵利民申请辞去县第十六届人大常委会委员和代表职务的议案。会议就县人大常委会有关县第十六届人大三次会议的事项进行研究，并就2018年县人大常委会和专委会工作进行安排部署。

1月24日，西充县第十六届人大常委会第二十次主任会议召开。会议研究讨论县监察委员会《关于提请任命严春林、赵利民为县监察委员会副主任刘艳、李晓川、朱阳为县监察委员会委员的议案》，听取县人民政府《关于提请审议将西充县城中改造项目政府购买服务资金纳入财政预算的议案》《关于提请审议将西充县城东改造项目政府购买服务资金纳入财政预算的议案》和《关于提请审议将西充县城北拓展区（城中村）改造项目政府购买服务资金纳入财政预算的议案》。同意将这4项议案一并提请县第十六届人大常委会第十五次会议审议。

3月16日，县人大常委会主任张伟主持召开县人大常委会第二十一次主任会议。研究讨论县人大常委会2018年工作要点，听取各委（室）2017年工作总结暨2018年工作计划。

4月24日，县人大常委会主任张伟主持召开县人大常委会第二十二次主任会议，审议通过了县人民政府《关于西充县民间传统文化传承保护与开发利用情况报告审议意见的研究处理情况的报告》。

5月24日，西充县第十六届人大常委会第二十三次主任会议召开。会议研究讨论县第十六届人大常委会第十七次会议相关事项，通报县人大常委会机关《财务管理制度》和《外出学习考察制度》，宣布党组对机关委（室）人员的调整及专职委员的分工安排。

6月22日，县人大常委会主任张伟主持召开县人大常委会第二十四次主任会议。会议听取审议县人民政府《关于北部新城控制性详规优化调整方案的报告》，传达学习省委书记彭清华视察南充指示精神和川东北经济区发展会议精神，以及市委书记宋朝华的相关贯彻意见。

7月23日，西充县第十六届人大常委会第二十五次主任会议召开。会议听取并讨论通过了县人民政府《关于提请审议将南充市西充产业新城PPP建设项目政府可行性缺口补助列入财政预算的议案》《关于提请审议将川东北（南充）康养文化小镇PPP项目政府可行性缺口补助列入财政预算的议案》和县人民检察院《关于提请任命青丹为县人民检察院检察员的议案》，同意将此人事任命议案和县人民政府《关于提请审议将西充县鹤鸣庵社区棚户区改造等4个项目政府购买服务资金纳入财政预算的议案》提交县第十六届人大常委会第十八次会议审议。

9月21日，西充县第十六届人大常委会第二十六次主任会议召开。会议听取县监察委员会《关于2018年工作运行情况的报告》，听取县人大常委会执法检查组《关于开展〈中华人民共和国残疾人保障法〉执法检查情况的汇报》，讨论通过县人民政府《关于提请审议将四川建华职业学院项目政府可行性缺口补助列入财政预算的议案》，同意将这两项内容提交县第十六届人大常委会第十九次会议审议。会议研究讨论2018年政府部门工作评议相关事宜，决定对县发展和改革局、县城市管理和综合执法局自2017年以来近两年的工作进行评议。会议还讨论县监察委员会人事任免相关事宜。

9月29日，西充县第十六届人大常委会第二十七次主任会议召开。会议审议并通过关于张洪波代理县监察委员会主任职务的议案，同意将此议案提交县第十六届人大常委会第十九次会议审议。

11月12日，西充县第十六届人大常委会第二十八次主任会议召开。会议听取了县人民政府《关于乡村产业振兴战略情况的报告》和《关于乡村旅游建设发展情况审议意见研究处理情况的报告》。会议研究通过县人民政府《关于提请审议晋城镇撤镇设街道办相关行政区划调整的议案》《关于提请审议车龙乡撤乡设镇相关区划调整的议案》《关于提请免去何坤的西充县城市管理和综合执法局局长职务的议案》《关于提请任命李念标为西充县城市管理和综合执法局局长的议案》和县人民法院《关于提请任命杨宏娟等同志为西充县人民法院人民陪审员的议案》，同意将这5个议案提交县第十六届人大常委会第二十次会议审议。会议听取相关委（室）关于第二十次常委会议议题准备情况，决定听取审议县人民政府《关于2017年财政决算及2018年1—9月财政预算执行情况的报告》《关于对〈食品安全法〉贯彻实施情况报告的审议意见研究处理情况的报告》和《关于县十六届人大三次会议代表建议办理情况的报告》。会议研究讨论县人民政府提出的县城公共停车位收费事项，决定于2018年12月28日三年收费到期时再研究是否继续收费的问题。会议还对人大代表述职工作进行安排。

12月4日，西充县第十六届人大常委会第二十九次主任会议召开。会议听取审议并通过县人民政府《关于提请审议将西充县红豆沟村生活垃圾压缩处理中转站运营等3个项目政府购买服务付费支出列入财政预算的议案》。会议还听取审议了县人民政府《关于提请审议将南充市西充产业新城PPP建设项目政府可行性缺口补助列入财政预算的议案》。

12月27日，西充县第十六届人大常委会第三十次主任会议召开。会议听取了县人民政府《关于公共文化服务体系建设情况的报告》。会议听取并通过了县人民政府《关于2018年财政预算调整方案的报告》和县人大常委会城环资委《关于全县环境保护工作调研情况的报告》，同意将这两个报告提交县第十六届人大常委会第二十一次会议审议。会议还听取了县人民政府《关于"十三五"规划纲要执行情况的中期评估报告》，指出"十三五"规划纲要执行情况的中期评估是重大规划，应先经县政府常务委员会研究通过后再提交县人大常委会主任会议听取讨论。

职能工作

【依法行使重大事项决定权】 听取审议国民经济和社会发展计划执行情况的报告，审查批准预算执行、财政决算和预算调整等报告，作出重大事项决议决定15项。针对新常态下经济发展的趋势特征，审查批准城东棚户区改造等10个政府购买服务项目和莲花湖片区海绵化改造等2个PPP项目，支持政府多方筹集资金，帮助政府有效破解资金瓶颈。

【依法行使人事任免权】 坚持党管干部和人民代表大会依法任免有机统一，严守政治纪律和政治规矩，严把任前考察、法律考试、投票表决和宪法宣誓等关键环节，依法任免国家机关工作人员44人次。加强任后监督，开展年初目标承诺和年终满意度测评活动，精心组织对县发展和改革局、县城市管理和综合执法局开展工作评议，督促政府部门以评促改，转变作风，自觉接受人大监督。

【助推经济发展】 听取审议国民经济和社会发展计划执行情况、“十三五”规划实施中期评估报告、财政预算草案和预算执行情况，督促推动全过程预算绩效管理，推动经济向更加注重高质量方向发展。开展融资风险防控专题座谈，防范化解重大金融风险。听取审计工作和审计查出问题整改情况报告，跟踪督促34个单位及时整改问题35个，督促对屡审屡犯的问题严肃问责、建章立制。听取审议全县重点项目建设情况报告，组织人大代表集中视察重点项目建设情况，督促政府及相关部门加强科学论证、加快建设进度、强化质量监管。审查批准城市棚户区改造等10个政府购买服务项目、川东北（南充）康养文化小镇等2个PPP项目，支持政府多方筹集资金，保障重点项目顺利实施。主动对接争当“有机农业排头兵”战略定位，开展“中国有机农业第一县”建设专题调研，提出强化五大体系建设、健全质量监督管理办法、完善全环节普惠制扶持政策等建议，得到县委采纳。调研全县工业经济运行情况，支持政府积极落实“一企一策”帮扶措施，对有发展潜力、暂时困难的企业，在税费上给予政策扶持，促进实体经济健康发展。贯彻乡村振兴战略，全覆盖调查全县新型农业经营主体，专题调研粮食安全工作，听取乡村产业振兴、乡村旅游建设专项报告，要求尽快出台优惠政策，完善配套设施，引入社会资本，招引优质企业，力促现代产业深度融合、加快发展。

【保障和维护人民群众根本利益】 组织县、乡人大代表开展监督检查110次，发现指出问题180项，督促整改落实150项。开展“脱贫攻坚人大代表再行动”活动，落实人大代表“1对1”结对联系帮扶贫困户责任，组织2000余名县、乡人大代表捐赠300余万元物资。督促整改落实中央和省环保督察反馈问题，要求建立健全长效机制，坚决防止反弹回潮。专题调研九龙潭水库环境保护和乡镇污水处理站建设运行情况，听取审议全县环境保护工作报告，支持政府持续打好污染防治“八大战役”。开展义务教育均衡发展情况专题调研，跟踪督办城区基础教育发展审议意见办理情况，督促解决示范幼儿园老师缺额问题，启动张澜学校综合实验楼建设。审议公共文化服务体系建设情况，指出“四馆一场一中心”建设严重滞后等问题，要求及时整改。督促相关部门加强零售药店经营管理，全面取消日常生活用品上架销售，规范医保刷卡消费行为。联合县政协开展临时停车收费管理专题调研，提出取消临时停车位收费、加强规范管理的建议方案，县委专题研究并充分采纳。紧盯群众反映强烈的小吃烧烤等食品摊贩乱象问题，督促取缔西充中学校门外和九州春天文化路口小吃烧烤摊点，规划建设集中经营区。认真做好信访工作，全年受理群众来信来访89件（次）。

【推进民主法治建设进程】 监督宪法和法律法规贯彻实施，组织开展《中华人民共和国残疾人保障法》执法检查，要求政府及相关部门完善基层服务体系，注重分类施策和精准帮扶，保障残疾人平等参与社会生活、共享改革发展成果。巩固2017年食品安全法执法检查成果，跟踪督促审议意见办理，确保问题整改到位。促进依法行政，对县发展和改革局、县城市管理和综合执法局开展工作评议和满意度测评，促进被评议单位依法行政、改进作风、担当尽责。督察新修订的《西充县人大常委会关于行政首长参与行政诉讼的规定》落实情况，督促政府及有关部门积极参与行政诉讼。全年行政负责人出庭应诉率高达100%，比2017年增加47%，行政诉讼案件胜诉率达78.6%，比2017年增加28%，司法建议书办理回复率达100%。做好规范性文件备案审查，审查县、乡备案文件147件，上报备案规范性文件23件。专题调研“七五”普法开展情况，专题听取公安经侦工作情况报告，督促支持扫黑除恶专项斗争。审议法院案件质量管理工作情况，监督支持法院案件执行工作，出台推动人民法院基本解决执行难工作意见，法院案件执结率比2017年增长7%。根据检察院职能调整后的新形势，专题调研公益诉讼等工作情况，支持检察机关依法有序开展工作、有效提升办案能力。

【保障代表依法履职行权】 落实县人大常委会组成人员联系代表、代表联系群众制度，督促乡镇“人大代表之家”规范运行，畅通民意表达渠道。围绕全县经济社会发展大局和群众关注的热点难点问题，组织代表实地视察重点项目建设和产业发展情况，参与人民代表大会闭会期间县人大常委会组织的执法检查、专题调研、工作评议等活动，列席县人大常委会和政府有关会议，现场观摩法院案件庭审和检察院案件评查活动，保障代表知情知政，支持代表参政督政。坚持为人大代表订阅《人民权力报》等学习资料，邀请四川大学法学院专家开展新修订的宪法、监察法专题知识讲座，组织代表参加各类专题培训6期。制定代表履职考评办法，建立代表履职档案，完善考核激励机制，认真落实代表向选民述职制度，230余名县人大代表向当选地选民报告履职情况。加强和改进建议督办工作，由县人大常委会人事代表工作委员会牵头、各专委会督办，邀请人大代表全程跟踪，采取实地查看、电话催办、重点建议挂牌督办等方式，跟踪督办代表建议、批评和意见。专项听取政府关于代表建议意见办理情况报告，对个别办理质量不好、代表满意率不高的建议，督促重新办理，在政府和有关部门的共同努力下，代表建议办理答复率达100%，代表满意率超过90%。

【开展招商引资工作】 参与川东北有机农产品精深加工产业园招商引资工作，成功招引速原中天果蔬精深加工和新川蒲红薯精深加工两个亿元项目。

【理论研究和新闻宣传】 在《人民权力报》等省、市主流媒体发表调研理论文章21篇、新闻信息148篇，获省人大新闻宣传特等奖。

（供稿：县人大常委会办公室）

西充县人民政府

工作综述

2018年，县人民政府坚持以习近平新时代中国特色社会主义思想为指导，贯彻落实党的十九大和十九届二中、三中全会精神，认真落实省委十一届三次、四次全会，市委六届七次、八次全会，县委十三届五次、六次全会决策部署。在市委、市政府和县委的领导下，在县人大常委会、县政协的监督支持下，紧紧围绕“三大定位”战略目标、“533”战略规划和“10+2”大事战略支撑，坚定不移抓执行、全力以赴抓推进、雷厉风行抓落实，全面完成各项目标任务。全年实现地区生产总值135亿元、增长9.6%，增速居全市第一；完成地方一般公共预算收入7亿元、增长15.5%，增速居全市第一；完成全社会固定资产投资132.3亿元、增长16.1%，增速居全市第三；实现社会消费品零售总额67.6亿元、增长12.4%，增速居全市第四；规模以上工业增加值增长10.9%，增速居全市第五；城镇、农村居民人均可支配收入达到25152元、12093元，分别增长8.6%、9.6%，增速居全市第四、第三。

政府常务会议

【十六届人民政府第三十次常务会议】 会议于1月9日召开，学习《国有资产评估管理办法》，传达《关于印发20个县（市、区）政府性债务管理审计约谈会议纪要的通知》、全省河长制工作验收情况通报暨问题整改工作视频会议和全市贯彻部署河长制迎检工作会议精神、中共南充市委六届七次全会第一次全体会议和市委经济工作暨项目建设、对外开放、产业发展、金融工作大会精神；审议通过《川东北现代农业园区基础设施建设PPP项目招标文件》《西充双塔食品精深加工项目投资协议（审议稿）》《光电、半导体零部件生产及维护配套项目投资协议（审议稿）》和《西充县2018年财政预算方案（草案）》；研究调整四川西油记食品有限公司城南新区用地规划用途和西充县2018年主要经济指标测算等相关事宜。

【十六届人民政府第三十一次常务会议】 会议于1月15日召开，学习《生产安全事故应急预案管理办法》；研究青春大道二期棚改等3宗国有建设用地划拨、授权直接办理部分土地审批事项、人事工作等有关事宜；强调全力打好污染防治攻坚战和河长制有关工作。

【十六届人民政府第三十二次常务会议】 会议于1月30日召开，学习《四川省信访工作责任制实施细则》《中共四川省委组织部 四川省审计厅关于印发〈四川省市县党政主要领导干部履行经济责任重点风险提示清单〉和〈四川省市县党政主要领导干部履行自然资源资产管理和生态环境保护责任重点风险提示清单〉的通知》《中共南充市委办公室 南充市人民政府办公室关于印发〈贯彻落实中央八项规定精神、省委省政府十项规定精神和市委市政府九项规定实施细则〉的通知》等文件；传达全市经济工作“开门红”推进会暨一季度安全稳定工作部署会精神；集中观看《再访“三场攻坚战”》专题片；审议通过《关于深化西充县县属国有企业负责人薪酬制度改革的实施办法（审议稿）》；研究全县近期信访工作、青龙乡小学划拨供地、落实全县村（居）计划生育专干报酬待遇等相关事宜。

【十六届人民政府第三十四次常务会议】 会议于3月4日召开，学习《宗教事务条例》，传达习近平总书记来川视察讲话精神、南充市第六届人民代表大会第三次会议和政协第六届南充市委员会第二次会议精神、《中共中央国务院关于实施乡村振兴战略的意见》《中共四川省委四川省人民政府关于实施乡村振兴战略开创新时代“三农”全面发展新局面的意见》和市委农村工作会议精神；审议通过《县十六届人大三次会议〈政府工作报告〉重点工作责任分解表》《中共西充县委 西充县人民政府关于加强川东北农产品精深加工产业园区招商工作若干事项的决定（审议稿）》《西充县城区大气重污染天气应急预案（2018年修订）》和《西充县2018年“厕所革命”行动方案（送审稿）》；研究全国“两会”期间安全信访维稳工作、川东北农产品精深加工产业园临时水厂建设和项目建设及沿线道路建设工程等有关事宜。

【十六届人民政府第三十五次常务会议】 会议于3月19日召开，学习《中华人民共和国土地增值税暂行条例》；传达全市落实中央第五环境保护督察组督察反馈意见整改工作推进会议精神；审议通过《无锡爱尔华精机（西充）OLED项目生产基地投资协议（审议稿）》《云南航宇高低压配电电力设备生产制造项目投资协议（审议稿）》《西充县养殖水域滩涂规划（2017—2030年）（审议稿）》和《西充县海绵城市建设（一期）项目PPP项目合同》；研究射（洪）至蓬（安）公路改建工程、鸣龙镇至盐亭县八角镇公路工程新增工程量、青龙乡棚户区综合整治工程新增变更工程量等有关事宜。

【十六届人民政府第三十六次常务会议】 会议于4月2日召开，学习《中华人民共和国宪法修正案》；传达《宋朝华同志在嘉陵区调研工作汇报会上的讲话（摘要）》《关于在顺庆区调研工作现场办公时有关问题的会议纪要》《关于强化法纪约束持续正风肃纪“100个不准”的规定》《南充市建立容错纠错机制“30条”意见（试行）》《南充市切实关心爱护脱贫攻坚一线干部激发干事创业活力实施办法(试行)》和《中共南充市委 南充市人民政府党风廉政建设责任制领导小组办公室关于反馈2017年度落实党风廉政建设责任制情况考核结果的函》；审议通过《西充县机关事业单位购买劳务派遣用工管理办法（试行）》；研究选址建设多扶初级中学、建设川东北农产品精深加工产业园区综合服务中心等有关事宜。

【十六届人民政府第三十七次常务会议】 会议于4月19日召开，学习粮食安全省长责任制相关法律法规和政策文件；审议通过《川东北现代农业园区基础建设PPP项目合同（审议稿）》。研究北部新城“四馆一场一中心”项目增加体育馆中央空调设计、国道212线西充县城区过境段改建工程征地拆迁补偿安置办法和调整城乡低保分类补差救助标准、人事工作等有关事宜。

【十六届人民政府第三十八次常务会议】 会议于5月9日召开，学习《地方党政领导干部安全生产责任制规定》；传达《中共中央国务院关于对〈河北雄安新区规划纲要〉的批复》《中共中央办公厅国务院办公厅关于严禁自行出台政策发放工资津贴补贴有关问题的通知》，以及国务院、省政府第一次廉政工作电视电话会议精神和全省、全市、全县学习贯彻习近平新时代中国特色社会主义思想和习近平总书记对四川工作重要指示精神读书班精神；审议通过《恒大南西田园康养生态城项目投资合作协议（审议稿）》等项目协议；研究2018年脱贫村村社道路建设、《川东北农产品精深加工产业园控制性详细规划（修编）》等有关事宜。

【十六届人民政府第三十九次常务会议】 会议于5月17日召开，学习《融资担保公司监督管理条例》；传达《中共南充市委 南充市人民政府党风廉政建设责任制领导小组办公室关于反馈2017年度党风廉政建设社会评价结果的函》、六届市政府第38次和39次常务会议精神，并通报市环保专项督察组反馈意见；研究西充县环境保护问题整改及秸秆禁烧工作、《ANG天然气切割气体分装厂项目投资协议（审议稿）》、2018年城乡用地增减挂钩试点项目、东风路幼儿园建设项目新增西侧山崖边坡治理工程、青龙湖休闲旅游度假区蚕华山村房屋征收、川东北农产品精深加工产业园工业污水处理厂建设、人事工作等有关事宜。

【十六届人民政府第四十次常务会议】 会议于6月5日召开，学习《中共中央办公厅 国务院办公厅关于深入推进审批服务便民化的指导意见》；传达全国生态环境保护大会、省委生态环境保护专题会议、市环境保护委员会2018年第三次会议精神以及市委书记宋朝华在川报观察《不打招呼！四川环保厅长带队赴三地暗访，发现这些问题……》上的批示、《因空气环境质量恶化而被追责问责典型案例》、国务院安委会贯彻落实《地方党政领导干部安全生产责任制规定》电视电话会议精神，通报达州市通川区塔沱批发市场火灾和西充县近期安全生产情况；审议通过《九天真空科技有限公司真空系列产品扩产项目投资协议（审议稿）》和《四川武火传食品有限公司武火传自热食品产业园项目投资协议（审议稿）》等项目协议；研究“南西”田园新城规划编制项目招标、四川安汉实业投资集团有限责任公司与成都市工业设备安装公司共同出资实施简阳市党校和精神病医院迁建工程、安全生产工作等有关事宜。

【十六届人民政府第四十一次常务会议】 会议于6月21日召开，学习《南充市城镇环境卫生管理条例》；学习省委书记彭清华《关于中央电视台〈焦点访谈〉节目反映四川省有关环保问题情况的报告》、省委书记彭清华在南充调研指示精神和在川东北经济区工作座谈会上讲话的精神，以及市委书记宋朝华在市委常委会（扩大）会议专题传达贯彻省委书记彭清华在南充调研指示精神和在川东北经济区工作座谈会讲话精神时的讲话（摘要）、六届市政府第二次廉政工作会议精神；审议通过《西充农业电商产业园运营委托协议（审议稿）》《西充县城北拓展区（城中村）棚户区房屋征收安置补偿方案（审议稿）》《川东北（南充）康养文化小镇PPP项目资格预审文件（审议稿）》和《川东北（南充）康养文化小镇PPP项目招标文件（审议稿）》。研究终止《西充县城市生活垃圾处理场建设、特许经营权协议》和城乡居民住宅地震巨灾保险等有关事宜。

【十六届人民政府第四十二次常务会议】 会议于6月28日召开，学习《气象灾害防御条例》；传达全市惠民惠农财政补贴资金“一卡通”管理问题专项治理工作会议精神；审议通过《南充市西充产业新城PPP项目实施方案（审议稿）》《西充县人民政府 国网南充供电公司战略合作协议（审议稿）》和《西充县城东片区一期（石板河社区张澜路统规自建房）棚户区改造项目房屋征收补偿安置方案（审议稿）》等文件。

【十六届人民政府第四十三次常务会议】 会议

于7月9日召开，学习《村级档案管理办法》；传达省委十一届三次全会精神和六届87次市委常委会（扩大）会议精神；审议通过《“互联网＋无车承运”西南区域总部项目投资协议（审议稿）》《西充县德润星农现代柑橘产业示范园区建设项目投资协议(审议稿)》等协议；研究仁和镇等5处污水处理站湿地大棚项目新增工程量等有关事宜。

【十六届人民政府第四十四次常务会议】 会议于7月31日召开，学习《中华人民共和国体育法》；传达市委书记宋朝华调研西充指示精神和西充县工作汇报会上的讲话精神，以及南充市2018年二季度“三场攻坚战、三场突围战”现场拉练工作推进会议精神，中共南充市委六届八次全会审议通过的市委“1+3”《决定》和市委书记宋朝华在全会第一次会议上的讲话、“1+3”《决定》说明、市委书记宋朝华在全会第二次会议上的讲话精神、全市国税地税征管体制改革工作会暨全市税务工作座谈会议精神；集中观看《盯住问题“对着干”——2018年上半年重点工作问题曝光片》；审议通过《成都中医药大学西充县人民政府战略合作协议（审议稿）》等协议，研究《西充县加快推进民营经济发展的意见（审议稿）》和人事工作等有关事宜。

【十六届人民政府第四十五次常务会议】 会议于8月24日召开，学习《中华人民共和国环境评价法》；传达《中共四川省委办公厅、四川省人民政府办公厅关于认真落实中央巡视组反馈意见严格精简文件会议的通知》文件精神，以及市委书记宋朝华在全市规模以上企业学习贯彻省委十一届三次全会精神宣讲报告会暨实体经济发展大会上的讲话(摘要）精神、县委十三届六次全会精神;审议通过《四川建华职业学院项目投资协议（审议稿）》《西充县价格争议纠纷调解处理办法（试行)》和安汉公司发行非定向融资工具等；研究全县扫黑除恶专项斗争有关工作和当前重点工作。

【十六届人民政府第四十六次常务会议】 会议于8月31日召开，研究实验驾校迁建征地拆迁补偿安置方案有关事宜。

【十六届人民政府第四十七次常务会议】 会议于9月17日召开,学习《中国共产党纪律处分条例》；传达习近平总书记在十九届中央政治局第六次集体学习时的讲话精神、《南充市环境保护行政约谈办法(试行)》；审议通过《cable连接线生产项目投资协议（审议稿)》《东莞律奥（西充）汽车配件生产基地项目投资协议（审议稿)》等项目协议；研究老公安局棚改项目规费缴纳、西充中学教学楼维修工程新增工程量、人事工作等有关事宜。

【十六届人民政府第四十八次常务会议】 会议于9月28日召开，学习《四川省审计约谈办法》；传达全省、全市、全县河（湖）长工作推进会议精神和《四川省人民政府安全生产委员会办公室关于认真做好2018年中秋节、国庆节期间安全生产工作的紧急通知》；审议通过遂（宁）西（充）高速公路等3宗国有建设用地划拨供地方案、多扶工业集中区等4宗国有建设用地使用权拟挂牌出让方案；研究西充县中央、省环保督察反馈问题整改和大气污染防治事宜，以及公布第四批县级文物保护单位、晋城镇撤镇设街道办、车龙乡撤乡设镇等有关事宜。

【十六届人民政府第四十九次常务会议】 会议于10月19日召开，学习《中共中央、国务院关于加强和改进新形势下宗教工作的意见》等5个文件精神；传达省长尹力、省委副书记邓小刚关于非洲猪瘟防控工作的批示和全省、全市非洲猪瘟等动物疫病防控工作电视电话会议精神、省土地例行督察和年度卫片执法检查情况通报警示约谈会议精神、中共南充市委办公室《关于强化责任担当提高决策效率的纪要》；审议通过《关于县政府领导安全生产责任制履行情况的报告》《EPS泡沫包装材料生产项目投资协议（审议稿)》《西充县桃文化博览园后续建设及运营项目投资协议（审议稿）》《西充县财政资金审批拨付管理办法（审议稿）》等。研究全县艾滋病防治工作有关工作、常林乡石板河村苗木补偿等有关事宜。

【十六届人民政府第五十次常务会议】 会议于11月9日召开，学习《中华人民共和国中医药法》；传达全省、全市非洲猪瘟防控工作电视电话会议精神；听取西充县非洲猪瘟防控应急指挥部工作汇报、迎接中央生态环境保护督察"回头看"工作开展和案件办理情况汇报；审议《西充县晚熟柑橘产业融合发展示范园区建设项目投资协议（审议稿）》；研究将西充县红豆沟村生活垃圾压缩中转站运营等3个项目列入政府购买服务事宜和人事工作等有关事宜。

【十六届人民政府第五十一次常务会议】 会议于11月22日召开，学习《土地储备管理办法》；学习全国"大棚房"问题专项清理整治行动推动落实视频会议精神、南充市奋力打好项目建设大会战专题调度会议精神；审议通过《西充县支持企业上市（挂牌）奖补办法（暂行）》《川东北有机农产品精深加工产业园藤（花）椒精深加工项目投资协议（审议稿）》和《红薯及豆类系列食品精深加工项目建设投资协议（审议稿）》；研究北部新城5宗国有建设用地使用权出让方案等有关事宜。

【十六届人民政府第五十二次常务会议】 会议于11月26日召开，学习《中华人民共和国城乡规划法》；审议《食用菌精深加工项目投资协议（审议稿）》《西充县争当有机农业排头兵加快推进有机农业发展扶持办法（审议稿）》等；研究西充县实验驾校（张澜路外侧）校区搬迁补偿、双洛乡敬老院及附属工程新增工程量等有关事宜。

【十六届人民政府第五十三次常务会议】 会议于12月6日下午召开，学习《必须招标的工程项目规定》；传达中共中央领导脱贫攻坚系列讲话和全市脱贫攻坚总结推进会议精神，全国、全省易地扶贫搬迁现场会精神，全省农田水利基本建设现场会精神，全国、全省、全市危险化学品安全生产专题视频会议精神，市委、市政府主要领导对扫黑除恶专项斗争工作的批示精神，听取全县工作汇报，研究下一步工作；审议通过《果脯及香辛料生产加工进出口基地投资协议（审议稿）》《新津县人民政府 西充县人民政府推动区域协同发展战略合作协议》和《南充市西充产业新城建设征收土地补偿和房屋拆迁安置实施方案》；研究全县2018年经济工作、县城到期出租汽车经营权重新配置等有关事宜。

【十六届人民政府第五十四次常务会议】 会议于12月20日召开，学习《省委办公厅、省政府办公厅关于全面深入开展违规发放工资奖金津贴补贴问题专项整治的通知》和市纪委监委执纪监督工作会议精神；传达全国加强非洲猪瘟防控工作电视电话会议精神、中共四川省委十一届四次全体会议精神、全市卫生与健康大会会议精神、南充市第四次全国经济普查工作推进会议精神、全市禁毒人民战争动员部署会议精神，听取全县工作汇报，研究了下一步工作；审议《台湾古法调味品酿造项目建设投资协议（审议稿）》《农瑞休闲食品精深加工项目投资协议（审议稿）》等；研究立项实施西充县社会福利院附属工程建设等有关事宜。

县政府办公室工作

【概况】 2018年，县政府办公室紧紧围绕县委"533"战略规划和县政府中心工作，创新思路、锐意进取，实现服务有突破、献智有突破，圆满完成各项年度目标任务，被市政府办推荐为四川省政府系统办公室工作先进集体。

【政务服务】 以文辅政，修订完善《办公室公文运转规则》，完成政府工作报告等重要文稿，被市政府办公室通报为年度办文无差错单位。围绕全县重点工作，牵头制作《大气污染防治新闻问效专题片》，发出督察通报、督办通知、环保督查专报56期，督办人大代表建议和政协委员提案206件，办结率达100%。开展“三大活动”，精心撰写文稿25篇，被市级以上刊物采用10篇；全年上报政务信息900余条，被国家、省上采用5条，排名全市第一。制定政府常务会议《会务服务操作规则（试行）》等文件，实现会议内容精减。完成一、二会议室手机智能存放柜采购和屋顶室外雨棚安装，规范会场安保服务。完成县委、县政府交办的多起重要会议服务，并及时编发会议纪要或备忘录。参与完成全国人大常委会副委员长到西充县调研、全市项目拉练等重要活动服务工作，开展全县金融风险隐患排查，组织2018年全县防汛减灾综合应急演练，完成县政府大楼监控系统升级改造。实施政府机关大院的廊桥改造、路灯更新、门卫服务优化、食堂饭卡更换等工作，完成县政府大院9层楼各单位办公室空调排水管线疏通等工程。严格执行重大决策法制审查程序，办理县政府涉诉行政案件13件。完善政府门户网站管理，完成政府网站二级等保建设。坚持民主理财、集中批票、集体议事等制度，全年公务接待费同比下降24%。坚持机关文秘人员晨会制度。

（撰稿：县政府办公室李丽洪）

政务服务

【概况】 西充县人民政府政务服务中心入驻单位28个，设置服务窗口33个，有窗口工作人员61人。

【行政审批】 2018年，县政务服务中心受理各类政务服务事项59808件（其中行政审批4165件，公共服务52348件，其他审批3295件），同意办结59773件，不同意办结35件。按时办结率、提前办结率、现场办结率均为100%，群众评议率达100%，满意度达99.9%。

【公共资源交易】 2018年成功举行工程招投标（含招标代理机构）87期，交易额达34亿元，规范性收取投标及履约保证金1.38亿，退还投标保证金1.16亿元，实施压证施工项目31个；进行土地交易30宗，其中拍卖8次、挂牌22次，出让土地面积1286.6亩，成交价68131万元；进行政府采购41次，预算金额2289.7万元，中标(成交)金额2232.9万元；完成国资交易2宗，实现国有资产收益164.23万元；依法流转农村土地经营权95宗，面积33968.83亩。

【综合管理】 规范项目管理，防范工程风险、债务风险、廉政风险，建立西充县村级工程项目施工企业库，采取随机抽选方式确定中标企业，入库企业达78家。以公安户政、出入境窗口和市场监督窗口试点，推进“最多跑一次”改革，梳理“最多跑一次”事项清单，制定配套政策措施。规范行政审批事项和优化公共服务事项办理，开展西充县公共服务事项清理并公布《西充县公共服务事项目录》，共计161项。会同县法制办公室开展行政审批事项清理，发布《西充县行政权力清单（2018年本）》，共计256项。2018年办理办结“书记县长信箱”来信1768件，受理电话咨询投诉200余人次。承办南充市“12345”市民服务热线办理工作，受理5420件，办理5397件。

（撰稿：县行政审批局李清福）

司法行政

【概况】 2018年，西充县司法局按照“日常工作抓规范，主要工作出成果，特色工作出亮点”的要求，推进普法宣传、法律服务、人民调解、社区矫正、安置帮教等工作，完成了全年司法行政工作目标任务。

【法治宣传】 在三八国际妇女节、“3·15”国际消费者权益日、“3·26”国际禁毒日等宣传日进行宣传，利用微信、微博、手机短信平台等新媒体进行宣传；同时，西充县司法局在广（元）南（充）高速公路西充东互通处投资8万元制作完成法治宣传大型广告1个；投资6万元请南充电视台拍摄“宪法在我心中”公益广告。组建普法讲师团、妇女儿童法律援助服务团等团体进课堂50余次，进企业12余次，进乡村80余次；印制普法宣传册15000册。7月，多扶镇老林沟村被司法部、民政部表彰为全国民主法治示范村。全年发放宣传资料25000余份，书籍12000余册，发送手机短信宣传9000余条，接受群众咨询46000余人次；制作宣传展板18个，悬挂各类标语80余幅，出动宣传车60余台次；推出农民工法治宣传队、纪信歌舞团等宣传团体，演出法治小品、快板、故事等节目3个，普法巡演30场次。

【法律援助】 在县总工会、团县委、县妇联、县残联等部门设立接待窗口。新建双江乡、扶君乡、县法院、县看守所4个法律援助站点。全年办理法律援助案件283件，提供法律咨询2759人次，提供法律援助3325人次。其中，受理农民工讨薪案件118件，帮助收回165万元。

【公证服务】 县公证处制定学习、财务、质量服务等制度，优化公证办证流程。全年办理各类公证5480余件。其中，民事公证5424余件，经济公证56余件。

【律师服务】 2018年，律师行业代理各类诉讼案件726件。其中，民事诉讼640件，刑事诉讼67件，行政诉讼55件，担任法律顾问87家。组建县政府法律顾问团，为绵（阳）西（充）高速公路西充段建设、双凤镇龙滩河流域现代农业园区、古楼“一心四区”等县域重点项目提供法律建议32条。

【人民调解】 成立县、乡（镇）、村（社）三级调解组织，实现调解格局全覆盖；成立交通事故损害赔偿纠纷调解委员会、医患纠纷调解委员会等行业性、专业性调解组织；在双江乡建设盐亭县、西充县边界公共法律服务联合工作中心，成立“多部门联动衔接”的区域性调解委员会。2018年排查各类矛盾纠1619件，调解成功1583件，调解成功率达98%。

【社区矫正】 以县、乡、村三级网格化管理体系为依托，完善社区服刑人员请销假和变更居住接受矫正等制度，形成“红黄蓝”三级分类管理制度，依法查处违法违规社区矫正人员。2018年，接收社区服刑人员150人，期满解除矫正128人，收监1名社区服刑人员，年末有在册社区服刑人员264人，矫正率达100%。

【安置帮教】 召开专题会议对“三无人员”的日常管理、帮困扶助、就业培训进行专门讨论研究，确保刑释解教人员重新融入社会。2018年，西充县回归刑释解教人员97人，安置帮教率达100%。

（撰稿：西充县司法局王晓宇）

依法治县

【概况】 2018年，西充县依法治县工作在省依法治省、市依法治市领导小组的指导下，在县委、县政府的领导下，贯彻落实党的十九大精神，围绕省、市、县2018年工作要点推进依法治理各项工作。

【依法执政】 落实法律顾问制度和“三重一大”事项集体决策制度，运用法律顾问，为党委决策和制定重要文件、重大项目提供法律咨询。2018年，法律顾问参加县委、县政府重大事务研究达80余次，协助出具法律审查意见47份。

【依法行政】 推进行政审批制度改革，清理、制定、公布政府权责清单5545项。建立安全生产监督管理、城市管理等执法中队，开展综合执法20次、行政执法案卷评查2次。完善行政复议机制，依法办理行政复议案件。依法履行行政应诉职责，县政府涉诉行政案件8件，开庭6件，其中，各级政府主要领导或相关分管领导出庭应诉6件，出庭应诉率达100%。

【公正司法】 完成第二轮员额法官遴选，建立民刑事专业法官会议，组建"小额诉讼速裁合议庭"，推进以审判为中心的刑事诉讼制度改革，落实证人出庭作证制度。2018年，17件案件18名证人出庭作证。建成10个互联网庭审直播法庭，网上直播庭审129件，公开生效裁判文书3164份，为经济困难当事人缓减免交诉讼费44.8万余元，为困难当事人发放司法救助金29.2万元。开展"充锋"专项行动、"涉民生"案件专项行动，全年执结案件1701件，执行到位标的2.16亿元。

【社会法治】 开展扫黑除恶、"打盗抢、反电诈、扫毒害"百日攻坚和春雷、夏安、秋风系列专项行动，侦破案件531件，行政拘留650人，批准逮捕152人，移送起诉176人，扫黑除恶公诉21件。开辟《平安西充》专栏，举办"平安建设乡村大舞台"27场，印发宣传资料19.3万份；坚持"红袖标"巡防常态化，实现44个乡镇、12个基层派出所"多小组、错时段"联合巡防全覆盖，开展基层法庭、派出所、司法所"平安建设"主题开放日活动10余次。推进网格化和"雪亮"工程建设，完成"雪亮"工程一期120个村、二期330个村的建设任务。网格员上报处理民生事项、矛盾纠纷等各类事件2.05万件次，走访特殊人群8378次，发现并及时处理治安隐患149件。

【法治宣传教育】 建设"法治西充行"法治宣传平台，整合报刊、电视、网络等媒介，扩大法治宣传覆盖面，增强普法实效；印发依法治县工作动态19期，发送法治短信9000余条，推送法治微信90余条。县委常委会、县政府常务会开展会前学法，将宪法、党内法规等重要法律专题纳入必学课题。2018年，县委常委会学法15次、县政府常务会学法21次。建立领导干部和领导班子年度述法制度，2018年年初，在全县范围内开展述法及民主测评，并将年度述法情况和干部学法用法情况全面纳入干部法纪档案。2018年，组织全县4100余名机关干部职工参加全市法纪知识考试。在县内各高速路出口、国道212沿线、城区红绿灯LED屏、城区指示路牌和各乡镇通村道路等重要位置设置大型法治宣传广告牌2幅、宣传标语18条、法治宣传指示路牌10余个。

【创新工作】 开展法律援助民生工程、建设视频接访及网上信访平台等法治惠民专项行动。全年办理法律援助案件315件，44个乡镇信访视频接访系统全面接通，2个乡镇全面投入使用。开展信访积案化解、整治不正当竞争、环境专项治理等"法治亮剑行动"，集中整治环保、食品药品、信访秩序等重点领域突出问题。2018年，化解信访积案12件，立案查处不正当竞争案件4件，梳理环境重点突出问题15个、完成整改8个，办理食药行政处罚案件385件、移送司法机关15件。开展全国民主法治示范村、法治示范乡镇、学法用法示范机关等"法治示范创建行动"，推进县国家税务局、县检察院、县教育体育和科学技术局、双凤镇、太平镇示范创建工作，多扶老林沟村创建为全国民主法治示范村，双龙桥村被命名为省级"法律七进"示范点。探索推行未成年人"三位一体"亲情修复模式。县检察院联合县教育体育和科学技术局、县司法局成立"小橘灯"亲情修复专业团队，通过"检察官—监护人—未成年人""检察—社区—学校""未检检察官—其他检察官—关工委"3个"三位一体"，以亲情家访、亲法教育等工作举措对涉案未成年人进行亲情修复，开展亲情修复7人。探索建立边界公共法律服务中心。依托双江乡的特殊地理位置（与盐亭宗海乡交界），盐亭县司法局和西充县司法局在双江乡创新成立集法律咨询、法律援助、人民调解、综合服务为一体的边界公共法律服务联合工作中心，实现法律服务联动、矛盾纠纷联调、普法工作联宣、信访维稳联通、社区矫正联训，促进基层治理现代化。2018年，该中心接受群众咨询480人次，开展法治宣传4次，发放法治宣传资料1500余份，调解边界纠纷矛盾5件，开展法治讲堂和培训2次。

（撰稿：西充县司法局王晓宇）

法制工作

【概况】 2018年，西充县法制办公室加快转变政府职能，推进依法科学民主决策，规范政府行政行为，提升行政机关工作人员特别是领导干部运用法治思维和法治方式处理问题的能力，着力建设法治型政府和服务型政府。

【行政审批制度改革】 及时对接中央、省、市下放取消调整的行政许可事项，承接行政许可事项76项，公布全县行政许可事项258项，涉及行政审批部门24个，清理规范行政审批中介服务34项，取消、暂停、免征涉企行政事业性收费25项。严格控制新设行政许可，未在法律法规之外设立面向社会公众的审批事项。全面清理并取消行政审批各环节不合法、不合理以及主要为规避部门责任要求办事群众提供的各种村（社区）证明129项，形成证明事项保留清单8项并向社会公布。推进“互联网+政务服务”，深化“最多跑一次”改革，编制“全程网办”等4张清单。根据法律、法规、规章立、改、废情况，机构和职能调整情况等，按照“只减不增”原则，清理确定县级权责清单5545项，与清理前的6229相比，精简684项，减少11%，实现“三级四同”（即省、市、县三级权力名称、类型、依据、编码相统一）的行政许可标准化体系，并按程序进行动态调整和网上公开。

【政务公开】 坚持以公开为常态、不公开为例外，主动公开财政预决算、重大建设项目批准和实施、公共资源配置、社会公益事业建设等领域政府文件419项。回复书记、县长信箱信息600余条。

【合法性审查】 2018年，合法性审查重大事项、规范性文件321项。建立合法性审查专家库，规范政府法律顾问管理，建立健全法律顾问工作档案、绩效考评等制度。推动合法性审查质量，政府法律顾问团成员有9人。

【规范性文件管理】 执行《四川省行政规范性文件管理办法》，实施规范性文件建议审查制度，对规范性文件，严格执行统一登记、统一编号、统一印发制度，落实规范性文件有效期制度，规范性文件报备率、报备合格率、报备及时率均达100%。开展规范性文件动态管理，建立清理长效机制，根据清理结果及时调整规范性文件文本和目录，并向社会公布。

【行政执法监督】 开展生态安全、产品质量、医疗卫生、劳动和社会保障、价格监督等关系群众切身利益重点领域事中事后综合执法20次，追缴农民工工资457万元，处罚涉事企业1家，处罚金1万元，并将行政处罚信息依法上网公示。开展打击破坏环境资源违法犯罪专项行动和打击危害食品药品安全违法犯罪专项行动，破解“两法衔接”难题，完善涉嫌犯罪行政案件移送标准和程序，健全信息共享、案情通报、案件移送等制度，移送司法机关3人。开展行政执法案卷评查，将执法主体、调查取证、裁量标准适用、案卷归档等内容作为评查重点，评查结果及时通报，督促整改。开展行政执法案卷评查2次，评查案卷120件，下达整改通知9份。

【行政复议】 运用“互联网+”等信息手段，畅通行政复议申请受理渠道，加强复议应诉系统平台建设，提高工作信息化水平。2018年收到行政复议申请7宗，其中立案受理6宗。

【行政应诉】 规范申请答复、诉讼答辩业务管理，对不出庭（不参加复议）或不按要求出庭（不按要求参加复议）的承办部门，严格按依法行政考核标准量化考核。2018年，县政府涉诉行政案件8件，开庭6件，其中各级政府主要领导或相关分管领导出庭应诉6件，出庭应诉率达100%。发挥政府法律顾问团作用，2018年行政应诉培训达4次，同时对败诉案件进行全方位、多角度分析，及时完善相关资料，确保减少政府损失。

【法治政府建设】 执行《四川省法治政府建设考核评价办法》《四川省法治政府建设指标体系》等相关考核制度，组建法治政府建设督察组，邀请社会各界参加，开展考核督察20次，明察暗访8次，通报法治政府建设中存在的问题15个，印发整改意见书10份，约谈乡镇、部门主要负责人8人。

（撰稿：县司法局王晓宇）

机关事务管理

【概况】 执行公务接待清单制，接待费报销凭证应当包括原始票据、派出单位公函和接待清单。推进全县公务接待工作规范化建设，督促各单位、部门按照接待制度，标准开展公务接待工作，指导、协助县级部门完成部门自行负责的重大接待。全年指导、协助县级部门完成重大接待94批次。

【公务用车管理】 开展驾驶员职业道德和业务技能培训，采取集中培训和车队自学等方式进行安全知识、车辆维护知识的专题学习。合理调度车辆。按照顾大局、保重点的原则，配合县委、县政府重要工作、重大活动等，做到应派尽派，全年派车2万余次。针对公车普遍老化等情况启动车辆更新工作，按照规定程序完成4辆公务用车的采购任务。协助相关单位申报新购特种技术车辆。

【办公用房管理工作】 按照新的《党政机关办公用房管理办法》相关规定，本着“改危为先”的原则，及时受理县住建局、县蚕业局等单位的办公用房改危申请。

【重要接待活动】 1月2日—11日，冕宁县考核组一行20人到西充检查脱贫攻坚工作。

1月10日，张澜教育基金会理事、秘书长张雪松等4人到西充考察教育发展工作。

1月16日，四川省人大城乡环境资源委员会副主任委员杨文一行30人到西充开展环保宣传活动工作。

3月7日，四川省金融工作局党组书记滕中平一行3人到西充调研金融工作。

3月8日，四川省国土资源厅厅长杨冬生一行5人到西充调研农村土地综合整治与农村发展工作。

3月25日，国务院保障农民工工资支付工作考核实地核查组一行15人赴西充检查农民工工资支付工作。

4月26日，省旅游发展委党组书记胡斌一行13人到西充调研旅游产业发展工作。

5月12日，十二届全国政协委员、民族和宗教委员会副主任、国务院参事、国家发展和改革委员会原副主任杜鹰一行9人到西充调研产业融合发展工作。

5月15日—17日，省总工会在西充召开全省集体协商专题培训暨协商现场观摩会。

5月31日，甘肃省考察团赴西充考察连片产业扶贫工作。

7月25日—27日，成都中医药大学博士服务团一行42人到西充开展2018年暑期社会实践服务活动。

7月28日，西充县举行2018年二季度全市“三场攻坚战、三场突围战”现场拉练会。

8月29日，准备2018年第九届C21论坛暨南充市现代农业投资推介会西充现场会。

9月5日，民盟中央委员会调研团一行50人参观考察西充工作。

10月19日，中国农业发展银行监事会主席于学军一行7人到西充调研工作。

11月14日，省政协副秘书长姚其清一行17人到西充调研工作。

（供稿：县机关事务管理局）

民族和宗教工作

【概况】 截至年末，全县有杂居少数民族23个，常住人口270人，主要通过移民和婚配两种方式进入，以苗族、壮族、彝族、藏族、土家族居多。全县开放宗教活动场所24个，其中，佛教活动场所18个、基督教活动场所4个、天主教活动场所2个。建立县佛教协会、基督教“三自”爱国运动委员会和天主教爱国会3个爱国宗教团体。

【教育引导】 召开专题会议，组织民族宗教界人士学习贯彻全国和省、市民族宗教工作会议精神。年初召开各场所管委会主任、副主任以及教职人员参加的全县宗教工作会议，对宗教工作进行总结和安排，加强与宗教工作重点乡镇党政领导的交流、座谈，探讨新形势下民族宗教工作的新情况、新问题、新举措。以宗教团体活动为载体，结合“学习月”活动开展，组织全县宗教教职人员、部分信教群众专题学习党的十九大和《宗教事务条例》8次，培训人次达1500人，发放各种宣传手册及宣传单2万余册。利用宗教场所集会或庆典，对教职人员和信教群众进行统战、宗教方针政策和有关法律法规的宣讲。到宗教活动场所进行安全教育，宣传抵御渗透的紧迫性及具体防范措施，筑牢安全稳定工作防线。

【内部管理】 督促和协助宗教团体、宗教活动场所健全和完善结合实际的各项规章制度，加强团体和场所内部管理，激发各宗教活动场所积极参与“和谐寺观教堂”的创建热情，创新举措。做好宗教活动场所矛盾纠纷和安全隐患的检查排查、化解、整改工作，妥善处理好宗教方面的各种矛盾和突发事件，杜绝安全事故的发生。严把场所改扩建审批关，规范宗教活动场所建筑秩序，加强建筑质量的监督检查。加强宗教活动场所财务管理，开展年度财务审计及开放场所负责人述责述职述廉工作。严格执行大型宗教活动报送审批制度。按时完成县佛教协会和县天主教爱国会的换届选举工作。取缔利用宗教进行渗透的非法组织。

【协调服务】 配合县重大传染病防治委员会在纪信广场组织开展艾滋病防治宣传活动。配合县法制办在纪信广场开展“12·4”宪法宣传日活动。协助基督教“三自”爱国会开展不带任何附加条件的对外友好交往。协助县关心下一代工作委员会、香港浸信会成功举办留守学生夏令营活动。

【引导宗教与社会主义社会相适应】 要求宗教界人士争做遵纪守法的好公民和爱国爱教的好信徒，教育广大信教群众拥护党的领导，支持党委、政府工作，响应党委、政府号召，认真履行公民义务。引导宗教场所和宗教界人士开展结对帮扶，弘扬行善积德、乐善好施的传统美德。完成24个开放宗教活动场所升挂国旗工作，做到全覆盖。

【宗教工作督查】 撰写西充县宗教工作自查自纠报告。做好县委常委会、县政府府委会，县委县政府中心组学习会，就相关宗教工作进行学习、研究的各项准备工作。组织县级相关部门和各乡镇宗教工作分管领导开展全县《宗教事务条例》以及宗教方面政策法规的学习宣传工作。开展对宗教领域专项治理工作和督查迎检工作。

（撰稿：县民族宗教局尹莉君）

档案工作

【概况】 2018年，西充县档案工作履行“为党管档、为国守史、为民服务”职责，凝心聚力，真抓实干，顺利完成各项目标任务。

【业务指导与检查】 推进土地确权档案工作，出台《西充县农村土地确权档案整理细则》，并对相关人员进行业务培训。加强档案规范化管理，促进达标认定工作，认定2个单位为省二级，3个单位为省三级。启动社区档案工作。以南街社区为社区档案工作示范点，指导完成该社区近20年的积存档案，召开全县社区档案规范化管理现场培训会。开展档案专项指导与检查。到莲池镇、太平镇等12个乡镇，指导档案管理，特别是脱贫攻坚档案管理。到县国土局、县农牧业局、诚邦公司等35个立档单位，开展档案行政执法和安全检查，指出档案管理中存在的问题，并限期整改。

【档案宣传】 开展“档案见证改革开放”主题宣传活动。通过发档案宣传短信、宣传袋、挂图、折页、展板和传单等形式进行法制宣传，发放宣传资料2000份、宣传袋800个，接受咨询60人次。

【档案培训】 按照省、市要求，组织各单位专兼职档案员40余人，参加省、市各类档案业务培训4次。9月，档案局对部分专兼职档案员进行档案基础业务培训，采取集中培训、以会代训的形式，20余人参训人员。

【档案接收、保护和利用】 接收县住建局建设档案3553卷，民政局婚姻档案99497卷，劳动局、公改办、人事局档案400卷。统一对新进馆档案进行冷冻消毒杀虫，投资2万余元配置安装高清视频监控系统，添置更新温湿监察仪、消防设施等设备设施。通过现场、电话查档、异地查档等方式，热情接待查阅人员，全年接待查阅档案人员600人次，提供档案利用2280卷（件）。

【档案编研】 扩大西充对外文化交流，与市档案局共同完成《历代名人咏南充》《乡村记忆——四合院的故事》《果州兰台拾萃》的编纂出版。

（撰稿：县档案局白和焱）

地方志工作

【概况】 2018年，西充县地方志工作坚持“资治、存史、教化”的职责，推进地方志书编纂，开发地情资源，服务经济社会发展，12月被省地方志工作办公室授予四川省地方志系统先进集体称号；《西充县地方志志》被评为四川省第十八次地方志优秀成果志书类三等奖，《西充年鉴2017》被评为年鉴类三等奖，《西充县志》（清）被评为旧志整理成果三等奖，《西充县二十年大事记（1996—2015）》被评为其他地方文献类优秀奖。

【年鉴编辑】 3月，县政府办公室向各县级部门、乡镇、有关企事业单位下发《关于认真做好〈西充年鉴（2018）编纂工作的通知》。县地方志办公室启动年鉴编纂工作，通过QQ、电话等方式收集年鉴稿件，分成两个小组分别由单位两名领导带队，到各供稿单位督促、指导资料收集和编纂工作。截至7月底，征集到160个供稿单位的文字资料，约45万字；征集到53个供稿单位的图片资料80幅；向社会有偿征集图片30幅。在收集资料的同时，县地方志办公室同步进行修改、编辑。7月底，《西充年鉴（2018）》完成初稿。年鉴编辑人员3次对年鉴进行修改，8月上旬，初步完成修改工作，并交至四川科技出版社编辑出版。

【完成省、市年鉴供稿任务】 3月10日、5月21日，南充市人民政府办公室、四川省人民政府办公室分别下发《南充年鉴（2018）》《四川年鉴（2018）》的征稿通知。县地方志办公室编纂人员制定条目，并到县委办、县政府办、县委组织部、县经济商务和信息化局、县农牧业局、县统计局、县工业园区管理委员会等单位收集资料，严格按照年鉴编纂要求认真编辑，并反复校对核实数据。经过4次修改，4月底向市地方志办公室上交年鉴资料，5月底向省地方志工作办公室上交年鉴资料，供稿任务顺利完成。

【《西充县工业集中区志》修改】 县地方志办公室多次与县工业集中区协调，进一步收集、完善资料，并与出版社一道，多次对志书进行修改。

【出版《西充县乡镇简志》】 3月底，完成了此部志书的长编工作，县地方志办公室编纂人员经过多次修改，于5月底形成了初稿，并交付文化公司进行排版。6—8月，县地方志办公室再次对志书进行修改、完善资料。9月，《西充县乡镇简志》出版，全书约40万字。这是西充县第一部乡镇简志，重点反映西充县各乡镇的自然、政治、经济、文化社会等方面的情况。

【地情资料的交流和发行】 2018年，县地方志办公室向县档案馆、图书馆、学校、乡镇赠送县志、年鉴、《清代·西充县志》《西充县二十年大事记（1996—2015）》《西充县乡镇简志》等600余册；向全县县级退休老干部、专业协会、晋城镇所辖社区赠送《清代·西充县志》《西充县二十年大事记》120套（册）；交流、购买、征集志书、年鉴、家谱等地情资料200余册。

【县情咨询服务】 县地方志办公室利用丰富的馆藏地情资料，就地理标志产品申报、重大项目开发、群众著书立作、家谱编纂等向有关部门、社会各界提供咨询服务60余人次，查阅相关史料30余篇，提供历史图片100余幅。

【志书审核】 对还未完成第二轮志书编纂任务的部门、行业，县地方志办公室重点跟踪督导。3月，开始对《西充县残联志》进行审校。6月完成志书的审稿工作。

（撰稿：县地方志办公室李光涛）

经济合作和外事工作

【概况】 2018年，市上下达西充的到位资金考核目标57亿元，其中，工业项目到位资金考核目标21亿元。全县引进省外到位资金64.15亿元，其中，工业到位资金22.86亿元，分别完成目标任务的112.5%、109%。

【新签约项目】 市上下达新签约考核任务19个，奋斗任务20个，其中，5亿~10亿元以上项目5个，10亿元以上项目3个，省级平台签约项目10个。截至12月底，全县新签约项目39个，协议总投资266.132亿元，其中5亿~10亿元项目7个、10亿元以上项目3个，分别完成市上下达目标任务的205%、140%、100%。

【新开工项目】 市上下达考核任务14个、奋斗目标16个。截至12月底，全县新开工项目20个，完成考核目标的142.8%。

【新竣工投产项目】 市上下达考核任务10个、奋斗目标12个。截至12月底，全县新竣工项目13个，完成考核目标的130%。

【招商引资举措】 谋划储备重点产业项目50个，总投资883.1亿元，其中以黄心苕、充国香桃等优势资源为基础专项策划包装有机农产品精深加工项目24个，总投资115.1亿元。更新全县招商引资宣传片，编印投资指南、宣传手册、项目书等基础资料2万余册，其中，针对川东北有机农产品精深加工产业园区专项编印投资指南、宣传手册1.5万余册。广泛收集投资信息，全县收集投资信息290余条，其中"三类500强"等知名企业信息60条，编印投资促进工作周报39期，更新招商动态312条。县委、县政府主要领导始终坚持招商引资亲自挂帅、亲自研究、亲自部署，开展"点对点"招商活动135次，对接洽谈项目100余个。5月，成功签约总投资160亿元的恒大南西田园康养生态城项目，实现百亿级项目新突破、招大引强新跨越。积极参加C21、中国西部国际博览会、2018中外知名企业四川行等省、市重大平台活动16次，成功举办西充（山东）农产品精深加工项目专题推介会，累计推介项目89个，实现平台签约项目23个，协议投资总额234.7亿元。组建12支招商小分队，成功签约亿元以上农产品精深加工项目17个。制定出台《关于加强川东北农产品精深加工产业园区招商工作若干事项的决定》，配套13条招商优惠政策。发挥招商引资领导小组办公室和"百日攻坚"领导小组办公室牵头总揽作用，联合目督办常态化督查招商引资工作4次，发出督查通报两期，组织召开招商引资领导小组会议、农产品精深加工"百日攻坚"领导小组会议9次，牵头协调解决项目问题37起。成立项目协调领导小组，建立"五个一"项目协调机制，实行"一线工作法"，创造了深广瀛食用菌精深加工项目从洽谈、签约到开工仅18天的"西充速度"。

【外事和港澳事务】 5月18日，邀请美国Akyumen公司执行官林惠娟和中国区市场经理王晨曦到西充考察高科技产品制造研发项目。8月，组织县政府主要领导随市政府代表团赴日本、韩国考察交流，县政府同日本大阪中小企业联合会签订交流合作备忘录。10月，组织县政府分管领导和相关部门负责人到德国参加中德土地整治项目培训。促进西充与国际有机运动联盟亚洲理事会深入合作，推进与韩国槐山郡建立友好合作关系。认真贯彻执行中央和省、市关于因公出国（境）管理的各项规定，加强对因公出国（境）工作管理，从源头上制止党政干部利用公款出国（境）旅游现象发生。召开外国人港澳台管理工作联席会，加强对全县定居的境外人员管理。加强信息收集，采取有效措施规范境外非政府组织在西充县境内的活动。为西充县赴多米尼加共和国的3名外派劳务人员提供维权帮助，维护中国公民在国外的合法权益。做好参加纪信诞辰2270周年纪念活动的外宾接待。

【重要招商活动】 1月1日—3日，副市长李在伟、县委书记孙骏在县委常委、县委统战部部长赵云强，县人大常委会副主任杨平，县政协副主席王智，川北医学院附属医院维康科技（南充）有限责任公司董事长唐松的陪同下，到南京三胞集团就川东（南充）康养中心项目合作事宜进行洽谈。

1月12日，县委副书记、代县长张光全带领县委常委、县委统战部部长赵云强，县经济商务和信息化局、县投资促进合作局、县工业园区管理委员会等部门到东莞市律奥过滤器有限公司，考察过滤设备生产项目。

2月4日，在县投资促进合作局的联络协调、指导帮助下，广东西充乡友2018年春节团拜会暨广东省四川西充商会筹备会在深圳市举行，标志着广东省四川西充商会成立的准备工作正式启动。

3月28日，西充县委副书记、县长张光全，县委常委、县委统战部部长赵云强等到民营500强企业南京福中集团，就福中集团在西充县布局川东北智慧农业产业链项目事宜进行洽谈。

3月30日，西充县委副书记、县长张光全，县委常委、县委统战部部长赵云强等到上海红星美凯龙控股集团有限公司，就企业到西充建设大型城市综合体项目进行洽谈。

4月13日—14日，县委书记孙骏，县委副书记、县长张光全，县委常委、县委统战部部长赵云强等到成都，与福中集团副总裁程华军就该集团到西充投资建设福中农产品精深加工电商产业园项目进行深层次会谈。

4月17日，县委书记孙骏，县委常委、县委统战部部长赵云强，副县长何涌泉等到恒大地产集团成都有限公司，就该公司到西充建设恒大南（充）西（充）田园康养生态城（暂定名）项目进行深入洽谈。

9月19日，县委书记孙骏、副县长何涌泉，在成都环球中心洲际大饭店参加由中共南充市委、南充市人民政府、四川省投资促进局主办，以“实施全域开放新战略、争创全省经济副中心”为主题的南充市“5+5”重点产业投资推介会暨项目合作协议签署仪式，通过前期的联系与洽谈，西充县邀请到央企、世界500强企业、行业领军企业、知名商协会、上市公司等15家企业负责人参加活动，其中恒大地产四川公司董事长杨珩受到市委书记宋朝华的单独会见。

10月15日—17日，以“实施全域开放新战略、争创四川经济副中心”为主题的南充市（深圳）投资推介会暨项目合作协议签署仪式在深圳举行。本次推介会，西充县签约汽车配件生产基地项目和充国绿谷食用菌精深加工及配套产业项目，签约资金达9亿元。

10月17日—19日，县委书记孙骏，县委常委、县委统战部部长赵云强在杭州参加以“实施全域开放新战略、争创四川经济副中心”为主题的南充市（杭州）投资合作座谈会暨项目签约仪式，并会见邀请的参会嘉宾及部分知名乡友企业家。本次推介会上，西充成功签约投资总额5亿元的Cable数据连接线项目。

11月5日，南充市副市长沈一凡带领西充县副县长何涌泉及南充市农工委、西充县投促局负责人在浙江相继实地考察安吉祖名豆制食品有限公司、安吉鲁家村和嘉兴真真老老食品有限公司，并分别与企业负责人进行交流座谈。

12月4日，县委书记孙骏，县委常委、县委统战部部长赵云强，县委常委、县委政法委书记蒲永红带领县委办公室、县农牧业局、县规划局、县投资促进合作局、诚邦公司部门负责人到邛崃市，与邛崃市委、市政府对接两地区域合作、产业转移相关事宜。

（撰稿：西充县经济合作和外事局宋敏）

投资发展

【概况】 四川诚邦投资发展有限公司，为县属国有独资企业。2017年7月成立，注册资金3亿元，下辖6个子公司，2018年年末有员工34人，资产总额29亿元，负债总额8.97亿元，实现税利215万元。

【项目建设】 2018年完成项目建设总投资26000万元，占目标任务的130%。

川东北有机农产品精深加工产业园项目，为全市100件、全县10件大事之一。规划占地4500亩，总投资30亿元。2018年完成投资18000万元，完成1.3公里主干道路一期工程和两座桥梁以及绿化带建设，完成700亩土地征用和20000平方米房屋拆迁，完成666670平方米场地平整工程，完成7000平方米综合服务中心建设和10000平方米园区生态广场建设；1.5公里主干道路二期工程和24000平方米标准化厂房正在抓紧建设。川东北有机农产品精深加工产业园项目获2018年“感动南充十大项目”表彰。川东北有机农产品精深加工产业园项目获市级奖补资金1000万元。

双创中心项目，为全县重点项目之一。规划占地70亩，总投资15000万元。2018年完成投资4000万元，完成标准化厂房装饰装修、配套道路工程，完成科技大楼负一层至五层主体施工。

多扶污水处理厂项目，总投资2740万元。2018年完成投资500万元，完成前端设备安装，实现试机运行。

智慧农业园项目，为全市拉练迎检项目之一。总投资3000万元，2018年完成投资1500万元。

严家大院项目，总投资3500万元。2018年完成总工程量的90%。

【资金筹集】 2018年完成融资42900万元，占目标任务的287%。获批专项债券资金30000万元，其中，农产品加工产业园项目专项债券资金20000万元，双创中心项目专项债券资金10000万元，有力地保障了市、县重点项目建设。获得双创中心科技孵化大楼项目贴息补助资金100万元。

【业务经营】 承办西充县第六、第七届桃花节和品果节系列活动相关工作，创收50余万元。抓好标准化厂房租赁经营，2018年创收53万元。承建农产品加工产业园区综合服务中心项目，创造产值近3000万元。发挥政策性融资担保作用，为县域农业企业、专合组织、家庭农场、返乡农民工等新型农业经营主体提供融资担保服务，2018年新增贷款担保1800万元，累计在保余额达2735万元。

（供稿：四川诚邦投资发展有限公司）

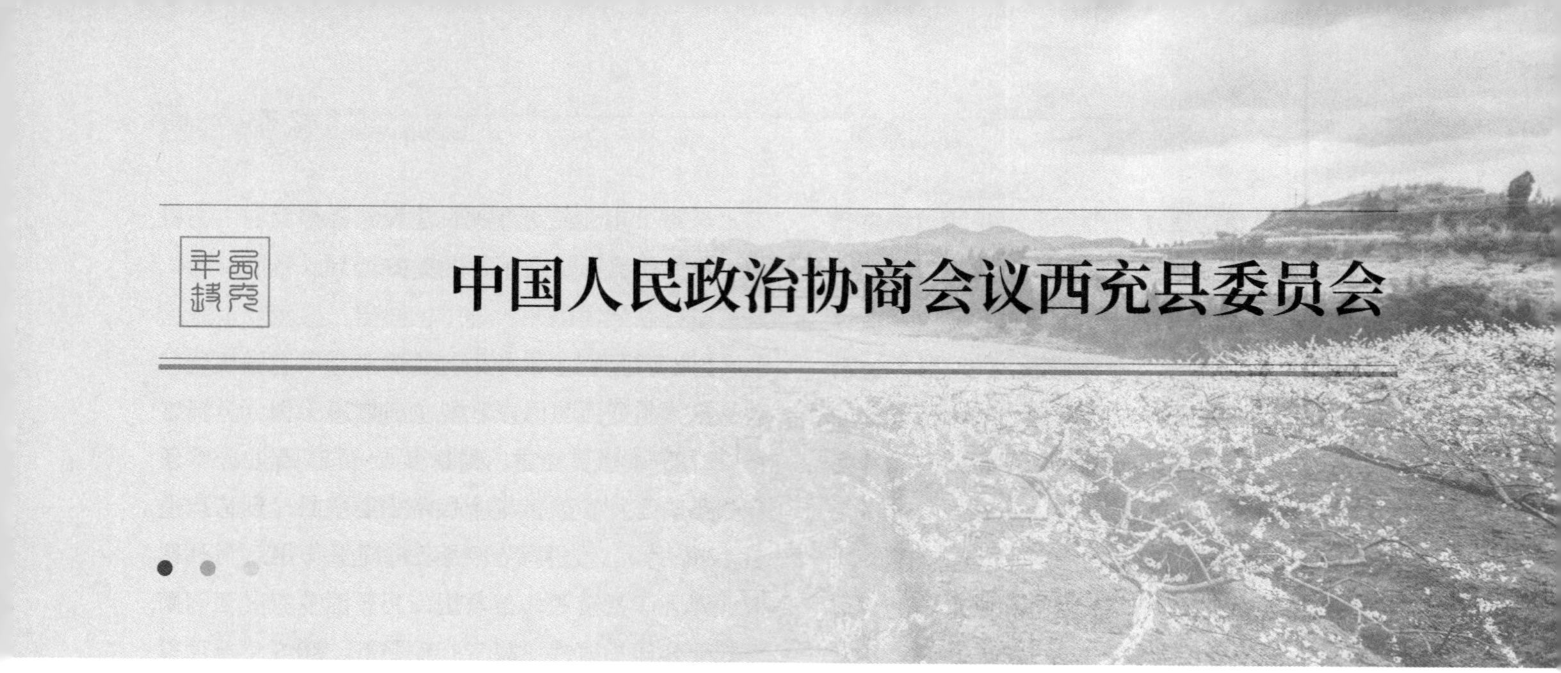

中国人民政治协商会议西充县委员会

工作综述

2018 年，在中共西充县委的领导下，在县人大常委会、县政府和社会各界人士的支持配合下，西充县政协牢牢把握团结民主主题，紧紧围绕“三大定位”战略目标、“533”战略规划战略路径、“10+2”大事战略支撑，认真履行政治协商、民主监督、参政议政职能。全年专题协商重点事项 17 次，组织视察调研 28 次，开展民主监督 15 次，征集委员提案 127 件，督办重点提案 6 件，反映社情民意 50 期，形成学习考察报告、调研报告 9 篇，发挥政协协商民主重要渠道作用。

重要会议

【全体委员会议】 1 月 21 日—24 日，政协第十届西充县委员会第三次会议在县广电演播大厅召开。会议听取并审议通过县政协主席付杰修所作的《常委会工作报告》、县政协副主席何轩所作的《提案工作报告》，听取和讨论了《政府工作报告》和其他报告，县人民法院工作报告和县人民检察院工作报告，听取中共西充县委书记孙骏的讲话，听取县政协主席付杰修所作的闭幕讲话。

【常委会议】 4 月 4 日，县政协召开十届七次常委会议，专题学习《宪法修正案》，传达学习中共十九届三中全会及全国、省、市级“两会”精神，专题宣讲习近平总书记来四川视察重要讲话精神，学习《中共西充县委西充县人民政府关于加强川东北农产品精深加工产业园区招商工作若干事项的决定》，审议通过 2018 年重点提案、工作要点和协商计划，通过有关人事事项，对全县重点部门关键岗位干部履职情况进行测评。

7 月 31 日，县政协召开十届八次常委会议，学习《中国人民政治协商会议章程修正案》，传达学习省委十一届三次全会精神、市政协六届九次常委会精神、市委书记宋朝华到西充县调研讲话精神，听取县政府 2018 年上半年经济社会运行情况通报。

9 月 20 日，县政协召开十届九次常委会议，县委副书记、县长张光全应邀到会。会议学习《中国共产党纪律处分条例》，听取了县审计局关于政府投资项目审计工作情况通报，审议通过了《西充县政协提案质量及提案办理工作双向评价办法》。

12 月 21 日，县政协召开十届十次常委会议，学习《中华人民共和国保守国家秘密法》，学习习近平在庆祝改革开放40周年大会上的讲话精神，听取县人民政府提案办理情况通报、县政协常委2018年度履职报告、县政协各委（室）2018年度工作总结，开展县政协领导班子及成员述职述廉述工作，对办公室、专委会和纳入一级目标考核的乡镇和部门工作情况进行测评。县委常委、常务副县长向峰应邀参会。

【主席会议】 1月12日，县政协召开十届十四次主席会议，传达学习市委六届七次全会精神，听取县财政局2018年预算编制情况汇报，研究十届五次常委会议有关事宜以及有关人事事项。

2月6日，县政协召开十届十五次主席会议，学习省政协十二届一次全体会议、市政协六届六次常委会议精神，协商西充县土地综合整治工作。副县长何涌泉应邀到会。

3月8日，县政协召开十届十六次主席会议，传达学习市政协六届二次全会精神，审议2018年工作要点、协商计划、重点提案和十届七次常委会议有关事宜。

4月27日，县政协召开十届十七次主席会议，传达学习省委书记彭清华在学习贯彻习近平新时代中国特色社会主义思想和习近平总书记对四川工作重要指示精神读书班上的讲话精神，传达学习省委书记彭清华在走访省政协机关座谈时的讲话精神，学习市委《关于强化法纪约束持续正风肃纪“100个不准”的规定》，听取县森林公安局关于打击和预防破坏森林资源违法犯罪行为的工作通报，听取市纪委反馈执行八项规定相关问题整改落实情况汇报，审议通过营山县城市建设学习考察报告和2018年文史资料编纂方案，研究机关财务管理工作。

5月21日，县政协召开十届十八次主席会议，专题学习习近平在纪念马克思诞辰200周年大会上的讲话精神，传达学习全国政协十三届四次主席会议精神，专题协商西充县关爱“空巢老人”工作。

6月19日，县政协召开十届十九次主席会议，学习《习近平总书记关于加强和改进人民政协工作的重要思想专题摘编》、习近平关于人民政协的新思想，专题协商乡村振兴试验区建设工作。

7月24日，县政协召开十届二十次主席会议，学习《习近平总书记关于加强和改进人民政协工作的重要思想专题摘编》，传达学习全国政协系统党的建设工作座谈会精神、省政协十二届二次常委会议精神，协商办理重点提案《关于脱贫奔康产业园建管的建议》，审议红薯产业发展调研报告和十届八次常委会议相关事项，听取上半年机关经费运行管理情况汇报。

8月29日，县政协召开十届二十一次主席会议，传达学习全国政协主席汪洋就学习贯彻习近平关于加强和改进人民政协工作的重要讲话精神、中共西充县委十三届六次全体会议精神，学习县委《作风整顿月活动实施方案》，观看廉政警示教育片。

9月17日，县政协召开十届二十二次主席会议，学习《中共中央办公厅印发〈关于加强新时代人民政协党的建设工作的若干意见〉的通知》精神，听取关于创建张澜研究所的重点提案督办情况及专委会上半年“十个一”工作目标考核情况汇报，审议通过十届九次常委会议程（草案）。

10月11日，县政协召开十届二十三次主席会议，传达学习全国政协主席汪洋在全国政协召开的习近平关于加强和改进人民政协工作的重要思想理论研讨会上的重要讲话精神，听取县民政局关于晋城镇撤镇设街道办事处、车龙乡撤乡设镇的情况通报，研究十届四次全会相关筹备工作。

11月22日，县政协召开十届二十四次主席会议，传达学习中共四川省委关于加强新时代人民政协党的建设工作的实施意见及全省政协系统党的建设工作座谈会精神，听取县财政局2017年财政决算和2018年1月至10月财政预算执行情况通报，审议十届四次全会集体提案、大会发言及2019年政协重点工作征集议题课题。

12月19日，县政协召开十届二十五次主席会议，传达学习省委十一届四次全会精神，学习南充市纪委通报的6起违反中央八项规定精神问题典型案例，审议《西充县政协民主评议县旅游局评议报告》，审议通过县政协十届十次常委会会议议程（草案），研究部署当前工作。

专委会工作

【提案办理】 县政协十届三次全会以来，政协各参加单位、各界别、各专门委员会和全体政协委员，紧紧围绕县委、县政府中心工作以及人民群众普遍关心的热点难点问题，认真调查研究，积极建言献策，提交提案141件，经审查，立案127件，不予立案14件。县委、县政府重视委员提案，各承办单位密切配合、多方协商，积极采纳落实建议，提案全部办复。所提问题已经解决或基本解决的A类提案46件，占36%；正在解决或列入计划解决的B类提案68件，占54%；因条件限制或政策不允许、目前不能解决、继续争取解决的C类提案13件，占10%。举办委员政治建设暨高质量履职培训，邀请省、市政协专家授课，讲解提案工作知识，提升委员参政意识和提案撰写水平。邀请县委、县政府领导和职能部门主要负责人通报工作，组织委员积极参加视察、调研、协商、座谈等活动20余次，拓宽委员知情明政渠道。确定物业管理、公路养护、脱贫奔康产业园建管、医疗改革等方面的6件提案为重点提案，由各位副主席领衔、各专委会督办，并联合县政府召开提案交办会，落实提案办理责任。制定印发了《西充县政协提案工作双向评价办法（试行）》，评价结果作为年度评选优秀提案的重要参考和县委、县政府对提案承办单位年度目标考核的重要依据，切实提高政协提案及提案办理工作质量。上报社情民意信息12篇。强化服务意识，发挥提案委员会协调各方的桥梁纽带作用，加强与县委办、县政府办、承办单位和各专委会的联系和协作，组织引导委员广泛参与提案办理调研、面商、视察、督办等活动，形成协调高效的提案工作机制。

【经济委员会】 开展专委会和经济界别委员活动，传达学习中央、省、市、县会议精神和各级政协组织工作要求。协商督办重点提案“关于加强农村公路养护管理的建议”，提出切实可行的意见建议10余条，交县政府督促主管部门整改落实。针对市政协下达的“五大千亿集群项目建设与发展情况”调研课题，组织发改、财政、经信、金融等部门和部分政协委员深入重点项目、重要窗口部门、办事机构开展广泛调研，形成高质量的调研报告，按时完成了市上下达的调研课题任务。围绕上半年国民经济和社会发展情况、2018年预算调整方案，开展调研和协商讨论，提出了一系列意见建议。收集反映社情民意信息10篇，利用手机（APP）发送委室信息20余条。组织委员广泛开展“三帮”工作，委员帮扶率达100%，培育企业帮村示范点1个，“界别帮点”示范点1个，“委员帮户”示范点3个，委员联系帮扶贫困村8个，帮扶贫困户56户，涉及金额1200多万元。

【社会法制联谊委员会】 组织委员围绕政府投资项目审计工作视察调研，在县政协十届九次常委会专题协商时，提出加强审计法规宣传、审计工作关口前移、加大审计结论公开力度等意见建议。对县森林公安局打击和预防破坏森林资源违法犯罪行为的工作开展民主监督，围绕林业法规宣传、队伍建设、执法巡查、部门协作以及林地征用等方面提出意见建议。组织委员就关爱“空巢老人”工作开展视察调研，进行专题协商，提出进一步明确基层老年协会的地位和作用，完善基层老年协会管理体系以及整合项目，多策并举，建立多元化经费投入机制等建议。协商督办重点提案《关于规范物业管理行为，提升物业管理水平，规范维修基金使用的建议》，并提出意见建议。组织委员参加县检察院检察开放日活动，旁听法院庭审工作，参加市中级人民检察院、市中级人民法院来县举行的工作报告征求意见座谈会。

【教科文卫体委员会】 组织部分委员视察四川建华职业学院建设情况和西充县民营医院管理情况，为委员知情明政搭建平台。督办重点提案《深化医疗改革、优化医疗服务》，通过组织委员赴外地学习考察、与县卫计局召开专题座谈会等方式，加强提案人和承办部门沟通联系，形成合力共同推动提案办理。引导委员围绕百姓关心关注的社会民生问题撰写社情民意12篇，其中《关于进一步规范报刊征订减少纸质报刊发行量的建议》和《应高度重视中小学教师性别比例严重失衡问题》被市政协采用并上报省政协。完成《在希望的田野上——西充县改革开放40周年农业变迁纪实》文史资料的编撰工作，完成《关于我县职业教育的思考》的调研报告，积极向市政协投送文史稿件。动员委员“三帮”工作，多次组织各类医疗资源开展送医下乡帮扶活动。

【农业委员会】 专题协商乡村振兴试验区建设工作，组织部分委员、相关部门的同志深度调研，提出明确专项规划、实施项目带动、突出产业支撑、加强基层治理等意见建议。承办重点提案《关于脱贫奔康产业园建管的建议》办理协商，组织委员开展视察调研，提出明确“管护主体，完善管护机制”“落实管护资金，提升使用效率”“强化服务支撑，培育管护队伍”等一系列意见建议。组织政协委员视察河长制工作和升钟二期工程建设情况，提出相关意见建议；专题调研农产品质量安全监管工作，组织部分委员通过走访、视察、座谈等形式，广泛收集信息，多方征求意见，完成调研报告。对口接待上级政协和省内外县市区兄弟政协来西充学习、考察20余次。组织委员撰写社情民意报告13篇，其中《关于我省政府采购存在的问题的建议》和《政策性农业保险体系亟待完善》，被市政协采用并上报省政协。积极开展专委会及界别委员活动，组织委员视察调研、学习培训、交流经验，为委员知情明政、提升履职能力搭建平台。

【人口资源环境委员会】 组织委员协商农村土地整治工作，提出了“秒学规划、聚焦乡村振兴战略”“因地制宜、突出产业发展特色”“整合资源、发挥项目最大效益”等建议。督办重点提案《关于南西田园新城城南新区建设的几点建议》，提出“定好位、绘好图，一张蓝图抓到底”“配好套、服好务、吸引西充周边人”“强监管、抓保障、确保建设顺利推进”等意见建议。组织委员视察农村客运市场管理，就改善农村交通道路及建管、提升客运从业人员素质、优化客运发展环境等提出建议。牵头承办民主评议县旅游局工作，就全县建设乡村旅游目的地提出了“认真实施规划、打造特色旅游景区”“加大资金投入、建设好旅游景点”“搞好旅游开发、提升综合服务水平”“学习借鉴经验、引导旅游消费”“加强合作共建、促进旅游发展”“加强旅游队伍建设、提供发展保障”等意见建议。

职能工作

【政治协商】 主动对接县委、县政府年度中心工作，认真制定并组织实施年度协商计划，进一步规范专题协商、重点协商、对口协商、界别协商、提案办理协商程序，不断丰富政治协商的内容和形式。关注“三现固三提升三达到”工作目标，紧扣现代农业、工业振兴、旅游康养、城乡建设、脱贫攻坚“五大战场”，紧扣重点改革、精准招商、创新创业“三大动力”，紧扣依法治县、从严治党、基层党建创新“三大保障”，特别突出“十件大事”，积极开展视察调研、协商建言，为推动县委“533”战略规划落地落实献计出力。开展政协全会协商，委员们认真讨论政府工作报告、国民经济和社会发展计划、财政预决算报告、法检两院工作报告，紧紧围绕县委十三届四次、五次全会精神，充分发扬民主，广泛建言献策，通过大会、界别联组讨论会提出意见建议，反映了广大人民群众的意愿和心声，展示了政协委员的责任担当。组织召开6次常委会议，12次主席会议，分别就财政预算、土地综合整治、协商关爱“空巢老人”、乡村振兴试验区建设、红薯产业发展、廉政建设、创建张澜研究所等重大问题进行了充分协商讨论，委员们提出许多好的意见和建议，为县委、县政府科学决策提供了重要参考。

【民主监督】 按照政协年度工作要点，有效整合视察、提案、社情民意、民主评议等监督方式，紧紧围绕县委十三届五次全会和经济工作会议确定的工作重点持续开展监督，加强对乡村振兴试验示范区、金（泉）太（平）线万亩现代柑橘产业园、智慧农业示范基地、川东北农产品精深加工园区、莲花湖片区海绵化改造、引嘉入西、南西田园新区核心区、军民融合精密制造产业园、川东北康养中心、西（充）顺（庆）嘉（陵）快速通道、四川建华职业学院建设、射（洪）蓬（安）公路西充段改建、升钟二期主体工程、（四）川德（国）合作土地整理等重大项目和重点工程推进情况的监督，提出监督建议15条，相关部门单位认真采纳，推动县委重大决策部署有效落实。召开提案交办会，将十届三次全会以来委员撰写的提案转交到相关部门、单位进行办理，先后召开提案大户面商会、重点提案情况通报会、政府提案办理情况通报会，听取委员意见建议落实情况，并制定《提案办理双向评价办法（试行）》，对涉及提案办理的单位进行量化评价。

【参政议政】 发挥委员主体作用，动员全体政协委员投身经济建设主战场，持续开展“界别帮点、企业帮村、委员帮户”活动，鼓励委员积极参与产业扶贫、教育扶贫、科技扶贫、医疗扶贫、文化扶贫，为全县脱贫攻坚整体推进积极作为。发挥政协联系广泛优势，鼓励广大委员内联外接、牵线搭桥，积极参与招商引资，助力县域经济发展。发挥政协智力密集优势，组织委员就农村改革综合示范区建设、扩权强镇试点、“城市双修”试点、“放管服”改革、培育科技型小微企业等课题进行调查研究，为党政提供参考。组织开展民主评议县旅游局工作，对旅游局履行职责职能、协调相关部门整合资源，共推旅游事业发展情况进行调研，对县旅游局坚持走特色化、精品化、品牌化道路给予肯定，对宣传营销、基础建设、专业规划、力量整合等方面存在的问题提出建议。关注民营经济健康发展，组织开展民营经济健康发展专题调研，就民营经济产业培育、人才引进、劳务用工、税费负担、融资担保、行业监管、政务服务等进行交流。关注民营医院管理，组织开展民营医院管理专题调研，对民营医院的地位作了肯定，提出公立医院与民营医院平等对待、平等竞争、平等发展等意见建议。围绕清除村道公路路障、乡村振兴战略、公务员性别比例失调、城区货运车辆管理、红岩水库管理、摩托车电瓶车保险等工作进行视察，积极反馈各界意见呼声，提出工作建议，有效推进了相关工作。主席会议成员投身项目攻坚、招商引资、服务企业主战场，多次赴外参与招商和项目对接，配合争取川野山珍食品和广州澳尔食品等项目落地西充义兴农产品精深加工园。

县政协办公室工作

精心做好会务工作。全年筹办全体会议、常委会议、主席会议、委员履职能力提升培训会议、党组会议、主席办公会议、机关支部学习会议、干部职工会议及各类专题会议50余次，较好地完成了会议组织和服务工作。用心做好文秘工作。坚持规范、高效、高质流转公文，严把公文起草、审核、送签、收发等环节，做好档案管理、保密工作等。细心做好后勤工作。及时维护机关各类设施设备，严格物资采买、入库造册、使用登记等程序，保障机关正常运转。严格执行中央八项规定精神，按程序申请使用公务车辆、开展公务接待和机关经费管理。做好工作统筹协调。协调专委会铺排年度工作，配合党支部、工会、关工委、纪检组、“三帮办”等完善年度工作计划。配合专委会开展协商、视察、调研、评议等具体工作，年终协助收集相关软件资料，及时进行整理归档。加强与县委办、人大办、政府办及有关部门的联系，全面了解全县工作动态，准确掌握相关信息，及时向党政部门通报政协工作情况，积极争取工作配合和支持。做好脱贫攻坚工作。办公室下派一名副主任担任机关联系帮扶贫困村第一书记。办公室协助主席会议成员对所联系乡镇和贫困村进行脱贫帮扶，协调落实帮扶资金等具体问题。配合“三帮办”开展数据统计、资料上报和其他相关工作。做好委员履职管理。强化委员日常履职管理，有计划地安排委员列席政府常务会议，组织委员开展视察、调研、考察等履职活动，制订培训计划，安排委员进行集中学习培训和赴外轮训，收集汇总委员“五个一”履职情况，组织开展优秀委员、优秀履职成果评选等活动。做好新闻宣传工作。利用政协微信公众号平台，及时反映政协机关、专委会、界别小组、政协委员履职动态，全年共发布各类履职信息110余条。积极向省、市政协编报委员反映的有价值的社情民意信息，反映政协特色亮点工作。

（撰稿：县政协办公室庞鸿志）

民主党派与工商联

中国民主同盟西充县总支

【概况】 2018年年末，中国民主同盟西充总支有盟员177人，有7个支部。其中，担任副科级以上领导职务的有11人（副县级2人，正科级2人，副科级7人）；市人大代表3人，市政协委员3人（常委1人），县人大代表10人（常委5人），县政协委员20人（常委10人）。2018年，民盟西充总支获得中共四川省委统战部、四川省人力资源和社会保障厅、民盟四川省委联合颁发的四川省各民主党派开展坚持和发展中国特色社会主义学习实践活动先进集体称号，获得盟市委颁发的2018年度思想宣传工作先进集体、2018年度组织发展工作先进集体、2018年度社会服务工作先进集体、2018年度参政议政工作先进集体称号。

【政治协商、民主监督、参政议政】 盟员中的人大代表、政协委员积极参加县委、县政府的半年经济运行情况通报会、党风廉政建设和反腐工作情况通报会、法院和检察院工作情况通报会、迎中秋茶话会、春节团拜会等，并在会上发言。

2018年，担任人大代表、政协委员的盟员积极撰写提案、议案、建议和社情民意。总支副主委李灵提出的《关于建立张澜研究所的建议》作为县级重点提案开始推进。教育支部主委马鸿飞提出的《适度平衡中小学教师性别比例的建议》作为市级“社情民意”引起有关部门的关注。在关注民生方面，盟员们积极建言献策，提出《关于化解医患纠纷建立和谐医患关系的提案》《关于加强中小学生心理健康教育的提案》《关于加强贫困人员智力扶贫的建议》《关于化解中心城区停车难的建议》《关于强力整治城区“牛皮癣”的建议》等近30篇提案，并组织开展系列调研活动，完成撰写调研报告4篇。

【脱贫攻坚】 主委何德清到脱贫攻坚第一线，多方筹措资金3.6亿元推进全县脱贫攻坚工作，并定点联系2个乡镇、4个贫困村的脱贫攻坚工作，结对帮扶12户贫困户。

【宣传教育】 编写《盟务简报》通报总支和各支部盟务活动，全年发《盟务简报》10期。及时报送各种信息，全年发稿12篇，涵盖盟务动态、支部活动、参政议政、社会服务、盟员风采等多方面。组织盟员学习盟章、盟史，学习《群言》《四川民盟》《南充盟讯》等刊物，开展红军毛儿盖会议遗址考察学习、“革命情怀 同心同向”红色之旅、纪念张澜诞辰144周年等活动。2018年，民盟西充总支对张澜故居民盟历史陈列馆进行升级改版，进一步发挥张澜故居作为爱国主义教育基地、盟史宣传教育基地的作用。9月5日，全国人大常委会副委员长、民盟中央主席丁仲礼，中共南充市委书记宋朝华在参观后，均给予了高度评价。

（撰稿：民盟西充总支蒲毓）

工商业联合会

【概况】 2018年，县工商联（总商会）团结引导全县广大非公有制经济人士，紧紧围绕“155”发展战略、“533”战略规划、建设“成渝第二城”、打造“中国西部现代农业公园”奋斗目标，各项工作有序推进。

【学习培训】 组织工商联（总商会）常委、执委以及基层商会和部分会员企业负责人300余人次，召开执委会、常委会、纪念改革开放40周年座谈会，传达学习了党的十九大和十九届三中全会精神，省委十一届三次全会、市委六届八次全会、县委十三届六次全会精神等。组织民营企业家、企业党建工作负责人200余人次，开展“大学习、大讨论、大调研”和“月半沙龙”活动，邀请专家教授进行农业科技知识专题讲座、电商营运模式培训、同城发展规划等，分专委会撰写《如何激发和保护企业家精神》《构建农产品统一销售平台，擦亮好充食品牌的建议》等调研报告。

【服务与招商】 推进实施“归雁计划”，赴重庆、海口、烟台等地推介农产品精深加工园项目。与友好商会、异地商会、行业商会和会员企业加强联系交流，邀请吉利集团“手拉手”汽车文化小镇项目、北京川北昌达轴承科技公司来县考察。签约落地农产品精深加工项目1个，在谈农产品精深加工项目3个、特色小镇项目1个、文化旅游业项目1个。

【参政议政】 2018年推荐新一届市工商联执委会成员5名。组织担任人大代表、政协委员的工商联会员建言献策，向各级人民代表大会、政协会提交建议、提案10余件。工商联界市人大代表5名、市政协委员4名；县人大代表6名，政协委员28名。4名总商会会员被聘任为国税局特邀监察员，4名总商会会员被聘任为地税局特邀监察员。

【脱贫攻坚】 引导会员企业通过产业帮扶、就业帮扶、教育帮扶等多种形式参与“精准扶贫”。组织会员企业康桥医院、装饰商会参与“扶贫日”活动，为贫困村村民免费健康体检，发放健康宣传手册和慰问品。组织会员企业负责人担任贫困村“名誉村主任”，推动村企共建。选派11名会员企业家为贫困村名誉村主任，投入帮扶资金和物资折合人民币300余万元。鼓励引导航粒香米业、天盛竹业、鑫土地、秒银电子商务等5家会员企业成立富众联合社，以产业扶贫为重点，惠农助农为目的，推行“公司＋贫困村＋农户＋金融＋互联网”模式，建成线下实体店18个，线上平台投入试运营，发展线下会员19856户，发展联盟商家126家。在双洛乡香炉桥、杨家沟、老家湾、楼子坪、飞龙庙等村及仙林镇石老嘴村流转田地1500多亩，与凤鸣镇迦释院村、金山乡何玉沟村、青狮镇大寺垭村等贫困村签订产业合作协议，发展订单农业，种植莲子900余亩、柑橘300余亩、红薯400余亩、大豆400余亩、竹笋300余亩，解决农村剩余劳动力就业80余人次。金诚建司、百科农业、红帆人防等民营企业资助8名学生，帮助其缴纳学费、补贴生活费每年近万元。

（撰稿：县工商联张苏）

群众团体

工　会

【概况】 2018年，西充县工会工作围绕县委、县政府重要工作任务和市总工会工作要点，谋划推进工作，在基层工会的支持下，圆满完成目标任务。

【思想引领】 举办西充县庆祝五一国际劳动节暨第二届“劳动光荣——最美劳动者”颁奖典礼职工文艺演出活动，500余人到场观看，县委、县人大常委会、县政府、县政协领导莅临现场，为评选出的“十佳最美劳动者”颁发奖杯。专题举办学习贯彻中国工会十七大、省工会十四大精神和工会业务等多类培训班2期，培训干部职工300余人。组织开展“大学习、大讨论、大调研”活动6场次，涉及干部职工1000余人。工人日报、四川工人日报、南充日报等主流媒体报道工作信息6次，移动平台发布慰问信息6次、西充微信公众号发布“致农民工一封信”等信息3次，遂西高速、212国道沿线制作户外标语4幅，印发工作简报15期，宣传展板10幅等。

【创新创造】 开展“五化五强”班组建设、劳模（职工、工匠）创新工作室建设，四川红帆特种设备公司荣获南充市十大双创新秀三等奖，九天真空陈林工作室、县中医院王元林工作室分别获南充市劳模（工匠人才）创新工作室称号。县公安局李泽霞获2018年度全国优秀工会积极分子称号，县总工会任宏获四川省优秀工会工作者称号，牧遥牛奶公司张宴、县示范幼儿园谯俊莲获南充市优秀工会工作者称号。义兴镇张丽萍获西充县第二届十佳最美劳动者和省人力资源和社会保障厅授予大学生创业典型称号，西充中学王芳在2018年四川省中学青年数学教师优秀课展评活动中荣获省级一等奖。

【劳动竞赛】 开展“当好主人翁、建功新时代”为主题的劳动竞赛，联合县市场监管局、县教育体育和科学技术局、县人民医院、县公安局等单位，举办岗位技能竞赛9场次。在爱众燃气公司、九天真空、天盛竹业等10余家企业，举办技术创新、技术比武、技术攻关、知识竞赛等各类活动8场次。全县规模以上企业参与面达95%以上，参赛职工近1万人次。爱众燃气、星河科技、供电公司被南充市总工会评为2018—2020年度劳动竞赛示范单位。义兴供电所被四川省总工会、四川省安全生产监督管理局评为2016—2017年度四川省安康杯竞赛优胜班组。

【帮扶解困】 完成建档立卡困难职工278人，到位配套帮扶资金103.3万元。“四季送”惠及困难职工群众近3000人，资金90余万元。发放劳模“三金”55人，资金23.9万元。精准帮扶贫困户35户，资金13.6万元。办理普惠卡5000余张，启动普惠项目6个。完成女职工大病保险506人，保费6.75万元。

【维权维稳】 5月16日—17日，成功承办全省工会集体协商专题培训暨现场观摩会。省总工会党组书记、副主席胥纯，南充市委常委、总工会主席林建国，市总工会党组书记、常务副主席官晓林，县委副书记、县长张光全等各级领导出席会议。来自全省各市州总工会分管领导、部门负责人和集体协商指导员及省人社厅等省级相关部门领导140余人参加会议。会上现场观摩西充麻竹产业集体协商实况直播，听取县总工会、天盛竹业公司集体协商工作经验交流，主流媒体相继刊发，6月2日《工人日报》、5月19日《四川工人日报》都在头版刊发。同时，作为案例被全市总工会选编推广。到企业、产业（行业）开展工资集体协商和集中要约行动，全面落实两书制度。全年法律援助职工128人，受理侵权案件13起，协助县人力资源和社会保障局调处劳资纠纷73宗，为600多名农民工追讨拖欠工资800多万元，申报案件补助3件。

【基层基础】 开展会员评家活动，基层工会会员评家率达91%以上。做好工会和会员信息实名制采集，录入工会组织272个，采集会员信息13379名。开展货车司机等八大群体入会工作，新建小三级工会23家，新建联合工会3个，新增会员1500余人（农民工）。职工入会率动态保持在93%，法人单位工会组建率达95%以上。四川天盛竹业获四川省模范职工之家称号，张澜学校、县人民医院获南充市模范职工之家称号，太极集团质管部、洪元记浇铸成型车间获南充市模范职工小家称号，中南小学被评为南充市职工书屋示范点。2018年新办“两证合一”法人资格证54个，变更27个。

【工会队伍建设】 11月，县总工会举办为期1天的全县工会干部培训班。传达学习习近平与全国总工会新一届领导班子成员的集体谈话精神，系统学习中国工会十七大、省工会十四大会议精神，全面回答工会是什么、工会干什么、工会工作怎么干等系列问题。会同组织部门对基层工会主席人选进行考察，调整基层工会主席23人，推选县总工会兼职副主席2名。

（撰稿：县总工会张胜）

妇女联合会

【概况】 2018年年末，全县有妇女31.6万人，乡镇妇联44个，县直机关妇委会74个，村妇联585个，社区妇联36个，新经济组织妇联5个。是年，被南充市委、市政府授予脱贫攻坚帮扶单位先进集体，被南充市妇联授予南充市基层组织建设示范县、寻找“最美农家”优秀组织奖，被西充县委、县政府授予挂钩帮扶先进单位。

【妇儿民生】 开展“情系母亲，与爱同行”暖冬行动，向全县17个乡镇重病及贫困妇女发放“母亲邮包”300个、李宁牌运动服300套、贫困母亲“两癌”救助金8万元，惠及全县600余名妇女。三八、六一节前后，与县人民检察院、县关心下一代工作委员会、县教育体育和科学技术局等部门开展了“心系留守姐妹　法治阳光护航”、关爱留守学生等活动。

【妇女创业创新和儿童之家建设】 3月桃花节期间，在古楼镇赵家庙村，举办第二届“西充巧媳妇”农副产品展示展销会，来自全县的农业公司、家庭农场、专合社共54家参展企业参加活动，为期一周的展示展销会收到了良好的经济效益和社会效益。培育打造妇女“创业创新”工作品牌，举办西充县巾帼种养业能手学习交流会暨促进会年会，培育巾帼科技型中小微企业2家，培养妇女“双创”带头人50名。在古楼镇过江楼村等村开展“巾帼建功新时代，乡村振兴展风采”农村妇女素质提升行动，举办全县巾帼创业能手素质提升培训会，助推农村妇女成为产业兴家致富的能干人、构建乡风文明的带头人，受到广大妇女群众的积极响应。

争取财政资金20万元，在晋城镇、常林乡等16个乡镇建设了20个儿童之家，把晋城镇白鹤观村建成了省级儿童之家示范点。

5月25日，省妇联副主席李静，市委常委、总工会主席林建国，市妇联主席朱逢娟等，先后来到西充县调研妇女创业创新和儿童之家建设工作。

【权益保障】 县、乡妇联开展平安建设、禁毒活动、扫黑除恶等宣传50余场次，发放宣传资料2万余份。聘请县法律援助中心律师何海波为县妇联常年法律顾问，在凤鸣镇双龙桥村建设省级妇女儿童维权站示范点1个。

【家庭建设】 抓好家庭文明建设，开展乡风文明宣讲8场次。任绍昌等3个家庭获得南充市“最美农家”称号，王桂芳家庭获四川省“五好家庭”称号，蒙庆全家庭获得全国“五好家庭”称号。支持仙林镇开展“仙林好媳妇”评选活动。以巾帼读书社为依托，组织开展桃花节巾帼书香朗读摄影活动、双龙桥玫瑰花义务采摘活动、“文载西充，朗月金秋”诗歌大会，倡导“健康生活，快乐工作，终身学习”的理念。

【精准扶贫】 抓好帮扶村脱贫攻坚工作，开展元旦、春节慰问活动、三八节庆祝活动、“牢记使命，追梦前行”城乡党建结对共建暨脱贫攻坚学习教育活动、“脱贫攻坚　感恩奋进”教育活动，组织妇女先进典型、女干部代表走进贫困村开展“走进乡村，问情联心”活动，评选表扬巾帼致富能手10人。扶贫日期间，面向全县8个乡镇8个贫困村开展“脱贫攻坚金秋行动”，为200名贫困农村妇女发放价值6万元的“母亲邮包”200个，捐赠衣物100余件。

【妇建工作】 完成县妇联改革任务，推进乡镇妇联区域化改革，44个乡镇妇联完成区域化改革任务，全县621个村（社区）全面完成“会改联”工作。《在社会组织中建立妇联组织》微改革项目成为全市微改革典型案例。

（撰稿：县妇女联合会李薇）

共青团

【概况】 2018年，共青团西充县委坚持“凝聚青年、服务大局、当好桥梁、从严治团”的四维工作格局，团结带领全县广大青少年凝心聚力，充分发挥党的助手和后备军作用，较好地完成了全年各项目标任务。

【理想信念教育和思想道德建设】 组织广大团员青年学习党的十九大精神、习近平新时代中国特色社会主义思想以及习近平总书记对四川工作重要指示精神，结合“大学习、大讨论、大调研”活动推进，在团员青年中树立建设中国特色社会主义的共同理想和永远跟党走的坚定信念。开展“传递倡议、雷锋归来”学习雷锋主题活动、“弘扬五四精神、展现青春风采”五四观影活动等系列活动，深化青年马克思主义者培养工程。开展青年五四奖章、“两红两优”、最美志愿者系列评选表彰，评选并树立张丽萍、范映海等一批优秀青年典型，用身边青年典型和青春励志故事激励广大团员青年见贤思齐、崇德向善，自觉培育和践行社会主义核心价值观。

【引导团员青年投身县域经济社会】 对接县国土、交通运输、水务等部门，争取道路建设、土地整治以及安全饮水等项目在帮扶村落地落实。成立以团县委机关干部以及乡镇、村干部为成员的工作组，开展进村入户工作，确保户户走访到、件件有回应，圆满完成2018年省级脱贫攻坚绩效考核任务。投身青年创新创业“一号工程”。参与举办全省团员青年助力乡村振兴现场会，邀请团省委主要领导莅临西充调研青年双创工作。主动对接团省委、省西部项目办，西充作为首个非国家级贫困县成功入列全省西部计划项目服务县，落实首批20名应届大学毕业生到西充脱贫任务较重的乡镇开展为期1年至3年的支教、支医、支农等相关扶贫工作。实施春送岗位、夏送清凉、秋送助学、冬送温暖“青春四季送”行动，持续开展“暖心空巢老人”“关爱残疾儿童”“保护母亲河”等活动，累计争取上级部门以及爱心资金150万元，关心帮扶待业青年、困难学生、空巢老人、留守儿童3500余人。会同县交通运输局、县公安局、县环保局等有关部门，组织青年志愿者适时开展缓堵保畅、生态治理、禁毒防艾等志愿服务工作。

【提升基层团组织服务能力】 坚持以团员青年为本，搭建平台、创新方式、优化服务，聚力推动团员青年健康成长。推进“1+100”团干部联系青年制度，团县委机关干部和44个乡镇团委联系青年4873人。利用西充共青团官方微信公众号，发布线上线下活动323个，政策宣传218条，基层心得143条，密切与团员青年的互动交流。构建“12355”青少年心理咨询和法律援助平台，开展一对一心理在线咨询服务、法律工作者“零距离”沟通，缓解青少年心理压力和反映维权诉求。会同民政、教育等部门以及农商行、杜代武等爱心企业和爱心人士，在全县掀起“金秋助学”“暖冬行动”等关爱贫困青少年活动。整合民政、教育、科技、文化、法制等优势资源，利用全县群团服务三中心以及会同县检察院、西充中学、常林高速公路收费站等，全面推进省级青年之家示范点以及分站点建设，定期开展普法宣传、心灵疏导、婚恋交友、法律维权、考试减压等宣传教育活动，为全县青少年健康成长保驾护航。

【召开共青团西充县第十一次代表大会】 7月24日，共青团西充县第十一次代表大会召开，会议选举共青团西充县第十一届委员会常委、书记、副书记和共青团西充县第十一届委员会委员、候补委员。县委书记孙骏出席会议并讲话。团市委副书记谢清平到会祝贺并致辞。县委副书记、县长张光全，县人大常委会主任张伟，县委副书记廖先毅等出席大会开幕式。团县委书记韩玺代表共青团西充县第十届委员会向大会作了题为《以习近平新时代中国特色社会主义思想武装青年为深入实施“533”战略规划奋力开启“中国西部现代农业公园”新征程贡献青春力量》的工作报告。

【基层团组织建设】 借助全县群团三中心平台，整合财政、教育、民政等优势资源，争取团省委项目资金以及地方财政投入30万元，推进省级示范性青年之家综合服务平台创建工作。坚持“党组织建到哪里团组织就覆盖到哪里”，巩固和完善乡镇、县直部门、企事业单位等团组织队伍建设，县、乡两级团干部整体配备率达100%。新发展团员1700余名，2018年年末，全县团员总人数达到27522名，10余名优秀团员被推优入党。通过“专兼挂”等形式，开展团干部上挂下派工作，选好配强挂兼职团县委副书记2名。

（撰稿：共青团西充县委王艺霖）

残疾人工作

【概况】 2018年来，西充县残疾人工作贯彻《中华人民共和国残疾人保障法》，按照“人道、廉洁、服务、奉献”的要求，围绕全县工作重点，完成全年目标任务。2018年获全市年度目标考核一等奖。保持省、市“残疾人之家”和县级“文明单位”“卫生单位”的称号。

【民生工作】 帮助城乡残疾人居家灵活就业5236人，完成目标任务的142.5%，投入资金124万元；扶持农村贫困残疾人发展生产2857人，完成目标任务的386.1%，投入资金133万元；帮助贫困残疾人适配辅助器具，发放轮椅、拐杖、低视力产品等残疾人辅助器具776件，完成目标任务的100.8%，投入资金47.9万元；救助贫困家庭脑瘫儿童55名，完成目标任务的120.9%，投入资金127.9万元；救助贫困家庭重度听力残疾儿童6例，完成目标任务的120%，投入资金8.7万元。对残疾证办理中有举报的，及时上门核查，全年注销残疾证43个。落实残疾人免费乘坐城市公共汽车有关事宜，制定爱心公交卡2400余张。

【"量服"工作】 围绕省残联提出的"一个中心""三大保障"（一个中心是指以深入推进量体裁衣个性化服务，为残疾人谋幸福为心，"三大保障"是指组织保障、资金保障、设施保障），推进两个体系建设。县残疾人联合会（以下简称"县残联"）所有工作人员分批到省、市参加"量服"工作业务培训和"量服"精准分析会，县残联对乡镇残联理事长、微机录入人员及优秀村（社区）残协干部于4月、5月、7月、8月、11月进行集中培训。同时，各乡镇对村（社区）残疾人协会干部进行培训。开展督察指导。县残联划分4个责任片区，对"量服"工作督察指导，对好的经验加以推广，对进度缓慢的乡镇予以通报批评。为全县所有村、居发放手机卡680个，并给予话费补贴。至12月底，西充县个性化服务人数达到25000人，占目标任务100.27%，人均落实项次将达到6项。

【康复工作】 4月，西充县残疾人康复中心投入使用，并通过公开招标，招引南充友爱康复医院入驻，在训脑瘫、智障残疾儿童65人。在康复中心一楼建设阳光无障碍影院，开设残疾人辅具展示与生活体验区。在多扶、晋城、凤鸣等乡镇高标准建设4个残疾人社区康复站。为88名精神病患者免费服药服务。为40名精神病患者住院提供补贴。为92名康复训练的家庭发放生活补助9.2万元。组织60名视力残疾人开展"盲人定向行走"活动。为426名贫困白内障患者实施复明手术，投入资金34.08万余元。

【教育就业】 2018年创业扶持35人，授牌残疾人双创示范基地15个。发展残疾人电子商务，举办电子商务能力提升培训班，建成西充县残疾人双创电商运营中心300平方米，集中展示销售残疾人双创基地产品，专业策划残疾人产品网络营销平台，实现线上线下双轨销售同步发展。鼓励、扶持农村残疾人发展种养殖业，通过农村残疾人实用技术培训、种苗统一配送、农资无偿供应、产品政府推销等措施，因地制宜帮助97个重点贫困村发展残疾人种养殖业。联合县财政局、县扶贫与移民工作局等部门，出台扶持贫困残疾人发展生产的办法，对全县建档立卡贫困残疾人家庭从事生产经营给予资金到位扶持。建立贫困残疾人家庭教育专项救助制度，协调县教育体育和科学技术局、县扶贫与移民工作局、团县委等单位，对全县建档立卡残疾人家庭中在读学生开展"一对一"结对帮扶，并按每生每年小学、初中500元、高中1000元、高职专科1500元、本科及以上2000元标准发放教育专项资助资金。发放"金秋助学"资金36.1万元，惠及455户残疾人家庭。为全县552名智力、精神和重度残疾人提供居家托养服务，投入托养资金33.12万元。

【宣传工作】 利用全国助残日、爱耳日、世界残疾人日、残疾人文化周等节日，通过电视、广播、宣传手册、标语、微信、网站等形式，宣传党和政府的惠残助残政策、法律法规，宣传扶残助弱的社会典范。在《南充日报》以及新华网等媒体刊发专题报道4篇。在县城纪信广场开展全国助残日大型文艺公益演出活动。扶持南充忠义文化传媒有限公司与西充老兵职工文化宣传队两支残疾人文艺演出团队常年开展文化下乡演出活动。组团参加南充市残疾人运动会，选送优秀运动员进入省、市运动队训练，县残疾人运动员在四川省第九届残疾人运动会上获6金4银4铜。印制2.6万册残疾人工作手册，宣传残疾人创业典型。

【残疾人组织建设】 通过村（社区）残协推荐，乡（镇）政府审核，县残联审批等程序，每个乡（镇）残联选聘1名专职委员，给予劳务、保险等各项补贴2万元/年；每个村（社区）残协选聘1名联络员（持证残疾人不足50人的村，相邻的两个村联合选聘1名），给予劳务补贴300元/月。专职委员待遇由县财政全额解决。44个乡镇专职委员通过业务能力测试与岗前培训，621个村（社区）残协配备378名专职委员全部到位上岗。

（撰稿：县残疾人联合会王小猛）

红十字会

【概况】 2018年，西充县红十字会工作坚持发扬“人道、博爱、奉献”的红十字精神，认真履行法定职责、开展核心业务、加强自身建设、开展脱贫攻坚、提升对外形象，获中国红十字总会全国红十字防灾避险知识竞赛三等奖、市红十字会综合考评二等奖、市献血办无偿献血工作先进集体奖。

【“三救三献”】 西充县红十字会抓住“三救三献”核心业务，开展“5·8”世界红十字日活动，开展“6·14”世界献血者日活动，开展“12·1”世界艾滋病日活动。传播“人道、博爱、奉献”的红十字精神，组织医疗专家义诊。发放红十字运动知识、无偿献血、造血干细胞捐献、遗体及人体器官组织捐献、艾滋病防治等宣传资料3万余份，制作无偿献血电视专栏1期，电视公益广告10余条。组织县级机关单位、市民居民集中无偿献血40场次，组织片区乡镇集中无偿献血10余场次，全年献血达5000余人次，献血量达152万余毫升，综合评比列居全市第一。登记眼角膜捐献1人、遗体捐献2人、造血干细胞捐献15人。向中国红十字基金会、四川省红十字基金会成功申报2名儿童白血病、先天性心脏病“小天使”“阳光天使”人道救助；向南充市红十字会成功申报2名贫困癌症重病人道求助。积极推进卫生应急救护培训，不断提升群众自救互救能力和水平。3月，与县安全生产监督管理局联合，在凤鸣镇开展卫生救护基本知识与基本技能培训，培训机关职工、学校师生、居民村民130余人。5月，联合县安全生产监督管理局、县卫生和计划生育局、10余个乡镇学校开展事故急救知识与急救技能培训，培训救护员800人，普及培训6000人；全年共发放《日常急救手册》《急救常识》等卫生救援救护资料1000余册（份）。

【爱心救助】 2018年，西充县红十字会争取市红十字会爱心救困物资价值10余万元，分别向晋城镇、义兴镇、高院镇、古楼镇、双凤镇、常林乡、车龙乡等乡镇敬老院和困难群众分发。

【志愿服务】 2018年，西充县红十字会与西充老兵应急救援队、西充县金丝猴志愿者协会、西充县阳光志愿者协会、西充爱心献血者协会等公益组织协作，着手建立红十字志愿服务体系建设，宣传和弘扬“人道、博爱、奉献”的红十字精神，培养公民红十字志愿服务意识和博爱精神，倡议社会各界人士积极参与无偿献血、造血干细胞捐献、遗体及人体器官组织捐献、艾滋病等重大传染病预防、灾害事故卫生应急救援救护培训与志愿服务、爱心捐赠等活动；与县教育体育和科学技术局、团县委、西充中学、晋城中学、天宝中学、张澜职业技术学校协调，着手探索学校红十字青少年工作新思路、新途径，合力推动红十字志愿服务体系建设。

（撰稿：县红十字会白辉涛）

政 法

工作综述

【维护社会稳定】 研究制定《信访矛盾化解攻坚行动实施方案》，组建“六大攻坚专班”，部署开展“五大专项行动”，针对重大不稳定事件、重大信访矛盾问题，做到及时研究、及时处置。全年县委、县政府主要领导、分管领导专题听取信访维稳汇报5次，专题研究信访维稳工作7次。建全重点问题、重点人员等台账，梳理重点群体21个、重点人员216人，做到底数清、情况明。经摸排，全年县域无一例进京非访，未发生一起重大影响案事件。严格执行责任倒查和追究制度，成立信访矛盾化解专项督察组，开展专项督察、重点督察、实地督察。2018年，县委政法委开展20余次专项督查，督促责任单位限时办结中央第四巡视组交办信访事项82件、省信访局督办件1件、市领导包案件3件、县领导包案件35件。

【社会治安综合治理】 围绕市委下达的目标，2018年，县委先后4次召开常委（扩大）会专题研究平安建设工作，县综治委先后3次召开推进会部署平安建设工作，既明确“夯实基础、提档升位”的工作总基调，又统一思想和行动。制定并印发《平安建设大宣传工作方案》，开展“综治赶场”等宣传活动，全年编制平安建设宣传展板48幅，印制海报、知识问答等宣传资料36.5万份，开辟周报全县平安建设动态的《平安西充》专栏1个，进行“平安建设乡村大舞台”巡演10余次。坚持“红袖标”巡防常态化，推进平安村（社区）创建，全年实现44个乡镇、12个基层派出所“多小组、错时段”联合巡防全覆盖，并完成全县186个平安村（社区）创建工作。

【矛盾纠纷多元化解】 落实领导干部带头下访、包案等制度，坚持集中排查和经常性排查相结合，坚持抓早抓小、就地化解。2018年，全县排查各类矛盾纠纷2393件，成功化解2287件，成功率约为96%。开展“调解跟着项目走”活动，对征地拆迁、环境保护、医疗卫生等重点领域的9件突出矛盾纠纷实行挂牌化解，及时将项目风险消弭在萌芽状态。完善矛盾纠纷多元化解机制，深化“访调对接”“公调对接”，推动运用仲裁、行政复议等多种方式化解涉及项目的矛盾纠纷。2018年，全县化解各类涉及项目建设的矛盾纠纷184件。

【防邪】 坚持以摸清邪教人员底数、摸清有境外背景邪教人员情况、摸清在网络上有违法行为的邪教重点人员情况为目标，形成县域全覆盖的立体工作网络，建立“滚动排查、分类建档、动态调整”的数据库，及时掌握涉邪各类情况信息，有效加强源头防范、实现动态预警。制定西充县涉邪事件应急处置预案和重点时间节点专项防控方案，明确各乡镇、部门职能职责，并充分整合公安、维稳、民兵力量，建立应急小分队，以露头就打为原则，对涉邪犯罪进行严厉打击。通过形式多样的宣传方式，实现反邪防邪、普法宣传在县域全覆盖。2018年展出宣传展板80块，发放宣传资料30000余份，发送宣传短信10万条，播放电视宣传广告、字幕宣传片1000条，巡回宣讲12场。

【国家安全】 2018年，西充成为全市首个以县委名义印发加强党委党组反间谍安全工作责任制实施意见的县，首次将国安工作纳入目标考核。在市国安局的业务指导下，县国安办单独开展涉境外非政府组织、涉境外邪教、涉境外企业、赴境外留学人员等多项基础调研，弥补西充县多个领域基础调研空白。2018年，开展“4·15”国家安全教育日活动、网络安全宣传周活动、“宪法日”宣传系列活动，保障国家安全知识进机关、进学校、进企业，取得新成效。

【扫黑除恶】 县委、县政府8次召开县委常委（扩大）会和政府府务会专题研究部署扫黑除恶专项斗争工作，并及时召开动员大会、集体谈话会、再动员再部署大会等全县型会议压紧压实责任，推动工作深入开展。制定并印发《全县扫黑除恶专项斗争宣传工作方案》，通过多渠道，开展全县扫黑除恶宣传活动。宣传期间，设置巨型宣传海报3幅、大型宣传墙标17幅，发放纸质宣传资料14.3万份。此外，还通过各类媒体每周发布扫黑除恶工作动态。出台涉黑涉恶线索举报奖励办法，加大对涉黑涉恶线索的摸排力度，聚焦重点打击的10类黑恶势力和9类涉恶案件，坚持打早打小、依法严惩。2018年，成功打掉以李铁为首的涉嫌寻衅滋事、非法拘禁的黑恶团伙，受到了群众的广泛赞誉。

【政法队伍建设】 开展“两学一做”“三会一课”常态化学习，组织政法各部门深入开展“大学习、大讨论、大调研”“不忘初心、牢记使命”“主题党日”等系列活动。健全完善以“履职能力”为核心的工作考核制度机制和政法系统教育培训长效机制，提升政法队伍预防风险能力、运用法律政策能力、适应和运用新媒体能力。部署开展“作风整顿月”活动，整治政法干警在纪律作风建设方面存在的突出问题。

（撰稿：县委政法委刘添）

审判工作

【概况】 2018年，西充县人民法院受理案件7033件（含旧存498件），结案6496件，案件收结率99.40%。

【刑事审判工作】 全年受理刑事案件206件，审结195件，判处罪犯238人。开展扫黑除恶专项斗争，依法惩处寻衅滋事、开设赌场等犯罪9件12人。审结故意伤害、抢劫等犯罪案件17件21人。快审、快结毒品犯罪案件29件36人，以制造、贩卖毒品罪判处被告人张某有期徒刑15年，并处没收财产10万元。坚持宽严相济刑事政策，做到宽严有据、罚当其罪，对符合条件的122名罪犯依法适用缓刑、管制或免予刑事处罚。

【民事审判工作】 全年受理民商事案件4560件，审结4124件。审结建设工程、买卖合同纠纷222件。审结金融借款、民间借贷、保险等金融领域纠纷709件。审结婚姻家庭纠纷1172件、劳动争议纠纷237件、人身损害赔偿纠纷65件。在县老年公寓巡回审理宋某与其7个子女赡养纠纷一案，省、市电视台等10多家媒体集中采访报道，以案说法倡导中华民族敬老孝亲传统美德。发挥多元化矛盾纠纷解决机制作用，调撤民商纠纷2165件。

【行政审判工作】 全年受理阆中、南部、仪陇、高坪等县（市、区）行政诉讼案件113件、非诉审查案件6件，审结107件，其中判决确认行政行为违法、撤销行政行为7件。发布行政案件司法审查报告，向有关单位提出司法建议4份。推进行政机关负责人出庭应诉制度化常态化，行政负责人出庭率高达100%。《华西都市报》以《“告官能见官，出庭又出声”59场行政官司来了59个“官”》为题，对西充法院行政审判工作进行报道。

【执行工作】 全年受理执行案件2148件，执结2070件，执结标的4.69亿元。县委办公室、县政府办公室、县人大常委会、县纪委监委分别出台《加强和支持人民法院“基本解决执行难”工作的实施意见》《关于推动人民法院决战决胜“基本解决执行难”工作的意见》和《对失信党员和公职人员实施信用惩戒的实施办法》，支持法院执行工作。县人民法院和县检察院、县公安局联合印发《关于建立依法打击拒执等犯罪联动协作机制的实施意见》，对拒不执行判决、裁定、妨害执行公务等犯罪严厉打击。金融机构、公安机关及县不动产登记局开设决战决胜“基本解决执行难”专门窗口，对查询、冻结、划拨等开辟“绿色通道”。金融部门在办理贷款、信用卡、担保等业务中对失信被执行人不予或暂缓办理，督促履行义务，23名失信被执行人因受联合惩戒主动履行义务。组建810名以乡镇综治干部、综治网格员、村（居）委会主任为主体的特邀“执行员”队伍，特邀“执行员”参与执行45人次、协助查找被执行人132人次、提供财产线索27条、协助送达75件次。与中国人民财产保险股份有限公司西充分公司签订战略合作协议，通过跨界合作破解诉讼保全、执行救助以及执行悬赏等执行难瓶颈。县委常委牵头研究，县委办公室、县政府办公室发文，一事一议解决，对因开发商手续不齐，当事人通过诉讼仍办证难的情况，出台专门文件协调协助法院解决169名当事人办证问题并形成长效机制。开展“涉民生”案件、“执行充锋”等专项行动，查封房屋97套，查封车辆51辆，扣划银行存款7153.9万元，强制传唤45人，司法拘留33人。纳入全国法院失信名单库454人，限制高消费2042人、集中曝光被执行人248名，19名被执行人主动履行义务，到位标的247.31万元。与银行等部门信息资源互联共享，借助信息化对被执行人财产信息实现“一键可查”“一网打尽”，执行实施案件网络查控率达100%，查控标的总额5419万元。坚持网络拍卖为原则、传统拍卖为例外，在司法拍卖网上网拍资产36件。

【服务经济社会】 出台《充分发挥审判职能为实施乡村振兴战略提供司法保障的意见》，为服务乡村建设提供法律服务和司法保障。依法审结职务犯罪5件5人，以受贿罪、挪用公款罪判处原南充市国家农业科技园区管委会副主任何某有期徒刑3年6个月，并处罚金20万元。协助县纪委监委组织500多名领导干部旁听职务犯罪案件庭审。依法打击破坏环境资源犯罪，推行补植复绿机制，判处涉林犯罪3件3人，责令补植955株。

【服务民生】 全年网上立案265件、网上查询2560件次。和县司法局共同建立法律援助律师值班制度，依法为犯罪嫌疑人、刑事被告人以及刑事附带民事原告人提供法律服务。关注弱势群体利益，累计缓减免交诉讼费44.8万余元，发放司法救助金29.2万元。

【落实司法责任】 推行“员额法官+法官助理+书记员”为架构的办案模式，让审理者裁判，由裁判者负责，案件平均审理时间缩短3天，同比下降3.6%，案件改判发回率仅为2.21%。院、庭长承办案件4365件，占全院办案数的67%。

【审判管理】 制定《法官绩效考核办法》《错

案责任追究办法》等15项制度及规范性文件。完善民事、刑事及行政专业法官会议制度，为法官及合议庭正确理解适用法律提供咨询意见25件次。建立二审改判、发回重审、本院再审等案件评析研判机制，评析案件9次56件。

【司法公开】 公开裁判文书6415份。建成包含基层法庭在内的10个互联网庭审直播法庭，在中国庭审公开网上直播庭审211件，网民总观看87568次。利用法院门户网站、新闻发言人制度和网上投诉平台，回应群众诉求。利用法院微博、微信新媒体平台，推送法院审判执行信息188次。与新浪网合作建设县法院庭审直播系统2个，升级扩容4G网络，完成档案数字化信息化建设。

【宣传工作】 利用“124”国家宪法日等活动，开展法制宣传5次，发放宣传资料6000余份，接受法律咨询1300多人次。举办人民法庭主题“开放日活动”，200余名人大代表、政协委员及群众走进片区人民法庭。设立旅游巡回法庭，利用“桃花节”为游客提供法律帮扶、咨询。开展法治扶贫，到联系村开展法制宣传25次、协助调处纠纷18次。到县供销社、西充中学等开展法制讲座6场，参加市电视台《法在身边》栏目以案说法7期。化解信访案件3件。全年编发信息45期，被中院采用17期。《人民法院报》《四川电视台》《四川法制日报》《华西都市报》《南充日报》等主流媒体先后33次全方位、多角度报道西充县法院工作。协助南充市广播电视台录制《法在身边》栏目7期、县电视台制作专题节目2期。举行“决战决胜基本解决执行难”新闻发布会，召集10余家驻南充的各级新闻媒体聚焦九旬老太起诉7个子女赡养纠纷案和滥伐林木案。处置7次社会舆情，维护司法权威和法院形象。

【队伍建设】 组织参加最高人民法院“每月一讲”视频讲座及政法大讲堂960余人次，选派业务骨干参加业务培训42人次。实施“职业导师”制度，委派资深法官、业务能手对青年干警开展“一对一”指导、“传帮带”教学。围绕从严管党治党、抓实主体责任和监督责任，签订《党风廉政建设责任书》，开展集体、个人廉政谈话150人次。推进“反腐倡廉教育日”活动常态化，开展“扬廉政清风 弘法治正气”主题演讲、廉政司法宣誓、观看警示教育片等系列廉政教育活动。规范案款管理，推行诉讼费及案款“一案一账号”管理模式，做到每笔款项来源清、流向明。开展“作风整顿月”活动，通过明察暗访、专项督察等推进作风建设，全年发布督察通报12期、专项检查通报8期。

【安全保卫】 全年值庭216次、提押人犯465人次。坚持法警值班、24小时门卫值班制度，全年无安全事故发生。及时参与处理突发事件10 起，制定人犯提押预案12起，完成提押人犯、机关安全保卫、配合执行、信访接待等工作。

（撰稿：西充县人民法院王兵）

检察工作

【概况】 2018年，西充县检察工作相关办案经验被《人民日报》综合报道1次，创新工作经验被《检察日报》报道6次、最高人民检察院门户网站登载6篇；县人民检察院被南充市禁毒委员会评为全市禁毒严打整治行动成绩突出集体；新媒体工作获评2018年度中国优秀政法新媒体，获南充市政法新媒体宣传舆论工作突出单位称号，1篇新媒体作品被评为全国月度优秀作品；《呵护留守女童 关爱健康成长》获四川省委政法委第二届“平安中国看四川微电影、微视频、微动漫”比赛二等奖；所办理的1件公益诉讼案件，入选四川省“十大优秀公益诉讼案例”。4名干警被市检察院记三等功，1名干警获西充县政法工作先进个人称号，1名干警获评南充市法治扶贫优秀政法干警，1名干警被评为南充市“三八”红旗手，1名干警获南充市优秀共青团员称号，2名干警在全市业务竞赛中获得表彰。

全年受理各类提请批准逮捕案件150件234人，审查后，依法批准逮捕111件160人；受理移送审查起诉案件303件442人，审结后，向县人民法院提起公诉213件260人。依法对交通肇事等危害公共安全犯罪70件73人、故意杀人等侵犯公民人身权利犯罪22件31人提起公诉；依法对抢劫、抢夺、盗窃等侵犯财产犯罪47件61人提起公诉；依法对贩卖、非法持有毒品、容留吸毒等毒品犯罪案件29件36人提起公诉。审慎办理未成年人犯罪案件。组建“小橘灯”团队，专人专岗专项办理未成年犯罪案件。开展犯罪未成年人社会调查19次，通知法定代理人（合适成年人）到场19次，对4名犯罪的未成年人附条件不起诉。探索涉及受害未成年人案件“一站式”办理模式，努力避免办案过程中的“二次伤害”。

【监督工作】 监督侦查机关立案9件、撤案8件；建议行政执法机关移送涉嫌刑事犯罪案件6件7人，均已移送；纠正漏捕5人，追诉11人（件）。依法提起刑事抗诉2件；办理市院交办的刑事申诉案件2件，依法作出不予抗诉的决定。依法办理羁押必要性审查案件10件，办案机关采纳率为100%；对社区矫正各环节实现监督全覆盖，纠正脱、漏管3人，有效监督撤销缓刑收监执行2人；受理在押人员控告、举报3件，2件移送相关部门处理；办理市院交办的刑罚执行变更监督案件55件，纠正提请“减假暂”不当案件30件；认真开展财产刑执行监督检察专项活动，确保财产刑顺利执行。对民事审判活动、执行活动进行监督，提出再审检察建议2件；对无理申诉的，耐心释法说理，及时驳回申诉，维护审判权威。

【反腐倡廉】 支持监察体制改革试点工作，完成反贪、反渎、预防3个部门人员和编制的转隶。运用检察职能，对县纪委监委留置的职务犯罪嫌疑人，根据要求提前介入，提出意见建议，助推党风廉政建设。对县纪委监委移送起诉职务犯罪案件7件7人，认真审查，依法采取强制措施，依法提起公诉，追究法律责任。

【扫黑除恶】 以“监内＋监外”的方式向在押人员和社区矫正对象开展举报宣传，拓宽案件来源。结合脱贫攻坚工作，向联系乡、村群众开展宣传，并开展扫黑除恶知识有奖问答活动，增强群众知晓度、参与度。通过新媒体宣传途径，发动群众参与扫黑除恶。全面摸排线索。对2012年以来各类案件进行全面排查，梳理出6件涉黑涉恶犯罪线索，及时移交相关部门核查。参加联席会议、案件会商15次，提前介入可能涉黑涉恶案件7件，依法对案件定性、法律适用、引导侦查取证等方面提出意见、建议。受理涉黑涉恶提请批准逮捕案件1件3人，经审查，全部批准逮捕，并移送蓬安检察院审查起诉。受理涉恶一审公诉案件1件17人（南部县院移送），并诉至法院。县人民检察院受理审查逮捕“九类案件”15件27人，批准逮捕12人；受理一审公诉“九类案件”16件49人，起诉13件35人（改变管辖1件6人），已判决12件17人。

【公益诉讼】 2018年，西充县人民检察院发现公益诉讼线索21件，立案办理16件，发出检察建议12件，结案14件。开展协同治理嘉陵江水环境专项行动、城市建筑垃圾堆放治理专项行动、破坏林业资源生态修复专项行动，重点解决西充河流域污染、养殖污染、固体废物随意堆放、林业恢复等方面的突出问题。通过向法院提起刑事附带民事公益诉讼，督促当事人在指定地点进行补植复绿林木900余株，通过行政公益诉讼，督促相关部门联合整治亭子垭村弃土场城市建筑垃圾胡乱堆放存在的安全隐患问题，督促相关部门治理河道及西充河水域被污染等问题。开展“保障千家万户舌尖上的安全”检察公益诉讼专项监督活动，积极回应民生热点问题，联合县市场监管局等部门开展校园及周边食品、卫生安全专项整治行动，彻查“三无”食品、无证经营等情形，向法院提起1件食品安全类刑事附带民事公益诉讼案件，通过督促相关部门依法履职，取缔贾某非法行医十余年的“黑诊所”。

【综合治理】 健全信、访、网、电、视频“五位一体”信访工作模式，推进“群众家门口的检察院”建设，全面推行律师参与化解和代理涉法涉诉信访案件、人大代表和政协委员参与疑难申诉案件公开审查答复等工作机制。开展回访考察、经济救助、就业帮扶等多元化司法救助。向8名刑事被害人发放司法救助金，解决生活困难。回访社区矫正对象，防范脱管、漏管和虚管现象，督促矫正对象遵规守法。坚持把法治宣传融入执法办案全过程。全年开展校园宣讲活动20次、送法进企业3次、送法进社区（乡村）10次，录制并播放“西检法治之声”普法广播8期，发放普法小手册300余本，发放“世界水日”“防范非法集资宣传月”“禁毒日”“12・4”宪法日等主题宣传页3000余份。

【队伍建设】 通过听庭评议、案件讲评、开设“西检大课堂”等方式，针对性地开展素能培训。出台《西充县人民检察院青年干警培养计划》，构建党员“一帮一”、业务导师制度，组建宣传工作组、新媒体工作组、门户网站工作组，鼓励青年干警兼岗锻炼。组织参加脱产业务培训、上级机关视频讲座、政法大讲堂等各类培训850人次，全面增强干警综合素质和履职能力，不断提升司法水平。

【特色亮点工作】 加强办案团队专业化建设，推行“重案组”制度，实行轻重分离，院领导率领办案党员，带头办理重大、疑难、复杂刑事案件。2018年，县人民检察院被省、市检察院确定为“公诉队伍专业化建设”试点院，“精准公诉”被市委确定为南充市“微改革”项目，2个规范性文件被四川公诉专刊转发推广。探索涉企案件评估机制。建立涉企案件经济社会影响等级评估制度，注重依法办案与合理保护并重、服务经济发展和防止选择性执法并重，处置措施于法有据、合法合规，将经济社会影响评估与办案风险评估预警相结合，做到一案一评估，最大程度降低司法办案对企业正常经营活动的影响，实现政治效果、法律效果和社会效果的统一。此举被《人民日报》综合报道。建立“三位一体”亲情修复机制，以“检察官—监护人—未成年人”“司法机关—社区—学校”“未检检察官—其他检察官—关工委”为3个序列主体，通过“七个一”（一次亲情家访、一次亲职教育、一次亲情疏导、一次亲情会见、一次亲情教育、一次亲子互动、一封亲情书信），实现对未成年犯罪嫌疑人的感化、教育、挽救、保护。此举受到上级检察院及市、县关工委的肯定。开发并启用“西检E党通”智慧党务APP，以党员积分制管理为基础，将检察业务与党建工作结合起来，实现党建管理、学习、活动、服务、考核、宣传六大主体功能信息化，形成组织、智慧管理平台、党员三层之间信息要素的良性传导。该系统在全院32名党员以及参照管理的非党员干警中正式上线运行。

（供稿：县人民检察院）

公安工作

【概况】 2018年，西充县立案刑事案件888件，侦破刑事案件545件，批准逮捕165人，移送起诉420人，强制戒毒56人，行政拘留706人。

【维护社会稳定】 屯警街面，落实“1、3、5”钟快速反应。10月30日，成功处置盛泰医院一精神病患者挟持人质事件。取缔非法传教窝点6个，打击处理6人，谈话教育102人，打击境外组织渗透活动2起。紧盯涉军稳重点人员、重点群体，及时向县委、县政府或相关部门提醒行动性预警信息1000余条，派出赴北京、山东等地劝返警力100余人次。为北城印象二期工程民工、佳韵国际项目民工等民工追收工资 260 余万元，化解绵（阳）西（充）高速公路、建华职业学院、城南新区、川东北农产品精深加工产业园等重点项目征地拆迁，领秀城、颐和城、恒大御湖庄园业主集访维权，投资理财受损群体集访等矛盾纠纷 2300 多起。

【扫黑除恶】 全年发送宣传短信 60 余万条，制作海报宣传 30 余万份、横幅标语 2000 余条、双微及电视专题宣传 14 次；立九类涉黑涉恶案件 18 件，破案 11 件，抓获涉黑涉恶人员 39 人，刑事拘留 24 人，取保候审 15 人，逮捕 12 人，移送起诉 33 人，一审判决 10 人。快侦快破范某某等寻衅滋事现案、非法拘禁隐案等 7 类恶势力典型案件，打掉借“维权”之名蛊惑煽动群众与政府对抗影响基层政权、阻扰工程施工敲诈勒索的杨某军涉恶团伙。

【命案侦破】 侦破苏某林故意杀人案、杨某平故意伤害致人死亡案、胥某毅故意杀人案等命案 3 件。

【新型犯罪侦破】 历时 4 个月，跨省侦破涂某文等特大信用卡诈骗案，打掉以江西余干籍为主的网上盗刷银行卡的犯罪团伙，抓获团伙成员 6 人，涉案金额 130 万元，打击新型犯罪取得了历史性突破。“2·27”特大网络出售公民个人信息案被列为部督案件，打掉犯罪团伙 4 个，抓获犯罪嫌疑人 17 人；“5·29”技术开锁入室盗窃案、“3·28”跨省技术开锁入室盗窃案等 4 起案件被省厅挂牌督办，均成功侦破。

【打击侵财】 侦破侵财刑事案件 248 件，打掉盗窃团伙 10 个、诈骗团伙 2 个，最大限度为群众挽回损失。侦破系列农村家禽被盗案，破案 20 余起，打掉一个 10 余人的流窜盗窃家禽团伙，为群众挽回经济损失 6 万余元。侦破系列电瓶车电瓶被盗案、仙林镇贾某某被抢劫案、车龙乡耕牛被盗案、系列高速公路服务区货车柴油被盗窃案、系列快递包裹被盗案和系列人民医院门诊大楼、住院部、网吧手机被盗案、许某冒充领导亲戚骗取 6 名受害人 3.8 万元案、李某兵“套路贷”25 万元诈骗案等典型案件。举行财物返还活动 4 次。

【禁毒缉毒】 侦破毒品刑事案件 53 件、捣毁制贩毒团伙 7 个、打击处理 68 人、行政拘留 266 人、强制隔离戒毒 56 人、责令社区戒毒康复 90 人、缴获毒品 360.68 余公斤，毒情得到了有效遏制。西充警方参与侦破了部督“7·14”特大制贩毒品案，抓获犯罪嫌疑人 12 人，捣毁制毒窝点 1 个，缴获毒品冰毒 360 余公斤，收缴毒资 270 余万元，扣押作案车辆 4 台。

【经济犯罪侦查】 受理各类经济案件 43 件，立案侦查 35 件，破案 26 件，涉案总价值 6600 余万元，挽回经济损失 2000 余万元，抓获犯罪嫌疑人 33 人，刑事拘留 10 人，逮捕 5 人，移送起诉 29 人。维护燃气市场经营秩序，保障公共安全，侦破南充瑞博燃气有限公司、西充凤凰燃气有限公司等 11 家天然气经营公司非法经营案，抓获犯罪嫌疑人 13 人。坚持破案与追赃并重，继续加大互利、华鼎公司非法吸收公众存款案挽损工作，通过各方协调、查封资产等措施，为受害群众挽回损失，确保了社会的基本稳定。

【扫黄禁赌】 查处涉黄涉赌刑事案件 20 件，刑事拘留 16 人，移送起诉 26 人，治安拘留 112 人，捣毁涉黄窝点 8 个，赌博窝点 12 个，收缴赌博机 40 余台。查处建设北路金龙山还房小区冯某豪等人网络赌博案、公园街“西典茶房”杨某韬利用捕鱼机开设赌场案、安汉大道北段“财富广场”小区冯某开设赌场案、马某芬等人六合彩赌博案、鹤鸣东路发廊李某某介绍容留妇女卖淫案、南街庞某某介绍容留妇女卖淫案等典型案件。

【公共安全监管】 查处各类交通违法案件 218913 起，查处酒驾 652 起、醉驾 48 起、毒驾 7 起、7 座车超员 50% 共 276 起，扣留机动车 820 辆，吊销机动车驾驶证 81 本。发生道路交通事故 2865 起、死亡28人（同比下降22%）、受伤1018人。排查整改道路安全隐患30余处，杜绝一次死亡3人的较大道路交通事故。发现整改火灾隐患3966起，查处113家，封停45家。全年发生各类火灾209起，死亡3人，未发生重大火灾安全事故。监所安全万无一失，确保刑拘在押358人、行政拘留706人的绝对安全。

【缉枪治爆】 破获涉枪刑事案件23件，移送起诉19人，实现危爆物品“不丢失，不炸响，不肇祸”的目标。对非法购买自制式射钉枪、铅弹的张某、何某采取刑事强制措施，对私藏火药枪的罗某兵等20余名嫌疑人进行行政或刑事处罚。对未开具《散装汽油购买凭证》的纪某云等6人，采取行政拘留措施；查处仁和镇某烟花爆竹有限公司非法储存爆炸物、驾驶员怡某非法运输烟花爆竹案等案件4件。组织销毁、收缴废弃烟花爆竹产品2次，销毁烟花300件、鞭炮1500余件、引火线400件、铵锑炸药1200公斤。

【“食药环”查处】 侦办“食药环”案件11起，依法对回收火锅底料的某串串香店法人、厨师长、厨师等3人采取刑事强制措施，对非法超范围添加“甜蜜素”的5家酒坊进行处罚。

【公安改革】 完成44674个家系、260675男性户籍家系图谱绘制；实施“雪亮”“天网”等5项工程，建成封控全县主要出入道路的标准治安卡口40个、微卡口44个、派出所雪亮平台12个；建立治安中心户、警民联调队伍等4支社会防范力量；落实派出所勤务运行模式、打防并举、警务保障、综合评价4项机制改革。全年农村地区发案下降12%，破案率提升15%。在晋城镇双庙子警务室建成集尿液检测、心理疏导、医疗救助、教育培训等功能的县级社区戒毒康复工作中心，组建社区戒毒康复专兼职队伍，探索推行“三级评估、四层联动、五位共管”的“345”工作模式，创新“一体管控、双向培训、三方推动、四类切入、五项管服”的“12345”工作法，全市禁毒工作现场会在西充观摩学习。以太平、古楼为试点，借助雪亮工程杆体，安装上对讲用音柱，结合视频监控建成“远程劝导平台”，实现在监控中心进行语音劝导的功能，劝导交通违法行为更快、更有效。农村交管工作进一步提档升级，推行“交警+管理员+劝导员”“劝导+宣传+防控”“巡查+劝导+取证”的“3+3”模式。以“最多跑一次”为目标，在纪信广场设置出入境二次自助签注机，24小时服务，立等可取。推出公安微户政，群众可以通过手机办理出生登记、户口注销、户口迁入迁出、非主要事项变更等七大类24项业务。开通了凭身份证办理车辆全国通检等18类交管业务，免复印、免手工填写、免拓号、免提交保险、省内办理小车驾驶证免居住证等减免措施常态落实。为一线民警配齐手持执法终端，出警到达快慢、出警现场情况、出警结果受到全程监督。

【队伍建设】 组织开展警综平台、移动警务终端、专职指挥长培训、合成作战等业务培训，定期开展案件考评，成功举办第六届警体运动会，参与新闻宣传比武等竞赛活动。推行民警日常违规行为记分办法和上下班人脸考勤制度，解决上班脱岗、溜岗难题。下发纪检督察通报56期，通报批评单位或个人17次，诫勉谈话3人，书面告诫7人，停止执行职务2人，禁闭1人。落实执法职务序列一级警长以下民警的套改和晋升，民警职级普遍得到提升。启动公安业务技术用房特巡警营房及训练场地建设，完成代理招标、设计招标和场平工作。争取并落实包含警衔津贴等在内的住房公积金保障，民辅警住房公积金显著提高。慰问全局困难民警、离退休老干部、已故民警家属60多户，因公负伤民辅警11人。落实战时激励机制，受到上级表彰的先进个人23人、先进集体34个，其中集体三等功5个，个人三等功5人。

（撰稿：西充县公安局李焕林）

军 事

人民武装

【概况】 2018年，西充县人民武装部在军分区党委的领导下，以党的十九大和习近平新时代中国特色社会主义思想为指引，全面贯彻习近平强军思想，按照军委国防动员部提出的职能使命，开拓进取，扎实工作，圆满完成年度各项工作任务。

【思想政治建设】 抓好十九大精神的学习宣传。采取领读串讲、个人自学等方式，原原本本学习十九大报告、新《党章》和军委主席习近平系列讲话精神。与军分区同步、分专题抓好党委中心组理论学习，学习贯彻军委党的建设会议精神，坚决贯彻军委主席负责制，把思想和行动统一到军委主席习近平讲话精神上来。开展各项政治教育。结合实际开展推进“两学一做”学习教育常态化制度化、“安心稳神、履职尽责”教育、“传承红色基因、担当强军责任”主题教育、“和平积弊大起底大扫除”活动和“不忘初心、牢记使命、重温入党誓词”主题党日活动进一步提振强军、兴军的精气神。组织学习《党章》《廉洁自律准则》《纪律处分条例》和《问责条例》等党纪党规，严格落实中央八项规定、军委十项规定、《征兵工作“十不准”》制度规定，持之以恒纠“四风”，坚决纠治基层“微腐败”和不正之风，组织党员干部学习上级违规违纪典型问题通报，全面彻底肃清郭伯雄、徐才厚流毒影响，人人签订责任书，推进党风廉政建设和反腐败斗争。严格规范经费使用，严把专武干部选配标准，公开兵员征集条件、标准、程序，严格监督执纪问责，把加强党员党纪党规学习与执纪问责相结合，有效促进党组织建设。

【全民国防教育】 结合政治教育、军事训练、执行重大任务、征兵工作等开展国防教育和征兵宣传，与县政府办联合出台《关于做好2018年度征兵宣传工作的通知》，对全年征兵宣传工作进行分工，细化措施，压实责任。利用民兵整组、军事训练、兵役登记等时机，采取进村入户等方式开展全民国防教育，到张澜职校、西充中学、晋城中学等学校，为近万名师生举办国防教育暨征兵宣传。全年先后在《国防时报》、四川新闻网、南充新闻网、今日头条、微西充、《南充日报》、南充电视台、西充电视台等媒体播发新闻稿件110余条。全体干部职工共撰写各类心得体会50余篇，拟写交流发言材料8篇。

【落实战备工作】 与军分区和地方相关部门对接，修订完善各类方案预案，配齐配强战备物资器材，结合整组点验开展针对性战备演练，应急处突能力不断提升。加强与地方应急、防汛等部门联络，完善军地联合指挥机构建设。加强战备规范化建设，严格落实战备值班制度，坚持不定期检查值班在位履职情况，每季度分析一次战备形势，保持良好战备状态。结合民兵调整改革，对新调整组建的应急、专业、特殊三支力量进行分片集中拉动点验，并对民兵应急连和全县39个民兵应急排进行防地质灾害拉动演练，检验民兵快速反应和执行任务能力。

【实战化训练】 严格落实军委主席习近平训令和新的训练大纲要求，抓好人民武装部首长机关指挥基础、基本技能、基础体能训练，坚持每季度召开党委议战、议训会，专题研究实战化训练，同步参加军分区训练理论学习辅导，组织战备值班分队携装拉动演练，首长机关实战化训练基础不断夯实。贯彻新民兵军事训练大纲，按照适应“平时服务、急时应急、战时应战”的要求，采取训练演练和理论辅导相结合的方式，围绕防暴队形、警棍盾牌、灭火技能等重点内容，先后对40名专武部长和民兵应急队伍分别进行两批次的集训和考评。

【党委班子和干部队伍建设】 人民武装部党委班子凡涉及人民武装部建设的重大问题，都坚持做到先通气后开会、先协商后表态、先酝酿后决定，保证团结和谐。党委班子以身作则，坚持从自身做起，在住房、用车、接待、经费使用等方面，带头落实廉洁自律各项规定，带头落实个人事项报告制度。抓能力提高。立足建设能打胜仗党委机关，制定《围绕增强“五力”落实“五抓”加强人武部党委班子建设的措施》，严格落实党委议训、议战制度，结合首长机关训练严密组织岗位练兵活动，强化班子成员理论素养、工作指导和创新意识，提升班子思打仗、谋打仗、打胜仗的能力。加强党管武装工作，为地方党政领导上国防教育课。抓队伍建设。针对调整改革期间，人民武装部人少事多的实际，坚持把机关干部职工、基层专武干部和基干民兵这三支队伍作为人民武装部建设的关键，注重从提高素质、配齐建强、发挥作用和依法从严治军方面上下功夫，开展能力素质培训和岗位练兵、帮带基层、岗位互换等形式的教育，先后轮训专武部长和民兵干部97人次，努力提高“三个一线”领导管理能力。

【正规化建设】 组织开展“学习贯彻新条令，塑造军队好样子”活动，积极参加军分区开展的新修订的《共同条令》学习月活动，从工作作风、精神面貌、军容风纪、日常养成、一日生活秩序等方面入手，抓新条令条例的落实，依据条令法规运转和管理，严格落实上下班点名签到、离开营区请销假、值班执勤制度，促进各项秩序正规。做好部队安全管理。牢牢盯住17个重点要素，以迎接安全大检查和“百日安全活动”为抓手，抓重点部位和重要目标安全管理，强化八小时外的管理和隐患苗头的消除。做到上级关于安全工作的文件及时传达学习，每季度定期召开一次安全形势分析会，大项工作前进行安全风险评估，对存在的安全隐患定期自查和剖析。针对军分区工作组安全工作大检查指出的存在隐患和问题进行认真整改纠正。抓好规范化建设。认真贯彻军委国防动员部“适应新时代国防动员系统领导管理新体制新职能新使命，努力提高‘三个一线’领导管理能力”集训精神，按照方便适用，力求节俭，着眼发展的原则，抓基层武装部规范化建设。全年组织两批次专武干部集训，在晋城镇武装部开展规范化建设试点，健全完善民兵管理、定点联系等7项制度。

【后勤保障建设】 做到党委理财、预算管理，提高后勤保障能力。主动加强与地方党委政府的协调，积极争取建设和训练经费，确保人民武装部地方财政预算经费每年都略有增加。在资金的使用上把财经管理作为衡量党委成员政纪观念的一项重要指标，从节约一度电、一滴水、一张纸等点滴小事做起，对大项经费开支，部党委都要经过反复论证，慎重决策，建立健全资源节约长效机制，不断夯实家底，助力人民武装部全面建设。统筹安排提高资金使用效果。按照“一保战备，二保生活”的原则，严把资金投向投量，把有限的资金用在刀刃上。重点把资金放到单位基础建设、军事训练和安全管理上，先后投入近20万元在办公大楼安装安防门禁、在房顶安装防晒棚；并以敢啃硬骨头的决心解决长期以来与凯旋门酒店水电同表同户的历史遗留问题，进一步提升营区安防等级，满足干部职工生活、工作和学习需要。创新管理强化保障能力。规范后勤管理，着力加强后勤人员物资和车辆管理，定期对驾驶员进行教育和车况检测，与全体干部职工签订驾驶地方机动车安全承诺书。按照上级要求，依法从严扎实开展住房用车专项清理，全面停止有偿服务，对营房资产进行登记造册，实现账物卡相符，保证家底清楚。

【支援地方经济建设】 组织干部职工赴联系点同德乡帮助群众开展青花椒产业园除草帮扶助耕、助学资助和送温暖活动，走访慰问贫困群众46户，筹集8万元资金为大欠沟村安装太阳能路灯120盏。春节期间，组织干部职工和应急民兵20人扑救晋城镇燕子山村山火，5月组织50余名民兵专业救援分队参加西充县防汛减灾综合应急演练，7月组织民兵应急连在晋城镇杨家桥村开展抢险救灾拉动演练，为驻地营造良好社会治安氛围，增进军民团结，促进经济建设和国防建设协调发展。协助维护社会稳定。开展军地平安创建活动，加强与地方公安、国安等部门协调联系，及时准确掌握驻地社会动态，健全军地隐蔽斗争。协作和应对群体性上访事件军地协作措施，协助地方有关部门做好军队退役人员稳控和涉军维权工作，妥善处理军民纠纷，巩固军政军民团结，维护社会稳定大局。积极组织发动民兵参与维稳执勤、巡逻守护和抢险救灾等急难险重任务，全年动用民兵1100余人次，完成春节、桃花节、牡丹花节、荷花节、品果节等重要时节、重大活动的维稳执勤任务。

【民兵整组】 调整优化基干民兵规模结构和组织布局，推动军民融合深度发展，按照上级要求对全县普通民兵、基干民兵进行组织调整。11月13日，南充军分区司令员蒋济南率队到县人民武装部检查指导民兵调整改革落实工作。通过现场点验、实地走访和查阅资料等方式，对全县民兵调整改革、民兵应急民兵连（排）组织建设、军事训练、政治工作等情况进行了实地检查。

【兵役登记】 抓常态化兵役登记和征兵宣传，采取群发短信、刷微信朋友圈、张贴宣传海报、分发宣传单以及政务窗口温馨提示等方式，深入宣传发动，及时召开兵役登记部署会、培训会、推进会，派出工作组督导检查，建立定期通报制度和军地信息共享机制，促进兵役登记工作落实，登记率超过100%。

【征兵工作】 围绕征兵工作“五率”要求，严格按照兵员征集的政策标准、方法程序、纪律要求，逐环节抓好各项工作落实。7月30日，西充县2018年征兵工作会议在县政府会议室召开。会议传达上级征兵工作电视电话会议精神，总结讲评2017年以来全县征兵工作情况，明确2018年征兵任务目标和廉洁征兵规定。9月3日，西充县2018年预定新兵役前训练在义兴镇百科园拉开序幕，对230名预定新兵进行为期5天的军事基本常识、基本技能训练和政治学习。9月5日，西充县召开2018年定兵会，集体审议通过220名(其中女兵3人)预订新兵名单、兵员去向和后备人员名单。9月11日，西充县欢送新兵入伍仪式在县人民武装部举行。

（撰稿：县人民武装部冯智龙）

武警中队

【概况】 武警南充支队执勤一大队西充中队，

主要担负西充县看守所外围武装看守、犯人的武装押解和维护西充的社会稳定、处置各类突发事件等急难险重任务。2018 年，中队按照支队、大队党委年初工作部署，围绕“抓经常、打基础、促养成、保安全、创先进”的工作思路，做好部队思想政治建设、军事训练和后勤保障工作，全年参与处置 10 余起突发事件，出动兵力 1500 人次，完成以执勤、处突、反恐为中心的各项任务。

【思想政治工作】 以习近平新时代中国特色社会主义思想为指导，坚持贯彻落实党的十九大精神，把握政治建军、改革强军、科技兴军、依法治军原则，以中央军委主席习近平开训训令和授旗铸魂、看齐追随、维护核心，突出抓好“传承红色基因，担当强军重任”“八治”“一个决定，两个规定，一个办法”“军委主席负责制”“纠治和平积弊”等教育官兵。同时积极开展“唱红歌，读史书、写心得”专题活动，请地方教师和老革命到中队上课，确保官兵始终做到“三个维护”“三个绝对”。

【军事训练】 坚持以中心任务为牵引，紧贴任务实际，严格落实训练制度，坚持每天一次训练小评比，每周一次军事会操，每半月一次军事体育训练科目考核，开展“五小”练兵活动，积极抓好补训。重点对单兵队列、班队列、单兵战术、擒敌术、射击、5 公里武装越野、体能、应急棍术等科目进行系统训练。中队党支部为提高训练质量，在训练机制上不断开拓创新，实行奖励先进、树立典型、带动后进的激励机制。战士“晴天一身汗、雨天一身泥”，掀起了“谁英雄、谁好汉、训练场上比比看”，争当“训练标兵”的良好氛围。

【后勤保障】 落实总队“正规化建设”建设要求，积极向地方党委政府汇报，赢得地方领导的理解与大力支持，争取专项建设经费。5 月份成功在中队召开训练场地建设现场会。同时，中队本着资源互享、优势互补，共同建设、共同发展的思想原则，与地方相关部门搞好共建。协调县委、县政府为中队修建价值 40 万元的篮球场；协调图书馆在中队建立流动图书馆，为中队新增图书 1000 余册，价值 5 万元；中队执勤隐患整治和“智慧磐石”工程建设稳步推进。

（撰稿：武警西充中队尚雪涛）

消 防

【概况】 西充县消防救援大队，原隶属于中国人民武装警察部队，2018 年 10 月集体转制，下辖西充县消防救援中队。2018 年，县消防救援大队检查社会单位场所 2232 家，发现火灾隐患和违法行为 4027 起，督促整改 3957 起，其中重大火灾隐患 1 起，行政处罚 113 家，临时查封 49 家，三停 45 家，罚款 18.89 万元，完成重大火灾隐患单位整改消案 3 家。无一起申请行政复议和行政诉讼。

【消防安全宣传】 2018 年，西充县消防救援大队组织开展行业系统消防安全培训 35 期，宣传站对外开放 3 次，发送宣传资料 3 万余册（份）、消防安全短信 5 万余条，悬挂消防安全标语 100 余幅，播放公益视频 500 余条（次），组织开展了“119”宣传月启动仪式暨文艺汇演等系列宣传活动。

【推行阳光政务】 贯彻落实“放管服”改革工作，推进一系列优化办事的便民措施，提供“容缺后补”服务，简化审批程序，对符合申报条件的单位一律实行“一次办”，提高办事效率。结合“网格化”排查和重点单位火灾隐患“户籍化”管理工作，加强社会单位监管力度，建立社会各单位火灾隐患自查制度，做好本单位消防安全排查整治工作。协调综治部门，在综治平台中利用更新的消防工作模块，实现消防工作与综治平台的有效对接，基层网格员利用手持应用终端，开展日常巡查、隐患处置、消防宣传等工作。

【队伍管理工作】 2018年，西充县消防救援大队结合执勤备战秩序专项行动，加强制度建设，年内大队全勤作战指挥体系已经形成。完善执勤值班制度、战斗员考评和考核制度、指挥员培训制度，增强各级指挥员现场判断、决策指挥、临机处置的能力。按纲施训、规范业务档案。以训练计划的制订和执行为重点，突出抓好中队教育训练的落实。规范训练档案，制定和完善灭火救援预案、灭火作战提示卡、消防水源档案、社会资源档案等4类战训基础资料。搞好实战演练、抓好合成训练。针对西充实际，结合消防中队的火灾扑救案例进行战术课题研究并开展实战演练。

（撰稿：西充县消防救援大队张晴）

人民防空

【概况】 2018年，西充县人民防空工作坚持以信息化条件下防空袭斗争准备为重点，突出战时防空，平时救灾，完成人防组织指挥、信息保障、战备值班等工作。

【行政执法】 依法对两起违规建筑进行行政处罚；审批人防易地建设行政许可37件，办结率达100%；审批结建人防工程8个，征收人防易地建设费1170余万元，所有结建和易建审批都符合法定条件，易地建设费征收严格按标准执行，全部缴入财政专户，用于人防发展建设。

【通信警报网络建设】 严格执行警报器检查管理维护制度，对全县27套防空警报器全部进行检修维护，做到防空警报档案完善，责任到人，防空警报网建设和管理规范化、制度化、法制化。9月18日，对防空警报统一试鸣活动，警报鸣响率达100%，城区覆盖率达98%。

【工程建设】 坚持“应建必建、应建尽建”的原则，推进人防建设与城市建设同步规划、同步建设、同步管理，确保人防工程建设依法规范进行。建立人防“六个一”项目督察制度，安全督察人防项目建设20次。全年审批新增人防工程面积5万平方米。

【应急分队训练】 全年在综合救援队和通信分队的训练上从难从严，从应急救援实际出发，实施规范化训练，注重人员、时间、内容、质量“四落实”。在市人防办以及友邻单位组织下开展人防机动指挥所互联互通训练5次，本级训练30余次。

【宣传教育】 协调县人民武装部、县委宣传部、县文化广播影视局、县教育体育和科学技术局教育等单位，开展人防“五进”工作。全年发放宣传手册2万册，全县44个乡镇配齐人防知识宣传展板。

（撰稿：县人民防空办公室马铭）

农业农村

工作综述

【发展现代农业】 围绕全县“一带三区百村”乡村振兴示范建设，加快发展龙滩河流域、国道212片、金（泉）太（平）线三大示范区现代农业，加快打造“中国晚熟柑橘之乡”和“中国木本油料之乡”，2018年新发展晚熟柑橘5.6万亩、木本油料2万亩。新建有机农业基地2万亩、新认证0.5万亩。推进国家农村产业融合发展示范园、国家农业科技园建设，新建2000亩智慧农业示范基地。新发展高效粮油2万亩、二荆条辣椒1万亩、充国香薯1万亩以上。

【培育经营主体】 全面落实农村土地“三权”分置政策，以土地股份合作社建设为突破，促进农村承包土地的经营权集中流转，推进适度规模经营。推广“土地股份合作社＋农业职业经理人＋社会化服务”三位一体的“农业共营制”和“生产大统筹、服务全托管”的“农业托管制”等模式。全年培育家庭农场(业主大户)119家、农民专业合作社263个，培育新型职业农民2600人，新建土地股份合作社70个，新增流转土地3.5万亩，推动农业经营主体“多元化”。

【建设美丽新村】 全年新建11个新村聚居点项目，基本完成15个贫困村民居改造，完成金（泉）太（平）线园区12个村2000户民居改造提升工程。实施山、水、田、林、路综合治理，完成土地整治3万亩，新建农村公路70公里。推进升钟水库灌区续建与节水改造项目建设，全面启动海贝水库建设。开展生态环境综合治理，深入落实河长制、湖长制、林长制，实施“四河”治理工程，全面启动芦溪河岱林段、潆溪河晋城段防洪治污建设，全面改善水环境。

【深化农村改革】 以城乡融合发展综合改革试点为统揽，全面推进国省16项农村改革试点工作。加快完善农村产权体系，全年收集发布农村各类产权流转交易信息1673条，组织交易253起，交易额达684万元以上。创新财政支农机制，全年新增整合涉农项目资金2亿元，吸引金融资金和社会资金15亿元投向农业农村，累计发放农村各类产权抵押贷款179笔6.5亿元，放贷总额居全省前列。建立健全培训考评、认定管理和扶持政策“三位一体”的新型职业农民制度，开展新型职业农民培训8000人次，成功培育新型职业农民450人，其中，A星级新型职业农民50名。

【促进农民增收】 启动6个县级脱贫奔康产业园建设，完成126公里贫困村道路、33公里灌溉渠系建设，推进17个贫困村电网改造；完成150处安饮工程、716个易地扶贫搬迁、10个脱贫示范新村建设。引导农民参与现代农业发展、扶贫开发、幸福美丽新村建设、农村基础设施改造等项目，带动4.2万户农户融入乡村振兴产业链各环节，实现就地务工、就业收入增长迅速，促进农民持续增收；推广“两统两返”“五方联动”等收益分配机制，实现有劳力者按劳分配、无劳力者按股分红。农民人均可支配收入达到10334元，增幅达10.5%。

（供稿：县委农工办）

种养殖业

【概况】 2018年农牧业工作围绕市委“155”发展战略和县委“533”战略规划，坚持以“农业质量年”为统揽，以建设“中国西部现代农业公园”、打造“中国有机食品第一县”为目标，以有机农业为方向，以农业供给侧结构性改革为总抓手，决胜项目建设、脱贫攻坚、招商引资“三大”战场，着力乡村振兴试验示范区规划建设，推动西充农业转型升级、跨越发展，促进农业增效、农民增收、农村增绿。全年实现农牧渔业总产值（现价）54.73亿元，同比增加2.53亿元。荣获县级以上表彰奖励20项。

【粮油生产】 依托2018年省级财政现代农业发展工程项目，在义（兴）青（狮）观（凤）、西（充）射（洪）公路、西（充）古（楼）公路沿线和航粒香、丰森、粮王等9家农业公司基地生产优质水稻。重点项目义青观粮油示范基地建设，至10月前累计投资4200万元。依托西充粮王生态农业开发有限公司启动东岱乡万亩有机粮油产业基地建设项目。在金山乡等地发展以西充黄心苕为重点的充国香薯核心种植基地，其中金山乡、莲池镇4个村总投资500万元建设西充黄心苕产业园区及种苗基地。县农科所从南充市农科院甘薯研究所引进16个甘薯新品种展示种植，筛选适合西充搭配种植的香薯新品种。成功申报四川省2018—2020年中央财政产油大县奖励资金集中使用示范县项目，召开产油大县项目实施动员大会，将2018年产油大县任务内容分解到项目区乡镇，并督察落实。推广农业轻简化栽培技术，促进农机农技深度融合。完成申报2018年农业农村部绿色高产高效创建粮食作物示范县。完成20个粮食遥感监测点建设工作。全年发布《植保情报》18期，指导农作物病虫防治工作。实施2018年水稻政府购买植保病虫害防治社会化服务面积2万亩。建立IPM绿色防控示范园区，推广综合防控技术，开展农药减量控害行动。实施化肥零增长行动，推广有机肥取代化肥技术。农业种植业实现粮食播种55062公顷，总产30.96万吨，主要粮食作物水稻、小麦、玉米、折粮薯类、豆类产量分别达到11.01万吨、4.88万吨、11.17万吨、3.4万吨、0.49万吨，共30.95万吨，占粮食总产量的99.98%。油料总播面积15415公顷，总产4.09万吨。农村居民人均可支配收入12093元，同比增长9.64%。3月13日，全市粮食生产功能区和重要农产品保护区“两区”划定暨春耕生产现场会在西充召开。省政府授予西充县2018年度四川省粮食生产“丰收杯”。

【实施耕地地力保护政策】 根据全省统一安排，开展“一卡通”清理工作，纠正22个乡镇存在的截留挪用、虚报冒领、一卡通非本人保管、应享受未享受及抵扣水费粮等问题，专项核查二轮承包土地面积。2018年，全县44个乡镇补贴总面积468543.71亩，省农业农村厅下达专项资金6933.5万元，2017年耕地地力保护补贴剩余资金29万元，44个乡镇合计补贴资金6962.5万元。因此，西充县2018年耕地地力保护补贴单价最终确定为148.598元/亩。将2017年与2018年补贴数据（补贴面积、补贴标准、补贴金额等内容）上墙对比公示，让农户监督核实，由县财政局将惠农补贴资金通过

"一卡通"直发农户。

【实施种粮大户补贴政策】 2018年，省财政下达西充县中央财政农业生产发展（粮食适度规模经营）资金317万元，用于兑现2017年种粮大户直接补贴。经调查核实，符合补贴对象共355户，土地流转面积97739.3亩，核实种植粮食作物应补贴面积65449.1亩。据实测算，平均每亩应补贴48.43元。补贴资金通过"一折（卡）通"账户发放到种粮大户手中，对种粮大户是法人的，通过其基本账户发放到位。

【特色产业发展】 围绕《南充市实施"155"发展战略推进现代农业千亿产业集群发展2018年行动方案》系列部署，完成"金太线"金泉、太平、东太等4个乡镇21个村1.4万亩晚熟柑橘产业示范园区产业建设规划设计，初步完成约5000亩土地流转，实施开厢起垄、清园去杂、规范栽植柑橘及观景台、河道整治等田间基础设施工程，提档升级龙滩河流域现代农业示范区、青龙湖高标准柑橘园，建设永清晚熟柑橘基地、古楼香桃产业带等园区基础设施。加强百公里百村香桃产业园管护和香桃产业园区改造提升，补栽嫁接苗3万株，其中，新栽面积300亩，实生苗补接5万株。开展柑橘大实蝇发生防治预测预报和防治技术培训，争取县级财政资金275万元采购农药，发给种植业主和农户使用。在农业园区果蔬基地示范IPM绿色防控技术。依托专业合作社和种植大户培育优质"二荆条"辣椒壮苗6000余万株，为建立良种繁育基地和扩大二荆条辣椒大面积种植提供保障。在金山乡等地发展以西充黄心苕为重点的充国香薯核心种植基地，县农科所从南充市农科院甘薯研究所引进16个甘薯新品种展示种植，筛选适合西充搭配种植的香薯新品种。发展中药材种植试验示范基地2000余亩。同步实施县委"10+2"大事、"中国有机农业第一县建设"和50万亩现代农业特色产业基地建设工程。

【有机认证】 全年新建有机食品生产基地2万亩，新增认证面积1万亩。至2018年年底，全县建成有机食品生产基地18.5万亩。其中，75个基地、12万亩、100个品种获得有机认证或有机转换认证，年出栏有机畜禽50万头（只），涉及粮油（含加工）、果蔬、畜禽、蚕桑、笋菌及白酒加工等产业，有机农业总产值达35亿元。2018年，航粒香大米被四川省农业厅评为四川省优质品牌农产品。

【品牌营销】 制定《西充县农产品区域公用品牌"好充食"使用管理办法》，加快农产品区域公用品牌"好充食"+"产品品牌"的双品牌体系建设，50余家农业企业取得"好充食"公用品牌使用权，完成"好充食"图形商标注册及地理标志产品卡通形象"充国四兄妹"的商标和版权注册工作，印制发放相关标志10万枚。利用交通要道和媒体平台广告宣传"好充食"区域品牌。组织有机农业企业参加市级以上农产品博览会、农交会等10次以上。新建成有机产品旗舰店和配送店9家、电商平台2家、西充商会有机农产品展示展销中心1个。协助筹建成都市"西充有机馆"，精心编制企业简介及产品简介，与县工商联和县商会合作组织有机产品销售推介活动，配合县妇联、旅游协会等组织有机农业企业参与西充第六届桃花节和第六届品果节活动，在西充举行的南充市首届农民丰收节上，表演农业节目，宣传销售特色有机农产品。配合县政协编纂《田园追梦——改革开放40周年西充现代农业发展纪实》，配合县文化广播电视和旅游局编纂《西充红苕及文化研究》，筹拍西充有机农业宣传片。2017年12月，充国香桃和西充甘薯入选《2017年度全国名特优新农产品目录》，同月成功申报西充黄心苕为国家地理标志证明商标，并于2018年9月获中华品牌商标博览会金奖。2018年，西充航粒香优质大米成功申报为省优品牌，同年10月，成功申报航粒香牌壹品有机米为南充粮油名特产品十大品牌。全年申报著名商标2个、市知名商标5个，加速形成以区域公用品牌为主导、企业品牌为支撑的西充有机农产品品牌集群。

【标准化生产】 协助西充县市场监督管理局汇编有机农产品团体标准。调整畜禽养殖模式，发展标准化规模养殖。2018年，完成新改扩建标准化养殖场12个，完成新认证无公害畜产品1个，复查换证无公害畜产品2个，新申报省级示范场1个、市级示范场1个、县级示范场1个。至2018年年底，西充有部级畜禽示范场3个、省级畜禽示范场7个。新引进眉山益稷农业和成都绿金公司与西充24家农业企业签订技术合作协议，开展有机生产社会化服务。

【现代农业园区建设】 根据市、县统一部署，研判国家发展现代农业的投资政策，着力有机农业排头兵、乡村旅游目的地、产城一体示范区这“三大定位”，以农业园区建设为载体，落实全省“项目年”举措，推进“中国西部现代农业公园”建设工作。

谋划项目。西充县2018—2022年实施乡村振兴战略项目19个。其中，重大基础设施建设项目4个；重大产业建设项目8个，重大民生及社会事业建设项目4个，重大生态环保建设项目3个。

申报项目。编报《国家农村产业融合发展示范园区充国香桃产业提升改造项目》列入国家发改委项目储备库，编报《世外桃园国家现代农业产业园创建方案》上报国家农业农村部。编制完成义兴镇省级现代农业示范融合园区认定申报，涉及百科现代农业园区、星科现代农业园区和青禾现代农业园区。完成全市现代农业重点项目建设PPT汇报、西充县212线乡村振兴示范带建设方案编制，以及古楼桃文化博览园申报省级农业主题公园、省农业厅安排上报的农业双创示范县、2018年柑橘有机肥替代化肥示范县项目实施方案编制、2019年全国新增1000亿斤粮食生产能力建设项目规划、高标准农田融资贷款项目可研编制等项目申报工作。

实施项目。按照《西充县农牧业局关于做好2018年农业项目建设的通知》文件，将局承担的14个重点建设项目进行分解，细化建设内容、形象进度、投资计划，落实责任单位、责任人员、牵头领导等，全面完成年度目标任务。在现代农业园区还配套实施南充国家农业科技园区智慧农业示范园建设、2018年全国新增1000亿斤粮食、2017年柑橘有机肥替代化肥示范县、2018年农产品产地环境长期定位监测等项目。在岱林乡岱林村九峰山养殖场和金泉乡石头垭村星科公司养殖场新建大型沼气工程2处、在关文镇九联洞村和义兴镇新华村实施新村集中供气工程2处，建设种养殖循环示范基地。完成2018年西充县全省现代农业示范县建设项目实施方案编制、申报工作，争取专项资金600万元，并顺利实施。为确保项目实施的规模效应，县委、县政府高度重视项目整合，2018年在农牧业局项目实施区域，整合国土局、水务局、农发行等涉农项目资金6000余万元，用于项目区的基础设施配套建设。

申报固定资产投资入库项目。筛选申报3000亩脱贫奔康柑橘产业园、3万亩水肥一体化智能灌溉基地建设、清华智慧农业示范园区建设等9个项目，入库资金15.8364亿元，占全年目标任务的105.6%。

招商引资。全年招引星科现代农业休闲观光景区建设等6个项目（其中，产业发展类项目4个、农产品精深加工类项目2个），合计投资总额20.036亿元，超目标任务360万元，完成目标任务的100.18%。目前，已全部完成投资协议，部分项目已开工建设。

争资引项。截至2018年12月底，共争取到位资金3.3054亿元，超目标任务54万元，完成目标任务的100.16%。

7月27日，西充通过全市重大项目拉练现场考核。8月中旬，国家农业科技园区西充建设项目高分通过国家科技部现场考核验收。全年在现代农业园区成功召开市级以上参观学习经验交流会7次（省级3次），为建设产城一体示范区、发展乡村旅游业奠定基础。

【农产品加工基地建设】 位于义兴镇的川东北农产品精深加工产业园完成二期500亩场平、园区一期范围内A、B线主干道路和两座桥梁、曹家河河道整治及园区部分支路建设的50%。园区PPP合作项目基本完成2万平方米标准化厂房建设。初步确定农产品精深加工投资项目2个，其中，重庆市久臻杨食品有限公司投资1.2亿元。新建红薯食品精深加工基地项目投资协议基本形成。

【畜牧业生产】 完成基层站所财务管理及日常监管等工作，通过政府置换债券偿还基层站债权人353人，债务178万元。完成《西充县畜禽养殖禁养区划定方案》，实施西充县畜禽废弃物资源化利用整县推进项目，促进畜牧业转型升级和绿色发展。全县畜禽规模养殖场粪污处理设施设备配套率达100%，畜禽粪污综合利用率达78.6%，比2017年提高6个百分点。全年核实上报南充光大和西充宏安两家饲料生产企业备案资料，经协商和自愿申请注销四川惠农有机饲料有限公司生产许可证。完成草地资源清查工作，通过省、市验收。全县畜牧业出栏肉猪73.14万头、家禽496.34万只、肉羊9.84万只、肉兔97.44万只，肉、蛋、奶产量分别达到6.41万吨、1.83万吨、0.57万吨；畜牧业可比总产值为21.55亿元，占农牧渔业总产值的38.75%。7月11日—12日，顺利通过农业部委托第三方机构进行的畜禽粪污资源化利用情况检查。

【畜禽疫病防控】 疫病预防工作，以春防、秋防动物疫病工作为重点，印发《西充县农牧业局关于做好2018年重大动物疫病防控工作的通知》《西充县农牧业局关于印发〈2018年西充县动物疫病强制免疫计划实施方案〉的通知》等防疫文件，跟基层站所签订目标责任书。落实工作经费、物资等，与动监所合作进行抗体监测抽样，委托县疫控中心检验，并将检验结果通报全县。畜禽免疫密度、抗体合格率顺利通过省、市验收。做好非洲猪瘟疫情防控工作，非洲猪瘟首次在我国辽宁发生，8月3日，农业农村部发布非洲猪瘟Ⅱ级疫情预警。根据《西充县人民政府办公室关于做好非洲猪瘟等动物疫病防控工作的通知》，成立由县长任指挥长，分管副县长任副指挥长的西充县非洲猪瘟疫情防控应急指挥部。县农牧业局成立非洲猪瘟疫情应急预备队，启动《西充县非洲猪瘟应急预案》。8月7日，召开全县非洲猪瘟防控工作会议，部署非洲猪瘟排查工作，截至10月18日，共排查7.3万个场点，排查生猪58万头，未发现非洲猪瘟疫情。同时实行排查日报制、24小时值班制和分管领导值班制。印发宣传资料7000余份发放到乡镇和养殖场（户），通过媒体平台宣传非洲猪瘟防控知识。疫病日常监控工作，加强人畜共患病、外来疫病、狂犬病预防，指导基层技术人员开展畜禽流行病学调查和诊断工作，及时处理舆情3件。

【渔业生产】 年末，全县水产养殖面积2.95万亩，投放各类鱼种365吨，增殖放流投放鱼种124万尾，水产品总产量达1.2万吨，渔业总产值达2.01亿元。依托国家、省级项目开展现代农业推进工程渔业产业发展工作，完善基层水产体系建设，积极推行健康生态养殖和稻渔综合种养试验示范，扶持建设水产科技试验示范基地12个，完成《养殖水域滩涂规划》，成功申报四川省水生经济物种增殖放流苗种生产单位1个、省级稻渔综合种养基地1个（540亩）、农业部水产健康养殖示范场1个（270亩）。

【农机购置补贴及农机具推广】 搞好现代农业示范园区农田作业机械的选型配置工作。截至10月18日，实施国家农机购置补贴项目资金135.519万元，受益户数364户，推广各类农机具419台（套）。采取现场摄像、电话核查或乡（镇）农业服务中心核实等方式，核查率达100%。

【大面积农机作业】 引导农机专业合作组织开展季节性作业服务。实施2018年现代农业发展工程机电提灌站建设和现代农业发展工程农机化生产道路建设项目。完成机耕作业73.5万亩，集中成片育秧200亩，机播31.37万亩（其中机械化插秧5.60万亩），机收48.7万亩，机电提水3600万方，机械植保62.5万亩次，机械脱粒21万吨，农副产品加工10.5万吨，农用运输4330万吨/公里。全县农机化综合水平达58%，比2017年提高5%。

【河长制工作】 在紫岩河市、县级河长和上级联络员单位指导下，全年开展专项巡查60余次，不定期督察紫岩河流域沿线6个乡镇(紫岩乡、关文镇、李桥乡、金源乡、西碾乡、复安乡）17个村河长制工作及开展农业面源污染治理工作，守护紫岩河基本达到河畅、水清、岸绿的要求。

【民生工程】 2018年,县农牧业局承担实施“菜篮子工程”项目，全年完成新（改）建专业蔬菜基地4400亩，引进蔬菜新品种12个，完成新品种和新技术示范推广面积5000亩，培育100亩以上的生产主体10个，达目标任务的100%~120%。

【扶贫工作】 出台涉及科技扶贫工作任务、组织落实、技术培训、绩效考核等内容的文件12个，召开相关工作会议12次，聘请专业规划团队对15个贫困村的柑橘、花椒等产业进行定点规划和资金预算。规划发展种植业1.07万亩、畜禽养殖圈舍1.19万平方米。加大产业管护和基金使用情况的专项督察工作，分片区组织人员交换检查产业栽植、资金使用、技术指导等工作落实情况。通过政府采购方式，购买有机肥、地布等农业生产资料，配送到贫困村。完成34个贫困村产业扶贫年度工作任务。获县级以上表彰的优秀农技员13名（省级2名）。

【迎检中央和省环境保护督察回头看】 完成6个环境信访督办案件处理情况资料整理归档工作。牵头完成西充县第二次全国农业污染源普查工作、西充河流域农业面源污染治理工作。牵头组织秸秆禁烧和综合利用指导工作，出动车辆56辆次，人员88人次，发放宣传资料1万余份，悬挂横幅46条，印发专题督察快讯17期，依法给县环保局提供有关秸秆禁烧、养殖场污染问题的函38件，办理南充市关于夏季秸秆禁烧问题函件36件。圆满完成中央和省环境保护督察回头看迎检工作。

【完善农村土地确权工作】 做好颁证工作，对取得的各类资料和工作成果整理归档，第二次按新标准向省农业厅提供土地确权汇交数据。对作业公司和乡镇确权工作开展情况进行督察，认真梳理，按照相关政策妥善处理土地确权登记工作中未处理和新发现的问题，以确保农村社会稳定。

【培育农村新型经营主体】 承担2018年农业部对30户家庭农场信息收集上报工作，协助中国社会科学院对西充24户种粮家庭农场的调查资料收集。完成全县家庭农场信息上报入库工作。2018年成功申报省级农民专业合作社示范社3家，市级示范合作社11家。申报省级家庭示范农场1家、市级家庭示范农场7家。调研农民专业合作社开展股份合作情况，形成资料上报市局。完成11个家庭农场和1个专业合作社建设项目申报和组织实施工作。截至2018年年底，全县有农民专业合作社1100余家、家庭农场650家、种养大户400余家。

【促进农村承包土地规范流转】 执行农村土地承包长期不变的政策，推进农村承包土地经营权流转，完善合同管理，促进现代农业规模经营发展。在全省率先对266户业主经营大户办理农村流转土地经营权证，颁证的流转土地面积达13余万亩。经过3年试点，经营大户利用流转土地经营权证开展融资抵押贷款达5亿元。

【创新助农增收机制】 西充县是国家农村承包土地经营权抵押贷款试点县，探索创新承包土地经营权抵押贷款评估“三三”工作法，为农村承包土地经营权抵押贷款试点工作领导小组办公室在全县范围内准确搜集信用等级良好、有信贷需求的农业新型经营主体，推荐给抵押贷款承办银行，从中选择合适的贷款对象服务。

“三三”工作法。按照“申请初评、培训考评、入库管理”三大步骤，建立评估专家库，全县农牧业、林业、水利等26个专业中级以上职称人员进入县级专家库；建立“政府部门+新型经营主体+银行机构”三方联动工作机制，实现新型经营主体与银行机构无缝对接，全县659家新型经营主体进入试点银行需求库；按照“业主申请、专家评估、参考定价”三大步骤，开展抵押贷款评估工作。截至10月，全县完成农村承包土地经营权价值评估234宗，标的7.3亿元。累计发放各类农业贷款共93笔4.4亿元，放贷总额居全省前列。

【农资市场监管】 全年立案11起，均结案。农资经营许可。对136家农药经营门店的127位经营人员开展56学时农药专业知识培训，经考试取得四川农业大学农学院结业证书。办理农药经营许可证132份。办理柑橘种苗生产经营企业农作物种子生产经营许可证9份。农作物种子网络化管理。春季网上备案点83个，备案单263张，备案品种587个次；秋季网上备案点52个，备案单151张，备案品种231个次。项目农资质量监督。抽样送检磷肥400吨、生物有机肥5050吨、复合肥料280吨、地布50万平方米、化学农药2.6吨、生物农药5.8吨、油菜种5吨，合格率达100%。对3起生产和推广带植物检疫对象柑橘溃疡病的违法行为当事人，依法立案查处。农资打假专项行动。在春季和秋季，对全县农资门店进行“拉网式”执法检查。全年出动执法车辆63车次，执法人员240人次，检查农资门店265个次，查获违法违规农作物品种7个，238公斤，违规农药263公斤。日常执法监督。抽样种子152种，农药23种，肥料16种。对存在问题的农资门店发责令改正通知书11份。种子资源普查。收集珍稀特品种35个，报送图片资料、种子材料30个品种，填报各种表格资料30份，正在录入普查表信息。

【农产品质量监管】 县有机办、市场监督局联合出台《关于强化有机农业监管工作，全面提升有机产品质量的通知》，进一步加强对有机农产品生产、加工、销售、认证环节的监管。农产品质量抽检，配合各级农业行政主管部门开展农产品质量安全风险监测抽样和例行质量监测抽样9次，取样111个，同时加强重要节假日农产品质量抽检。鼓励企业进入农产品质量追溯平台，24家农业新型主体进入四川省农产品质量安全追溯平台。加强特色农产品标识管理，督促地理标志农产品持证单位与各农产品生产企业签订使用合同，合法使用标识。搞好宏森公司和凤鸣绿色食品公司通过绿色食品认证的5个农产品质量监管。日常执法检查，对规模较大的农产品生产企业开展农产品生产过程执法检查。对未建立农产品生产记录的3个企业发出责令改正通知书限期整改。有机办工作人员巡查有机农产品生产基地200余个次；协同县市场监管局对全县有机农产品生产、加工和销售环节进行联合执法检查，共问责企业10家，淘汰有机认证企业2家。7月，西充县农产品质量检测中心取得农产品质量安全检测机构考核合格证书和检验检测机构资质认定证书。

【植物检疫】 稻水象甲防治，召开秧田期防控现场会，部署全面防治工作。本田发生1.8万亩，及时施药防治，有效控制大面积发生危害。全面普查、监测和防控柑橘溃疡病，持续加强2016年发生区的防控工作，以杜绝传播。按照植物检疫条例，调运检疫和复检120批次柑橘苗木，约150万株，查处无证调运苗木1批次，问题证书1批次，违规调运7批次，责令销毁苗木18.11万株。砍烧多扶镇和凤和乡共约210亩成年果园新发现的柑橘溃疡病株。通过标语、技术培训、电视、网络等媒介向社会宣传普及植物检疫法律法规和技术防控知识。

【畜禽规模养殖场重大动物疫病管理和免疫质量的监督】 搞好畜禽规模养殖场“卫生评估、风险分级、量化监督、痕迹管理”精细化监管机制建设，严格执行乡镇兽医驻场监管等制度。贯彻散养户“代行免疫”、中小型养殖场“指导免疫”、大型养殖场“督促免疫”的分类免疫实施原则。全年口蹄疫、高致性禽流感、小反刍兽疫等强制免疫病种的免疫密度达100%，抗体水平达到国家标准。厘清以规模养殖场监管为重点的各职能部门法定职责，落实权力清单和责任清单制度，完善检疫准入、落地报告、可追溯管理、隔离观察、应急处置等制度，严防外疫传入。每个规模养殖场落实一名驻场官方兽医，定岗、定责监督管理。严格执行跨省引进种用、乳用动物检疫审批和落地隔离观察制度，向县级动物卫生监督所报告和备案，对引进非种用、乳用动物和省内异地移动活动开展执法监督，严格实施24小时内向乡镇畜牧兽医站落地报告和申报检疫制度。同时加强各类动物疫苗质量监督管理及病死畜禽无害化处理等执法监督检查。

【动物产地和屠宰环节的检疫管理】 落实农业部关于《畜牧兽医行政执法六条禁令》和“检疫五不准”的规定，严禁“隔山开证、超范围出具检疫合格证明和只开证不检疫”，从严从重处理官方兽医违规违纪行为。加强证章标志管理，规范网上电子出证。保证B证在四川省动物卫生监管信息系统平台可查询，严查严处手写填证和脱网出证行为。强化屠宰管理与信息化建设，在屠宰生产关键环节实行视频远程监控，并与乡镇监管机构联网，最终实现与省、市“智慧动监”平台监管系统并网，提升屠宰企业行业标准化发展和管理水平。

【畜禽粪污监管】 按照“党政同责、一岗双责、齐抓共管、失职追责”“管行业必须管环保、管行业必须管安全、管安全必须管职业健康”的工作总要求，建立行业安全生产和环保责任清单，层层签订责任书，落实企业主体责任和监管部门监管责任。屠宰企业屠宰量达到最大环保设计污水处理能力时，当天必须停止屠宰，并不得受理检疫和出具动物产品检疫合格证明。

【兽药质量管理】 加强兽药质量抽检力度，组织开展动物及动物产品兽药残留监控、动物源细菌耐药性监测。配合省市对猪肉等五大类主要畜禽产品开展9大类70余种兽药残留检测工作2次。加强兽药“二维码”追溯系统建设，搞好兽药经营企业“入网注册、扫码入库、扫码出库、上传数据”工作。每季度对全县兽药经营企业开展监督检查1次，实现全覆盖。对违法使用兽药的1个种养殖企业已立案查处并结案。

【动物诊疗机构和兽医实验室的监督管理】 规范动物诊疗行为，严格动物诊疗机构行医从业资格行政许可制度、服务收费价格公示制度、兽药采购、储存和使用记录制度的落实，规范处方填写；监督动物诊疗机构做好病死动物、病理组织和医疗废弃物的无害化处理工作。全面开展兽医实验室生物安全专项检查，规范生物安全审批工作。

【病死畜禽无害化处理体系建设】 按照《国务院办公厅关于建立病死畜禽无害化处理机制的意见》和《南充市人民政府办公室关于加强病死畜禽集中无害化处理工作的通知》，从统计、核实、申报、拨付和使用等环节，严把养殖、屠宰环节病死畜禽无害化处理财政补助经费监管工作。推动建立全市病死畜禽集中无害化处理机制，严禁病害生猪及其产品、屠宰废弃物流入市场或成为“地沟油”的原料。

【开展“动物卫生监督执法办案规范年”活动】 开展生猪屠宰监管“扫雷行动”“移动监管”“百日行动”和“瘦肉精”监督抽检工作。重点打击违法引进动物、私屠滥宰、生猪牛羊及副产品注水和屠宰病死生猪等违法行为。依据农业部公告，实施“检打联动”，从重处罚经销假劣兽药、无证经营兽药行为。对2个“GSP”兽药店，实行扫码销售、建立电子台账。兽药的经营和使用备案率达100%。督促养殖企业建立兽药进货和使用台账，保存处方签。全年依法检查兽药门店5家次、宠物诊疗门店2家次、饲料生产企业14家次、肉骨粉生产企业2家次、饲料经营户112家次、养殖场125家次、生猪定点屠宰场10家次、违法调运生猪12车次，立案查处4起，查处违法使用兽药案1起，落实饲料生产、经营、使用环节规范整改措施。

【奶站监管】 由晋城镇畜牧兽医站确定一名官方兽医驻李子园奶站负责监管工作，抽检三聚氰胺、黄曲霉素 M_1 和抗生素残留等的检测。县动物卫生监督所每周抽查一次三聚氰胺、黄曲霉素 M_1 和抗生素残留等，严把奶制品生产质量关。

【农机监理】 全年跟乡镇签订《农机安全生产责任书》44份，与拖拉机驾驶员签订《农机安全生产承诺书》379份。年检农用车辆50台、转入5台、注册7台，驾驶证换证G2照379本，其中，K2照8本。出动监理执法车辆59车次，出动监理执法人员230次，检查运输拖拉机114台次、拖拉机驾驶员180人次、农机作业场所35处次、农机维修网点5处次，查出安全隐患5处和各类违章行为23起。召开农机安全警示宣传会5次。

【农村经营管理】 主抓农村一事一议筹资筹劳管理。县农经站与县财政局农财股、综改办人员一起，对有关2018年4月后支付的44个乡镇及所属村一事一议公益事业建设项目资料进行整理归类。推进产权改革清产核资工作。4月，县委印发《中共西充县委西充县人民政府关于稳步推进农村集体产权制度改革的实施意见》，县政府办印发《西充县农村集体资产清产核资工作实施方案》，要求各乡镇立即组织开展村社集体资产清产核资工作，县农业农村局组织乡镇农业服务中心负责人、村账乡管人员及村文书（村副主任）700多人进行产改和清产核资业务培训，年末完成清产核资任务。承担上年度财政农业社会化服务项目相关总结评估。完成11个家庭农场和1个合作社建设项目申报和组织实施工作。

【渔业执法和安全生产监管】 2018年，春季禁渔和保护渔业资源出动执法车辆45台次、执法检查人员210人次，悬挂春禁横幅标语20幅，查处电鱼案件6件，没收电捕设备6套，没收非法渔获物30公斤并放回河流。开展打击“电、毒、炸”鱼的专项整治活动4次。禁止肥水和网箱养殖，组织渔政执法人员400多人次，出动车辆100多台次巡回检查养殖水域、天然河道，组织沿河渔民30人组成专业打捞队伍，对全县河道的水葫芦和杂物进行打捞和清理，保证河道水面清洁、畅通。全县有渔业船舶27只，均签订安全责任书，巡回检查10次，发放资料宣传渔业安全知识，举办安全生产培训班1期70余人次，抽检水产品4批样品48个，发限期整改通知书4份，全年无安全事故发生。

（撰稿：县农业农村局纪宗宝）

水务工作

【概况】 2018年，西充县争取国、省项目资金14725万元，同比增长280%；争取县级资金6000余万元，同比增长255%；申报完成固定资产投资入库12374万元，同比增长172%；签约广西捷佳润、东莞金荣鞋业企业2家，引入资金4.5亿元，水利招商实现零突破。西充县成功创建为四川省2016—2018年县级农田水利基本建设绩效考核先进单位，县水务局获四川省农田水利基本建设“李冰杯”竞赛先进集体、水行政执法工作先进集体等7项省级称号。

【重点项目】 金（泉）太（平）线万亩农建综合示范区为2018年度全省农建现场会、全市二季度项目拉练提供现场；“引嘉入西”引水方案初步确定，编制完成《西充县水资源综合规划》《西充县水生态文明建设规划》，全县新增用水红线总量指标4000万立方米；金泉板凳垭水库完成主体工程的50%；

16座病险水库整治进入施工阶段；整治晋城澿溪河、双凤西河、岱林芦溪河等中小河流3条17.15公里，治理水土流失面积1.5万亩。

【水利基础】 推进“五小水利”工程建设，新建（整治）防渗渠道34.7公里、山坪塘76座、蓄水池185口，新建提灌站8座，新增（恢复）蓄引提水能力1257万立方米；新增有效灌面积1.53万亩、恢复改善0.52万亩；发展高效节水灌溉1.2万亩。

【水利改革】 推进农业水价综合改革，项目区渠系水利用系数由0.47提高到0.65，年节约水量约180万方。搭建水利融资平台，吸纳社会资本和金融资金3亿元。西充创新金融支持水利建设经验在全省推广。

【建成河长体系】 调整充实河长制工作领导小组，确定各级河（湖）长537名；落实一河一策、一河一档、一河一台账、一河一长、一河一查“五个一”工作推进机制，“问题、目标、任务、责任”四张清单编制完成；县、乡两级河长开展巡河调研3500余次，开展专项督察4次，解决问题350余件；开展清河、护岸、净水、保水“四项行动”，划定城乡饮用水源保护区42个，46处入河排污口规范化建设有序实施。全县8条市级考核小流域断面水质达到或优于Ⅲ类的比例同比上升17.6%，西充河出境断面水质达标天数同比增加27天，增长11.5%。

【环保整改】 中央、省环保督察反馈的7件涉水案件和15项涉水信访问题全部得到办理，办结率达100%。完成县城污水处理厂升级改造。西碾、中南等21个污水处理厂（站）建成并投入使用。完成17座污水处理厂升级改造。新建污水收集管网25公里。完善并维修污水管网20公里。西充县污水处理厂产生污泥纳入南充市主城区污泥无害化处置项目，由南充市康源水务公司统一处置。

【民生工程】 以22个贫困村、14个四类重点非贫困村和156个其他非贫困村为重点，新建集中供水264处，分散式供水1269处，整治山坪塘54处，新建蓄水池87处，排灌渠6.4公里，提灌站4处，巩固提升2.35万农村人口饮水安全问题，其中贫困人口7089名。完成全县城乡供水一体化建设规划编制，新建义兴集中供水厂1座。以宏桥观乐山村和青狮石宝宫村为重点，开展对口帮扶，落实项目帮扶资金54万元，募捐资金3万余元，走访、回访贫困户300余人次。选派援彝工作队技术人员1名。

【防汛减灾】 落实防汛减灾行政首长负责制，县、乡、村三级和企、事业单位防汛责任体系全覆盖。修订完善县、乡、村三级防汛应急预案，储备发放防汛物资16万余件。组织开展全县防汛抢险综合应急演练，落实临时防汛抢险队伍53支、抢险人员483名。开展安全隐患排查，确认山洪灾害点436处，工程隐患点823处，全部整改到位。建立水务、国土、气象部门联动机制，严格落实汛期24小时值班制度，发布预警预报信息3次，电话通知102次，电话抽查值班378次。

【水利执法】 开展“七五”普法宣传；调整充实水政监察执法大队，配置执法专用车辆1辆，记录仪3台；组织开展水行政执法培训，县水务局具有执法资格人员23人。组织开展执法巡查12次，查处凤鸣杨兵肥水养鱼、多扶燕子寺村王某水库违法电鱼偷鱼、金源乡王某八尔滩水库擅自围坝筑堰等涉水案件26起，移交司法机关处理2起，处罚2人，结案查处率达100%。

【承办全省农田水利基本建设现场会】 12月3日，全省农田水利基本建设现场会在南充市召开。西充金（泉）太（平）线百里百村农建综合示范区作为现场会三个参观点之一成功迎接省、市领导检查。县委书记孙骏，县委常委、县委政法委书记蒲永红，副县长何德清，县水务局局长郭峥嵘分别就西充县农田水利建设情况向与会代表作详细而生动的介绍。

（撰稿：县水务局刘文莉）

林　业

【概况】 2018年年末，全县有林地面积555190.95亩，其中，森林面积549849.3亩，森林覆盖率达33.07%，活立木蓄积248万立方米，林业产值14亿元，农民林业人均收入201.38元。县内有四川西充青龙湖国家湿地公园、百福寺森林公园、张澜故居、九龙潭等重要森林景点。

【造林绿化】 推进大规模绿化西充行动系列工程建设。以金（泉）太（平）线产业建设带为重点，大抓沿线山头绿化攻坚，挖大坑栽大树，栽植桂花、银杏等18000多株，实现一步成园；以凤凰山、青龙湖、张澜故居等重要景点为核心开展植树造林，打造森林景观，栽植各类花卉苗木6万余株。以莲池村等14个新农村综合体绿化工程建设为重点对外公开招标，扎实有序推进工程建设，栽植绿化苗木3万余株。开展工程造林。依托工程建设植树造林，全年新一轮退耕还林2000亩，造林补贴工程11000多亩，植被恢复工程1200亩。完成省级种苗质检项目建设，并顺利通过省林业厅验收。完成2018年全省新造林种苗质量抽检工作，共计13个品种纳入抽检。完成2018年度退耕还林资金494.49万元和生态效益补偿金456.76万元审核兑付工作。

【产业建设】 完成“木本油料之乡”产业发展总体规划和现代林业产业重点县年度任务规划。完成2017年重点县建设任务。在常林乡、李桥乡、金源乡等8个乡完成木本油料基地建设8000亩，在凤鸣镇、中岭乡进行竹产业抚育改造1000亩；完成2018年重点县建设项目实地规划，土地整治，栽植青花椒8150亩；完成市级重点项目建设任务，在扶君乡、青狮镇、中岭乡、金源乡、莲池乡、复安乡等20多个乡镇发展以青花椒为主要品种的木本油料产业2万余亩。全面完成仙林油牡丹产业基地升级改造，顺利迎接在西充召开的全市首届牡丹节。加快竹博园建设进度，完成迷宫、长廊等景点苗木定植。推进竹产业转型升级，新近引进一套价值2000万元的机器设备，对现有“竹娃娃”系列产品升级改造。

【资源管理】 贯彻执行县委、县政府封山育林并禁伐三年的决定。与全县44个乡镇签订双向目标责任书，全县聘请封山育林管护人员49人，巡山护林力度进一步加大。完成青龙湖湿地公园提档升级规划和湿地保护与恢复工程竣工验收工作。完成全县201株古树名木挂牌保护和建档立卡工作。首次开展蜀柏毒蛾飞防工作，飞防面积30万亩，人防20万亩，共喷施苦参碱2吨，有效控制县域蜀柏毒蛾大面积发生。完成全县森林防火区和森林防火期划定，与44个乡镇签订森林防火年度责任书等工作。加大森林防火宣传力度，连续开展电视宣传30天，发送移动短信8000条次。开展森林火灾隐患排查25次，排查林区火险5次，科学处置45次火灾报警，确保全年无较大森林火灾发生。完善林木采伐监管审批程序，全年办理林木采伐证47起，运输证53起，完成林业行权及信息公示平台录入工作。加大经果林权证办理力度，全年颁证23份，面积9800亩，融资1150万元。开展“飓风行动”“守护绿川”“利剑行动”等专项行动，重点打击一批破坏森林资源的违法犯罪活动，有力保障森林资源安全和林区秩序稳定。2018年，全县出动执法人员376人次，查处涉林违法案件62起，其中，行政案件56件，刑事案件6件。

【精准扶贫】 全年安排生态扶贫资金409万元，其中，直接惠农125万元，产业发展260万元，管护24万元。围绕年度27个拟退出贫困村实施生态扶贫，大力发展特色经果林、木本油料等优势产业。全年实施造林补贴11880亩，新一轮退耕还林2100亩，天然林保护封山育林工程1.5万亩。

（供稿：县自然资源和规划局）

粮食和物资储备

【争资引项】 西充县成功争取到中央财政产油大县示范县，2018年到位项目资金1000万元。西充县成功争取为“中国好粮油”示范县，2018年到位项目资金1500万元。为粮油企业争取粮食产后服务资金350万元。

【粮食产业发展】 推广“优质粮食工程”“放心粮油工程”和主食产业化项目，努力实现“产购储加销”一体化发展，三产业融合共赢。充分发挥粮食龙头企业在助推土地流转、规模化集约化、订单种植收购等方面的作用，按照“农户＋农民合作社＋基地＋龙头企业”的产业化模式，建立优质粮源基地，引导农民调整种植结构，进行标准化生产。优质专用粮油订单16.5万亩。建成粮油配送中心1个、粮油示范店4个、粮油连锁店23个。全县完成粮食应急供应网点确认挂牌27个。

【粮食调控及储备】 认真贯彻国家粮食购销储备政策，实现了粮油购销两旺，共完成社会粮油购销量13万吨。加强粮食市场价格监测预警，市场粮价未出现大起大落，确保粮食市场基本稳定。不断建立健全军粮供应制度，按时按质按量完成军粮供应任务。各级储备粮油费用补贴和利息补贴资金全面落实。认真开展春季、冬季粮油普查工作，储备粮油做到了“一符、三专、四落实”。库存粮油宜存率达100%，仓储规范化管理覆盖面达100%。

（撰稿：县发展和改革局向学军）

蚕　业

【概况】 2018年，全县发蚕种6.21万张，产茧2150吨，实现全产业链综合经济效益2.1亿元，完成市、县下达的目标任务。争取到的400万元省级农业改革创新科技示范项目落地西充。西充县蚕业管理局获南充市蚕桑多元化开发先进单位。

【蚕桑发展】 推进重点蚕桑基地乡镇建设，21个市、县级蚕桑基地集中人力、物力、财力和时间，实施蚕桑“三冬”管理工作，全县嫁接改良成片桑园桑树3000亩；从零星分散布局转变为集约化、规模化、标准化，在义兴、中南、双洛、永清等乡、镇新建叶（果）桑园5000余亩；以市场为导向，按照专业化、职业化、适度规模原则培育10~30亩以上专业化示范大户30户，300亩以上示范家庭农场2个，新建和培育机制完善、管理规范、利益共享、风险共担、实体化运作的蚕业合作社10个。

【科技兴蚕】 发展优质蚕茧生产，引进推广“嘉陵20号”“新塔桑”等新桑品种，改良率达90%以上；“8字号”“川山×蜀水”等新蚕品种推广率达100%；引种“台湾大十”“中华一号”等优良果桑品种500亩；推广“小蚕共育、大蚕省力化饲养、自动上蔟”等省力化养蚕技术，降低劳动强度、节约养蚕成本，为市场提供优质蚕茧，提高养蚕效益。组织技术骨干到蚕桑生产专业村、合作社和重点蚕桑生产基地乡镇进行生产新技术培训，培训蚕农3期，1200余人次。县蚕业管理局组织本单位的老技术专家成立县蚕桑技术“老科协”，对重点问题、重要课题研究提供技术支持，为蚕农及时提供产前、产中和产后技术服务。

【项目建设】 推进现代蚕桑资源综合开发循环利用基地项目建设，整治土地2200多亩，建成饲料桑园1200多亩、有机果桑1000亩，建成产业观光路7.2公里，建成生态餐厅、农家特色酒店1000平方米。4月26日，由义兴镇人民政府、西充县旅游局、西充县旅游协会主办，青禾桑业科技有限公司承办的西充县首届蚕桑节在义兴镇青禾农庄开幕。推进扶君蚕（果）桑文化体验园区项目建设，栽植成园果桑和茶桑1500亩，其中取得有机认证的果桑采摘园300亩；完成2000平方米厂房建设，其中1000平方米桑葚果酱、饮品制作体验厅，1000平方米蚕桑文化展示和养蚕体验厅。建园区生产道路8000米，桑茶生产线一条，举办第五届有机果桑采摘节。推进中南有机僵蚕基地项目建设，项目覆盖中南全乡，建设年限2018—2020年，总投资7000万元，主要建设标准化桑园5000亩及配套渠系和道路，新（改）建小蚕共育室1500平方米、新建养蚕大棚150000平方米及配套相应设施设备，2018年完成核心示范区建设，建成标准化桑园1000亩、蚕房3000平方米、小蚕共育室300平方米，蚕台7200多平方米。

【脱贫攻坚】 利用蚕桑产业建设周期短、收益稳定、风险可控的特点，实施产业扶贫，2018年建成中南周家嘴村有机僵蚕脱贫奔康产业园区、义兴鸳鸯井蚕桑综合开发脱贫奔康产业园区、永清大毛坪现代蚕桑脱贫奔康产业园区、复安李子垭果桑脱贫奔康产业园区。涉及村民1000多户3000多人，帮助300多贫困人口实现脱贫。西充县蚕业管理局扶贫工作在2018年全县精准扶贫验靶评比中获得第二名。

（撰稿：西充县蚕业管理局王平）

升钟水利工程建设与管理

【概况】 2018年，升钟水库向西充灌区放水6次，历时128天，放水总量3425.4万方。其中，1月27日至2月12日第一次为九龙潭水库充水，历时17天，放水量552.9万方；春灌放水从5月5日至5月18日，历时13天，放水量637.5万方（县内农业用水567.5万方、送水出境69.9万方）；7月10日至7月22日为莲花湖放水，历时13天，放水74.34万方；7月6日至7月24日第二次为九龙潭充水，历时19天，充水量655.3万方；10月31日至11月27日第三次为九龙潭充水，历时28天，充水量386.6万方；10月24日至12月1日，为南充西河环境治理放水，历时38天，放水量1118.8万方。确保了全县及相邻区、县生产、生活用水。

【工程管理】 在工程管理上，坚持“市管干渠，县管支渠，乡、镇管斗农渠”的原则。2018年，县升钟水利工程建设管理局对各级渠系实行岁修岁管，在斗、农渠的管护上继续采取“向上争、项目带、群众集、乡友筹”的办法推动升钟渠系病险工程的整治。县财政投入专项资金207万元，由县升钟水利工程建设管理局和乡镇实施并全面完成应有的整治工作，重点整治渠堤垮塌、隧道堵塞等重大病害21处，一般病害112处，完成全部渠系清淤任务。同时，督促指导灌区各乡镇完成15条斗渠总长140公里和341条农渠总长1405公里的病害工程整治和清淤工作。

【节水改造工程】 启动升钟灌区中凤斗渠、观凤斗渠续建配套和节水改造，该项目总投资1900万元，2018年4月底前完工。通过南充升钟水利工程建设管理局验收为合格工程。

【升钟二期工程建设】 完成隧洞掘进及临时支护330米；完成隧洞底板浇筑5121米；完成隧道顶拱及边墙浇筑4677米；完成明渠开挖3175米。完成移民、征地2018年度任务。2018年度工程建设总投资8000万元。

（撰稿：县升钟水利工程建设管理局蒲晓云）

扶贫和移民

【概况】 2018年，西充县扶贫和移民工作围绕7473人脱贫、34个贫困村退出的减贫目标，实现已脱贫对象持续帮扶、稳定脱贫的同步攻坚目标，实现“保满分、争第一、一方阵”的考核目标，挂图作战、按图施工、照图督办。截至2018年年底，已实现79个建档立卡贫困村退出、22636户49593人脱贫，全县动态结存贫困人口仅剩300户652人，贫困发生率从9.54%降至0.13%，在现行标准下基本完成减贫任务，全县脱贫攻坚工作取得决定性胜利。

【组织领导】 全年召开全县脱贫攻坚大会3次、领导小组会4次、各类业务培训会13次，印发脱贫攻坚实施方案、扶贫领域作风问题专项治理、调整优化帮扶力量、贫困村退出实施方案、24个扶贫专项年度实施方案等文件20余个，系统性明确全县脱贫攻坚的总体思路、推进路径、保障措施等内容，分时段打好“春季攻势”“夏季会战”“秋季攻坚”“冬季冲刺”。

【加强帮扶力量】 开展“三挂钩”“五个一”等帮扶联系机制，实现所有县级领导、115个县级部门、5700名县乡干部等帮扶力量与贫困村、贫困户结对帮扶全覆盖。制定帮扶干部“三看、三问、三查、三讲、三帮”的“五步工作法”，“五个一”力量帮助解决具体困难380余件，培训科技示范户和致富带头人594人。

【精准摸排】 按照“实事求是、精准摸底、查漏补缺、夯实基础”的要求，集中开展贫困人口精准分类、安全住房保障、医疗教育政策落实、精准识别专项整改、已脱贫户专项核查5个方面的精准摸排工作，并分类制定帮扶措施和问题整改方案，确保脱贫攻坚底数清、数据准、基础实。

【扶贫项目资金整合】 全年整合项目资金4.3亿元，投入1.65亿元用于年度计划脱贫村，投入1600万元用于32个重点四类非贫困村计划，涉及全县危房改造、安全饮水、易地扶贫搬迁等项目317个，实现同步统筹帮扶。

【扶贫产业全覆盖】 脱贫奔康产业示范园建设有序推进，按照产业发展“三带动”和利益联结“两保底”模式，新建现代农业产业基地3万亩，养殖家禽400万只，完成实用技术培训9000人次，实现“贫困村村村建园、贫困户户户入园”。

【扶贫基础设施建设】 将基础建设作为破解脱贫制约的核心要素，全年新建贫困村道路（产业路）52公里、安饮工程185处，新建（整治）山坪塘（水库）115座、渠系7.3公里，推进2314户C级（D级）危房改造和1342户3173名贫困人口易地扶贫搬迁。

【落实扶贫政策】 落实医疗、教育、保险等民生政策，医疗保障全部到位，教育资助政策落实到户到人，低保和脱贫“两线合一”工作有序推进，确保无劳贫困户政策兜底、稳步脱贫。

【扶贫问题整改】 对于2017年省级交叉考核组反馈、第一轮省级督导反馈、市县督察通报和“回头看”“回头帮”发现的问题，脱贫攻坚领导小组会议专题研究整改方案，明确县级领导牵头、专门力量负责，通过“建台账、逐项改、销号核”的方式，逐一“罚点球”到责任单位，逐一跟踪问题整改情况，确保问题整改一个、销号一个。

【扶贫领域作风专项治理】 以扶贫领域“17+5+2”专项治理、微腐败专项治理、作风整顿月等活动为载体，“零容忍”整改干部履职不到位、“三个书记”责任不落实等十大类39个具体问题。建立县纪委、县监委牵头，县委组织部、县目督办、县脱贫办、行业部门等参与的全覆盖督导机制。拍摄《脱贫攻坚阳光问廉》曝光片，对精准识别、危房改造、产业管护等典型问题以及相关行业和乡镇主要负责人集中曝光通报，一次性问责干部16人，给予党纪政务处分6人，形成强烈震慑，高压倒逼落实。开展“现场验靶”，由20名县级领导牵头、80名行业骨干组成20个现场验靶组，对97个贫困村，44个非贫困村、2828户（贫困户1438户、非贫困户1390户）开展全覆盖对标检查，发现各类问题356个，并分乡镇、贫困村、非贫困村、帮扶单位4个类别进行综合排名，发出流动红旗12面、警告黄牌12张，并将问题“一对一”反馈至15个行业部门、44个乡镇、141个村进行跟踪整改。全年印发暗访通报22期，真正做到不留情面、一针见血、倒逼落实。

【扶贫机制创新】 开展“五教育五评比”，以“四好”星级示范户评选、“四好村”创建为抓手，为建档立卡贫困户送政策明白卡上墙，制作脱贫攻坚宣传及扶贫政策广播磁带，村村奏响扶贫之音。由县人民法院、县检察院、县公安局、县司法局联合发布《关于敦促赡养义务人积极履行赡养义务的通告》，形成敬老爱老的好风气。推广“一建二定三管”产业扶贫模式，发挥村党支部的战斗堡垒作用，建合作社，定发展方向，定带动主体，管利益分配、管教育培训，管集体资产，有效解决了群众在产业发展中“不敢干、不想干、不能干”的难题。推动社会帮扶。制定印发《关于开展好2018年“扶贫日”系列活动的通知》，10月17日前后，在纪信广场举办“10·17，邀您一起”西充县2018年全国扶贫日文艺汇演暨集中宣传活动，通过舞蹈、小品、快板等群众乐闻乐见的文艺演出展现西充人民脱贫奔康信心决心，发放宣传资料10000余份。各乡镇在场镇开展集中宣传约46场次，97个贫困村驻村工作队组织召开贫困村干部群众大会。县人民医院、各乡镇卫生院等积极组织医疗服务队，开展“送健康义诊服务”扶贫日活动，接受健康知识培训和咨询2000余人，义诊服务800余人；发送各类宣传品5000余册、生活用品500多个；为100名困难群众免费对症发送降压、降脂等常用药品。

【推进移民后期扶持项目建设】 在青龙乡雷公垭村，双洛乡羊鹿桥村、杜家井村，李桥乡回龙庵村等20个移民村新建产业便道3.65公里，新建和整治安饮工程10处；通过项目实施库区移民受益人数达2328人，使特困移民412人和建档立卡移民41人消除贫困。协调跟进移民避险解困试点项目，两个集中安置点（金源乡骑龙庵村、双洛乡香炉桥）完成房建工程80%以上；分散自建9个乡20个村（鸣龙、青狮、李桥、太平、古楼、金源、同德、双洛、槐树）完成房建工程90%以上。

【抓好九龙潭水库移民安置项目】 完成九龙潭水库工程建设征地、拆迁补偿和移民入住。完成1078人的移民后期扶持人口申报，启动1078名移民的后期扶持直发直补资金的发放工作。移民安置调查报告通过专家审定。准备移民安置、蓄水验收前期工作。

【推进升钟二期、武引移民安置】 配合相关部门做好升钟二期、武引移民征地拆迁补偿和安置工作，完成武引工程［工程从江油市武都镇涪江上游取水，控灌绵阳、遂宁、南充、广元四市八县（市、区）的农田228万亩］西充段的实物调查和武都引水蓬（溪）船（山）灌区（扩灌区）的征地、房屋拆迁、附着（属）物补偿等。

【移民“一卡通”专项清理】 通过4个月的清理整治，清理出身份证和姓名不相符的移民860人，身份证有误的移民306人，共用一个身份证的7人，没有身份证信息的5人。死亡、军转干、公招、农转非等不该享受移民后期扶持直发直补的100人。

【抓好移民安全维稳】 做好引导和服务工作，对移民3212人直补资金做到及时精准发放；到移民乡村实地调研，收集移民意见，帮助移民释疑解惑，做好乡村发展规划。接待来信来访380人次，移民反映的问题都及时得到了解决，确保了移民乡村的和谐稳定。

【移民后扶信息管理】 对移民后扶人口进行动态管理，为全县3212名移民在互联网上建立数据库，完成年度移民后期扶持的系统和避险解困项目的录入，以及年度移民后期扶持年报和快报的上报工作，实现精准管理、精准扶持，确保移民后期扶持的公开公正。

【争资引项】 全年落实扶贫移民项目资金4399万元，其中，中央、省级财政扶贫资金3363万元，市级财政专项扶贫资金225万元，移民后扶项目资金246万元，武都引水工程资金565万元。

（撰稿：县扶贫和移民工作局邓林）

气象工作

【概况】 西充县建有1个国家一般气象站，1个陆态网络GNSS基准站、10个区域自动站、12个单雨量站、10个气象信息服务示范站、2个土壤水分观测站。2018年完成自动站检定，迁建多扶镇、仁和镇、莲池乡区域自动观测站。

【气象观测】 开展降水平行观测。地面测报、预报服务、信息传输等各项基础业务高质量运行。全年未出现缺报、迟测、迟报、错报等事故发生，各项业务均达到市局目标考核指标的要求。

【气象服务】 加强公众气象服务和决策气象服务，全年定期、不定期发布各类预警预报服务材料109期，发送各类气象服务短信89万余条。准确预报“5·20”“6·18”“6·24”“6·30”“7·3”“7·29”“8·5”7次暴雨天气过程。全年为人代会、政协会、桃花节、牡丹文化节、飞机防治蜀柏毒蛾、品桃节、南充市首届农民丰收节、十三届六次全会、重大项目开工、全市项目现场拉练等重大活动提供气象保障服务。

（撰稿：县气象局刁华鑫）

工　业

工业经济综述

【概况】 西充县工业经济形成精密制造、生物医药、农产品精深加工为主导的产业发展格局。2018年年末，有规模以上工业企业89户，有星河科技、太极制药、通光光缆、四川旷达等6户上市公司。2018年规模以上工业企业实现销售收入193.6亿元，同比增长16.3%；工业增加值同比增长10.9%；实现工业投资25.7亿元、技改投资26.5亿元，分别同比增长49.1%、66.9 %；实现工业用电7712万千瓦时，同比增长12.5%。

【四川西充经济开发区】 由多扶工业园、常林工业园组成，2013年创建为省级循环经济示范产业园、新型工业化示范基地，2018年，升级挂牌为省级经济开发区。规划面积14平方公里，建成面积6.5平方公里，以精密制造、生物医药、农产品加工为主导产业。入驻太极制药、九天真空、星河生物科技、四川旷达、通光光缆等80余户企业，其中建成投产企业60余户，规模以上企业近50户，上市企业6户，提供就业岗位10000余个，2018年产值达130亿元。园区主动对接市委“155”发展战略，秉持“加快绿色发展、建设美丽西充”的发展理念，发展集群招商，构建完整的产业链，带动上下游产业融合发展。多扶园区承载功能完善，有在校学生达10000余人的南充技师学院、日处理能力达2万吨的污水处理厂、县人民医院多扶新区医院、西充中学多扶校区、垃圾中转站、停车场、公共卫生间等，配套齐全、功能完善、交通便利，是宜居宜业的投资洼地。

【川东北有机农产品精深加工产业园】 依托西充“西凤脐橙”“充国香桃”“西充二荆条”“西充黄心苕”等国家地理标志产品，精准对接国内外农业龙头企业，充分延展产业链，形成农产品精深加工产业集群核心基地，实现一、二、三产业融合发展，是四川西充经济开发区的一个专属园区。园区于2017年5月开工建设，规划用地4500亩，总投资30亿元，计划用3~5年建成。旨在打造“一带”（滨河生态绿带）、“两轴”（南北、东西交错主干道两侧景观绿轴）、“五区”（精深加工区、仓储物流区、营销展示区、科技研发区、综合配套区）；围绕产城一体总体思路进行全域规划，统筹做好“三规合一”（园区规划、场镇规划、旅游规划）；建成公园式园区、生态式工厂、现代化企业，实现千亿产业集群发展，争创中国西部一流有机农产品精深加工园、国家级现代农业产业园。截至2018年年末，园区完成土地征用2000亩，房屋拆迁45190平方米；完成场平1500亩、

1.5公里主干道、两座桥梁建设和绿化；完成1万余平方米生态广场、7000平方米综合服务中心建设等。

【项目建设】 2018年，在确保施工质量的基础上，千方百计调配资源，加快工程进度。建立项目档案，对建设进度较慢的项目重点跟踪、重点调度、重点督促。其中，军民融合高端装备制造产业园、军民融合真空技术应用产业园等项目加快建设，九天真空航天设备智能制造、盛祥玫瑰技改扩能等项目建成投产。

【技改创新】 2018年，全县实施技改创新项目33个，完成技改投资26.5亿元，同比增长66.9%。主要集中在精密制造、生物医药、农产品加工等领域。其中，星河科技食用菌栽培环境升级改造、立民空调新能源特种车用空调散热器技改扩能等项目按期、按质、按量顺利推进。推进以创建国、省企业技术中心为重点的技术创新体系建设，太极制药创建为省级企业技术中心。

【节能环保】 2018年，全县排查出“散乱污”企业759家，包括工业园区内30家，工业园区外绸厂14家，塑料加工厂3家，棉絮加工厂15家，干洗店14家，报废汽车回收厂2家等。全部淘汰特种设备燃煤锅炉共13台，其中，煤改气4台、煤改颗粒生物质3台、直接拆除报废3台、关停2个；拆除城市周边燃煤小锅炉8个。

【工业招商】 2018年，签约工业项目27个，协议签约资金达53.27亿元；新开工项目8个，总投资54.7亿元;竣工项目7个，固定资产投资10.85亿元。

【中小微企业培育】 对接上级部门，帮助和鼓励零零昊科技、星河科技、太极制药、九天真空等企业争取国家、省级专项资金支持，激发工业企业规模发展、转型发展、创新发展的积极性；通过优化服务环境、资金支持，帮助九天真空、天盛竹业等优势企业规范上市发展；通过政策宣传和资金支持，挖掘培育汇基服饰、思杰聚典、宇天真空等8户小微企业达产升规。

【兑现扶持资金】 支持企业做大做强，落实招商、促进工业发展等优惠政策。全年在企业参展费用、企业技术中心、员工缴纳养老保险、企业纳税、基础设施建设等方面给予资金奖励补助支持1143万元;在重点项目建设、技术改造、贷款贴息、产业扶贫、经济运行、企业小升规等方面给予县级工业发展资金597万元。加强对接协调，组织企业申报省、市项目25个，争取技术改造、贷款贴息、技术中心奖励、平台建设等资金3100万元。

【品牌创建】 县内国家级高新技术企业有九天真空、久盛科技、红帆人防，四川省企业技术中心有九天真空、太极制药、牧遥牛奶、光大农业、凤和黄酒，四川省著名商标有红旗梅喜牌烟花、凤和黄酒、川沱白酒、天盛竹娃娃、航粒香，四川省名牌有九天真空公司产品CBVAC牌真空阀门、凤和黄酒公司产品凤和黄酒。规模以上工业企业获得各类专利300余项。中科院九院六所、东北大学、四川大学、清华大学、北京大学、电子科大、省食品研究院所、省中医院等院校形成合作。有星河科技、太极制药、通光光缆、四川旷达等4户上市公司，对九天真空、天盛竹业进行上市培育。星河科技、多福油脂、展登服饰、洪元记食品、盛祥玫瑰、太平烤酒坊等12户企业被认定为省级“专精特新”中小微企业。太极制药、九天真空、光大农业、洪元记食品、多福油脂、福瑞凯辰、久盛通信等企业21个产品被纳入省名优产品目录，37个产品被纳入市级名优产品目录。

精密制造产业

【概况】 2018年，全县有规模以上精密制造企业11个，从业人员1000余人，全年完成销售收入18.8亿元，入库税金1500余万元。

【产业发展】 通过不断加大投入和技改创新力度，调整产品结构，精密制造产业的装备实力和工艺水平得到了一定提升，初步形成航空航天、核电装备、智能终端、光电显示、医疗器械、机器人与智能化等产业集群，建成军民融合高端装备制造产业园、军民融合真空技术应用产业园，进一步提高了制造的产业层次和发展水平。

2018年，依托九天真空、零零昊科技等企业，大力推进真空设备的制造、研发，重点发展真空系列、整体高速转子、高强度铝合金精密加工、轻质高压真空阀门等精密仪器仪表。依托军民融合高端装备制造产业园、军民融合真空技术应用产业园，进一步促进全县精密制造产业达到全国先进水平。

【企业发展】 四川九天真空科技有限公司占地108亩，总投资3.7亿元，主要从事真空系统集成、载人航天等真空产品的研发、生产、销售，建成载人航天、高真空分子泵智能制造等生产车间5个，主要产品分子泵、真空泵，实现转速每分钟90000转，其无油干式真空泵技术居国内领先并超国际水平；完成载人航天9期环模系统集成、核舰艇部件生产、中国电科27所系统集成等项目；D3000大型反向插板阀属国内首台，获得国家科技部、国家机械制造联合会科技发明三等奖，填补了国内空白，产品已用于国家重点军事工业；企业与中科院九院六所、中科院大学管理学院及东北大学、四川大学、电子科大等院校结成产学研共享单位，设立研究院，先后取得自主专利30余项。2013年被四川省认定为高新技术企业、2014年被四川省认定为省级技术中心。2018年被评为四川省优秀民营企业,全年实现销售收入2.1亿元,缴纳税金超过千万。

四川通光光缆有限公司占地220亩，总投资2亿元，主要从事光缆研发、生产与销售，主要产品是OPGW、ADSS及室外通信等光缆，建成年产5000皮长公里OPGW和150万芯ADSS光缆项目。企业自主创新能力强，建有OPPC光纤光栅测温、防鸟啄ADSS光缆、融冰导电绝缘性等研发平台，拥有上百项专利技术、8项核心技术，其低蠕变钢芯软铝胶线节能型导线，填补了国内空白。2018年，企业与中国国家电网公司、中国南方电网公司及中石油、铁路、煤炭等专网建立了长期战略合作伙伴关系，产品先后被评为国家重点新产品、国家级火炬计划项目。通光光缆产品获得了中国名牌产品称号，实现年销售收入1.4亿元。

农产品精深加工产业

【概况】 2018年，全县有规模以上农产品精深加工企业28个，拥有职工2150余人，全年实现销售收入74.4亿元，入库税金1743.6万元。

【产业发展】 依托中国西部有机食品县资源优势，形成食用菌（笋）、有机粮油制品、果蔬制品、健康酒饮、肉制品加工、泡菜及乳制品等特色农产品加工体系；创建凤和黄酒、川沱白酒、天盛竹娃娃、航粒香等一批省内著名商标和品牌；发展水稻、竹笋、红薯、高粱等有机种植基地3万亩。依托川东北农产品精深加工产业园，引进和实施蔬果精深加工、中国特色休闲食品工旅融合生态基地等重大项目做大产业规模，强化原料基地和质量控制体系建设，建立技术转移与成果转化机制，创新驱动提升品质，持续发展凸显特色，不断增强农产品加工业的竞争力，推动工业经济发展的新亮点。力争到2020年，培育农产品精深加工龙头企业5户，农产品精深加工产业年产值达100亿元。

2018年，全县形成了集奶制品、饮料、酒类、粮食加工、畜禽饲料、肉食品等为主的品种繁多、品牌响亮、颇具规模的产业体系，为繁荣西充经济起到了至关重要的推动作用。以星河生物公司、宏森公司、天盛竹业公司等企业为龙头，重点发展适应现代社会生活需要的无公害、绿色、有机蔬果产品及其精深加工蔬果调味系列产品。以光大饲料等企业为龙头，重点发展适应现代养殖、水产业需要的优质环保型饲料。以绿野公司等企业为龙头，重点发展生猪、小家禽屠宰和生鲜肉食品分割、冷冻及其系列产品精深加工。以壮元豆制品公司、航粒香米业公司、顺发米业公司、泰森粮油公司等企业为龙头，着力提高薯类、豆类、大米等重要农产品精深加工能力，发展各类专用粮油产品，积极稳妥开发绿色食品、保健食品。以凤和黄酒公司、川沱酒业公司、风雪春保健酒厂、太平烤酒公司、四川牧摇牛奶公司等企业为龙头，发展名优特新产品，加强市场营销体系建设，提高企业管理水平，促使企业向规模化、集聚化发展。

【企业发展】 四川牧遥牛奶食品有限公司占地32亩，总投资6000万元，主要从事乳品生产、销售，拥有利乐包、易拉罐、PE瓶、纸杯等7条自动化液态奶生产线和“北美红叶”“农科”两大品牌，其主导产品有发酵酸牛奶、奶酪乳、鲜牛奶、花生核桃奶等30多个品种；企业拥有专利26项，先后被授予质量信用AAA级企业、省农产品加工示范企业、省企业技术中心等荣誉称号，是目前省内乳制品加工行业中市场信誉度良好、设备先进的现代化企业之一。2018年实现销售收入8900万元。

四川天盛竹业有限公司占地30亩，总投资6000万元，是集种植、研发、加工、销售为一体的省级重点农业（林业）龙头企业，主导产品有清水笋、调味笋、泡椒笋、干笋、休闲风味笋、休闲肉制品、豆制品等30余个品种。公司实行“公司+基地+农户”的农业产业化发展模式，建设麻竹种植示范基地5.5万余亩，有机麻竹种植示范区基地2600亩，在24个乡镇成立了竹娃娃麻竹农民专业合作社，发展竹农万余户，人均纯收入上万元。2018年，新建休闲肉制品、豆制品生产线，并于年底建成投产。全年实现销售收入1.3亿元。

生物医药产业

【概况】 2018年，全县有规模以上生物医药企业8个，拥有职工1150余人，全年实现销售收入24.4亿元，入库税金1843.6万元。

【产业发展】 围绕中成药研发与生产、食用菌产品提质增效，加速引进和实施一批重大项目，推动中药材种植、生产和食用菌产业规模工厂化发展，加强生物育种和农用生物制品技术研发能力建设，促进农用生物制品标准化高品质发展。

2018年，加强与华西医院、省中医院、省食研院等机构合作，整合院企资源，建成省内中药材加工提取中心和软袋输液中心、省内最大的生态农业产业化基地和绿色中药材基地、省内食用菌工厂化生产与种植规模最大的食用菌生产企业。

【企业发展】 太极集团四川南充制药有限公司占地100亩，总投资2亿元，拥有6类剂型50多个产品批准文号，具有隔膜压滤提取浓缩技术、雄蚕蛾脱脂处理技术等制药专利及非专利技术10余项，中药材基地近2000亩。2018年，成功创建省级技术中心，拥有各级各类专业技术人员100余人。2018年，实现销售收入3.2亿元，上缴税金超1300余万元。

西充星河生物科技有限公司占地180亩，总投资3亿元，主要从事食用菌工厂化生产，是国内杏鲍菇、真姬菇种植规模最大的食用菌生产企业。2018年，通过实施食用菌栽培环境升级改造项目，以人工模拟生态环境智能化控制技术，实现自动化装料、接种、搔菌和栽培室内温度、湿度、氧气、光照全自动系统控制，实现了高效低能耗食用菌工厂化、自动机械化生产，扩展产品种类，提升市场竞争力，全年实现销售1.1亿元。

（撰稿：县经济商务和信息化局蒲春梅、汪婕）

综合管理

发展和改革

【概况】 2018年，西充县发展和改革工作围绕县委“三大定位”战略目标、“533”战略规划、“10+2”大事，着力谋大事、议大事、抓大事，各项工作顺利完成，县发展和改革局获全国先进价格认定机构、全省价格监测工作先进单位、全省第一批秸秆全域综合利用试点县等称号，有3名干部分别获国、省先进工作者称号。

【项目规划编制】 全面分析把握国内外宏观经济形势，搞好全县经济运行调研分析预警工作，完成全年国民经济和社会发展计划报告，调研形成《西充县“十三五”规划纲要中期评估报告》《西充县培育现代农业千亿产业集群发展研究》《西充县产城融合示范区发展建议》等研究课题，提出一系列对策措施。坚持规划引领带动，编制《西充全方位融入重庆发展规划》《四川西充经济开发区发展规划》《川陕革命老区振兴发展规划实施方案》《农村产业融合发展示范园创建方案》《西充县秸秆全域综合利用试点实施方案》等专项规划和实施方案。

【固定资产投资】 全年固定资产投资总额完成132.33亿元，同比增长16.1%，增速位列全市第三。其中，基础设施投资52.9亿元，产业投资43.3亿元，民生及社会事业投资25.6亿元，房地产开发投资6.9亿元，其他投资3.6亿元。

【国、省资金争取】 国、省到位资金48.8亿元，同比增长17%，其中，县发改局争引到公安局业务技术用房、新增千亿斤粮食、坡耕地治理等中央预算内投资项目16个，到位资金2.3亿元。

【重点项目简介】 全县103个重点项目完成投资113.7亿元。海贝水库等32个项目开工建设，“四河”治理一期等21个项目加快推进，射（洪）蓬（安）公路改建等34个项目全面竣工。编制上报2019年西充县重点建设项目投资计划，编制重点项目106个，总投资535亿元，2019年计划完成投资144亿元。

【项目管理】 全年完成投资项目立项326个，总投资290亿元，备案项目139个，总投资197亿元。32个政府投资公招项目完成招标，涉及金额3.2亿元，69个比选项目完成比选，投资2000万元。完成政府投资项目预算库更新、工程项目咨询专家库建库工作。依法监督开标现场，完成西充县乡镇生活污水治理工程设备采购招标、多扶工业园区军民融合精密制造产业园市政道路及配套管网工程、华光至仙林通乡公路改扩建等项目招投标。

【价格收费管理】 完成2017年收费情况报告工作。梳理全县2018年“行政事业性收费”“涉企行政事业性收费”“政府管理类经营服务性收费”和“涉农价格”等4张目录清单，并通过政府门户网站向社会公布。制定全县春秋两季教育收费政策文件，按程序核定东风路幼儿园保教费收费标准。降低一般工商业电价，完成转供电收费规范清理及电力收费清理工作，清退多收电费175万余元。调整居民用天然气销售价格。开展农业水价综合改革，制定改革区域内农业用水价格。召开全县涉企收费和价格政策宣讲会，印发文件资料汇编200本、宣传资料1000份。

【价格监督检查】 开展教育收费巡查工作，规范各级各类学校收费行为。开展重要节假日市场价格巡查，告诫、制止和处罚价格违法行为，维护消费者合法权益。开展县城自来水价格政策执行情况检查，开展全县客运、货运、公路收费和商品房明码标价等价格行为检查，及时化解价格矛盾与纠纷，维护社会稳定。

【价格监测、农本调查、价格认定】 加强对居民生活消费、农业生产资料、工业生产资料以及主要服务价格监测，上报各类价格监测报表近100份。完成中籼稻、玉米、油菜子、生猪等7个常规品种及农户存粮、种植意向等4个专项品种农产品成本调查。积极开展“价格认定学习提升年”活动，成功承办全省价格认证工作会暨全省价格争议纠纷调解试点工作现场会。全年受理公安机关委托的116件各类涉案物品价格鉴定，总鉴定值约317.4万元。

【易地扶贫搬迁】 提前完成西充县“十三五”规划易地扶贫搬迁住房建设任务，全年实施1337户3177人，涉及44个乡镇409个行政村。其中，建设聚居点10个，集中安置92户204人，分散安置1245户2973人。顺利通过市级易地扶贫搬迁专项交叉检查和省级脱贫攻坚交叉考核。积极探索后续发展、稳定脱贫的新模式、新途径，以脱贫奔康产业园为载体，紧紧围绕“2+4”特色产业布局，量身打造“一户一策”，真正做到“挪穷窝”与“换穷业”并举、安居与乐业并重、搬迁与脱贫同步，确保贫困群众“搬得出、稳得住、能致富”。永清乡探索蚕桑产业带动后续脱贫模式，作为全省易地扶贫搬迁后续脱贫典型案例在全省发改系统交流。西充县2018年易地扶贫搬迁实施方案被国家发改委在全国发改系统推广交流。

【行政审批制度改革】 建立重大项目审批服务联席会议机制，推行投资项目在线审批监管平台和“四联合”评审勘验,以及“五证合一”和“多证合一”三大改革，不断简化行政审批事项，实现“一站式”受理和“全流程”服务，项目审批办结时限平均提速78.4%。

【规范清理行政审批中介服务】 全面贯彻落实《南充市2018年清理规范行政审批中介服务重点工作方案》，完成企业家协会、旅游协会等7家行业协会商会与行政机关“五脱钩五分离”，开展全县9个部门34个中介服务事项和中介服务机构准入条件清理。

【推进供给侧结构性改革】 以多扶工业园区升级省级经济开发区为契机，积极化解过剩产能，加速培育发展新动能，配合相关部门全力争创军民融合创新示范区，形成区域经济发展新格局。在去库存方面，全县商品房销售5500套，去存量58.1万平方米；去杠杆方面，采用PPP模式重点实施海绵城市和川东北农产品加工园区基础设施项目2个；降成本方面，一般工商业用电价格相较2017年由0.816元/千瓦时下降为0.734元/千瓦时，下降幅度达10%；补短板方面，落实县本级财政专项扶贫资金5880万元，用于推进产业扶贫、基础设施扶贫、到户扶贫等扶贫专项。

【企事业单位公务用车改革】 成立西充县地方国有企事业单位公务用车制度改革领导小组，牵头拟定全县地方国有企事业单位公务用车制度改革方案（送审稿），完成车辆和人员的摸底工作。

【收入分配制度改革】 出台《西充县关于深化收入分配制度改革的实施意见》，城乡、区域、行业和居民之间收入差距逐步缩小，收入分配秩序明显改善，中低收入群体收入增长加快，城乡居民生活水平显著提高。

【能源建设与安全生产】 成功跻身全省秸秆全域综合利用试点县，编制《西充县十三五循环经济发展规划》并通过专家评审，实现单位 GDP 能耗降低 4.28%、单位 GDP 二氧化碳排放降低 10.8% 的目标任务，完成《西充县十三五节能减碳规划》。修订充电桩、加气站、加油站规划选址方案，完成新建 15 个新能源充电桩建设任务。开展长江经济带小水电排查，配合水务局等相关部门启动全县小水电下泄生态流量整改和违规小水电站关停工作。常态化对全县过境 3 条长输管线和 8 家水电站开展安全检查，成功整治晋城镇观音庵社区弃土压覆天然气管道等安全隐患 8 处，摸排 2 家加气站、6 家屋顶式光伏发电站，备案 6 家村级光伏式发电站。健全粮食质量安全保障体系，落实监管责任，西充县在全市 2018 年度粮食安全省长责任制考核中排名第二。

【国家农村产业融合发展示范园创建】 西充县创建国家农村产业融合发展示范园重点工作任务共 15 项，涉及古楼、太平等 14 个乡镇。2018 年，安排县级财政资金 3 亿元，整合涉农资金 5 亿元，拉动社会资本 7.75 亿元用于示范园重点项目建设。探索出了“互联网 + 农业 + 旅游”发展模式，因地制宜开发农业观光类、文化体验类、民俗农庄类、科普教育类、乡村度假类、休闲运动类、特色餐饮类等休闲旅游新业态，园区总产值达到 48.2 亿元，农村居民人均可支配收入从 12120 元增长到 14422 元；产业结构持续优化，园区土地适度规模化经营比例从 26% 提高到 35.93%。在省市发改委的关心指导和县级部门的共同努力下，西充县成功命名为全国首批 100 个国家农村产业融合发展示范园。

（撰稿：县发展和改革局向学军）

统 计

【概况】 2018 年，西充县统计工作以提高数据质量、提高服务能力、提高政府统计公信力为中心，坚持依法治统，深化统计改革，稳中求进，各项工作顺利完成。

【第四次全国经济普查】 印发《西充县人民政府关于开展第四次全国经济普查的通知》（西府发〔2018〕17 号），文件从普查目的、对象、内容、时间和经费等方面要求和部署，成立西充县第四次全国经济普查领导小组，完成全县乡镇普查机构的组建。研究制定全县第四次全国经济普查工作规划、实施方案和细则，编制普查工作流程图，在全县范围大力宣传经济普查重要意义和主要内容，承办全市经济普查入户清查启动仪式，开展单位清查业务培训，精心组织开展经济普查入户清查。为 2019 年组织现场登记工作的开展打下良好的基础。

【常规统计调查】 全面完成 2018 年国民生产总值核算、工业、农业、商贸、投资、城乡居民收入、劳动工资等专业月报、季报和年报工作。完成畜禽监测基础数据搜集、换点以及城乡一体化统计调查样本轮换工作。成功开展党风廉政建设群众满意度、平安建设群众满意度、生态文明建设群众满意度和乡镇、部门工作群众满意度、经济发展软环境建设等多项社情民意调查工作。

【统计方法制度改革】 指导企业统计人员正确操作网报系统，及时纠正和解决网报中存在的问题，保证“企业一套表”工作有序实施。对2017年固定资产投资改革工作进行重点讲解，使企业统计人员熟悉全套流程，熟练掌握新旧两种投资统计调查方法和指标口径、范围。贯彻落实联网直报改革及固定资产投资统计制度方法改革方案。

【统计监督管理】 认真贯彻《统计法》和《统计人员违法违纪处分规定》，把法制宣传贯穿于统计日常工作中。年初制定2018年统计法规教育工作计划和实施方案，有计划地进行各项培训。主要加强对系统内广大干部职工进行统计法律知识和统计职业道德教育，重点对新上岗乡镇统计人员、新增限上企业统计人员的培训，提高统计法律意识和依法统计的能力。举办统计法规、法律培训5次，参培人员达400多人次。对全县21家单位进行了执法检查。

【统计服务】 完成《统计月报》《2017年统计公报》和《2018年统计年鉴》等编撰工作。定期召开专题会议，将全年统计分析信息目标任务分解落实到各专业，并安排专人督办和推进完成情况。围绕全县的中心工作，在做好日常统计监测的同时，定期对全县经济运行情况进行预警、预测，全面准确地把握宏观经济运行走势，深刻剖析经济运行中存在的问题，及时撰写经济运行情况分析报告，增强经济运行的前瞻性和主动性，提高统计的预警、预测能力。在确保进度统计分析的基础上，抓住重点、关注热点、破解难点，加大专题统计分析的撰写力度，充分发挥统计工作服务大局、促进经济社会科学发展的职能作用。

（撰稿：县统计局陈瑕）

审 计

【概况】 2018年，西充县组织完成各类审计项目134个，审计查出违规和管理不规范资金6812.75万元，审减工程结算价款4694.81万元，责令追回资金112.55万元，责令上缴财政资金136.02万元，给予单位警告处罚5起，向有关主管部门移送违纪违规问题线索15件；针对债务防控、征地拆迁、PPP项目监督、国有资产管理等问题向政府及相关部门送发《审计建议书》《审计要情》27期，向县委、县政府和上级审计机关报送审计信息简报12篇。

【财政财务审计】 规范财政资金的使用和管理，促进提高预算执行效果和财政资金使用绩效。对2017年度县级财政预算执行和税收征管情况，县升钟水利工程建设管理局、县市场监督管理局、县教育体育和科学技术局等3个部门预算执行情况，县档案局、县地方志办公室、县精神文明建设办公室等7个部门决算草案编制情况，县信访局、张澜学校、县妇幼保健院等3个单位财政财务收支情况和宏桥、占山、金源等3个乡镇财政决算情况开展审计（审签）。依法对违规发放津补贴、应缴但未缴财政收入、支出手续不健全、政府采购不合规、项目资金滞留等155个问题进行反映和处理，针对债务管理、医保基金管理等重要问题向县委、县政府报送《审计建议书》7份，《审计要情》1期，提出审计建议45条，移送问题线索2件。

【经济责任审计】 受县委组织部委托，对县水务局原局长范应蛟、县卫计局原局长何春、晋城镇党委书记范启龙等9名科级领导干履行经济责任情况开展审计，对251个问题界定相应责任，对单位财政收支中存在的问题进行处理，提出审计建议36条，移送案件线索3件。试点对双凤镇党委书记李念标自然资源资产管理方面的履职情况进行任中审计。审计中，更加注重部门间的协调联动和成果共用，注重使用计算机审计方法，广泛关注领导干部在“九场战役”中的履职情况，审计深度不断拓展。同时，对2017年审计发现问题整改进行专项检查，提高经济责任审计实效。

【固定资产投资审计】 2018年，开展计划内政府投资项目审计，完成项目30个，完成领导交办项目82个。送审投资额33500.89万元，审减4694.81万元，审减率为14.01%，揭示项目招标、工程管理方面的问题78个，移送问题线索7件。推进投资审计“三个转变”，对工程结算价50万元以下及固定价（E方式）比选项目结算实行业主自行委托审核，完成审核登记备查项目100个，抽查复核项目20个。服务政府中心工作，对34个市、县重点项目提供跟踪服务200余次，尤其是对金（泉）太（平）线晚熟柑橘种植拉练项目的跟踪服务受到了县委、县政府表扬和目标考核单项加分。探索开展PPP项目运行情况审计调查，针对海绵城市和农产品加工园项目推进中存在的问题，及时提出审计建议并受到县委、县政府领导的肯定。

【政策跟踪审计和专项审计】 组成审计组先后赴仪陇县、南部县、高坪区，分别完成2017年保障性安居工程跟踪审计、强农惠农财政补贴资金使用“一卡通”情况专项审计调查、5个扶贫专项实施方案重点内容执行情况审计调查，审计查处问题24个，提出审计建议11条，移送问题线索3件。按省审计厅、市审计局统一安排，对预决算信息公开、公务卡改革、企业降税、中介服务清理、拖欠中小企业账款清理等政策执行情况进行跟踪审计调查，揭示公开质量不高、公务卡使用率较低、个别中介和主管部门未脱钩等问题。自定项目对西充县2015年至2018年社会抚养费征收使用情况开展专项审计调查，对应征但未征、超范围使用资金、资金管理机制等方面的问题进行反映。

【内部审计】 对21个应当建立内部审计机构的县级部门进行检查督促，建立人员台账，加强工作指导。印发《西充县审计局关于加强乡镇内部审计工作的通知》，督促指导各乡镇建立完善内部审计工作机制。

（供稿：县审计局）

市场监督管理

【概况】 2018年年末，全县各类市场主体总量18608户。全年新增各类市场主体3438户，其中，有限责任公司及股份公司394户，个体工商户2850户。2018年，西充县市场监督管理工作以“食美药安不出事”、创建“食品安全示范县”为工作目标，开展“红盾春雷2018”“食品药品执法亮剑”“质监利剑”等专项行动，打击市场乱象，查处违法违规经营行为，开展流通领域商品质量抽检。全年办理一般程序案件423件，简易程序案件182件，移送公安机关17件，罚没入库201万元，完成食品抽检3332批次，日常检定各类计量器具23700余台（件）次，受理消费者投诉58件，为消费者挽回经济损失39.76万元。

【质量品牌建设】 实施“商标兴县、品牌强企”战略和“地标扶贫工程”，2018年新增有效注册商标400余件，新增地理标志商标1件，国际注册商标2件，西充黄心苕获2018年中华商标博览会金奖，航粒香米被评为四川优质农产品品牌，“好充实”区域公用品牌上升为全市的公用品牌。

【服务企业】 全年办理股权出质36件，出质股权融资金额3.5亿元，办理动产抵押5户，为企业融资2.24亿元，指导6户企业建立现代企业制度，构建法人治理结构，建立完善合同帮扶站6个。

【质量对标提升和计量诚信体系建设】 完成20个有机农产品质量社团标准制定和发布，对45家从事有机生产、加工的企业开展证后监督检查，对认证机构和农业企业的违规行为进行约谈和整改；天盛竹业等6家企业被评为市级诚信计量示范单位，久盛科技有限公司的电缆产品全面达到先进指标体系，并通过了专家评审。

【计量和质量监督检查】 组织节日市场计量监督检查等行动4次，检查集贸市场、加油站等93家，在用检定计量器具605台（件），日常检定各类计量器具23700余台（件）次；对全县21个加油站的70台加油机，污水处理厂、环保局等在线实时监测类的11台计量器具等进行了全面检查，并对成品油、机油、车用尿素等油品进行了抽检，共抽检28个样品；在县政府组织开展的成品油市场专项整治行动中，取缔建筑工地、砂场违规存放油罐5个，暂扣柴油7吨。

【食品安全监管】 利用“食品安全示范县”创建为契机，开展“你抽我检”“快检进市场”专项抽检4次，完成食品样品抽检3332批次，合格率达96.5%，实时公示抽检信息13次，全年未发生食品药品安全事故。组织开展“百日会战”食品药品“亮剑”“三小”行业等各环节、各领域专项整治，在“地沟油”专项整治中，立案查处11家，破获一起生产、销售有毒有害食品案，抓获犯罪嫌疑人3人，对县内2家食用油生产企业进行重点检查16户次。开展“五毛食品”专项整治，责令整改15家，立案3起。开展散装白酒和甜味剂专项整治，立案查处45家，涉案货值4.56万元，处罚没款23.461万元，其中3家不合格白酒作坊停止生产经营。开展“明厨亮灶”工作，至年末，完成70%，学校食堂明厨亮灶工作达100%。

【药品（械）和保化品监管】 严把零售药店市场准入关，加强GSP认证管理，收回GSP证书4家，下达责令改正书83份；开展药械质量安全、药品购销渠道、中药饮片质量安全、飞行检查、药品计划抽检、过期药品试剂等专项整治，抽检药品（含中药饮片）30批次，飞行检查药品经营企业60家，全年查处药品及医疗器械违法违规案件60件；与经营户签订责任书、承诺书200余份，检查保健品经营企业207户（次），化妆品经营使用单位430户（次）；下达保健品经营企业责令整改通知书8份，化妆品经营使用单位责令整改通知书23份；查处保健食品案件1件，化妆品违法案件9件；全年共报送化妆品不良反应监测报告34例，其中严重报告2例。

【特种设备监察】 建立健全全县在用特种设备安全管理网络，落实使用单位安全主体责任。会同县安全生产监督管理局、县消防队开展气瓶充装单位、餐饮行业等安全专项检查，确保无安全责任事故发生。开展特种设备大检查大整治专项行动、危险化学品相关特种设备隐患排查专项整治、校园周边及聚集地液化石油气瓶使用专项整治等专项整治工作。全年巡查特种设备使用单位210家，检查特种设备415台（套），办理特种设备注册登记156份，查处特种设备违法违规案件8起，实现特种设备安全监察责任零事故。

【专项行动】 开展打击侵犯知识产权和制售假冒伪劣商品行动，出动执法人员100人次，检查经营主体400余户、各类市场10个，整治重点区域8处，立案查处商标侵权案13件。开展虚假违法广告专项整治，查处虚假宣传案件3件，违法广告案件28件。严查网络违法经营行为，特别开展微信宣传专项整治，对31家本地网店、7家独立网站和4家第三方平台的经营主体信息、经营行为等进行网络监测，实行“双线巡查”，立案查处网络交易违法案24件。对农资市场、成品油市场、家居市场、旅游市场、二手车市场依法进行专项整治，立案查处37件；整治合同违法行为，查处违法合同案3件，罚没款20.28万元。

【消费维权】 开展“两站”进乡镇村、进社区、进商场、进市场、进企业的“五进”活动。3月15日，西充县市场监督管理局联合西充县保护消费者权益委员会在县城纪信广场开展“3·15”国际消费者权益日暨“12331”纪念活动。全年发放宣传材料3万余份，接待群众咨询2万人次。整合

“12315”“12331”“12365”消费维权热线平台，健全和完善消费维权网络，维护消费者合法权益，2018年受理消费者申投诉58件，为消费者挽回经济损失39.76万余元。

（供稿：县市场监督管理局）

安全生产监督管理

【概况】 2018年，县安全生产委员会召开会议4次，召开安全生产专题会议17次。县政府常务会集中听取县政府领导安全生产责任制履行情况汇报1次。印发《西充县关于推进安全生产领域改革发展的实施方案》，明确当前和今后一个时期全县安全生产工作原则、目标、重点任务和措施。全县发生安全生产事故7起、死亡7人，未发生较大及以上安全生产事故。西充县安全生产监督管理局获得2018四川省安全隐患排查治理体系建设工作先进单位、2018年全市安全社区建设先进单位。

【隐患排查治理】 围绕项目工地、道路交通、烟花爆竹等重点领域，春节、国庆、“两会”等重点时段，机关学校、商业综合体、“九小”场所等重点部位，开展拉网式全覆盖隐患大排查。县安全生产委员会发出隐患整改指令7份，县安全生产监督管理局发出现场检查记录37份。全年编制隐患排查标准清单1179条，排查上报隐患3144条，整改3141条，一般隐患整改率为99.9%。县安监局牵头对工业园区企业开展安全大检查，排查发现安全隐患208项，将责任落实到单位、落实到人，并一一复查验收。

【依法监察监管】 县安全生产委员会印发《关于持续开展安全生产专项整治行动的通知》，围绕道路交通、建筑施工等九大重点行业开展专项整治。全县组织安全检查组246个、暗访暗查组61个，检查企事业单位865家，打击非法违法行为631起，整治违规违章行为538起，排查一般隐患1159处，整改1070处，投入隐患整改资金152.29万元。

【防范化解安全风险】 2018年，全县安全生产事故立案7起、隐患立案11起，安全生产事故罚款155.6万元、隐患罚款22.9万元。查处红旗烟花爆竹有限公司假冒伪劣商标案，刑事拘留和取保候审8人。对全县烟花爆竹生产企业开展安全大检查，查处收缴销毁不合格烟花爆竹产品2000余件，端掉非法储存窝点6处，取缔非法销售网点4家。推进烟花爆竹销售网点“双关闭”工作，取缔不符合安全生产条件的销售网点18家。扎实开展冬春（春夏）火灾防控等行动，发现火灾隐患和违法行为4027处，查封整改消防隐患单位49家，“三停”45家。

【督察督办】 县安全生产监督管理局采取暗访抽查、现场“验靶”、听取汇报等方式，到乡镇、企业，督促检查乡镇和部门安全生产工作开展情况。成立3个综合督察组，按照“四不两直”要求，推进“双随机、一公开”监管执法，对安全生产和道路交通安全整治情况，实现每月一督察。11月22日，阿坝州安全生产监督管理局代表省安全生产委员会对南充片区安全进行督察，检查组到西充检查汇鑫烟花爆竹厂。

【安全宣传教育】 制定《西充县应急管理工作实施方案》，加强应急处置培训和实战演练，全县组织开展道路交通、地质灾害、消防等行业应急救援演练8次。开展第17个“全国安全生产月”活动，发放宣传资料5000余份、印发安全手册30000册，组织对“三主一员”等行业从业人员进行安全教育培训3300余人次。在县电视台开辟《安全零距离》栏目，专题宣讲安全常用知识和法律法规。

【整治安全隐患】 多扶片区中队全面开展监管执法工作。义兴镇通过省级安全社区现场评估验收。整治道路交通隐患，投入各类安全隐患整治资金

432余万元，及时整治各类安全生产隐患，在3米以上临崖、临水等道路处安装波形防护栏14.7千米，设置减速带（线）1857米，加装广角镜46面，投入256万元完成全县重要干线公路水毁工程整治。

（撰稿：县应急管理局吴海燕）

国土资源管理

【概况】 全县土地分为耕地、园地、林地、草地、城镇村及工矿用地、交通运输用地、水域及水利设施用地、其他土地八大类。2018年，全县土地总面积1662280.05亩，实有耕地面积743110.5亩。

【耕地保护】 健全县、乡耕地保护责任目标考核体系，落实耕地保护责任，严控非农建设用地规模。目前，全县耕地保有量712350亩，基本农田保有量604868.85亩，全面完成了下达的管控目标。

【经营土地】 全年招拍挂出让土地30宗1286亩，土地出让价款收入6.82亿元。完成8.9亿元土地储备债券发行资料申报，到位资金1.5亿元。

【保障用地】 上报6个批次2259亩城乡建设用地，有效地保障了川东北有机农产品精深加工产业园、军民融合高端装备制造产业园等重大项目用地需求，为县域经济发展起到了重要的支撑作用。

【矿产资源】 集中开展非煤矿山企业专项整治及安全生产大检查工作，逐矿建立了矿山储量动态监测台账，完成11家砖瓦企业的环保设施、设备安装，并通过相关部门及专家验收和环境影响备案。

【地质灾害】 建立健全地质灾害防治长效机制，压实责任，强化巡查，完成两处重大地质灾害治理和31处小规模地灾隐患应急处置任务；完成40户避险搬迁任务。

【土地整理和城乡增减挂钩】 实施土地整理项目10个，新增耕地1000亩，确保西充县项目建设用地的占补平衡。4个城乡增减挂钩项目加快推进，完成3个城乡增减挂钩项目，新增挂钩指标1300亩。成功争取为工矿废弃地复垦试点县，复垦工矿废弃地500亩。川德合作项目完成总体规划，启动了挂钩与土地整理专项规划编制。

【地籍地政管理】 启动不动产统一登记后的农村房屋和土地产权登记工作。成功解决了7500余户“两证”办理历史遗留问题，办理不动产登记证书32283本。积极创建“全国百佳”不动产登记便民利民示范窗口，成为中国改革创新示范单位。

【土地执法】 清理闲置用地8宗564.7亩，完成“清容”项目38个，追收土地出让金约2200万元。扎实开展卫片执法常态化检查，认真整改土地督察反馈问题。纳入省、市督办的10宗大棚房，规定限时整改完成并通过验收。

【土地统征】 切实搞好征地安置补偿工作，确保农民的合法权益。全年征收集体土地近1250亩，兑付补偿“三费”4375万元，保障了全县重点工程和招商引资项目用地。

（撰稿：县自然资源和规划局何光星）

财税　金融

财　政

【概况】 2018年，全县财政总收入突破56亿元，其中，地方一般公共预算收入突破7亿元大关，同比增长16%。完成税收收入3.9亿元，同比增长25%；非税收收入3.1亿元，同比增长6.4%。完成争资引项任务20.32亿元，其中，争取新增债券资金6.7亿元，超额完成年度目标任务。县财政局获四川省财政厅财政总决算工作一等奖、地方财政预算执行分析工作三等奖。

【财政支出】 严格按照“保工资、保运转、保民生、保信用、促发展”的支出序列，安排财政资金。全年财政总支出55.3亿元，支出工资福利、基本运转16.2亿元，安排县级脱贫攻坚项目资金0.7亿元，支持34个贫困村基础设施建设和产业发展，投入15.2亿元支持教育、医疗卫生和民政政策全面落实，投入工业振兴、产业发展、旅游康养等项目资金5亿元。推动5个PPP项目启动执行，为西充向南发展提供财力保障。

【财政监管】 出台《西充县政府性债务管理办法》《西充县政府性债务风险防控应急机制》《西充县防范化解政府性债务和隐性债务风险工作方案》等文件。8月底前，全面完成政府存量债务置换工作，多渠道、多方式化解政府存量隐性债务32.45亿元，确保债务风险可防可控，避免出现区域性、系统性债务风险。开展扶贫资金、“一卡通”等专项整治工作，全年查出违规资金0.2亿元，移送县纪委监委案件线索5个，涉及5人；常态化开展“三公”经费、会议费、培训费、差旅费检查，规范财经纪律。全年评审项目597个，评审项目金额25.8亿元，审减金额2.3亿元，审减率为8.9%。实施采购2.6亿元，中标价2.4亿元，节约资金0.1亿元，节约率达4%。

【财税改革】 推进财税体制改革。完善县级预算管理办法，加强预算执行管理；深化国库集中支付改革、国有资产管理改革和非税电子票据改革。全面公开154个单位部门预算、决算，出台《西充县县级预算绩效目标管理办法》，对44个项目开展绩效评价，推动廉洁财政、阳光财政、透明财政建设。

（撰稿：县财政局杨忠明）

税　务

【概况】 2018年，全县全口径税收收入7.03亿元，同比增长18%，增幅位列全市第四。其中，县本级收入 3.91 亿元，同比增长 27.5%，增幅位列全市第三，完成县级年初目标任务 3.5 亿的 111.7%、县级调增目标任务 3.74 亿元的 104.5%；工业增值税入库 5372 万元，同比增长 19.76%，增幅位列全市第二。贯彻国务院减税降费决策部署，落实税收优惠政策，全年减免税 1.51 亿元，优惠政策退税 310 万元。完成机关事业单位基本养老保险费、城乡居民基本养老保险费征收划转任务。

【机构改革】 2 月 28 日，党中央作出深化党和国家机构改革的决定，税务开始进行机构改革。7 月 20 日，国家税务总局西充县税务局挂牌，县委、县政府及市税务局第三督导组领导出席挂牌仪式。年末，县税务局有干部职工 199 人，局领导 10 人，中层正职 27 人；设 11 个内设机构、13 个派出机构、1 个事业单位。派出机构级别为副科级，内设机构和事业单位级别均为正股级。派出机构有：第一税务分局、第二税务分局、金泉税务分局、常林税务分局、莲池税务分局、多扶税务分局、义兴税务分局、太平税务分局、凤鸣税务分局、仁和税务分局、双凤税务分局、古楼税务分局、槐树税务分局。事业单位为信息中心。

【依法治税（费）】 将法治精神贯穿于税收工作始终，不断提高干部职工法治素养和依法治税能力。规范税收执法，坚持严格公平规范文明执法，依法履行组织收入职责，规范税务行政处罚。严格法治监督，落实税收执法责任制和执法过错责任追究制，落实好特邀监察员制度，发挥好特邀监察员监督员、联络员、宣传员作用。2018 年，纳税人满意度在全省 210 个县、市、区、局中排名第二十九位。全年无一例涉税听证、行政复议和行政诉讼，无一起“12366”纳税服务热线投诉税务机关或人员转办件，未发生一起涉税网络舆情。

【风险防控】 以创新税收风险分析机制、突出风险分析为重点，开展对房地产行业、生活服务业、涉农企业的税收分析和应对。全年发起风险任务 17 起，入库税款及滞纳金 1062.89 万元，风险应对准确率达 100%。

（撰稿：县税务局罗浩）

中国人民银行西充县支行

【概况】 截至 2018 年 12 月末，全县人民币存款余额 211.09 亿元，比年初增加 6.38 亿元，增长 3.12%，各项贷款余额 109.91 亿元，比年初增加 13.26 亿元，增长 13.71%。在信贷总量稳步增长的同时，贷款结构得到了明显改善。中长期贷款余额达 933306 万元，占贷款比为 84.91%，同比增加 2.32 个百分点。

【金融“精准扶贫”】 全县累计发放精准扶贫贷款 17.37 亿元，其中贫困户精准扶贫贷款 1.76 亿元，项目及产业精准扶贫贷款 15.61 亿元。

【农村承包土地的经营权抵押贷款试点】 全年累计发放农村承包土地的经营权抵押贷款 9.68 亿元，贷款余额 6.08 亿元，抵押土地经营权面积 16.56 万亩，全面完成农村承包土地的经营权抵押贷款试点工作，贷款余额名列四川省试点县（市）第一。

【防范金融风险】 坚持把防范化解重大金融风险攻坚战作为工作重中之重，持续完善全覆盖的金融风险监测分析机制，突出对重点领域和关键环节的风险排查，做好风险提示和风险预警工作。推动政府完善金融风险应急处置预案，积极深化互联网金融风险专项整治。2018 年，金融运行平稳，金融风险可控。

【提升金融服务水平】 不断优化金融基础设施布局，持续推进支付普惠进程，助力金融精准扶贫。

以开展扫黑除恶专项斗争为载体，密切关注反洗钱、反恐怖融资等领域相关风险的新变化、新动向和新情况，提升反洗钱工作质效。坚持把信息安全管理作为科技工作管理的核心，建立健全管理、建设与运行体系，推动金融IC卡在公共领域的应用。持续推进反假货币重心前移，提高农村地区反假能力。统筹推进国库各项工作，守住国库资金安全和业务系统运行安全"两条底线"。推进社会信用体系建设，征信系统数据的利用率同比大幅度提高，发挥征信服务金融运行、服务经济社会发展的作用。

（撰稿：蒙胜）

中国农业银行西充县支行

【概况】 2018年年末，中国农业银行股份有限公司西充县支行（以下简称"西充农行"）内设综合管理部、客户部、运营财会部、风险管理部4个部门，有8个营业机构，在岗员工110人，退休61人。2018年，西充农行各项存款余额达277945万元，较年初净增21718万元；各项贷款余额78319万元，较年初增加7889万元；实现中间业务收入1211万元；实现拨备前利润3625万元，拨备后利润1404万元。

【主体业务发展】 2018年，发放个人贷款937笔，累计金额29009万元，比年初净增9898万元，同比增加4896万元。其中，累计投放住房贷款10628万元、生产经营贷款18381万元。各项存款比年初净增21718万元，增量列全市农行第二。其中，储蓄存款比年初净增14047万元，同比增加8016万元，增量列全市农行第四；对公存款比年初净增7671万元，同比增加5258万元，增量列全市农行第三。实现中间业务收入1211万元，同比增加329万元，完成计划的102.36%，计划完成率列全市农行第三。

【渠道建设】 2018年，新增专业市场版商户598户，新增静态聚合码商户1户，新增有效收单商户1户；新增掌银有效户8592户，新增信用卡有效客户3432户，新发国密卡6462张；新增对公结算账户120户，新增交易银行折效客户107户。2018年，新增POS机53台，新增超级柜台7台，新增智慧柜员机1台。

【服务"三农"】 2018年，"惠农e贷"实现贷款金额1690万元，月均余额630万元，列全市农行第三；"惠农e商"827户，列全市农行第三，累计交易金额1374万元；"惠农e付"6110户；惠农通服务点互联网化升级158个；新发惠农卡2990张。涉农贷款较年初增加5340万元，完成计划的3559.79%，计划完成率列全市农行第一。年末，普惠金融贷款客户127户，贷款余额16073万元；小微企业贷款1199万元。

【内控管理】 开展"查教结合学案例 筑牢防线促发展"警示教育和"歧路年华"警示教育等活动。开展"双基管理深化年""问责强化年"活动，加强员工行为管理，做好员工行为排查和案件风险排查、市场乱象整治、反洗钱、内外检查发现问题整改等重点工作。2018年，西充农行内控评价为一类行，风险水平评价为A类。

（撰稿：周旭东）

中国农业发展银行西充县支行

【概况】 中国农业发展银行西充县支行（简称"农发行西充支行"）是西充县内唯一一家国家政策性银行。2018年，农发行西充县支行坚持政策属性、坚持服务"三农"，全力服务国家粮食安全、农业现代化、城乡发展一体化、国家区域发展战略、扶贫攻坚等领域。按照"以党建为统领，以脱贫攻坚为主阵地，以从严管理为抓手"的思路和"四三二"

的工作措施，较好地发挥了在农村金融体系中的骨干和支柱作用。

【执行政策】 2018年，农发行西充县支行协助监管储备企业顺利完成省、县储粮油轮换任务，轮换省储小麦1384吨、省储稻谷4958吨，支持企业承储托市稻谷7541吨。同时，在继续支持好政策性收储的同时，主动顺应粮食等重要农产品价格形成机制和收储制度改革，加强与省属重点企业合作，培育新兴粮食收购主体，优化改进信贷服务，支持粮食多元化市场主体入市收购。

【服务地方】 2018年，农发行西充县支行积极发挥政策性金融在扶贫攻坚和农业供给侧结构性改革中的重要作用，主动服务地方政府主导项目建设，解决项目资金不足的瓶颈问题。2018年，营销农业生产基地和加工园扶贫过桥项目、棚户区（城中村）改造项目、高标准农田建设项目贷款。截至2018年12月末，各项贷款余额16.91亿元，比年初增长6.68亿元，增幅达65.23%；各项存款余额8.35亿元，比同期增长3亿元，增幅达56.07%；实现利润3849万元，同比增盈1315万元，增幅达152%。

（供稿：中国农业发展银行西充县支行）

中国工商银行西充支行

【概况】 2018年，中国工商银行股份有限公司西充支行（以下简称“工行西充支行”）各项存款比年初净增17054万元，各类贷款较年初净增7210万元。其中，公司贷款较年初净增4440万元。

【资产优化】 重点工程项目投放贷款7500万元，支持基础设施建设。投放惠民贷款900万元，支持公益性事业发展。支持实体经济发展，投放贷款1555万元。年末，不良贷款余额控制在16万元，不良贷款余额较年初下降2.38倍，不良贷款率占贷款总额的0.02%，不良贷款率较年初下降4.5倍。

【强基固本】 工行西充支行面对“强监管、严问责、重处罚”的监管形势，认真落实“固本强化年”建设总要求，强风险形势预判、风险措施跟进、风险操作把控。落实“从严治党、从严治行”的经营主体责任，做到党的建设与业务经营一肩挑。全年实现“不发生案件、不发生风险事件、不发生安全责任事故、不发生监管处罚”的“四不”目标，做到安全平稳运行和案件事故“零”发生。

（撰稿：罗鸿）

中国建设银行西充支行

【概况】 2018年年末，中国建设银行股份有限公司西充支行，有3个营业机构，有在岗员工23人。

【业务发展】 2018年年末有存款余额11.16亿元，较年初新增0.01亿元。其中，对公存款余额1.68亿元，储蓄存款8.85亿元。各项贷款余额5.69亿元，较年初新增5600万元。五级分类不良贷款12万元，不良率为0.01%。全年实现利润1982万元。

【工作措施】 加强党建及企业文化建设，打造一支充满精气神的员工队伍。提升全行员工对支行发展的信心。加强业务营销和拓展。规范管理，强化案件防控。加强渠道建设。确定在城北新区设立离行式自助银行一个，已选址。

（供稿：中国建设银行西充支行）

中国邮政储蓄银行西充县支行

【概况】 2018 年，中国邮政储蓄银行股份有限公司西充县支行（以下简称“西充县邮储银行”）内设综合管理部、个人金融部 2 个部门，下辖支行营业部、东街支行、青狮镇支行、仁和镇支行 4 个营业网点，有员工 49 人。

【业务发展】 截至 2018 年年底，储蓄存款结余 131846 万元，年增长 7458 万元；对公存款 29349 万元；各项贷款结余 63467 万元，较年初增长 11739 万元。

【服务县域经济】 2018 年，西充县邮储银行加大对特色农户、专业合作社、有机农业的信贷投放力度。为小微商户提供资金支持，解决小微商户资金周转难题。开展农村产权抵押贷款工作，化解农村、农业、农民融资难题。开展农村林权抵押试点工作，实现信贷投放持续增长。

（撰稿：胥茂勋）

西充农村商业银行

【概况】 2018 年，西充农商银行下辖 49 个营业机构，有在岗员工 328 人，总行本部设 10 个职能部室。年末，全行各项存款余额 84.52 亿元，各项贷款余额 55 亿元，存款、贷款市场份额分别为 40.86% 和 50.04%。不良贷款率为 4.88%。年末实现拨备前利润 2.18 亿元，上缴税金 5150 万元。

【业务发展】 2018 年，西充农商银行始终坚持“服务三农、服务中小微企业、服务地方经济”的市场定位，全面推进合规银行、智慧银行、主力军建设，实现了业务的较快发展。通过全员深入开展“扫街扫楼”“进村入户”和“进企业、进园区、进商圈”的拓展活动，千方百计抢抓客户资源，

全年各项存款净增 7.04 亿元，净增额占全县金融机构存款净增总额的 80%；坚持“做精做小做散”的经营理念，主动为县域重点项目、中小微企业、地方特色产业、个体工商户等提供信贷支持，全年各项贷款净增 3 亿元，有效支持了地方经济社会发展；深度融入乡村振兴战略，省联社南充办事处与西充县人民政府签订授信 120 亿元的金融支持乡村振兴战略协议，金融主力军作用不断增强。

【内部管理】 始终坚持早识别、早预警、早发现、早处置的工作主基调，着力防范化解重点领域风险，不断完善金融安全防线和风险应急处置机制，对各类风险实行全面覆盖，实现风险的全面管理。同时，有效发挥审计监督职能，不断加强合规银行建设，大力提升公司治理水平，切实保障各项业务稳健发展。

（撰稿：唐飞）

四川天府银行西充支行

【概况】 2018 年，四川天府银行股份有限公司西充支行坚守“服务中小”的市场定位和“错位竞争、差别服务”的经营策略，坚持走“为中小企业提供专业化、特色化”的金融服务道路。截至 12 月末，全行各项存款余额达 11.17 亿元，其中，储蓄存款余额 8.24 亿元，较年初增加 2.5 亿元，增长率为 43.55%；各项贷款余额 8.829.18 亿元，较年初增加 0.36 亿元，增长率为 4%。

【产品服务】 四川天府银行股份有限公司西充支行配合县委、县政府和各级监管部门开展宣传宣讲活动，将各类金融知识及惠民、便民金融产品送到广大市民身边。继续推出城市“一卡通”业务，方便老百姓的出行。推出学费代收等业务，方便学

生缴纳学费，减轻学校收费负担。居民足不出户可通过手机缴纳水气电费。

【服务县域经济】 西充支行贷款主要投放于农业龙头企业、农村专业合作社等，支持西充社会经济发展。配合土地经营权抵押融资，涉及领域全面涵盖农业种植及养殖、农产品收储、农产品加工及流通、农业综合服务等各个环节。西充支行作为西充县开展农村产权抵押的主办银行之一，参与西充县配套支持政策和相关制度、办法的制定与完善。同时，定期向西充县人民银行汇报土地经营权抵押贷款业务开展情况。通过县人民银行与县主要牵头部门县委农村工作办公室沟通和交流，对确权颁证、土地价值评估、抵押登记办理、土地权属的转移等流程提出优化和完善意见与建议，积极营销县委农村工作办公室等部门推介的土地经营权抵押贷款客户。争取支小再贷款额度，解决企业融资贵的问题。

（撰稿：任伟）

中国人民财产保险股份有限公司西充支公司

【概况】 中国人保财险西充支公司是中国人民保险公司旗下中国人民财产保险股份有限公司的保险分支机构。2018年，公司有员工27人，下辖6个保险营销服务部，44个乡镇保险服务站，598个村和32个居委会人保服务点。2018年，公司实现保险收入1.0383亿元。其中，车险2834万元，商业非车险1391万元，农业保险3460万元，大病保险2698万元。综合赔款支出8895万元。其中，车险2456万元，非车险594万元，农业保险2645元，大病保险3200万元。

【业务发展】 2018年，公司实施多点、多极支撑发展保险的战略举措，与县公安局签署“警保联动”战略合作协议，促进车险事故的快查、快处、快赔。与县人民法院签署“司法救助”保险战略合作协议，开办诉讼财产保全保险、执行悬赏保险。

【大额保险赔付】 农险：为丰森公司赔偿28.5万元，航粒香公司赔偿18.2万元；为远大农业公司生猪赔款61万元，岱林乡养殖大户彭拥兵获理赔款38.9万元。车险：川R60510车伤人三者赔付88.32万元。扶贫保险：凤和乡蚕丝山村7组冯满（自交保费8.4元）溺水身故赔付8万元。财产险：西充县凤和烟花鞭炮厂暴风雨受损赔付8.02万元。大病险：凤鸣镇仁和寨村张某某住院总费用71.24万元，基本医保报16万元，大病保险报32.69万元。

【纳税业绩】 2018年全年上缴税费532.15万元。其中，增值税131.13万元、增值税及附加13.11万元、车船税288.22万元、印花税3.5万元、个税96.19万元。其中，个人所得税10.34万元、个代个税18.54万元、个人劳务费个税67.31万元、房产税1.18万元、土地税1291元。

【融资业务】 1月22日，中国人保财险四川省分公司与西充县人民政府签订“政融保”合作协议，险资直投2亿元用于西充发展，建设西部现代农业公园。至年末，融资达2500万元，并开展第二批支农融资业务。开办支农支小融资业务，支持西充县“三农”和小微企业的发展，2018年支农融资金额为675万元。

（撰稿：贾万舜）

中国人民人寿保险股份有限公司西充县支公司

【概况】 2018年，中国人寿保险西充县支公司下设一室五部一中心，即经理室、个人保险部、银行保险部、团体保险部、互动业务部、收展业务部、客户服务中心。公司现有内勤员工 2 人，业务人员 129 人，为客户提供无忧人生、百万身价 B 款、人保福等 100 多款保险产品服务。

【业务经营】 2018 年，中国人民人寿保险股份有限公司西充县支公司秉承人民保险服务人民的宗旨，积极参与国家健康养老产业、基础设施和民生工程建设，全年累计保费收入 7489.54 万元，其中，个险保费 753.19 万元，团险保费 2.75 万元，银保保费 6169.47 万元，互动保费 27.02 万元。

【理赔给付】 公司秉承“人民保险，造福于民”的企业使命，保持迅速反应、准确赔付、及时履行保险合同责任。2018 年，西充县支公司理赔给付金额 61.74 万元。

（撰搞：吴丝丝）

中国人寿保险公司西充县支公司

【概况】 2018 年年末，中国人寿保险股份有限公司西充县支公司有长期员工 3 人，合同制员工至年底有男职工 7 人，女职工 9 人。本科及以上 14 人；有经济师 1 人，助理经济师 2 人。下设一室四部一中心，即经理室、综合管理部、个险销售部、团险销售部、银行保险部、客户服务中心。县城及农村营销服务部有代理人员 253 人，团险及银保客户经理（理财经理）87 人，兼职代理人员 23 人。晋城镇、太平镇、义兴镇、槐树镇、双凤镇、多扶镇等 6 个中心场镇均有专职营销服务部，职场均按省公司标准化建设。各乡镇均设有保险咨询服务站点；有农村商业银行、农业银行、工商银行兼业代理网点 103 个，覆盖全县城乡。

【业务发展】 2018 年，西充县支公司围绕“强势对标，转型升级，跨越发展，合规经营”的经营思路，推进“创新驱动发展战略”，实施聚焦价值、聚焦队伍、聚焦期交、聚焦个险、聚焦城区的“五个聚焦”发展策略，2018 年实现保费收入 5800 万元。其中，个险保费 3021 万元，团险保费 784 万元，银保保费 1995 万元。保费总收入均超额完成上级公司下达的任务。

【理赔给付】 2018 年，西充县支公司理赔案件 2100 余件，赔案金额 309 万元，满期及养老金给付 2376 万元。给付中主要是老业务简身险、少儿两全保险、独生子女保险及养老年金险。

（供稿：中国人寿保险股份有限公司西充县支公司）

商贸　旅游

商贸经济

【概况】 2018年，全县完成社会消费品零售总额67.6亿元，同比增长12.4%，增速全市排名第四，位列同类县第一；服务业增加值50.2亿，同比增长12.7%，增速全市排名第一；其他营利性服务业收入增幅58.2%；三产入库税金4.8亿元；对外贸易直接进出口合计2008万元。

【重点项目】 城北五星级智慧农贸市场完成13000平方米主体修建和内部装饰装修，各项开业准备工作顺利进行；泰森有机粮食县、乡、村三级物流体系建设项目完成3万吨有机粮食物流周转仓库、物流展示平台和物流配送生产线等建设，并正式投入运营；邮政县、乡、村三级物流体系建设项目新建城区智能物流提取点6处、村级物流配送节点8个，改造乡级物流仓储配送中心3个。城南片区建材家居园、恒大特色商业街、王府井购物广场等高端、智慧、现代商业聚集中心建设加快推进，城南城市商业功能和档次不断完善和提升。

【增资引项】 对接中、省、市现代流通、现代物流、电子商务等资金项目平台，积极申报各类“强基础、补短板、促发展”项目，全年争取中央农产品冷链物流、第一批省级现代物流、省级外经贸发展等各类资金866.44万元，拨付商贸流通转型升级示范县、省级现代物流业发展等各类建设项目资金830.6万元。星河科技、绿野等公司成功申报第二批省级现代物流和南充市现代物流资金项目，盛祥玫瑰公司成功争取南充市内贸流通扶贫产品市场拓展项目资金。

【现代物流】 总投资5700余万元，由邮政、泰森、星河、龙兴4家企业组织实施的四川省现代物流服务体系项目建设完美收官，以百科公司为代表的义兴片区冷链物流信息化建设基本建成，冷链直采数据实现直报国省大平台，全县“县乡村”三级物流体系进一步健全完善，物流行业仓储、运输资源得到进一步集中高效利用，企业间优势互补、合作共赢态势进一步扩大，商贸流通领域提速、增质、降耗作用明显；立新、力展、诚信、佳莱以及“四通一达”等物流企业相继入户西充并不断发展壮大，全县物流、快递企业总数已达20家以上；成功引进安徽合肥维天运通公司落户西充建设“互联网＋无车承运”西南区域总部项目，为整个西南片区的物流企业、卡车司机在供应链管理和供应链金融等方面提供服务与支持，截至2018年，当年实现营业额4.6亿元，纳税达到3000万元。

【外经外贸】 九天真空、鑫旺外贸等企业实现外贸进出口总额2008万元，新增伟天精机、司南磁电外经贸获权企业2家，全县外经贸获权企业增至21户，全年共组织10余户重点企业参加中国国际进口博览会、广交会等国际国内各类外贸展销活动3场次。全县外经贸领域主体队伍规模、进出口潜力进一步扩大，外贸综合实力不断增强。

【电子商务】 推进电子商务进农村综合示范项目，"互联网＋邮政＋绿谷西充"农村电商模式全面推广。县级电商运营中心、乡镇电商服务中心、村级电商驿站三级电商服务体系帮带服务能力持续增强，实体经济不断触电联网，县域农特产品网店销、微店销、预订销、线上线下融合销等方式不断涌现，家用电器、农资农具等生产生活用品搭上电商的快车进入乡村，便民缴存、订餐购物等电商应用不断加强，全县电商以创新的发展模式、良好的发展态势逐步形成了一些基础和优势。4月26日，省商务厅印发《关于通报2018年一季度农村电子商务信息填报有关情况的通知》，对2018年一季度全省国家级电子商务进农村综合示范项目县农村电子商务信息填报工作进行通报，全县月报报送率、年报报送率及综合得分位居全省第一。

【市场拓展】 加强全县特色商品展示推广，提升县域产品知名度，增强市场拓展辐射范围，借助2018年"古楼桃花节""仙林牡丹花节""双洛荷花节"等系列活动契机，组织本地优势企业开展特色农产品、优势产品展示展销活动，助力农产品加快流通和推动农户增收；精心组织西充优势企业参加南充市迎春购物月活动、重庆渝交会、成都春熙路南充贫困县农产品暨川（桑）茶电商线下体验活动、巴中西交会、成都西博会等以"三大活动"为代表的各类市场拓展活动，深入推进西充特色产品进品牌展会、大型商超、中心市场、知名商圈、机场港口、车站码头，航粒香有机大米、德仁和粮油制品、茂源有机果蔬、洪元记糖果等为代表的一大批特色产品在北、上、广、深、成渝等地落地生根，龙兴、绿野、百科等企业与省、市、县机关单位、学校、医院、工厂等的农产品直供进一步深入推进。

【品牌建设】 盛祥玫瑰、森肽集团、德仁和农业、龙兴牧业、百科公司成功获得四川扶贫集体商标使用授权，为全县扶贫产品销售和推广进一步拓宽了渠道和市场；在2018年南充市餐饮行业"名菜、名厨、名店"三名评选活动中，全县凤凰大酒店成功获评南充名店称号，"灯影苕牡丹""苕国莲乡养生蛤"等4道西充本地菜品夺得"南充名菜"称号，王朝大酒店厨师蒲波获得"南充名厨"称号，为川菜的传承发展和川菜出川注入了新的活力。

【企业培育】 2018年，实现新增11户限额以上商贸企业，新增8户规上服务业企业。截至2018年年年底，全县已培育限上商贸企业（个体户）累计达103户，规模以上服务业企业累计达52户。

（撰稿：县经济商务和信息化局蒲春梅、汪婕）

盐 业

【概况】 四川省盐业总公司西充支公司是主营盐的批发、零售及物流配送的国有企业，隶属于四川省盐业总公司南充分公司，拥有覆盖全县的营销网络和现代物流配送体系。

【业务经营】 2018年是盐业体制改革实施第二年，又是监管体制改革政企分离第一年。西充盐业公司以"抓改革、谋转型、夯渠道、强规模、增效益"的工作思路，继续坚持"苦干实干保生存，跳起摸高促发展"的工作基调，持续推进食盐专销点和食盐专柜建设，抓好大中型商超的食盐直销工作，确保全年各项目标任务的全面实现。全年完成盐产品调入2161吨,销售1797吨,实现销售收入227万元。

（撰稿：四川省盐业总公司西充支公司贾茂荣）

供销合作

【概况】 2018年，西充县供销社系统实现商品销售总额86374万元，农产品购进21035万元，供应化肥58293吨，实现利润526万元。

【深化改革】 多方筹措资金，在太平中心社修建西充县农业社会化服务中心，项目总投资约238万元,该中心建成后将为农民提供化肥、农药、种子、配方施肥、农业机械、电子商务等服务。投入30万元对太平综合市场进行升级改造，新增摊位70个。入股鸿运来超市，在太平镇、大全镇新建日用消费品超市2家。

【农村社会化服务体系建设】 发挥供销社主导作用，完善服务功能，拓宽服务领域，新建和改造农村社区综合服务社35个，惠农供销社10个，庄稼医院7个，电商服务站点22个，领办农民专业合作社7个，完成土地托管15000亩。指导西充县阳光同济农村资金互助合作社，实现了第一次分红。

【信访维稳】 供销系统改制后，系统内涉军涉改等历史遗留问题多，全年共接待群案2起，个案3起。妥善处理伤残军人要求解决再就业一次性医疗补助信访案；争取政府支持，了断县公司19名留守人员留守关系，解决了多年久拖未果的遗留问题。

（撰稿：县供销合作社黎毅）

烟草专卖

【概况】 2018年，西充县局（分公司）在南充市局（公司）党组的领导下,贯彻落实省、市局（公司）工作会议精神，全面推动各项工作的提档升级，在全体县局（分公司）员工的共同努力下，各项工作顺利完成。全年销售卷烟10698箱,实现销售额3.28亿元。

【专卖管理】 2018年，西充县烟草专卖局查获各类涉烟违法案件191起，无证经营54起，非法渠道进货86起，假烟案件9起，走私卷烟案件2起，无证运输案件40起，查获各类违法卷烟130.053万支，真品卷烟118.211万支、假冒卷烟11.566万支、走私卷烟0.276万支,案值113.71万元,收缴罚没款24.08万元。

【卷烟营销】 2018年，西充县局（分公司）销售卷烟10698箱，完成年计划11180箱的95.69%，同比减少473箱，下降4.24%。销售三类及以上川烟949箱（含共享），完成年计划850箱的111.59%，同比增加303箱，增长46.92%，川烟三类及以上占市场份额12.42%。实现川烟自有品牌销售金额4526万元，完成年计划4575万元的98.9%，同比增加477万元，增长11.78%。实现销售收入32769万元，单箱销售收入30632元，同比增加817元，增长2.74%。

（撰稿：西充县烟草专卖局李东芳）

旅游工作

【概况】 2018年，西充县旅游工作以打造立足成渝、面向西部的“乡村旅游目的地”为目标，加快推进项目建设，高端实施宣传营销，以乡村旅游为特色的西充旅游业快速发展。2018年，全县旅游接待人数495万人次，实现旅游综合收入45.12亿元，同比分别增长21.6%、26.9%。县旅游局被南充市旅游局表彰为全市2018年度旅游工作综合绩效考核优秀单位，被团市委授予南充市优秀青年突击队称号，张澜故居被评为南充市2017—2018年度文明旅游景区。

【乡村旅游发展】 县旅游局作为县委三大定位之“打造乡村旅游目的地”和“10+2”大事之“农业公园和乡村旅游目的地建设工程”牵头单位，承担《西充县打造乡村旅游目的地实施意见》和《西充县农业公园和乡村旅游目的地建设工程实施方案》起草工作，该方案和意见于12月25日县委常委（扩大）会议审议通过。2018年，承办四川省旅游发展委员会、甘肃省代表团、市人大常委会、百色市党政代表团等领导到西充视察现场和全市乡村振兴大会西充现场会。县旅游局完成县人大常委会、县政协民主评议旅游工作。

【招商引资】 配合县发展改革局，将西充县成功创建为国家农村产业融合发展示范试点县，争取2018年农村产业融合发展项目省预算内资金400万元，争取盛祥玫瑰、双龙农牧、扶君黄家沟村、张澜故居相关涉旅资金618万元。成功引进上海谦稳股份有限公司、四川来有农业开发有限公司、重庆神州通用航空有限公司、中稷公司等企业投资近30亿元，开发以双龙桥为中心的中国心理旅游第一县、仙林牡丹文化公园、川东北低空飞行旅游观光、川东北康养小镇建设等项目。

【品牌创建】 双龙桥中国有机生态循环第一村、古楼香桃源旅游区创建为国家AAA级旅游区。指导晋城镇白鹤观村、双洛乡老家湾村、同德乡九头湾村成功创建省级旅游扶贫示范村，古楼镇赵家庙村成功创建省级乡村旅游精品村寨。指导太平镇冯老四农家乐、金泉星科农业园区成功创建省级农家乐园、省级养生山庄等特色旅游业态点。8月，在全市特色旅游商品评选活动中，县旅游局获组织奖，嘉和兴农业莲子、鑫土地王者至尊银杏茶、有机玫瑰花冠茶等获南充市特色旅游商品。

【重点项目推进】 投资约5000万元推进桐子河景区项目建设。新建跑马场3000平方米、乡村大舞台5000平方米、滑草场2000平方米、乡村大食堂2000立方米、旅游厕所90平方米、停车场2000平方米，栽植泡桐树、黄桷树、砂糖橘3000株，紫玉兰3000株，旅游道路拓展8公里。完成张澜故里提档升级项目建设可行性研究报告，罗家沟景观工程专项规划，培育梅树1000余株，改造完成中国民主同盟历史陈列馆。投资200余万元，建成张澜故居、仙林牡丹园、川北水乡旅游区等景区5座星级厕所，全面完成年度目标任务。聘请海龟集团完成乡村振兴示范带乡村旅游策划和黑柏山村湿地公园、盐水垭村民宿建设规划设计。

【宣传营销】 开展自主营销。成功举办西充县第六届桃花节、品果节以及仙林首届牡丹文化节、青禾庄园首届蚕桑文化节、双洛乡第二届荷花文化节等文化旅游节庆活动，吸引成渝西（安）等地和南充周边县、市游客近300万人次，旅游综合收入达25亿元，带动旅游从业人员上万人，实现人均增收1000元。开展整体营销。赴西安、乐山、重庆等地，参与省、市旅游整体营销，推介宣传西充旅游文化、精品线路和特色旅游商品。开展网络营销。利用四川省旅游政务网、南充市旅游政务网、四川民生报道网、今日头条、爱西充旅游网等平台，刊发西充文化旅游外宣文章200余篇。以新媒体方式宣传西充文化旅游和经济社会形象。吸引重庆、广安、遂宁等地游客组团到古楼、双龙桥、张澜故居、百科园观花赏景，游生态西充，享有机生活。高峰期每天到西充县的外地旅游大巴多达四五十辆。双龙桥、百科园、凤凰谷的乡村酒店、农家客栈爆满。

【行业管理规范有序】 开展“诚信兴旅宣传月”和“法律七进”活动，推进法制宣传教育进机关、进企业、进景区、进村社，组织全局职工集中学习《四川省依法治省纲要》《中华人民共和国旅游法》《四川省旅游条例》《旅行社条例》《导游管理条例》等旅游相关政策法规，提升旅游行业广大干部职工法律知识和执法水平。针对旅游市场突出问题、热点问题，利用重大节假日，联合安全生产监督管理、卫生、交通、市场监督管理、公安等部门综合执法，开展旅游市场秩序专项整治、旅游市场专项检查工作，确保全县旅游市场安全稳定，保护旅游企业和游客的合法权益。2018 年，出动执法检查人员 20 余次，检查旅游企业 10 个、旅游团队 15 个、旅游电子行程单 100 余份。开展旅游培训工作，举办旅游产业从业人员培训班 2 期，培训 350 人次，不定期开展网络培训，受训 1000 余人次。

【脱贫攻坚】 配合县脱贫攻坚领导小组实施行业扶贫工作。制定《西充县旅游扶贫专项 2018 年实施方案》和《2018 年旅游扶贫实施项目和资金投入清单》，明确旅游扶贫牵头领导、实施进度、完成时限等，推进旅游行业扶贫工作，完成老家湾村农家乐改造、道路景观绿化、农家乐从业人员培训等。建成晋城镇白鹤观村、双洛乡老家湾村、同德乡九头湾村等省级旅游扶贫示范村。

（撰稿：县文化广播电视和旅游局何小松）

生态文化旅游产业

【概况】 西充县生态文化旅游产业园位于多扶镇、晋城镇部分区域，包括城南田园新城片区，园区规划面积 45.47 平方公里，主要以国道 212 线多扶至县城段为轴线总体布局，包括影视产业、特色小镇、休闲游乐、文化养生、田园度假“五大版块”和中国微电影城、多扶文化小镇、生态乡村、欢乐嘉年华、山水休闲、健康养生、文化体验、文化聚落、影视农庄“九大片区”，全力打造集影视拍摄、养老养生、休闲、观光、度假、运动、游乐、会议等功能于一体的综合旅游度假区。园区估算总投资 300 亿 ~400 亿元，建设年限 5~15 年，资金来源主要依靠政府投资和招商融资。

【招商引资】 11 月 2 日，川东北（南充）康养文化小镇 PPP 项目招商落地，完成政府采购，并与中国二冶集团有限公司、深圳前海天择投资控股有限公司、深圳市国信股权投资基金管理有限公司签订投资协议。

【项目建设】 实施建设的项目有福镇建设工程、西充中学多扶校区工程、多扶芝麻沟还房工程、芝麻沟还房支路工程、芝麻沟还房及陈家坝区域污水管网工程、阳（潆）溪河防洪治理及景观工程、阳（潆）溪河杆管线迁改工程。其中，福镇一期二段建成；芝麻沟还房实现回迁入住，还房 945 套，总面积约 97760 平方米。

（撰稿：县生态文化旅游产业园管理办公室贯迎春）

教育　科技　体育

工作综述

2018年，西充县教育体育和科学技术工作以立德树人为根本任务，以质量提升为中心，各项工作顺利开展。县教育体育和科学技术局获四川省教育工作先进集体、四川教育宣传先进单位、南充市信访维稳工作先进集体、西充县脱贫攻坚先进集体、西充县防邪工作先进集体等称号，获南充市教育体育工作考评一等奖、南充市初中教学质量监测和高中教学质量综合评价一等奖、四川省第六届普通教育教学成果二等奖、四川省第十三届运动会射箭比赛第一名等奖项。

教　育

【学校建设】 争取城乡义务教育补助、学前教育发展、科技和体育专项等国家级、省级项目资金1.625亿元。实施“第三期学前教育行动计划”，全县新建园舍37375平方米、户外场地21000平方米；东风路幼儿园建成并招生，多扶镇幼儿园启动建设；购置设备设施12400台(件、套)、教玩具12200台(件、套)、图书26800册，新增学前学位1980个。实施“全面改薄”项目，完成莲池小学、同德小学、义兴中学、双凤中学等19所学校全面改薄任务面积4.7735万平方米。青龙乡小学整体迁建一期工程全面推进。推进义务教育标准化建设，槐树小学标准化建设项目（学生宿舍）完成并投入使用，义兴中学标准化建设项目（教学综合楼）完成主体工程。化解义务教育学校大班42个、超大班10个。招引四川表方实业有限公司投资2亿元建成南充科技职业学院一期工程。10月，西充县顺利通过国家义务教育发展基本均衡县督导评估认定。

【队伍建设】 开展系统学校中层及以上干部档案数字化管理工作，完成资料收集、补充、整理等460余份；考察任命学校中层干部50名、副校级干部25名。推荐省级先进集体1个，省级优秀教师、市级师德标兵20人。开展第四届“三名”工程，8月21日评选出名学校5所、名校长5名、名教师30名，教师节表彰各类教育先进400个（名）。开展省市县骨干教师培训、中小学心理健康教师培训、信息技术能力培训和置换脱产研修为主的跟岗培训6期420余人次；组织名校长、名教师、名班主任工作室成员和县内名优教师开展学术讲座、教学研讨、送教下乡等活动40余场次。面向社会考（招）

聘新教师151名，从农村学校考调城区学校教师49名，遴选商调县外教师19名，面向大学生村官定向招聘职员4名；采取“下派”“双肩挑”、干部异校任职等方式，轮岗交流干部职工247名。

【德育工作】 开展“读书讲座”“快乐阅读”和“书香成果”展示活动。12月25日，西充县首届中小学生诗词大赛在张澜学校学术厅举行，来自全县各学校的18支代表队54名选手参加本次比赛。开展未成年人思想道德建设调研和第十七个全省公民道德建设宣传教育月活动，评选县级“新时代好少年”17名。7月28日，实验一小学生侯飞帆被评为第二季度“四川好人榜，新时代好少年”。组织全县中小学德育管理干部开展知识竞赛活动，举办青少年五好小公民“红旗飘飘 引我成长”“清明祭英烈”“时刻听党话，永远跟党走”等主题读书活动，征集作品4000余篇，300余篇获国家、省、市级奖，获全国先进集体4个、先进个人4名。推荐评选省、市三好学生和优秀学生干部49名；联合县检察院、司法局出台未成年人《“三位一体”亲情修复实施办法》，启动未成年人犯罪预警系统试点工作。

【素质教育】 参加南充市第九届中小学生艺术节，选送的美术类作品、表演类节目和美育工作案例，获省、市等级奖87项（个）；组织中小学生参加省第十四届优秀艺术人才大赛，参赛学生185人，获奖159人次。10月30日—11月2日，参加在自贡市举行的四川省首届幼儿体育活动展示大会，县示范幼儿园体操队表演的轻器械操《花球操》获一等奖。组队参加省中小学生足球锦标赛获女子甲组第六名；参加全市中小学生跆拳道比赛，获竞技团体第二名，个人获3金3银11铜；参加南充市校园足球联赛，获男子组第二名；西充中学、建设路小学顺利通过全国青少年足球示范校评估验收，晋城中学入选全国青少年校园足球特色学校。创建省文明校园5所，省、市级艺术特色学校3所，优秀社团3个。举办中小学生田径运动会，41支代表队423名运动员参加比赛，30人次打破县运会记录。

【教育科研】 组织部分校长、教师到浙江、江苏、三台、德阳等地名校考察新课程改革成果。开展道德与法治、语文、历史等新课程培训3期400余人。召开“自主·快乐”教育成果推广座谈会，举办全县幼儿园教师技能竞赛、中小学学科教学课堂大赛13科次，选送推荐优秀教师参加省、市课堂教学竞赛，获一、二等奖14人次。申报科研规划省级课题2项、市级课题5项、县级课题28项，323个微型课题列入县级普教科研项目；完成《南充市第五届普教教学成果集》材料的推荐、编撰和西充县第三届普教教学成果评选工作。

【教育质量】 2018年，全县普通高考本科上线1168人，本科上线率48.57%，其中一本上线355人。中考总分平均分蝉联全市第一，七个参考学科中，语文、数学、物理、化学、政治、历史六科居全市第一，英语居全市第二。完成中等职业技术学校招生634人。年末，张澜职业技术学校（南充技师学院）有学生7500余人。中等职业技术学校毕业生就业率达95.30%，对口就业率达86.64%。获省、市普教教学成果奖18项。创建国家、省、市足球特色、艺术教育、文明校园等示范学校20校次。

【学生资助】 落实各阶段学生国家助学政策，发放各类资助2106万余元。其中，地方财政资助特困师生619名100万元，教育扶贫救助建档立卡贫困家庭学生800人100万元，普高家庭经济困难学生学费及助学金资助2501人次631.198万元，中职学校学生免学费及资助530.9575万余元，义务教育阶段寄宿制困难学生生活资助3894名426万余元，学前教育“三儿”资助1604名131.2万元，免除义务教育阶段学生作业本费114.5万元，彩票公益金资助师生213人73万元。积极开展“金秋助学”行动，资助大学新生404人139.3万元。认真办理大学生生源地助学贷款，发放助学贷款2898人次2340万元。

科 技

【科普宣传】 开展大型科普宣传活动4次，举办科技展览2期、知识产权讲座4期，适用技术培训5场，出动科技宣传车20余辆，科普大篷车进校园10次；悬挂宣传横幅标语30条（幅）、科普挂图120幅，发放科技宣传资料4万余份、科普书籍1800余册，接待咨询服务群众18000余人次。利用“科普宣传月、周、日”等重大活动节点，组织科技人员、医疗专家到李桥、太平、义兴、占山、东岱等乡镇开展文化、科技、卫生“三下乡”活动，通过科技集市、科普讲座、专家咨询、田间示范以及新技术、新品种、新机具展示，大力宣传现代农业科学技术、政策法规等30余场次，完成全县25家企事业单位的科普统计工作。

【创新创业】 推进南充市创新驱动实验区西充园区创新创业发展服务平台项目建设，完成标准厂房建设5.9万平方米并投入使用，入驻在孵企业8家。推进国家农业科技园区建设，按“三心五园一带”的整体空间布局和功能布局，改造完成1500平方米的园区管理投资中心和1200平方米的科技创新孵化中心。农民创业园，建成吸纳1000余人创业。建成中小企业孵化中心3000平方米，入驻企业15家。建成市农科院与广绿公司、四川大学与九天真空等产学研联盟5个；助推企业申报国家、省、市重点项目，获项目资金570万元。组织南充市第二届“嘉英荟·南充双创”大赛西充选拔赛及南充创新挑战赛，四川凤和黄酒有限责任公司等56家科技型企业参加第二届“嘉英荟·南充双创”大赛，7家企业（团队）入围第二届“嘉英荟·南充双创”大赛年度总决赛。申报国家创新型县通过省级评估论证。

【企业培育】 开展中小企业引进、孵化、培育工作和科技型中小企业认定工作，招引入驻工业企业12户、农业企业5户、服务类企业3户，培育科技型中小企业20户。培育四川省盛祥玫瑰生态农业开发有限公司和四川万宇生物科技有限公司申报高新技术企业。在省科技促进发展中心网站注册规模以下高新技术产业企业75户。打造科技超市、创新工场、创业社区等众创空间，验收创新创业平台4家，受理小贷申请96笔，贷款贴息71万元，补贴高校毕业生创业资金183万元，完成SYB等职业技能培训449人，引导380余名外出务工人员返乡创业，累计创办各类经济实体100余个，总投资额近5000万元，带动就业2000余人。完成高新技术产业产值45亿元。

【专利申报】 推进知识产权工作，指导、协助企业和个人申报专利，完成专利申请270件，其中发明专利60件，科技成果转化5项。

体 育

【群众体育】 开展全民健身活动，举办迎新春象棋擂台赛、七人制足球联赛、庆端午羽毛球比赛、庆国庆乒乓球交流赛等单项多样性群体活动赛事20余次。承办“迎新春万人长跑”、古楼桃花节千人户外健身徒步比赛、第二届美丽乡村自行车环形骑游赛、成人男子篮球联赛、8月8日全民健身展演等大型和综合性群体活动及赛事5次，协办第七届“南充1783百里徒步”运动会、西充县第四届太极文化节、西充县警体运动会。完成篮球技能培训80余人次。推进学校体育场馆等公共体育向群众定时免费开放，全年入场入馆锻炼9.3万余人次。

【竞技体育】 开设射箭、足球、篮球、田径、乒乓球、排球、羽毛球、跆拳道等青少年业余训练项目8个，训练人数达300余人。参加省、市各项各类比赛活动，先后获四川省第十三届运动会2金1银、四川省第九届残疾人运动会6金2铜、南充市中小学生跆拳道比赛个人3金3银11铜和团体二等奖、南充市中小学生武术套路比赛个人3金9铜和团体二等奖、南充市中小学生田径锦标赛1金1银1铜、南充市校园足球联赛男子第二名等成绩。向省输送集训运动员6名,向市业余体校射箭、足球、田径训练点输送优秀运动员60余名。

【健身场地建设】 编制城区全民健身中心建设规划，指导乡镇、社区做好健身场地规划，将全县50%的体育彩票公益金11余万元，用于公益性体育健身场地设施建设。申请中央彩票公益金支持地方体育事业专项资金100万元用于健身步道建设。新建全民健身路径11条。推进县体育馆建设工作，县休闲健身广场开放式体育场地建设竣工并投入使用。

【体育产业】 在迎新春广场展演、桃花节千人户外徒步、七人制足球联赛等8次活动中，向体育社会组织购买公共体育服务13.8万元。完成体育彩票销售额1846万元，增长423万元，同比增长超过22%。

（撰稿：县教育体育和科学技术局樊雄）

文化　传媒　卫生

文化广播影视

【概况】 2018年，西充县文化广播影视工作按照公共文化服务体系示范区标准，突出文化创新，着眼文旅结合，在不同层级因势发力，开创文化工作新局面，发挥文化扶贫惠民作用，达到以文化人的目的。

【梳理文化资源】 编辑出版第一张《西充县手绘文化地图》，既是文旅导游图，又是文化艺术品。出版《西充文化沙盘》白皮书，挖掘西充文化资源禀赋，梳理西充文化九维坐标，建模西充文化战术展台，构想文化（产业）发展系列战术支撑。

【文化创作】 编辑出版《传承优秀传统文化书丛》，截至年底，《忠义西充》《茗国印象》已交出版社，《民歌西充》《人物西充——诗忆西充》《朗月金秋诗歌大会档案》进入编辑阶段，《古音西充》形成初稿，《清慎西充》启动创作。

【文物保护】 升级蒲氏家祠、严家大院、贺圣寺为省级重点文物；公布安乐寺、孙家大院、纪公庙、九坪寨、蒲氏宗祠为县级文物保护单位；争取上级资金50万元，修复省级文物百福寺永乐碑，并扩建廊亭。争取国家资金100多万元，修复完成100多件特级、一级、二级馆藏文物。争取国家资金1100万元，修复文庙本体，扩建文庙后山，致力打造以文庙为核心的城市人文4A级景区，至年末主体工程已经完工。

【川剧振兴】 抢救地方戏种，开展川剧振兴行动。依托天街茶舍及老年大学，新排并巡演《御河桥》《状元与乞丐》等传统川剧大幕戏15幕，以及《曹庄孝母》《岳母刺字》等折子戏32折上百场次。

【考古工作】 初步完成嘉陵江流域西充段考古发掘工作。历史性摸清西充县从村落聚居到城镇集市到县城中心的形成演变历程，绘成西充经济社会发展的时空曲线。其中，在紫岩扶龙沟村黄梁坡发掘纪信故居遗址，在紫岩、岱林、仁和、车龙分别发掘出油井、大陵、小陵、流溪等唐宋古镇遗址，尤其是车龙境内发掘的流溪县城遗址，坐实了西充唐宋名邑地位。

【创建文化阵地】 整合资金近300万元，在太平、槐树、仁和、祥龙、观凤、青龙、永清、中岭、金山等乡镇建设“文载西充·乡村文化大舞台”，助力乡村振兴。整合社会资源，在产业带、风景区、人流密集地建设众筹书院，乡篱书院、张澜书院、百科书院、桃源书院、上善书院对外开放。开办《文载西充大讲堂》，6名首席文化顾问已着手备课。在双龙桥—义兴农产品加工园乡村振兴示范带建设“诗歌大道”，再现诗乡意象。推进总分馆制落地，在县城学校等部位建设完成18个图书分馆，诠释了“书香西充，悦读无限”的读书理念。

【文艺创作】 以西充历史人文为素材，创作完成大型史诗歌舞剧《家国长歌》，单行本已经出版。川剧版《家国长歌》完成剧本、音乐、服装、导演案等工作。组织创作精准扶贫长篇小说《川北风》，该书作为南充唯一小说类作品入围四川省重点文学扶持名单。推动传承创新，举办朗月金秋中秋诗歌大会。《上访寺村农民有了“定心丸”》获四川广播电视节目（新闻类）广播长消息优秀作品奖；《台商西充邂逅“有机梦”》获四川广播电视节目（新闻类）电视新闻专题类提名奖。组织创作的《诳楚存汉》现代金钱版情景剧，被选中作为全市春晚重点节目。苕文化系列场景漫画及“苕国国宴”全景情景画，与苕文化专辑一起，共同唤醒封存的苕国乡愁。组织创排西充婚嫁民俗文化系列歌舞。《民歌音乐》经四川民族大学教授改定。

【打造文化品牌】 创建中华诗词之乡。建设乡篱书院文化综合体。该书院被授牌为南充乡村振兴示范馆，入选全省“巾帼读书”优秀案例，首都图书馆初定与西充县建立对口援建关系。该书院成功承接南充市纪念改革开放40周年诗歌朗诵大赛南充赛区审稿工作会、南充市公共图书馆地方文献交流会，以及南充市妇联工作经验交流会，并多次作为政协等部门对外考察现场点。以青龙蚕华山村为基地，建设乡村振兴的西充文化样本。发掘国家级湿地公园、国家级传统文化保护村落、国家级书法家、“国优青三九”品牌、省级乡村文化旅游示范点、省级文物，以及蚕花娘娘传说、纪通庙、大西政权遗存、民俗古风、农耕种养、环湖乡村自行车道等资源，为乡村振兴贡献文化力量，力争成为全省乡村文化振兴样本。在乡村振兴主题下，以乡音为纽带，以乡愁为基调，以发展为主线，在槐树镇举办首届农民春晚，唱出农民的欢乐，唱出土地的情怀，唱响农村的复兴。建立奖补、竞争、联动等系列机制，在全县所有乡镇轮流举办农民春晚，让春晚成为一道文化景观，成为农民围炉夜话的年夜饭。全方位培育“文载西充”综合文化品牌，诠释“义踵汉风崇忠信、文承明韵尚诗书”的西充境界。挖掘清廉文化，培育清慎品牌，《清慎西充》开始组稿，成功注册清慎商标，启动清慎文创产品设计工作。

【培育文化人才】 组建运行文化顾问团队，聘请马正平、杨平位、李一清、吉怀康、杨明、李德先等为首批首席文化顾问。组建全县文化志愿者队伍，确保一村一人。用购买文化服务的方式滋养文化阵地、队伍，培养社会化文艺人才库，老年大学、天街川剧社、老兵文艺队等均成长为独立的市场化团队。利用“文载西充”大讲堂以及免费开放阵地辅导各类文艺人才。用市场历练队伍，文化市场综合执法大比武获全市综合第一名。

【推进跨界融合】 招引重庆帮帮利公司入驻青龙乡，发展精品民宿文化，推行归真生活，并利用30万高端客户，打造“住宿+有机农产品”营销模式。与蜀皖文化研究会谋划，传播传统文化，涵养乡风文明，开发相关文创产品；依托青龙古街，再现民间72行，形成文旅看点。招引业主，开发建设黄辉主题文化公园，并签订框架协议，完成规划初稿。招引舜之本公司落户金山，种植有机红苕，开发苕文化系列产品。公司已经自行种植红苕3000亩，带动农户种植5000亩；苕文化形态研究及品牌营销、产业规划完成定稿。蚕华山全省乡村文化旅游示范基地已经授牌。

（撰稿：县文化广播电视和旅游局何小松）

新闻报道

【概况】 2018年，县委新闻报道组在各级各类媒体发稿4000多篇次。国家级主流媒体刊用稿件66篇，其中《人民日报》3篇，人民网5篇，新华网10篇，《中国县域经济报》15篇，《农民日报》3篇，中国新闻网30篇；省级主流媒体刊用稿件75篇，其中《四川日报》3篇，《四川经济日报》18篇。采编《南充日报》西充周刊50期、稿件450条，采编《南充晚报》西充周刊50期，策划专题19个。被市委宣传部评为南充市宣传系统先进集体，被南充日报评为先进记者站。

【外宣接洽】 2018年，县委新闻报道组主动衔接国家级、省级媒体记者来西充县采访。配合全市项目拉练、桃花节、农民丰收节、全市乡村振兴现场会等重大活动，以及精准扶贫、乡村振兴等重要工作策划宣传报道，扩大西充的影响力和知名度。在新华网、《农民日报》《中国县域经济报》《四川日报》《四川经济日报》等媒体刊载《西充：桃花扮靓“农业公园”旅游助力乡村振兴》《西充：产业发展从“靠天吃饭”到旱涝保收》《从四川省西充县两代农民同获新型职业农民标兵称号看——振兴乡村的必由之路》《三个切片看智慧农业长啥样》《西充：支撑“三大定位”决胜“五大战场”》等文章。

【宣传策划】 2018年，县委新闻报道组立足《南充日报》和《南充晚报》，加大稿件策划和把关力度，使《西充周刊》在选题新颖、稿件质量、图片质量、专栏策划等方面都得到提升。围绕“有机农业排头兵”“乡村旅游目的地”“产城一体示范区”这三大定位目标以及全市项目拉练、桃花节、品果节、精准扶贫、乡村振兴等策划了专题报道，完成采编《南充日报》周刊50期，刊发稿件450余条，采编《南充晚报》西充周刊50期，策划专题19个。

（撰稿：县委报道组赵威）

医疗卫生

【概况】 2018年，西充卫生和计划生育工作以提高人民群众健康水平为目标，深入推进公立医院改革，稳妥有序实施全面两孩政策，稳步推进公共卫生服务均等化，进一步完善医疗卫生服务体系，卫生和计划生育各项工作顺利完成。

【项目工作】 城北新区社区卫生服务中心（南充红十字博爱急救中心）和高院镇、同德乡、祥龙乡、岱林乡4所乡镇卫生院建设项目完工并投用。县中医医院建设项目开工建设。西充博爱医疗养老服务中心建设项目开工建设并完成地下两层的主体工程施工。招引西充仁爱精神病医院有限公司，至年末已建成占地18亩，建筑面积14000平方米，开放床位500张的精神病专科医院。

【医疗卫生体制改革】 推进家庭医生签约服务进机关、进工厂、进社区、进农庄。2018年，家庭医生签约率达到60%，重点人群签约率达到85%。完善双向转诊，促进患者有序合理流动，全年实现县级医疗机构床位使用率87.67%，基层医疗机构诊疗量占总诊疗量的67%，县域内就诊率达86%。开展远程诊疗服务工作，医联体远程医疗服务开展率达100%，县级医院开展远程会诊占院外会诊比达92.77%。健全公立医院法人治理结构，完善县公立医院管理委员会，履行政府办医（领导、管理、保障、监管）责任。深化药品供应保障制度改革，推行药品采购“两票制”改革，压缩中间环节，降低虚高价格。规范用药行为，促进基本药物公平可及。二级及以上公立医院药占比控制在25.15%。

【公共卫生服务】 疫苗接种9万余针次，接种率达99.89%；报告肺结核患者和疑似肺结核患者的总体到位率达95.5%；艾滋病感染者和病人抗病毒治疗覆盖率达80%，抗病毒治疗成功率达78.1%，全年开展艾滋病检测13.5万余人。免费为65岁以上老年人提供免费体检服务。

截至年底，城镇居民健康档案建档率达95%，健康档案电子建档率达93%，动态管理率达70%。在仁和镇开展了早癌筛查工作，肿瘤登记覆盖率达100%，高血压管理率达60%，糖尿病管理率达65%，重性精神病管理率达95%。

孕产妇保健管理率达98%；孕产妇死亡率17.8/10万，控制在18.5/10万以内；婴儿死亡率控制在2.87‰以内，5岁以下儿童死亡率控制在3.1‰以内；艾滋病母婴传播率控制在4%以内。

推进学校卫生、饮水卫生、公共场所卫生、医疗服务等执法监督工作，查处非法行医行为。餐饮具集中消毒企业监督覆盖率100%。

做好卫生应急工作。2018年开展一次应急演练、一次应急培训，突发急性传染病有效处置率达100%，突发公共卫生事件及时报告率达100%。开展了食源性疾病监测，县人民医院监测120例，县中医医院监测121例。

【中医药服务能力】 拓展中医“治未病”范围，在中心卫生院逐步开展“治未病”工程。继续加强中医药适宜技术推广服务人员培训，全县各乡镇中心卫生院均能开展10种以上、村卫生室均能开展6种以上中医药适宜技术服务，基层中医药服务量达45%以上。县中医医院顺利接受省中医药管理局组织的专家组开展的二甲复评。

【行风政风】 清理并规范行政许可前置事项，行政审批事项办结率达100%，完善行政权力运行监督平台，实行“双公示”制度，规范行政自由裁量权。开展医疗卫生领域腐败问题和医疗乱收费问题专项治理，处理医疗纠纷22起，投诉15起，行政处罚25件。

【医疗队伍建设】 2018年，全县公开招聘55名卫生专业技术人员和3名农村医学定向生的入编规培。基层医疗卫生单位空编率控制在9.32%，完成全科医生转岗培训28人。派遣28名医务人员对口支援乡镇卫生院，6名医务人员支援民族地区。

【健康扶贫】 推进贫困人群“医疗救助、公共卫生保障、医疗能力提升、卫生人才培植、生育秩序整治”五大行动，实现县帮乡、乡帮村的组团式帮扶，实现7473名贫困人口退出目标。全县34个计划退出贫困村卫生室达标率为100%，每个村卫生室均有1名合格村医，贫困人口免费健康体检率达100%，贫困患者县域内住院和慢性病门诊维持治疗医疗费用个人支付占比控制在10%以内。2016年以来，县财政投入村卫生室专项建设资金2310万元，对全县未建村卫生室的70个贫困村、315个非贫困村进行了卫生室建设，惠及贫困人口22314户47901人；通过基本医保、大病救助、民政救助、政府兜底等方式，实现贫困人口县域内住院和慢性病门诊维持治疗医疗费用个人支出控制在10%以内。采取“卫生＋教育”扶贫新模式，与南充卫生学校合作，为西充县有意愿的35名建档立卡贫困人口开展“卫生中职免费教育”。

（撰稿：西充县卫生健康局李肖）

疾病预防控制

【概况】 2018年，全县无甲类传染病报告，共报告乙、丙两类16种1727例，死亡12例（艾滋病11例、乙肝1例），报告发病率为285.02/10万，报告死亡率为1.98/10万。其中乙类传染病11种842例，占发病总数的48.76%，丙类传染病报告发病5种885例，占发病总数的51.24%。与去年同期相比上升幅度较大的病种主要有：HIV、丙肝、麻疹、乙脑、百日咳、猩红热、手足口病、其他感染性腹泻病。网络报告及时率达100%，及时审核率达100%。全年无突发公共卫生事件。

【免疫接种】 全县以乡镇为单位适龄儿童建卡建证率100%。基础免疫接种率在98%以上，加强免疫接种率在95%以上。认真开展儿童预防接种证查验及补种工作，入学接种证查验率达98%以上。查漏补种率达90%以上。加强对疫苗相关传染病和接种异常反应的监测，监测率、报告率均达100%。

【儿童预防接种率调查】 根据省、市安排，县疾病预防控制中心对全县接种率进行计免接种率明察暗访抽样调查，并对上卡、上证进行全面检察，其结果建卡率为100%，建证率为100%，卡证符合率为100%。12~24月龄儿童单苗接种率卡介苗达100%，糖丸达100%，百白破达100%，麻苗达100%。乙肝疫苗首针及时接种率为99.52%，乙肝全程接种率为100%，乙脑疫苗接种率为99.52%，A群流脑疫苗接种率为99.52%，甲肝疫苗接种率为100%。1岁组麻苗接种率为98.1%，三联接种率为96.2%；2岁组乙脑疫苗接种率为96.69%；3岁组A+C流脑疫苗接种率为97.62%；4岁组脊灰糖丸接种率为98.1%，6岁组二联接种率为96.2%，A+C流脑疫苗接种率为97.14%。对存在的问题，及时提出处理意见。各区、乡防疫负责人，对各种疫苗的领取、保藏、运输、分发，接种前的准备，病史询问和接种时的途径、剂量及禁忌证了具体要求。

【AFP监测】 按全国消灭脊髓灰质炎要求，结合省、市、县消灭脊髓灰质炎经验，每旬到哨点医院中查询传染病卡、登记簿、病历、有关医生及相关科室，发现14种急性迟缓性麻痹病例，并及时填写上报，采集标本，冷藏运输，送到省级实验室，并对未报的当事人按《传染病防治法》进行处罚。2018年，按市疾控中心要求完成4例，(本地报告3例、外地报告1例)。脊灰病例粪便的采集、送检，60天后对病人的随访，随访表上交及时率均达100%。

【疑似预防接种异常反应（简称AEFI）监测】 全县报告单位44个，报告疑似病例45例。报告乡覆盖率68.16%。无严重AEFI病例，均为一般反应。

【MV、NT监测及疑似病例报告主动监测】 按全国NT监测方案和四川省MV监测方案，每10天一次（按传染病旬报要求）将报表2和4送市疾病控制中心。县疾病预防控制中心及乡镇卫生院防疫人员每月到辖区医院了解麻疹疑似病例报告情况。对发现的“零”病例报告按传染病报告要求，组织专业技术人员进行个案调查，写出调查结论。通过传染病报告系统统计，全县共12例（本地报告7例、外地报告5例），发现MV病例3例、风疹1例，无NT病例报告。

【狂犬病防治】 全县2018年年初犬只数14681只，全年捕杀7382只，年末存栏7299只。免疫犬7095只，占现有犬的97.2%。登记报告犬伤患者2395人，伤口正确处理2395人，注射人用狂犬疫苗2395份，伤口正确处理和及时接种率均达100%。全年无狂犬病死亡病例报告。

【碘盐监测】 6月，从槐树镇、义兴镇、多扶镇、双凤镇、晋城镇5个乡镇采集200份居民户碘盐、200份尿样样品，其中孕产妇100份，合格率92%。

【死因监测、肿瘤登记】 按照死因监测网络直报系统统计（按户籍地址），全县报告死亡个案3739例，报告死亡率617.10/10万。引起全县全人群死亡报告率较高的5种疾病分别是：循环系统疾病、恶性肿瘤、呼吸系统疾病、损伤和中毒、内分泌系统疾病。2018年全县报告新发病例1245例，肿瘤死亡病例590例，报告率低于全市其他县区。

【麻风病防治】 全县登记麻风病人11例，无新增病例。县疾病预防控制中心派出工作人员到部分患者家庭进行访视，患者及其家庭成员无复发及传染情况，无畸残现象发生。

【重症精神病管理】 全县累计建档患者人数为2847人，患者检出率为4.84‰；在册患者为2551人，在管患者人数为2258人，在专科医院住院治疗人数为402人。患者流转情况迁出待处理57人，迁出被拒195人。严重精神障碍患者管理率为95%。

【医院消毒监测】 全县有医疗卫生单位57家，1月—10月监测10家，其中县级医疗机构3家。乡镇级医疗机构7家。实监测样品总份数279份。监测使用中消毒剂及无菌器械保存液96份，合格96份，合格率100%；物体表面125份，合格125份，合格率100%；空气42份，合格36份，合格率85.71%；医院污水监测16份，合格13份，合格率为81.25%。

【学校卫生】 针对成人高考和自考制定详细的应急预案，指导相关单位对考生考点及考生食宿点进行消毒技术指导并对消毒后效果进行检查，确保考试顺利进行。使用泡腾片120瓶、过氧乙酸50组，消毒面积约60000平方米。

【艾滋病防治】 2018年，干预暗娼人群、看守所羁押人员、吸毒人员、男男同性恋等人群2909人次，检测上述高危人群260人。扩大HIV检测34315人。全年初筛HIV阳性19人，确诊19人。截至10月15日，发现报告的艾滋病病人和感染者人数为211例（2018年报告发现54例）。纳入治疗的感染者和病人140例。新发现的感染者、病人的个案流调建档率达100%；感染者的CD4检测率，常住人口达100%。符合治疗条件的病人治疗率达100%。艾滋病感染者和病人抗病毒治疗覆盖率达85%，抗病毒治疗成功率达88%。4月，在市疾病预防控制中心艾滋病筛查实验室质量考评中获优秀。6月，被评为南充市艾滋病防治工作先进集体。

【结核病防治】 全年初诊登记、检查可疑结核症状者434例，登记率为66.20/10万。其中，县内外医疗机构转诊、推荐及健康检查251例，病员因症直接到县医院门诊就诊183例。确诊活动性肺结核患者377例，患病率为57.50/10万，完成目标任务的122.80%。其中，新发涂阳肺结核83例，复发与其他复治7例，涂阴肺结核173例，未痰检89例，结核性胸膜炎25例。结核患者接触者筛检90例，摄X胸片检查402例。对385例胸片阳性病例和部分胸透异常病例进一步取及时痰、夜痰和晨痰涂片查抗酸分枝杆菌。痰涂片检查发现结核杆菌阳性90例，菌阳患病占23.87%（90/377），结核杆菌阴性173例，病原学阴性患病占45.89%（173/377），未痰检占23.61%（89/377），结核性胸膜炎占6.63%（25/377）。报告肺结核患者和疑似肺结核患者的总体到位率达95.5%。

【卫生应急】 组建应急队伍，制定突发公共卫生事件应急工作预案。每月按要求做好突发公共卫生事件信息月报工作，建立疫情监测报告制度，按要求开展突发公共卫生事件相关信息监测报告工作。随时保证一次性防护服、N95口罩、护目镜、橡胶手套、过氧乙酸、漂白粉等必备的卫生应急物资的足量储备。开展霍乱疫情处置、食物中毒等相关应急演练。

【卫生监测检验】 完成全县城乡生活饮用水卫生监测及各种水质检测样品266件；监测盐碘300件、尿碘300件，抽检餐具36件、公共场所样品117件；完成水质应急采样6起计18件样品的各项检测；完成12306人次从业人员健康体检等预防性医学检验工作。开展食源性疾病监测，哨点医院西充县人民医院121例/年，西充县中医院121例/年。

【健康教育】 开展“全民健康生活方式行动”核心信息主题宣传工作。制作慢性病宣传材料20种共22万份（含高血压、糖尿病、口腔卫生、健康素养66条、膳食指南、膳食图谱、运动指南、控烟宣传手册等），技术支持工具3种共6200份，慢性病防控视频光盘（高血压、糖尿病、老年人保健、健康素养66条）4种共1200张。主动联系主流媒体（如电视、广播、报纸等）对宣传活动进行报道，并利用手机、网络、微博等新媒体，以互动方式开展公益宣传，扩大“行动”影响和受众覆盖面。开展健康宣传教育专题活动。利用古楼桃花节、“3·24”世界防治结核病日、世界卫生日等组织开展大型宣传活动。现场接受4000余群众咨询，发放各类宣传资料60000余份。开展“妈妈课堂”21期，通过对一类疫苗与二类的替代疫苗的选择、对于没有提供免费疫苗可选的二类疫苗、接种疫苗孩子会出现的接种反应及常见反应处理，以及接种前、接种后应该怎么做、小豆苗使用指南等知识的讲解，让1300余名家长了解到更多预防接种方面的知识。

（撰稿：县疾病预防控制中心）

卫生和计划生育监督执法

【概况】 2018年，西充县卫生和计划生育监督执法围绕医疗机构、公共场所、生活饮用水、学校卫生等重点领域开展监督检查工作，圆满完成各项工作任务。

【思想宣传工作】 县卫生和计划生育监督执法大队围绕贯彻执行卫生法律法规，通过业务培训、设法规宣传站、办监督橱窗，广泛宣传与贯彻卫生法律法规。全年建立宣传橱窗8期，送法到基层50余户，发放宣传资料4000余份，张贴（悬挂）宣传标语10余幅。四川省卫生监督网采用刊登典型案例、经验交流文章4篇，动态信息57件。

【督查医疗废物处置工作】 对全县各级各类医疗机构负责人及医疗废物收集人员进行两次专题培训，并与各医疗机构签订《医疗机构“医用三废”管理目标责任书》；配备医疗废物转运车辆和人员，定期对县城个体诊所产生的医疗废物进行集中转运；县级医疗机构、民营医疗机构和中心卫生院均与南充洁源公司签订医疗废物收集处置协议；乡镇卫生院与洁安公司签订医疗废物收集处置协议；建立健全全县医疗废物管理各类制度。对全县各级各类医疗卫生机构进行多轮专项督查，对检查中存在问题的医疗机构均下达监督意见书责令限期整改，对问题比较严重的单位警告5家、立案8家、处罚完结8家，罚款金额21000元。

【督查公共场所】 重点对小食品经营及加工单位、小理发美容店、小旅店、小浴室、小歌舞厅等“五小”行业开展专项整治，建立和完善各类公共场所的卫生管理制度及卫生监督公示栏上墙。深入开展量化分级管理，严格规范经营行为。制定《西充县公共场所量化分级管理实施方案》，对监管单位负责人进行公共场所相关法律、法规、标准要求的培训，并将量化评分表及打分细则印发到所有从业单位负责人手中，并依据评分表进行改进。开展公共场所安全套推广专项监督检查。检查全县范围内的宾馆、旅馆、招待所、度假村等提供住宿的公共场所45家，歌舞厅、保健按摩院、桑拿中心、浴足中心、洗浴中心等公共娱乐场所12家，车站2家，以及从事艾滋病、性病诊治的医疗机构2家。重点检查从业人员持健康证的情况、安全套的摆放以及艾滋病的宣传等。

【监督管理饮用水卫生】 学校春季和秋季开学后，和县教育体育和科学技术局等相关部门一起对全县农村学校自备供水情况进行检查。全县有自备供水学校13所，12所学校的自备供水均办理生活饮用水卫生许可证，管水人员均进行健康体检。对全县44家供水单位开展集中专项检查，深入全县各乡镇学校开展集中式供水专项检查，现场对供水单位的水源防护、水处理设施、涉水产品等进行全方位监督检查，对存在问题的单位进行技术指导，同时下达卫生监督意见书限期整改，确保供水安全。

对不合格的水厂出具监督意见书，促使其限期整改，全年立案4起，处罚4起，罚款金额9000元。

【医疗卫生监督】 对全县所有医疗机构进行卫生监督，全年巡回监督检查1000余户次，开展清理医疗广告，打击药店“坐堂行医”和非法义诊、市场游医，医院出租承包科室等专项行动。规范个体诊疗行为和采供血机构依法采供血的卫生监督工作，现场取缔牙医摊点6个，驱赶游医26起，没收药品器械5.3公斤。对使用非卫生技术人员行为、超范围行医的医疗机构、医疗废物处置不规范的医疗机构进行了处罚和责令整改，立案查处违法医疗机构案件15件，罚款26000余元。

【规范临床用血】 重点对全县11家临床用血的医疗机构的组织管理、血液来源、血液储存、发放情况以及科学合理用血和紧急用血等方面进行检查。全县大部分受检医院都能科学合理用血，掌握输血适应证，成分输血比例达到有关要求。所检医疗机构输血管理制度比较完善，临床用血能做好计划，由南充市中心血站统一提供，无自采供血现象。输血申请基本符合有关规定。

【职业卫生、放射卫生监督】 对我县16家使用医用X光电离辐射的医疗单位的工作场所放射防护、放射工作人员个人剂量监测和职业健康监护等情况进行检查。16家放射诊疗单位都建立了放射诊疗管理规章制度和放射事故应急预案，建立了职业健康监护档案，机房门外设置工作指示灯和放射警示标志。有在岗放射工作人员37人，37名放射工作人员均佩戴有个人剂量监测仪，监测结果未见超标。

【监督检查社区、村卫生站】 执法人员对全县村卫生室进行机构资质、执业人员资质、传染病防控管理、基本药物使用、医疗废物等情况的专项检查。针对检查中发现的问题，监督执法人员当场下达卫生监督意见书，并限期整改，及时消除安全隐患，规范乡村医生的依法执业行为。

【监督传染病防治】 将防控传染病爆发与流行工作作为重中之重，成立防控组织，制定实施方案，明确监督责任，落实监管人员。与疾病预防控制中心联合，对辖区内部分医疗卫生机构开展感染控制专项卫生监督检测工作。监督监测各级各类医疗卫生机构10家（其中，县级医疗单位3家、乡镇卫生院5家、民营医院2家）。对在监督监测中发现违反相关卫生法律、法规、规章规定及卫生标准的分别责令限期改进，并下达卫生监督意见书。加强医疗废物和医院污水专项整治，对全县48家有医源性污水取水口的医疗机构进行了污水监测，监测结果不合格的均责令其限期整改。立案查处2件，罚款5000元，对易发生问题的薄弱环节进行重点监督，坚持常抓不懈，以确保防止疾病传播，保护环境，保障人体健康。

（撰稿：县卫生和计划生育监督执法大队宋兵）

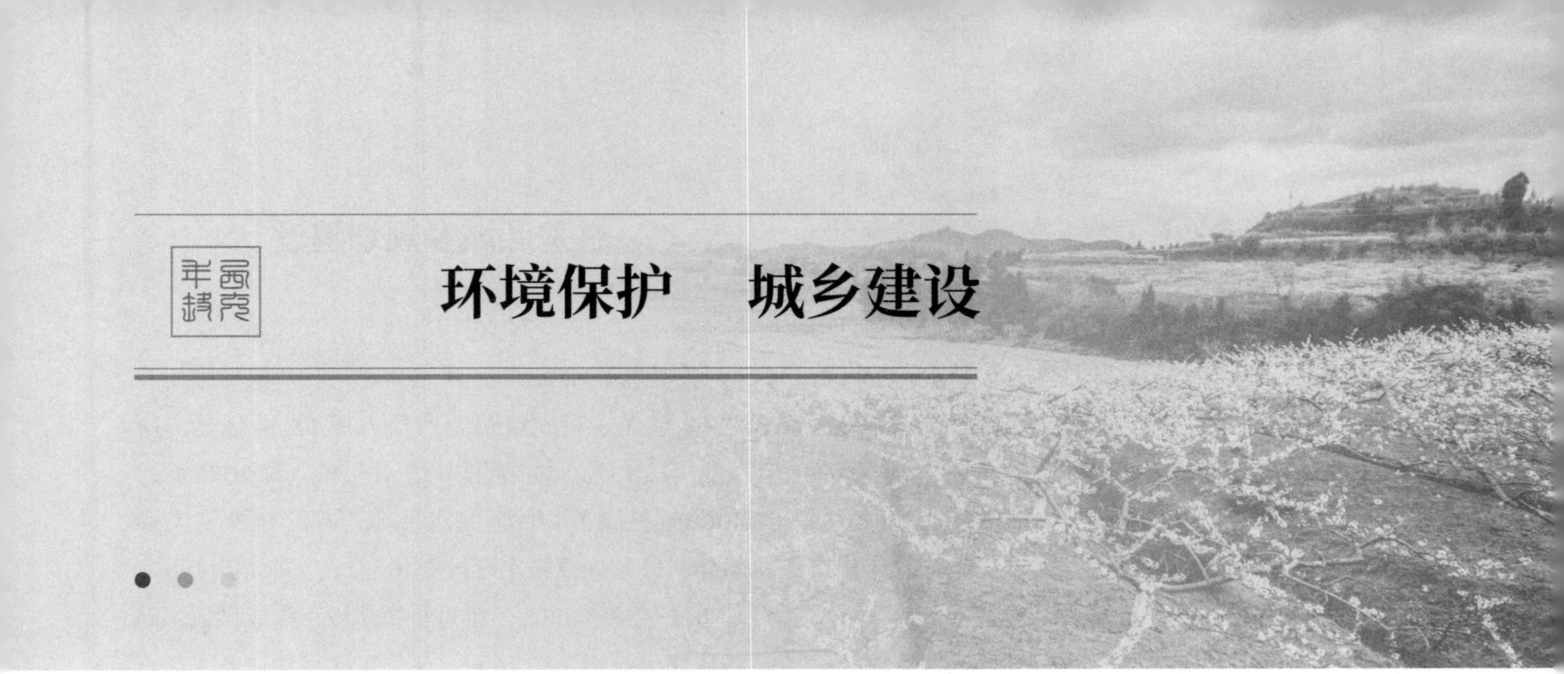

环境保护　城乡建设

环境保护

【概况】 2018年，西充县环境保护按照“绿水青山就是金山银山”的发展理念，坚持以改善环境质量为核心，顺利完成生态文明建设和环境保护等工作。

【环保督察问题整改】 中央生态环保督察“回头看”交办信访案件7件，其中自办5件，全部按时高质量办结上报。中央环保督察反馈意见的19项整改任务，整改完成10项，完成率52.6%。中央环保督察交办信访案件24件（含2件全市行业性、系统性问题），整改完成率100%。省环保督察现场发现的28项具体问题全部整改到位，交办的5件信访问题全部办结。

【大气污染防治】 成立西充县蓝天行动督察办公室，印发《西充县大气污染防治“百日攻坚战”工作方案》等政策文件，建立健全大气污染防治联席会议制度。与44个乡镇签订《秸秆禁烧责任书》，建立大气污染防治督查“1+3”工作机制，专项检查督导秸秆禁烧、文明祭祀等工作，发出《秸秆禁烧工作督查通报》11期。开展扬尘治理专项行动，对城区29家建筑工地进行常态化检查，建成全县建筑砂石行业临时集中经营点，关停搬迁石材作坊等“散乱污”企业339家。购置雾炮车2台，对城区10余条主要街道进行洒水降尘。完成文笔山烧烤城、城北烧烤集中经营区建设，基本实现城区烧烤小吃油烟规范治理。开展成品油专项治理，重点检查涉气企业40家，抽查检验柴油车280辆，查处劣质柴油8吨，大气质量明显改善。

【水域环境治理】 摸排、核查县域范围内入河排污口46处，全部完成登记手续和设立标识牌工作。开展清河、护岸、净水、保水“四项行动”，打捞清运河面白色垃圾120余吨，清理水草70余吨、河岸垃圾20余吨，整治问题河道2处5公里。梳理排查县域内8座小水电站，划定城乡集中式饮用水源保护区40个。县城饮用水水源地（九龙潭水库）一、二级保护区问题全部整改到位，通过国家生态环境部专项督查；完成39个饮用水水源地突发环境事件应急预案编制。升级改造县城污水处理厂，新改建乡镇污水处理厂（站）33座，日处理污水能力达5.7万吨，实现城乡污水处理全覆盖。“四河”治理一期工程进入收尾阶段，莲花湖、将军路、园林路等海绵化改造基本完成，城北湿地公园建成使用，新改建城市雨污管网37.8公里，城市黑臭水体基本消除。

【土壤环境整治】 启动土壤污染状况详查和西碾农药厂土壤污染修复治理工作，印发《土壤污染防治行动计划西充县工作方案》，明确具体工作任务43项。配合完成6个农用地土壤污染状况详查单元，22个详查点位样品采集工作，3个在产企业和2个关闭企业基础信息调查，组织开展市控土壤重点企业环境隐患排查，关停取缔常林乡五里店废旧回收点。打击固体废物环境违法行为专项行动，排查55家企业工业固体废物堆存场所防扬散、防流失、防渗漏措施，现场检查危险废物产生单位20家，完成118家危险废物管理计划登记备案，规范转移危险废物107批次40余吨。县城垃圾填埋场启动封场，大型垃圾中转站建成投运，基本实现城乡生活垃圾外运处理。实施“大规模绿化西充行动”，治理水土流失面积75000余亩，新增造林30000亩，分类管理453992亩耕地。

【执法监督】 以中央生态环保督察“回头看”和环保执法大练兵活动为契机，聚焦饮用水水源保护、餐饮油烟、城市噪音等群众关注度高的重点问题，定期开展专项执法检查，及时调查处理各类违法排污、污染扰民行为。6个中心场镇完成双随机检查126次，办理环境违法案件50件，行政处罚300余万元，其中实施查封扣押17家、限产停产2家。组织300余人次参加环境执法大练兵活动，开展砖瓦行业、固体废物污染、危险废物规范管理、汽车尾气检测检验等专项行动12次，排查整改具体问题100余处。全县未发生一起重大及以上等级突发环境事件和“一票否决”情形。

【白蚁防治】 2018年，全县完成旧房白蚁灭治面积12.5万平方米，新建白蚁预防面积18万平方米。

（供稿：县环境保护局、县房地产管理局）

住房和城乡规划建设

【概况】 2018年，西充县建筑业产值目标任务约62亿元，完成建筑业产值入库68.34亿元，同比增长41.1%。城镇化率达41.97%，较2017年的40.07%提高了1.9%，完成目标任务的105%；完成城镇市政基础设施建设投资16亿元，完成年度目标任务5亿元的320%。推进村镇建设，完成村镇基础设施建设投资3.82亿元，完成年度目标任务3亿元的127.3%。其中，完成国、省试点（重点镇）基础设施建设投资2.5亿元。

【项目资金争引】 2018年完成项目资金争引4.55亿元，全年任务完成率133.8%。其中，棚户区补助资金32218万元、农村危房改造10390.5万元、特色小镇建设资金1200万元、海绵城市省级试点奖补资金602万元、农村生活污水治理“千村示范工程”奖补资金1050万元、2018年城乡规划专项资金30万元。

【市政基础及公共服务设施】 完成绵（阳）西（充）高速公路西充南连接线2.1公里土石方开挖及路基平整，并移交高速路建设公司进行路面铺设；凤凰大道（拟命名）完成设计方案，并开展前期工作；城南新区金领大道二段、金岭西路基本建设完成，开展黄石大道（拟命名）建设；莲花湖片区海绵城市改造项目完成一期建设；滨河路一期棚户区天宝路高架桥正在实施桥面浇筑；完成新建公厕47所，改造公厕16所。截至年末，完成城镇市政基础设施、公共服务设施建设投资16亿元。

【民生工程】 从解决老百姓住房难、居住环境差、基础配套滞后等方面入手，做好保障性住房建设、生活垃圾和污水处理及管线改造工作。推进棚户区改造，城东一期、城中一期、城北一期等5个棚户区项目开工建设，城南二期、青春大道二期等10个续建棚户区改造项目按进度推进；完善烽火新村、城北棕树湾、城东冯家湾等7个公租房配套基础设施建设，全年发放住房租赁补贴3796户470余万元；农村住房完成第一批农村危房改造3767户（其中土坯房520户），并实施第二批5206户危房改造。

【效能建设】 创新服务方式，配合推进“四川省政务服务一体化平台建设”；实行效能提速，推进建设工程“五证合一”，切实推行“一个窗口对外”“一条龙服务”高效便民运作模式，认真落实一次性告之、限时办结、两集中两到位，实现群众办事“只跑一次路、只进一扇门”。受理各类事项510件，办结510件。其中，办理选址意见书3件、用地规划许可12件、工程规划许可37件、建设工程施工许可19件、乡村建设规划许可203件，退件20件。

【规范招投标程序】 认真执行《四川省建设工程合同备案管理办法》，加强“三价”备案，严格执行网上备案制。2018年完成房屋建筑市政工程公开招投标项目29个。其中，施工招标16个，中标总金额1.35亿元；监理招标6个，勘察设计招标5个，设计施工总承包项目2个。

【维护安全稳定】 开展安全生产专项大检查行动。2018年开展专项检查、专项整治、季节性抽查及配合上级部门的各类检查84余次，检查涉及施工企业15家，检查项目13个，发现安全隐患20余项，发出安全隐患整改通知书8份，停工整改通知书2份。按照“首问负责，对口接待”的原则，对住建系统信访件逐一梳理，重点解决蔚蓝上城化粪池安全隐患、中城锦尚未办理“两证”、晋城镇北街棚户区改造未还房、领秀城房屋外墙砖脱落、颐和城未按时交房、原县建筑公司改制“两保”等问题。2018年住建系统办理各项信访案件152件，接访群众197人次，处置率达98%。

（供稿：县住房和城乡建设局）

城市管理和综合执法

【概况】 2018年，西充县城市管理和综合执法工作围绕市、县城镇管理工作目标任务，以“摆顺、扫干净、不拥堵”为总要求，增添精细化管理措施，推进城市管理标准化、规范化。

【城市管理体制改革】 完成城市管理执法人员定编定岗考核、身份登记，执法人员持证上岗率100%，完成队伍制式服装和标志标识更换，与全国统一。对外公布主要职责、内设机构和人员编制情况，完成权力清单、责任清单、执法依据的梳理，开展城市管理力量下沉、执法延伸试点，启动城市管理数字化建设。

【基础设施建设】 新建文笔山夜市烧烤集中经营区，容纳烧烤小吃摊点114家，新建星级公厕4座（莲花湖尾水、北部新城、妇幼保健院、青春大道），新建城市垃圾转运站4座、大型垃圾压缩站1座，新建乡镇垃圾中转站1座。

【环境卫生管理】 城区清扫保洁总面积达247万平方米，机械化清扫率80%以上，高压冲洗率75%以上。启动垃圾填埋场封场工作，日收集城乡生活垃圾170余吨，全部通过压缩后运往南充焚烧发电，生活垃圾密闭化收集率达100%，无害化处理率达100%。全城600余家餐饮店餐厨垃圾实现应收尽收、集中处理，没有一例泔水进入养殖场。开展农村生活垃圾治理，在晋城镇袁公桥村、常林乡白庙子村等全县23个行政村修建垃圾房69座、再生资源回收站点20个，投入垃圾运输车（手推车）36辆、果皮箱117个、农户分类垃圾桶13312个，设固定宣传牌123个、宣传栏23个，发放农村保洁员工资380多万元。

【市容市貌管理】 实施城北新区、迎宾大道、环城大道、环莲花湖周边等重点区域、路段破损道路、人行道及其他市政设施的维修维护，完成城区路灯检修和节能改造。取缔西充中学对面、广场周边、九州广场等全城流动烧烤小吃摊点。全年拆除破损店招、落地招牌、楼顶钢架、墙体广告、道路单立柱1.15万平方米，户外广告查处率达98%以上，将城区喷绘式店招全部更换为附着式发光字体店招，新增车辆禁停标识55处，新增围栏式摩托车停放栏26处，对不合理的标线进行了擦改、重新画线，整改人行道斑马线约5300米，增加交通指示牌18个。全年共查处乱停乱放车辆32800余辆次，城区违规停放查处率达98%以上。共查处和拆除常林乡石板河社区、将军碑社区、晋城镇黄家湾社区、黄桷寺村等规模性违法建筑130多处，立案查处20余件，依法强拆80多户，面积1.62万平方米。全年违章搭接案件查处率达98%以上。

【扬尘治理】 新购多功能抑尘车2台，对路面扬尘污染采取高空抑尘、地面洒水的不间断作业抑尘，将城区道路并入天网监控，落实专人负责监控路面污染情况，及时查处道路扬尘污染行为。在五里店、迎宾大道设置两处脏车检查点、强制冲洗点，抽调10人负责对入城车辆进行全部检查，杜绝脏车入城。对城区内裸露闲置土地进行全部密闭网覆盖，在建工地违规查处整改率达100%。

【爱国卫生】 以除“四害”为重点，开展病媒生物防制工作，年内集中组织两次灭鼠灭蝇行动，灭后监测达标，资料收集整理归档规范。以爱国卫生宣传月为契机，组织相关部门在东门桥及纪信广场开展健康教育宣传、健康咨询、健康义诊。成功创建国家卫生乡镇1个，省级卫生乡镇4个，省级无烟单位3个，市级卫生乡镇7个，省级卫生单位7个。

（撰稿：县综合行政执法局王勇平）

城市规划管理

【概况】 2018年，西充县城市规划管理工作坚持融入南充主城错位一体发展，注重过程监督、服务项目实施，致力于优化城乡布局，完善城市功能，提升城市形象，改善城市面貌，奋力推进“中国西部现代农业公园”建设。

【“南西田园新城”规划编制】 “南西田园新城”规划面积约80平方公里，是西充融入南充发展的重要版块，是南西同城一体化发展的重要区域，县委十三届五次全会作出建设南西田园新城的战略部署。按县委、县政府工作安排，2018年年初启动“南西田园新城”规划编制，通过邀请招标，确定中规院（北京）规划设计公司承担该项工作。规划编制工作开展以来，规划编制单位先后开展资料收集整理、现场踏勘、部门对接等工作，并多次将规划阶段成果向县委、县政府主要领导汇报。“南西田园新城”概念规划基本完成，其成果得到县委、县政府审定认可。

【多扶镇及城南新区入城景观大道施工图设计】 按县委、县政府工作安排，为快速推动城南新区规划建设，完善县城主城区与多扶镇道路路网，在多扶镇及城南新区入城景观大道初步方案基本完成的情况下，2018年启动多扶镇至城南新区入城景观大道施工图设计工作，项目起点位于西充县城南新区横二路，向东南延伸，在多扶镇老林沟村附近与规划的产业新城园区大道（顺接顺庆区潆华大道）平面交叉后，向东北延伸，道路终点位于国道212线多扶镇段落。道路全长5816.013米，分为两段设计：第一段为横二路至多扶镇老林沟村，道路长3553.202米，道路等级为城市主干路，标准路幅宽度为39~43米，双向8车道，设计速度为60公里/小时；第二段为多扶镇老林沟村至国道212线，道路长2262.811米，道路等级为城市主干路，标准路幅宽度为30~34米，双向6车道，设计速度为50

公里 / 小时。已按程序通过比选方式，确定该项目勘察设计招标代理机构。同时，通过公开招标确定重庆市市政设计研究院为项目中标单位，相关工作顺利完成。

【“南西田园新城”1 ： 1000 地形测绘】 因开展“南西田园新城”规划编制的需要，经请示县委领导同意，2018 年开展“南西田园新城”1 ： 1000 地形测绘工作，测绘面积约 20 平方公里。通过竞争性谈判，确定成都颉达科技有限公司承担该项工作并完成测绘任务。

【用地管理】 2018 年，县城市规划管理局出具多扶初级中学、中医院综合楼等建设项目红线图 40 余份，恒大南西田园康养生态城、四川建华职业学院等项目规划设计 34 份。

【规划审批】 2018 年，县委、县政府召开 4 次规划委员会会议、9 次专家会，审议通过恒大御湖庄园、义兴农产品精深加工产业园等项目方案；办理埃润吉能源、建华职业技术学院等建设工程规划许可证共 33 本，核发军民融合精密制造产业园等建设工程放线通知书共 12 件。

【规划监察】 2018 年，针对工作实际，进一步落实“巡查—发现—移交”的监察工作机制，实施项目全过程跟踪督察，巡查发现并书面移交执法部门查处涉嫌违法建设 10 起；接待并妥善解决群众信访投诉 40 余次，核发规划核实证书 18 本。

【测绘管理】 2018 年，县城市规划管理局会同南充市规划和测绘局对在开展测绘业务工作的测绘单位进行一次全面的检查。检查内容包括测绘资质、档案管理、办公场地等，检查结果总体向好，并就发现的问题向相关测绘单位发出整改通知。同时，协助市、县保密局开展对全县涉密测绘地理信息保密检查。

（撰稿：县自然资源和规划局刘俊宏）

房地产管理

【概况】 2018 年，全县办理商品房预售许可证 29 宗，监管预售资金 7.4 亿元，拨付 6.8 亿元，商品房签约成交 4250 套，成交面积 42.86 万平方米，成交金额 16.57 亿元。

【房地产市场专项督查】 县房地产管理局自 2018 年 4 月以来，针对房地产市场领域容易出现的违规销售（预售）、违规宣传、违规排号、捂盘惜售等相关问题，结合西充县房地产市场以往出现的违法违规案例制定整治方案，多举并措，重拳出击，开展房地产市场专项整治行动，取得显著成效。全年组织专项检查 30 余次，重点检查在建、在售房地产项目的手续办理情况、房源公示情况、销售预售情况、物业承接查验情况等。查出 4 个项目存在违规预售、违规排号的行为，查出 1 个项目存在捂盘惜售行为，所有违规项目处罚金 12 万元。针对还未进行物业承接查验的项目，县房地产管理局对 28 个项目负责人逐一进行约谈并下发整改通知书，责令限期整改。此外，县房地产管理局还通过在房管局、物业小区、全县各开发企业销售中心醒目位置张贴购房风险警示、制作宣传横幅等形式，提高广大群众对相关政策法规的知晓率，增强购房风险防范意识。

【住房保障】 全县实施公租房保障 5832 户 15163 人。其中，实物配租保障 3698 户 9230 人；发放住房租赁补贴保障 2134 户 5933 人。全年新增公租房实物配租对象 125 户，新增住房租赁补贴 230 户，发放住房租赁补贴 258.1 万元。公租房小区 19 个、4151 套房源全部竣工验收。

督促和协助相关责任单位加强项目管理，先后检查公租房项目 43 次，下发督办整改通知 5 份（次），并限时完成。对达不到进度要求的项目，实行责任到人、挂牌督办、跟踪落实，并倒排工期，限期整改到位。严格按照工程建设规范和标准的要求，加强对工程建设全过程的监管，执行法定建设程序，认真落实“五方”主体责任，落实质量责任终身制，严防和杜绝安全事故，确保建设质量和安全。

在公租房申请、审核、轮候和实物配租等方面，始终严格坚持“三级审核、二级公示”的程序，坚决杜绝“弄虚作假、拉关系、走人情”的现象，接受社会群众和新闻媒体的监督。实施动态管理，健全和完善退出机制，坚决执行“准入和退出”制度，确保公平公正公开。年内新增公共租赁住房申请对象253户，从严审核、从严把关，退回弄虚作假等不符合条件的23户。从11月开始，对公租房实物配租对象、申请轮候对象进行入户调查，确保公平公正。

利用电视台、县政府门户网站、公共应急平台、房管局LED显示屏等载体和采取召开座谈会、发放宣传资料、接待来信来访、上门咨询等方式，将保障性住房政策向公众进行宣传。全年召开各种层次座谈会5次，发放宣传资料3000余份，接待政策咨询和来信来访2500余人次。

【维修资金监管】 县房地产管理局严格执行南充市《住宅共用部位共用设施设备维修基金管理办法》，对维修资金进行统一管理。全县维修资金共计归集1.2亿元，累计使用300余万元，2018年完成6处维修项目审核。

【测绘工作】 2018年，县房地产管理局测绘所完成测绘面积41.5万平方米。其中完成北城御景、微电影城、安汉城市之心、丽景国际等商品房的竣工测绘或预测绘，共计面积32.9万平方米，完成绵西高速公路、建华学院、金泉（实验驾校）、鹤鸣庵村、黄家湾村、将军碑社区、212国道改道等项目的房屋拆迁测绘，共计面积8.6万平方米。

（供稿：县房地产管理局）

建设工程质量安全监督

【概况】 2018年，西充县新增受监工程14个（处），新增受监面积约37.28万平方米；跨年度受监工程10个（处），建筑面积约12.5万平方米；全年累计受监工程24个（处），总建筑面积约49.78万平方米；完成工程竣工验收9起，竣工面积约20.08万平方米。实现报监工程受监率100%，工程质量合格率100%的目标。下属西充县精诚建设工程质量检测有限责任公司完成建筑材料检测8421组，完成检测费收入约70.5万元，其中不合格材料89组，全部进行监督抽测和完成整改。

【工程质量监管】 2018年，县建设工程质量安全监督站制作《工程质量安全责任手册》近千本，将资料分发至各项目单位。定购《施工人员安全指导手册》500册，发放至各项目施工一线操作人员手中，针对手册内容开展安全教育。组织质量安全学习培训，其中到成都、南充学习观摩3次，在西充微电影基地举办施工质量安全和示范样板间观摩学习会1次。落实五方责任主体项目负责人质量终身责任，切实推行质量终身责任承诺书和竣工永久性标牌制度，2018年新增报监工程均签订质量终身责任承诺书和法人授权委托书，新增竣工工程均设置竣工永久性标牌。开展工程质量专项检查，开展商品混凝土生产企业质量检查、“地条钢”等不合格材料排查清理2次，下发《质量整改通知书》189份，出动监督执法人员235人次，查处伪劣建筑材料、不合格设备2起，约谈施工企业1家、监理企业1家。抓好住宅工程质量常见问题治理，对施工中存在的混凝土裂缝、屋面渗漏等问题有针对性地开展防治。推行样板引路战略，打造示范工程和工法样板区，2018年，打造领秀城模板支撑系统、鸿华金钰苑楼梯间现浇样板间、北城印象现浇板钢筋隐蔽样板间等样板示范间5个，指导西充微电影基地打造市级标准化工地1个。按照《房屋建筑工程施工质量投诉处理暂行办法》，全年协调处理质量投诉123件，其中书记县长信箱7件，县信访局批转12件，网络舆情工作提示函2件，“12345”市民热线10件，各类督查督办函件19件，质量投诉受理率为100%，办结率在90%以上。执行检测机构备案制度、检测合同登记制度、检测报告确认制度，对8家检测机构开展督查2次，迎接全市检测机构督查1次。加强对日常工作的督促检查，开展日常监理工作监督检查4次，开展监理企业动态核查1次。

【工程安全监管】 2018年，县建设工程质量安全监督站组织开展起重机械安全专项检查、建筑施工安全专项整治、建筑消防安全、防高坠和物体打击、安全生产月、安全生产大检查等6次专项行动。不定期对辖区内建筑工地进行拉网式安全生产隐患排查和治理，按照“全覆盖、零容忍、严执法、重实效”的要求，做到措施、责任、资金、时限和预案“五到位”，下发《安全整改通知书》230份，提出整改意见259条。开展施工安全标准化工作，激励指导标准化工地创建。打造北城印象现浇板钢筋隐蔽样板间、鸿华金钰苑楼梯间示范样板间、西充微电影基地全景样板间等示范样板间5个，两次组织相关人员到样板间观摩学习，打造西充微电影基地市级标准化工地1处，组织西充县微电影基地现场观摩学习会1次。

（撰稿：县建设工程质量安全监督站陈鸿）

公用事业管理

【项目推进】 2018年，完成武警中队道路新增工程，县委办公区、县政协办公区海绵化改造工程和跨年度实施的九龙潭生态停车场、莲花湖污水治理等收尾工程。完成化凤山后山公园建设和纪信广场提档升级改造项目的编制上报。

【日常管护】 配合文明城市创建工作，完成城北新区、迎宾大道、环城大道、环莲花湖周边等重点区域、路段破损道路、人行道及其他公共设施的维修维护，市政基础设施完好率达90%以上。每晚对路灯进行巡查、记录，做好城区路灯及电力设施日常维护，平均亮灯率达98%。开展园林日常管护与绿化整治提升，完成春季抗旱保苗与全城绿地、绿化带、花台等处补植补栽、修枝塑性、病虫防治工作，全年基本实现行道树无缺株歪斜、绿篱无断档、地被无裸露、绿化设施无缺损、园林植物无病虫害、绿化树木无尘垢的“六无”目标，城市绿化率达到32%。

【民生服务】 打通环城大道农副产品综合批发市场等处断头路。修复城北新区滨河路垮塌护坡及塌方道路。对虹溪河县环保局宿舍对面、康桥医院旁边、县财政局对面、象溪河大田坝污水管网进行整治维修，避免污水直排入河。开展城市公园、广场、湖泊等景区日常清扫清捞。

（撰稿：西充县公用事业管理局任红波）

项目代建

【概况】 2018年，经十三届县委第41次常委会（扩大）会议和县委编委2018年第1次全体会议研究决定，对西充县政府投资非经营性项目代建管理办公室（简称“县代建办”）机构编制事项进行调整。1月15日，县人民政府任命严明为县代建办主任；4月3日，县公用事业管理局闫奎等7名从事市政建设管理的工作人员连人带编划转县代建办。5月23日，中共西充县委机构编制委员会印发《关于调整县政府投资非经营性项目代建管理办公室机构编制事项的通知》。县代建办由县人民政府办公室划转县住房和城乡规划建设局管理，核定县级事业编制17名、内设机构5个，并重新明确县代建办主要职责。

【项目建设】 3月上旬，县城莲花湖片区城市海绵化改造项目由县代建办组织开工。10月，完成县城将军路、园林路、莲湖路三条城市主干道海绵化改造，莲花湖栈道工程初通并供市民健步健身。4月初，县城城区三期光亮项目由县代建办组织实施，7月中旬以莲花湖中央音乐喷泉为核心景观的三期光亮项目完工并交付使用。

城北湿地公园建设项目是西充县“10件大事”之一，也是西充县2018年重点民生项目和第一个“会呼吸”的公园。项目总占地3705亩，概算投资10亿元，属西充县“四河”流域水环境综合治理工程子项目，一期项目规划面积1305亩，从大磉蹬桥至观音桥，投资5000万元。一期工程于2018年1月开建。12月，城北湿地公园（一期）对外开园。公园按照虹溪河河水形成的自然滩涂、小岛，划分为各具特色的3个区域。一区包含公园前广场、景观亭、公厕；二区包含岛屿、游步道、景观小品；三区以休闲广场为主。在设计上，坚持“加工去加工”理念，对虹溪河畔滩涂、小岛进行保护性开发，栽种各类水生植物和景观植物。为了保护性开发，在设计之初就留了一处人不能上去的孤岛，让原本生长在这里的鸟类仍可以安居。

（撰稿：县代建办曾光富）

交　通

交通运输

【概况】 截至 2018 年年底，全县公路总里程达 2374.95 公里。其中，高速公路 5 条 117.67 公里，互通 9 处，枢纽 3 处，国道 36.9 公里，省道 68 公里，县道 12 条 223 公里，乡道 36 条 226 公里，村道 1703.38 公里。道路运输企业 392 家，其中道路客运企业 3 户，城市公交 2 家，出租车企业 3 家，货运企业 5 家，个体货运业户 375 家，驾校 4 家。全县拥有道路运输从业人员 3140 人，其中道路旅客运输驾驶员 1113 人、道路货物运输驾驶员 2027 人。维修企业 140 家，其中一类 1 家、二类 13 家、三类及摩托车维修户 126 家。营运车辆 1317 辆，其中客车 215 辆、货车 590 辆、出租汽车 140 辆、公交车 63 辆、教练车 309 辆。全县拥有二级客运站 2 个，客运班线 78 条。其中，省际班线 5 条、市际班线 6 条、县际班线 15 条、县内农村客运班线 52 条。

【交通建设】 2018 年承担县重点工程、“10+2 件大事”两项，即城市干道畅通提升建设工程、西（充）顺（庆）嘉（陵）快速通道，总投资 30.65 亿元，涉及公路总里程 148.81 公里。全年完成交通基础设施建设投资 22.01 亿元。

高速公路建设。绵（阳）西（充）高速公路（西充段）建设项目于 12 月 31 日建成通车。成（都）巴（中）高速公路新增鸣龙互通建设工程完成征地拆迁工作。

干线公路建设。推动国道 212 线西充段大中修整治，S101 线射洪界至西充岱林（顺庆界）建设全面完工，并顺利通过交工验收；成（都）巴（中）高速公路槐树互通至遂（宁）西（充）高速公路西充西互通连接工程（旅游快速），因中建六局建设过程中退出，重新进行 PPP 项目招商；乡村马拉松道路完成道路主体和附属工程；国道 212 环城北线征地拆迁工作基本完成。推进西（充）顺（庆）嘉（陵）快速通道、S208 西充段等重大项目前期工作。

农村公路建设。完成车龙至新星、西充至东太、金（泉）太（平）线现代农业万亩晚熟柑橘产业示范园道路工程等 4 条道路建设；加快推进仁和至猴儿垭、县城至占山、县城至永清、分水岭至复安道路建设。按照“四好农村路”建设要求，推进农村公路建设，通过四川省“四好农村路”示范县复查。

交通扶贫攻坚。以全县 97 个贫困村为重点，全面实施村社道路“联网提升”工程。2018 年，按照省交通运输厅制定的贫困村退出道路建设标准，实施通村公路升级工程，对通村公路和部分主要社道路、产业路进行查漏补缺，做好村道公路新建及加宽工作，适度新建产业路和入户便道，总投资 4550

万元，以完善贫困村道路交通体系，全面提升贫困村交通通达水平，基本实现贫困村村社道路"全覆盖、户户通"。

【公路养护】 完成：西（充）射（洪）公路破损路面维修约1000平方米，双凤至车龙破损路面维修约600平方米，西充至永清（高速公路路段）烂路整治，国、县道282.6公里路肩、边沟打草和路面保洁，清运土石方2万多立方米；完成西充至占山路保通整治。对全县102座桥梁进行全面安全隐患排查，设置了全县道路桥梁养护公示牌和限重限宽标志牌，维修波形护栏680米，新增设置标识标牌64个。

【交通运输综合服务】 更新改造公共交通工具，打击非法运营，推进城乡公交一体化建设。完成重点时段及法定节假日客运工作，春运期间发班次20572车次，运送旅客35万余人次。开展客运市场专项整治行动，重点对客运车辆私抬票价、不按核定线路经营、擅自延伸线路，出租车乱收费、宰客、服务质量低劣等行为进行严厉查处，受理和回复"12328"及其他类型的信访投诉200余件。

【路政执法】 2018年，依法对辖区国、省、县、乡公路路产、路权实施路政巡查执法和安全监管330天3578人次，巡查总里程87245公里。上报和发送安全隐患整改文书54份。开展路产隐患排查整治行动6次，公路保通保畅执勤任务16次，执行应急抢险任务1次。依法查处损坏公路及其设施11处，处理违章建筑6处，处理占用公路及其留地62处，处理公路接道2处，清排公路路障2437处。检查货运车辆6253辆，卸载超限运输货物1600余吨，对57辆货运车辆加装的栏板进行切割，与货运车辆驾驶人签订不超限超载承诺书325份。依法征收公路路产占用补偿费30614元、公路路产损坏赔（补）偿费28506元、一般罚没收入87500元。消除辖区道路交通安全隐患，构建辖区公路"畅、洁、绿、美、安"的良好通行环境。对辖区4座在建渡改桥、危桥进行了重点排查整治和安全监管。对辖区公路安保设施的安全隐患全面排查整治，消除46处波形护栏安全隐患，规范、增设公路标志标牌50个、广角镜10个。

【交通战备】 2018年年末，西充县有交通战备国防通讯网络（光纤通讯、光缆卫星通讯等）858公里，民用、国防战备输油、输气管线168公里，均安全畅通；国防战备物资储运点3处，国防战备运输通道215.2公里的建设与维护得到提升。有国防战备动员应急队伍、民兵预备役人员150人，战备应急机构管理，防灾抢险、防爆反恐应急队伍组织，运输调动机构机制健全完备。

【地方海事】 西充县地方海事处负责西充县域内宝马河、龙滩河、虹溪河、紫岩河4条通航河流和青龙湖、莲花湖、九龙潭水库3个通航河流湖泊的水上交通运输，对3艘机动客船、4艘渡船的运输与安全进行监督。2018年未发生水上交通运输安全事故。

【环境保护】 2018年，县交通运输管理局对全县维修行业中的"散乱污"情况进行全面摸排，督促违规企业进行整改，启动全县维修行业环保工作常态化检查行动。整治高速公路噪音扰民信访件3件、公路施工扬尘环保信访件1件。

【交通安全】 按照"党政同责、一岗双责、失职追责、齐抓共管"的要求，层层签订《安全生产目标责任书》，认真落实企业主体责任。严格执行安全例会和安全生产检查工作制度，督导施工单位和企业经常性开展隐患排查治理。成功在城东客运站举办防暴恐暨消除演练。

【扫黑除恶】 2018年，在市交通运输局、县扫黑除恶专项斗争工作领导小组的指导下，深入基层，发动群众，收集线索，建立扫黑除恶专项斗争工作摸排台账，10月处理扬尘治理检查站涉乱案件1件。11月办结广（元）南（充）高速公路西充服务区涉黑涉乱案件1起。

（撰稿：县交通运输局王万春）

运政管理

【概况】 2018年年末，全县拥有道路运输企业529户、维修企业139家；全县拥有营运车辆1261辆，客运班线69条，二级客运站2个；全县拥有道路运输从业人员共计2242人。

【运力建设】 2018年，全县新建农村客运招呼站30个，新建农村客运招呼站牌100个；新增（更新）客车11辆、货车60辆；更换100台巡游出租车，重新配置2017年核减的10辆巡游出租车。

【燃油财政补贴】 全年燃油财政补贴农村客运车辆162辆次、公交汽车195辆次、出租汽车170辆次，总金额504.1万元。

【市场管理】 出动执法车辆1271台次，执法人员3694人次，检查车辆5962台次，查扣非法营运车21辆，查处纠正其他违法行为249次；开展客运市场专项整治行动，严厉查处客运车辆私抬票价、不按核定线路经营、擅自延伸线路，出租车乱收费、宰客、打组合、服务质量低劣等行为。配合各乡镇人民政府、交警等相关部门，在全县开展道路运输市场秩序整治工作，严厉查处农村非法营运车辆和客运车辆沿街揽客、不进站参营等违法行为。

【驾校和驾驶员培训管理】 协助市道路运输管理局做好驾校的整改达标工作和驾驶员继续教育工作，启用驾驶培训监管服务平台；全年培训机动车驾驶员3195人，开展驾驶员继续教育培训6302人，通过每人24学时的学习，提升驾驶员业务知识和职业道德素养。

（撰稿：县道路运输管理局纪凤帆）

公路管理

【概况】 西充县公路管理局下设多扶、凤鸣、常林、仁和、太平、古楼、双凤、槐树等8个养护站，负责全县国道（37.5公里）、重要的县道及旅游公路（245公里）的管养任务和小修保养工程。

【公路养护】 全年完成国道212线、西射路、双车路、永青路、义盐路等13条公路5000多平方米损毁路面的修补；做好国、县道282.6公里路肩、边沟打草、路面保洁和公路扬尘治理工作，及时清运汛期垮塌土石方3000多立方米；投资50多万元对西（充）射（洪）公路、西（充）古（楼）公路、古（楼）紫（岩）公路、紫（岩）（西）碾公路进行路面预防性养护，完成裂缝灌缝；修复全县道路水毁30多处，完成投资185万元。

【桥梁养护】 全年完成中南乡临江桥、永金路庙子坝桥的地勘设计前期工作；修复国道5号桥锥坡垮塌；与市桥检办全面检测国道桥梁26座，及时更新桥梁状况；对全县102座桥梁进行全面安全隐患排查；设置县、乡道12座桥梁养护公示牌和限重限宽标志牌共65个。

【道路绿化】 全年对国道212线、西(充)古(楼)公路、西（充）东（太）公路绿化加强管理，完成新植鸢尾、麦冬、三叶草约19500平方米。抓好绿化抚育管理工作，随时清除绿化路段的死树、桩树和枯枝，及时修剪草坪和中央绿化带，适时采用生物农药防治病虫害，适时浇水养护。及时对道路边坡、边沟进行修整。保持公路绿化率95%、绿化保存率96%，全面完成既定的绿化指标和任务。

【安全工作】 全年坚持每月安全例会制度，加强安全生产政策法规学习和技能培训，对全县公路安全隐患进行拉网式排查整改。全年维修波形护栏980米，新增设置标识标牌64个，重点加强对学校周边桥梁的安全监管，确保道路安全。

【特色工作】 迎接全省“四好公路”示范县复检工作。按县交通部门的安排，公路局认真做好了验收工作，8月底顺利通过省交通厅组织的“四好公路”交叉验收工作。完成县内的“迎来送往”工作。全年公路局完成乡村旅游节、品果节、省市领导调研、全市项目拉练现场等重要会议及事务的保洁、保畅等工作40余次。重点工程顺利完工。配合县交通局完成西（充）东（太）路大修工程，完成投资1600多万元，完成投资600万元的环城路大中修工程。

（撰稿：县公路管理局李文勇）

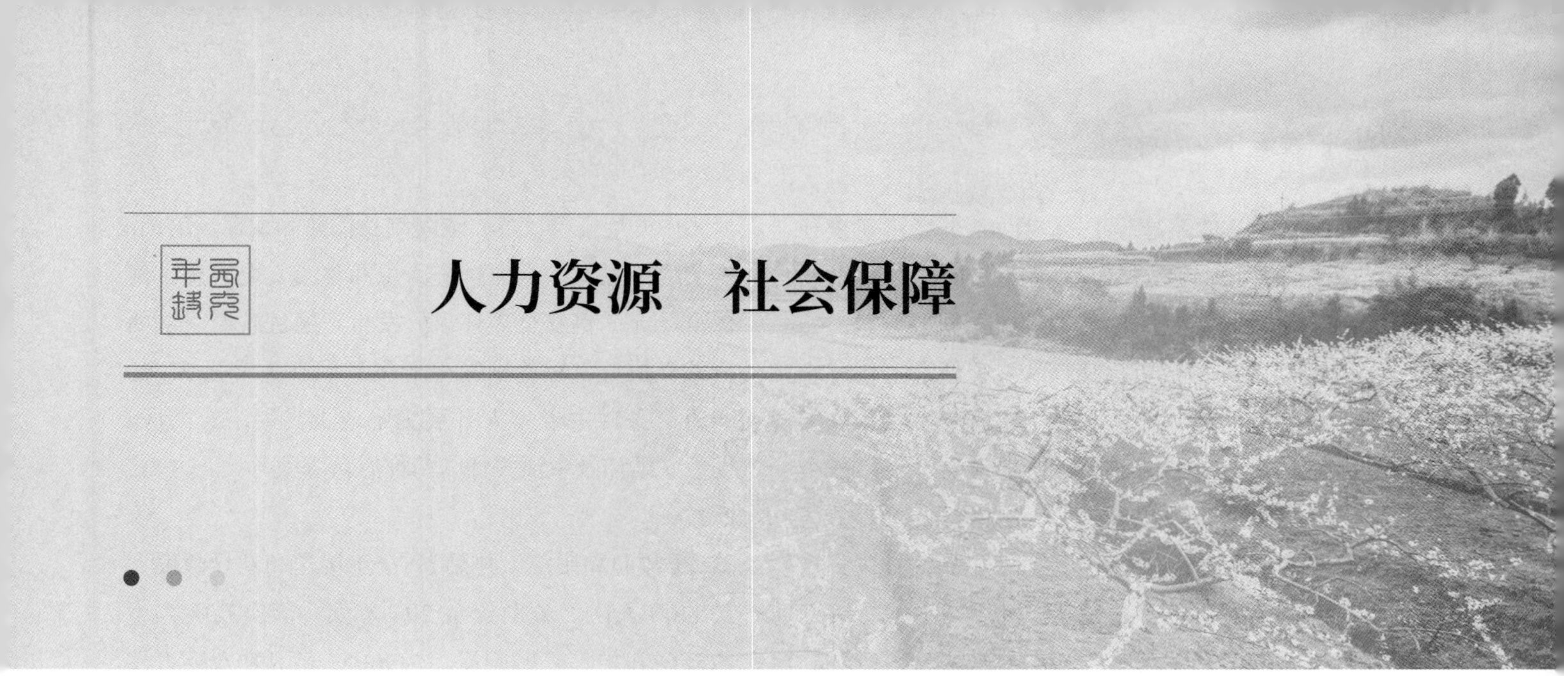

人力资源　社会保障

人事人才

【人才考录】 全年考录公务员（参公）50 名，为机关事业单位遴选工作人员 36 名。实施“嘉陵江英才工程”“西充英才工程”，为教育、卫生和其他事业单位公开招聘工作人员 240 名，其中考核招聘 6 名大学生村官到乡镇事业单位工作，为西充中学、统计局、水务局考核招聘研究生 5 名。

【人事管理】 全面落实职务职级并行，全县 20 名公务员（参公人员）办理晋升副科职级。结合西充县干部队伍实际情况，出台《西充县机关事业单位人事管理办法》和《西充县机关事业单位购买劳务派遣用工管理办法（试行）》。推进干部人事档案数字化管理，完成所有县级单位和乡镇副科级以下公务员及参公人员的档案资料清理 1200 卷。同时，稳步推进薪酬制度改革，出台《关于深化西充县县属国有企业负责人薪酬制度改革实施办法》。按照遗属补助相关政策规定，对全县机关事业单位享受遗属生活困难补助情况进行重新审核，符合条件可继续享受的有 1190 人，核减 150 人。

【流动人才人事档案管理】 规范流动人才人事档案管理，实时做好信息登记，做好大中专毕业生人事代理档案录入工作，确保电子档案内容真实有效、数据库安全。全年接收档案 2366 份，调出档案 456 份，录入 20400 份大学生人事档案信息。

【职称评定】 2018 年，县人力资源和社会保障局出台《关于进一步规范职称评审有关工作的通知》，在评审工作中严把政策关、审核关、评审关和公示关。全年完成教育、农业、水电等序列的专技人员初、中级职称评审工作，委托市级相关评委会评审初、中级职称 14 人，审核推荐晋升高级职务专技人员 366 名。做好机关事业单位工人等级考试及技师职务考评相关工作，为全县考核合格的 17 名技师、62 名高级工、36 名中级工、2 名初级工及时发放证书。

【劳动关系】 2018 年，仲裁院受理劳动人事争议案件 23 件，结案 11 件，结案率 100%。劳动监察大队受理欠薪投诉举报案件 75 件，涉及欠薪金额 2713 万元，结案率达 91%。向公安机关移送涉嫌恶意欠薪犯罪案件 21 件，涉及劳动者 980 人，欠薪金额 1000 余万元。受理并调查工伤共 65 例，其中工亡案件 3 例，受理并报送劳动能力鉴定 44 例，病残津贴 11 例，送达工伤认定决定书 41 例，劳动能力鉴定书 36 例。

【公共服务体系建设】 全县44个乡镇建设独立办公服务所28个，便民服务窗口16个。推动网上终端、移动终端、自助终端等线上服务方式，实现社会保险待遇领取资格认证、参保缴费、信息查询等业务在线办理。全县44个乡镇配备乡镇工作人员94人，36个社区配备专职协理员72人，585个行政村配有兼职协办员585人。将六大类49项业务经办下延到乡镇、36项业务经办下延到村社区，启动综合柜员制试点工作，推进社保服务“一窗办理”。

（供稿：县人力资源和社会保障局）

民　政

【概况】 2018年，全县争取各类民政资金2.8亿元。全年开展乡镇灾害信息员培训共200余人次，利用“5·12”全国防灾减灾日、森林火灾应急演练等活动，发放宣传资料、手册10800多份。按照国家对中央资金投资的救灾物资储备库项目建设要求，开展项目建设相关工作。全年安排冬春生活救助资金402万元，集中采购和发放棉被3000余床，为全县群众遭受暴雨洪灾和持续干旱灾害提供生活救助。

【特困供养】 2018年，全县新增特困供养人员200人，清理不合格和死亡人员745人。截至12月底。全县有特困人员5812人，直接打卡直发救助补贴资金2878.2万元，确保“应救尽救、应退尽退”。清退到龄孤儿10名，新审批孤儿3名，截至2018年年底，全县有孤儿213个。妥善安置弃婴1名，散居孤儿基本生活费810元/月，集中孤儿基本生活费1300元/月，直接打卡发放资金207.62万元。

【养老服务体系建设】 完成太平镇（130张）、金山乡（60张）、金源乡（60张）等3所敬老院250张床位适老化改造项目，投入资金250万元。3月集中开展了敬（养）老院院长消防知识现场培训，夯实应急预案，全面排查隐患和整改安全隐患，确保全年无一例安全责任事故发生。通过政府采购的方式，由成都颐伦居家养老服务中心为全县27760名符合条件的老年人开展集中或上门助浴、助医、助急、助洁及生活关怀、精神慰藉等服务。

【救助和残疾人补贴】 全年接送和劝导救助人员1400人次，救助资金204万元。落实残疾人生活补贴和护理补贴制度，为16057名困难残疾人发放生活补贴资金1541.47万元，为13153名重度残疾人发放重度护理补贴资金974.8万元。

【城乡低保】 城市低保保障标准提高到500元，农村低保保障标准提高到310元。结合全县实际情况，城市低保三个类别补差标准分别调整为500元/月、320元/月、270元/月；农村低保三个类别补差标准分别调整为310元/月、190元/月、130元/月。开展城乡低保对象年度审核普查和农村低保兜底“回头看”专项行动，对不符合最低生活保障条件的2318户予以取消。按照精准扶贫工作“低保政策兜底一批”的工作要求，对“双失”的困难家庭全面落实低保政策兜底，建档立卡贫困户中农村低保对象为17166户20013人。

【大病医疗救助】 建立健全以城乡医保为基础，“参保救助、门诊救助、住院救助”三位一体的医疗救助模式，提高医疗救助标准。规范五保户、特困重型精神病患者与尿毒症透析患者等特殊困难群体医疗救助工作。对重点优抚对象、特困供养对象、城乡低保对象等8.61万名困难群众实施参保定额救助，救助资金571万元。落实精准扶贫对象医疗救助政策，对全县建档立卡重点贫困对象救助787人次，支付救助资金171万元，对其他城乡困难群众实施重特大疾病救助11979人次，发放救助资金2363万元。

【优抚安置】为10名部队退役伤残军人做好伤残抚恤关系接转；为现役520名义务兵家庭发放优待金573.56万元，对2014年以来的义务兵家庭优待金发放情况进行了清理，补发家庭优待金400.3436万元。对建立的优抚对象数据库抓好普查工作，全面核查核实优抚对象6916名。为2017年度退役的287名自主就业退役士兵发放一次性经济补助792.35万元。加强退役士兵职业技能培训，培训合格率达100%。加强了烈士纪念设施管理和普查工作，对全县3座零散烈士墓进行了维修和改造。

【双拥创建】八一建军节期间，以庆祝建军91周年为契机，县委、县政府、县人大常委会、县政协领导对县人民武装部、县消防大队、县武警中队等3个驻县部队进行集中慰问，对军烈属、革命伤残军人、复员转业退伍军人、军队离退休干部等2246名退役军人进行分组慰问，赠送慰问金（含物资）132.3万元，发放慰问信2000封，确保驻县部队官兵、重点优抚对象度过一个欢庆、祥和的节日。同时，各乡（镇）、各村（居）和县直部门组织召开座谈会近633场，采取茶话会等形式开展丰富多彩的庆祝活动，有的还采取送慰问品、挂光荣牌、为现役立功人员送慰问信等方式开展了多种方式的庆祝活动。

【基层政权建设】抓好基层政权建设，配合公安、司法、纪检等部门在基层性群众自治组织中开展扫黑除恶专项斗争，排查整顿软弱涣散基层群众性自治组织28个，审核、清理不符合条件的村委成员26个；扎实做好村（居）务公开民主管理，推行阳光村（居）务，建立完善村（居）务公开月督查制度，确保村级权力运行公开透明；完成全县621个村（居）民委员会的统一社会信用代码赋码工作。

【社区建设】积极申报争创基层自治示范村(社区)、法治示范村（社区)，2018年多扶镇老林沟村被司法部、民政部评选为全国民主法治示范村。

【区划地名】全县第二次全国地名普查工作有序推进，完成数据审核、国家标准地名词典编纂等工作；会同公安部门按照“三实一标”要求，完善城乡临街楼门牌的编排、制作、安装;出版印制《中华人民共和国政区大典·西充分卷》。

【婚姻收养登记】加强婚姻登记信息化建设，推动婚姻数据信息共享和依法查询工作。全年完成结婚登记3545对，离婚登记1001对，补领结婚证4382对，补离婚证68人，登记合格率达100%。加强收养登记工作，规范完善儿童收养工作，保障被收养儿童的合法权益。

【殡葬管理】建立殡葬改革工作联席会议制度，开展殡葬领域突出问题专项整治工作，联合县市场监督管理局对丧葬用品市场进行规范，严厉打击擅自从事经营性殡葬服务的行为；会同县卫生和计划生育局、县市场监督管理局对全县医疗机构太平间和殡葬服务行业进行整治；对全县殡葬违规行为进行摸排统计，建立统计台账；会同县民族宗教局对全县宗教场所违规开展殡葬服务进行整治，对违规擅自修建的骨灰存放设施进行封存。全年立案查处2起殡葬案件，同时开展殡葬改革法律法规宣传工作，发放宣传单8000余份。

【社会组织管理】加强对社会组织的登记管理，全年新登记社会组织9个；按期开展社会组织年度检验工作，重点检查社会组织活动开展、财务管理、党建等情况。

【慈善福彩事业】接受省慈善总会帮困助学资金，经过层层筛选、认真核实，最终确定6名贫困大学新生、13名贫困高中新生为慈善助学资助对象，资助贫困大学新生每人5000元，贫困高中新生每人3000元，共计发放慈善助学金6.9万元。

【老龄工作】及时审批和发放80周岁以上老

人的高龄补贴，为全县46名百岁以上老人、2278名90~99周岁老人和15226名80~89周岁老人发放高龄津贴，全年累计发放高龄补贴850万元。积极推进老年人意外伤害保险工作，完善老年保障体系。高龄补贴按时足额发放，老年优待证及时快捷办理。成功举办了“西充县2018年敬老月启动仪式”和“营造敬老爱老助老氛围，纪念改革开放40周年”慰问演出活动。重阳节期间对全县百岁老人、空巢老人代表走访慰问。

（撰稿：县民政局王雪沁）

西充县2018年百岁老人名单

姓名	性别	出生年月	家庭住址
庞玉太	女	1918年7月	晋城镇库楼坝2组
朱长鲜	女	1918年7月	晋城镇北街6号
蒙碧和	女	1918年10月	晋城派出所
袁正芳	女	1918年2月	晋城镇双庙子村三组
张树华	女	1907年6月	晋城镇
任智	男	1917年4月	晋城镇大道一段
罗云芳	女	1916年12月	晋城镇鹤鸣东路194号
杨淑芳	女	1918年12月	常林乡高石梯村3组
范伯珍	女	1918年12月	常林乡桥上罗家村7组
郭秀华	女	1916年10月	莲池镇周武宫村4组
于泽莲	女	1918年2月	占山乡安宁院村七组
杨长兵	男	1917年1月	占山乡瓦场沟村十三组
何孝珍	女	1917年1月	占山乡新建村十一组
黄俊模	女	1918年12月	大全镇庞家沟村5组
王李氏	女	1918年12月	金源乡玉成村
袁明达	男	1918年10月	金源乡陈家沟村2组
何德琼	女	1918年12月	仙林镇长龙观村组2组
赵星斗	女	1917年2月	仙林镇谯家沟村7组
李家莲	女	1918年8月	观凤乡亭子湾村9组
任尚炯	男	1918年12月	华光乡孙家庙村5组
杜元珍	女	1820年9月	岱林乡燕子井村3组
贾松吉	女	1918年11月	义兴镇阳家庙村2组
张长清	女	1918年12月	青狮镇红庙嘴村8组
冯家会	女	1917年2月	青狮镇苦竹垭村1组
韩文英	女	1917年6月	青狮镇中观音村8组
何君福	女	1918年10月	紫岩乡朱华沟村6组
安志圣	男	1918年8月	西碾乡界牌湾村12组
袁朝海	男	1918年1月	中南乡中和井村9组

续表

杜支明	男	1918年5月	复安乡双福井村2组
斯良惠	女	1918年6月	紫岩乡龙洞山村7组
朱以桂	女	1916年6月	紫岩乡纪公庙村5组
袁仕焕	男	1918年11月	槐树镇西禅寺村3组
张登秀	女	1918年1月	槐树镇浅垭子村4组
张向坤	女	1914年4月	槐树镇双柏树村1组
谢绍芳	女	1918年9月	义和乡姚氏祠村5组
张年海	男	1917年1月	青龙乡元山坪村
朱德昭	男	1917年12月	鸣龙镇凉快垭村5组
李欢于	男	1917年7月	鸣龙镇三合寨村
姚明珍	女	1916年9月	双洛乡双石坪村 4组
范华先	女	1918年9月	双凤镇五栋碑村
蒲其茂	男	1918年3月	双凤镇凤头社区
王永茂	女	1918年1月	双凤镇红栋子村6组
杨会琼	女	1907年10月	双凤镇
杜德成	男	1918年11月	仁和镇马鞍山村7组
谢淑君	女	1918年12月	仁和镇联合村4组
任用芬	女	1916年4月	仁和镇何家沟村8组
任淑先	女	1918年9月	双江乡临江村9组
任淑芳	女	1918年12月	双江乡书房湾村3组
何尚均	女	1918年6月	凤和乡石桥坝村7组
王庭碧	女	1917年7月	凤和乡荣坪村5组
陈昭珍	女	1918年10月	东岱乡荣华山村
黄翠芳	女	1918年4月	东岱乡东岱村
彭范氏	女	1912年8月	祥龙乡太阳沟村
冯周玉	男	1918年3月	祥龙乡佛宫山村
任东全	男	1917年11月	祥龙乡小珠坝村
胥德益	男	1918年4月	高院镇石牛庙村3组
李淑华	女	1918年1月	高院镇秋垭庙村3组
冯玉华	女	1918年8月	高院镇梓桐庙村6组
陈正芳	女	1908年4月	高院镇东龙山村8组
范淑珍	女	1917年5月	高院镇佛华山村8组
何玉方	女	1912年1月	高院镇老城子村4组
马在良	女	1916年6月	东太乡鱼池寺村1组
文全会	女	1917年8月	双江乡福应宫村13组
张会英	女	1918年10月	多扶镇中心街社区
何学英	女	1918年12月	多扶镇潮音寺村2组
张主晏	男	1918年3月	永清乡石牛山村4组
庞良贤	男	1918年4月	永清乡石牛山村11组
高光慈	女	1918年12月	多扶镇黄竹坝村5组
岳体群	女	1918年10月	古楼镇花庙村6组
贾正群	女	1918年9月	古楼镇古楼村7组
刘文孝	男	1917年4月	古楼镇刘家坪村3组

就业服务管理

【概况】 2018年，西充县实现城镇新增就业7211人，占目标任务6100人的118.2%；城镇失业人员再就业1201人，占目标任务1000人的120.1%；就业困难对象再就业376人，占目标任务300人的125.33%；品牌培训320人，占目标任务300人的106.67%；青年劳动者技能培训1293人，占目标任务900人的143.7%；开展SYB创业培训485人，占目标任务400人的121%；城镇登记失业率3.8%，低于4.2%的控制目标。县就业服务管理局被中共四川省委办公厅评为全省去冬今春农民工服务保障工作先进单位。

【就业促进】 全年办理就业失业登记证3119本；完成5159人次灵活就业人员社保补贴资料收集与审核工作，补贴资金7243560元；办理创业担保贷款贴息70笔，贴息金额709096元；公益性岗位补贴704人，补贴资金8663220元，其中贫困村公益性岗位157人，补贴资金56.4万元。

【就业培训】 西充县就业训练中心完成职业技能培训2850人，其中就业技能培训880人、创业培训+种养殖培训1970人；举办SYB培训及创业引导性班14期，培训学员449人，扶持387人成功创业，并带动2800余人就业。

【职业介绍】 全年开展“春风行动”系列招聘会、就业精准扶贫等18场招聘活动，组织县内外31家用工单位参会，提供4500多个就业岗位，达成用工意向1575人。定期开展企业走访工作。及时掌握企业用工情况，强化就业优惠政策、失业保险政策宣传，落实企业用工备案制度。对21家企业2111名员工进行用工备案；利用四川公共招聘网、企业招聘QQ群、县人力资源市场大厅LED显示屏，常年免费为企业和求职者发布相关信息。成功介绍1180人到企业就业，扶持高校毕业生创业。为183名创业的高校毕业生办理了创业补贴，补贴资金183万元；认定高校毕业生就业见习基地9家，安排78名离校未就业高校毕业生参加见习；不断完善创业服务组织体系，打造政策咨询、创业培训、专家评析、项目推介、创业孵化、融资服务、开业指导和后续服务“八位一体”的创业扶持机制。促进高校毕业生就业创业452人。

【失业保险】 2018年，全县失业保险参保13077人，征收失业保险570万元，争取失业保险统筹金430万元。全县享受失业保险待遇3558人，发放失业保险金435万元；1人领取技能提升补贴，18家企业享受稳岗补贴，发放补贴金17万元。

【劳务开发与返乡创业】 2018年，全县转移输出农村劳动力23.075万人，实现劳务收入39.88亿元；审核外来招工企业资质9家，发布劳务信息26条;通过乡友联系会等民间组织，鼓励、引导有实力、有技术及有志回乡创业的企业家和农民工返乡创业，支持家乡建设。引导352名外出务工人员返乡创业，创办各类经济实体217个，总投资额近1.2亿元，带动就业5200余人；认定返乡创业园165家，对200余名创业者进行了创业指导，收集创业典型事例30余例；开展劳务品牌培训，培训学员320人；积极参与处理拖欠农民工工资劳务纠纷事件12起，为农民工挽回经济损失46万余元。

【创业指导】 举办南充市第二届“工匠杯”百万产业工人技能大赛西充赛区比赛，吸引13家企业264名选手参赛。组织20名优秀选手参加市级“工匠杯”百万产业工人技能大赛决赛，四川九天真空科技有限公司、西充县太极集团、四川南充制药有限公司、西充星河生物科技有限公司分别获得一等奖各1名，二等奖各2名，三等奖各3名，优胜奖各9名的成绩。开展返乡创业现场推进活动，组织55名返乡创业业主，到观音庙青见种植专业合作社、伟业柑橘种植专业合作社、元斗桃园等6处优秀返乡创业园观摩、考察。举办“乡土人才大赛”活动，西充县百门寺桃源种养殖专业合作社张丽萍与西充县中南乡宝塔村周志毅家庭的“僵蚕养殖”分别获金奖和银奖。参加南充市5月开展的“中国创翼”创新创业大赛，西充县推荐的僵蚕化工厂养殖项目、旧院黑鸡分别获得南充市选拔赛创新组的二、三等奖，并获得参加省选拔赛资格。在省选拔赛中，僵蚕化工厂养殖项目获得优秀奖，县就业管理服务局获得省人力资源和社会保障厅颁发的优秀组织奖。

【就业扶贫】 开展精准扶贫就业创业培训44期，培训贫困劳动力1970人。在24个乡镇34个贫困村中开发216个公益性岗位，安置216名贫困户劳动者在公益性岗位就业，发放贫困村公益性岗位补贴金52万元。在97个贫困村建立就业扶贫工作站，金泉乡大神庙村被认定为省级就业扶贫示范村，双凤镇乾元宫村和大全镇何家堰村被评为市级就业扶贫示范村。县就业服务管理局派驻金泉乡大神庙村第一书记范虹被市委、市政府评为2017年度脱贫攻坚优秀第一书记，何宏霞被西充县委评为2018年度脱贫攻坚先进个人。

（撰稿：西充县就业服务管理局李慧明）

【养老金发放】 县城乡社会养老保险局开展两次专项清理，及时比对清理系统数据，全年数据比对12次25.2万人次，发出协查函1698份、通知书468份，走访群众1632余人，注销重复领取和死亡人员8177人，追回养老金100.7万元；审核待遇领取人员5121人，定期待遇领取人数10.13万人。

【扶贫代缴】 做好2018年贫困人口城乡居民社会养老保险代缴工作；6月底完成符合代缴政策的贫困人口的参保信息数据核查、比对、筛选；9月完成代缴三类人员81104人，其中60周岁以上22601人，60周岁以下58503人；配套资金省级370.25万元、县级107.42万元，实际代缴214.84万元，完成率达100%。

【便民服务】 推行手机APP“人脸＋虹膜”活体检测技术进行生存认证；打破传统认证方式，由定点认证走向智能认证，定期认证转为循环认证；编制印发手机APP认证流程8万份，现场推广宣传108场次、开通1对N认证权限1350人、软件升级9次、解答回复问题4500人次；完成数据采集9.9万人，占95.19%；认证成功9.3万人，占89.42%。

（撰稿：西充县城乡社会养老保险局李松洋）

城乡居民社会养老保险

【概况】 2018年，全县新增参保17536人，缴费人数10.13万人，同比增长6.5个百分点，占全年目标（8.56万人）的118.34%；征收基金5202.71万元，同比增长16.76个百分点，完成目标任务（2996万元）的173.66%，超出73.66个百分点，平均缴费水平达513.6元，同比增长9.7个百分点。2018年，西充县城乡社会养老保险局综合目标考核获南充市城乡居保工作先进集体。

职工社会保险事业管理

【概况】 2018年，全县养老金征收完成全年目标任务2.21亿元的325.8%；征收工伤保险金660万元，完成市局目标任务375万元的176%；征收生育保险金310万元，完成市局目标任务205万元的151.2%。

【待遇发放足额按时】 全年为37689名退休人员按时足额发放基本养老金6.4亿元，支付死亡离退休人员丧葬费、抚恤金1160万元，支付工伤保险待遇250万元，支付生育保险待遇201万元。

【社保扩面】 全年新增6家企业1784名员工参保，新增个体人员、自由职业者、机关事业单位临时人员2340人参保，扩面参保5980人，完成计划4051人的147.6%，净增参保人数1342人，完成市局计划1284人的104.5%；工伤参保人数达17940人，完成市局目标17860人的100.44%；生育保险参保人数达6145人，完成市局目标任务5800人的105.9%。

【退休人员社会化管理标准化社区建设】 结合人力资源和社会保障基层公共服务平台，新建3个、完善5个退休人员社会化管理标准化社区建设。

【退管服务】 利用社区退管服务平台和省级认证服务平台，对34620名退休人员在各社区就近进行生存认证，同时完善退休人员个人综合信息。实现“服务重心下沉，办事窗口前移”，对居住在省外的退休人员采用指纹采集进行对比认证，对情况特殊无法前来认证的160多名高龄、瘫痪等退休人员开展上门认证。10月，县职工社会保险事业管理局全面实现大厅服务综合柜员制，变多窗办为一窗办，进一步方便办事群众。

（撰稿：县职工社会保险事业管理局何道盾）

机关事业单位养老保险

【概况】 2018年年底，全县参保单位445个，在职参保人数9555人，退休人数5698人。全年征收基本养老保险2.21亿元，其中养老保险基金17115万元、职业年金4944万元。

【养老金资格认证】 3月底，西充县机关事业单位社会保险局通过工作QQ群、微信公众号拟发《关于开展机关事业单位离退休人员领取养老金资格认证工作的通知》，以尽量方便群众为原则，实行本地认证、异地认证、QQ视频认证、上门认证相结合的方式开展认证（年审）工作。全年完成全县机关事业单位离退休人员5462人生存认证工作，其中上门认证32人，视频认证518人，异地核实30人。

【转移接续】 按市机关事业单位社会保险局《关于妥善处理我市大学生村官、特岗教师、三支一扶人员养老保险关系转移有关问题的通知》文件要求，西充县机关事业单位社会保险局及时收集整理全县此类人员信息，完成110人转移；对2014年10月后涉及新机保的人员转移，按省人力资源和社会保障厅安排逐步办理，2018年完成省内制度内转移117人，涉及职业年金做实金额402.71万元；为配合军队改革要求，保障退役军人的社会保险权益，联系全县历史清理表中涉及退役军人前来办理转移接续，完成转移接续41人。

【网上业务办理】 贯彻落实省政府推进“最多跑一次”改革工作总体要求和四川省人力资源和社会保障厅《关于印发<“四川人社事、最多跑一次”工作推进方案>的通知》，西充县机关事业单位社会保险局于10月24日召开机关事业单位养老保险网厅业务经办工作培训会，办理数字证书242个，绑定参保单位426家，基本实现机保业务网上经办。

【养老金社会化发放】 巩固使用社会保障卡发放退休金的社会化发放方式，每月主动与财政、银行进行人员核实、工资核定、报表审核，确保每位退休人员在15日前均能领到养老金。全年按时足额发放全县5600名离退休人员养老金2.75亿余元。对退休人员死亡后，申报不及时造成的超领养老金现象，向其家属发放多发待遇追回通知单，在其退回全部超领金额后才在其丧葬抚恤金文件上签字盖章送与财政核发。全年成功追回45人超领养老金24.62万元。

【养老金调待】 根据《省人力资源和社会保障厅、省财政厅关于2018年调整退休人员基本养老金的通知》，8月完成全县所有退休人员待遇调整工作，补发1月至7月调增养老金622.09万元。通过QQ、微信公众号、制作悬挂海报等方式宣传调资政策，确保新调待政策不折不扣落实。

【退管服务】 西充县机关事业单位社会保险局通过打电话、聊QQ等方式多渠道了解退休人员生活中的困难，了解其身体及生活状况，帮助解决实际问题。在端午、重阳等节日安排工作人员带上慰问品上门慰问。与县老年人体育协会、退休人员协会等群团组织积极联系、互相协作，开展2018年围棋比赛、庆五一广场文艺展演等退管活动。

（撰稿：县机关事业单位社会保险局罗秋静）

医疗保险

【概况】 2018年，全县职工医保参续保30510人，基金征缴收入12151.99万元。城乡居民医保参保503493人，基金征缴收入36303.39万元。职工医保支出11382.97万元。其中，统筹基金支出5154.15万元，个人账户支出6228.82万元。城乡居民医保支出33466.68万元。其中，住院支出32330.87万元，门诊统筹支出1135.81万元。

【医保基金管控】 制定《西充县2018年度医疗保险总额控制实施方案》，强化医药机构药械购销存管理，细化对违规行为的认定和处理办法，推行定点医药机构年度服务评价考核制度，加大对医疗服务行为的监管力度，建立并实施退出机制。加强医疗监督管理，坚持日常医疗服务行为监督，定期分组分片区对县域内定点医疗机构开展现场检查，抽查住院病人、药品和材料使用情况。严格实行内部审计稽核，准确掌握参保单位信息，实时介入参保人员和缴费基数的审核，及时稽核参保单位缴费申报报表。开展对各岗位、业务流程、医疗费用支出、重要票据管理等不定期的稽核检查，严格查处违规违纪行为。在严格执行基金预算管理制度、做好基金预决算的基础上，强化基金的收支管理、分账核算、运行分析，坚持动态分析监控。切实加强基金监管，建立基金运行预警机制，完善内控制度，主动接受县人力资源和社会保障局、县财政局、县审计局等部门和社会各界的监督。

【提升医疗保障水平】 实施全民参保计划，开展医保政策宣传，与县广播电视台、县委新闻报道组、移动短信等媒体渠道合作，及时发布相关医保信息；定期通过政府政务公开门户网站、政务公开QQ平台及时发布医保相关政策、法规、办事流程和工作动态；通过宣传专栏、会议培训和服务窗口资料发放等常态化宣传提高参保人员医保政策知晓度。坚持“应保尽保”，实行与公安部门居民信息库信息比对，全面筛查漏保人员，有的放矢、任务明确推动全员参保；探索医保网上银行缴费渠道，扩展群众参保缴费途径，提高扩面征缴工作效率。

【推进医保脱贫攻坚】 实施建档立卡贫困人口数据比对，按时录入县扶贫移民局提供的全县应参保未脱贫建档立卡贫困人口47902人的个人参保信息医保信息，建立全覆盖标识，实行实名制动态管理，确保参保率100%。实施建档立卡贫困人口门诊医疗医保倾斜支付。配合县卫生和计划生育局开展实施门诊医疗救助，落实建档立卡贫困人口11种需长期门诊维持治疗的慢性疾病和21种可在门诊治疗的重大疾病的筛查、治疗和待遇报销。实施建档立卡贫困人口住院医疗医保倾斜支付。对建档立卡贫困人口县域内住院医药费用报销采取一站式服务，在基本医疗保险、大病保险报销后实行政策范围内住院医疗费用医保倾斜支付。对县域外住院医药费用则在医保报销后，结合民政和卫计部门专项资金给予救助。最终确保贫困患者县域内住院和慢性病门诊维持治疗医疗费用个人支付占比均控制在10%以内。年度内，全县建档立卡贫困人口共发生住院32201人次，医保基金报销13702.27万元。其中，县域外住院2559人次，报销1523.11万元；县域内住院29642人次，报销12179.16万元。规范建档立卡贫困人口医疗就诊管理，全面实行乡村医疗机构首诊、逐级转诊和双向转诊，明确乡村医疗机构可诊治的70种常见病、多发病和县级医疗机构可诊治的200种常见病、多发病、中等程度疾病及危急重症，积极引导参保人员合理就医，提高医疗资源利用率。

【大病医疗保险】 在及时完成保费划转的基础上，配合做好大病保险理赔，改进完善工作流程，推行实施基本医疗保险和大病保险“一单结算”。全年拨付大病保险保费2698.72万元，赔付13021人次，赔付金额3214.62万元。

【医保经办服务体系建设】 按照“最多跑一次”和“服务平台标准化、服务基础信息化、服务机制协同化、服务行为专业化”要求，构建高效利民的医保经办服务平台。推进“放管服”改革工作，规范简化医保业务经办流程和办事指南，明确各环节审核工作细则。开展优质服务活动，营造人人讲优质服务、处处抓优质服务、事事出优质服务的良好工作氛围。持续推进异地就医即时结算工作，开展异地就医政策宣传活动，简化异地就医备案程序，加快推进社保卡的运用，提高异地就医即时结算率。

（供稿：县医疗保障局）

邮政　信息化

西充县邮政分公司

【概况】 9月，西充县邮政分公司与西充县速递物流公司实行寄递业改革，原县速递物流公司与县邮政公司包裹快递部合并成立县寄递事业部，下设市场部和运营监控部。年末，公司辖47个邮政所（其中，金融网点40个，纯邮政网点4个，委代办网点3个），有员工239人，其中合同用工A类59人，B类95人，C类71人，劳务承揽14人。2018年，公司邮政业务总量为6632.45万元，实现业务收入6449万元，完成进度97.69%，全市排名第六；新增贡献收入395.44万元，全市排名第五；增幅6.53%，全市排名第四。

【业务发展】 2018年，文化传媒业务完成520.58万元，完成进度的100.69%，排全市第五。其中，函件收入153.62万元，集邮收入217.58万元，报刊及零售完成收入149.38万元。代理金融业务完成5042.77万元，完成进度96.72%，排全市第五。

电商分销业务完成459.75万元，完成进度的101.49%。其中，电子商务完成91.47万元，分销实现销售额368.27万元。包裹快递业务完成424.58万元，完成市公司目标的101.64%，其中，新快包实现收入267.35万元，标快实现收入151.61万元，包裹实现收入5.89万元。

【基础管理】 2018年，装修并搬迁古楼邮政所。全县配置和更新各类设备8台，其中，新增CRS 5台，ITM机3台；新增和美春天合作邮政营业所，新增ATM机和邮政营业场所。解决职工住宿难、就餐难、洗澡难、入厕难等问题；按市公司标准对14个网点按标准版建设“职工小家”，除几个低产网点外，基本全面配置冰箱、空调、热水器、床、书桌、衣柜等设施。配合市公司完成2017年导班子人员的综合测评和1名顶岗挂职人员的考评工作；完成全县部门经理、支撑人员、网点人员的综合测评；全年实施各类培训60期，参训230人；岗位任职资格考试取得一定成效，1人取得理财规划师资格证，4人取得职业资格中级鉴定证。对全县47个网点配备防毒面具和防护手套，安装烟雾探测器，为押运人员配备防弹衣8套、防弹头盔8个。完成公司金库及2个网点的监控设施改造。每季度组织全县员工进行防抢消防演练，开展3期消防知识培训。组织全县网点员工及县公司班子成员156名进行安全保卫知识测试。

【农村电商】 在双洛乡老家湾村新设立电商驿

站。申报建设完成县、乡、村三级物流体系建设项目。截至 2018 年年底，该项目投入 120 万元。在邮政大院建设一处约 160 平方米的冷藏库，并在义兴、太平所在地分别建设一处恒温库，在西充县主要场镇、街道、学校附近等安装 16 处 17 组智能包裹柜。

（撰稿：胡丹）

信息化管理

【通信基础设施建设】 2018 年，县经济商务和信息化局主动协调电信、移动、联通、铁塔等通信公司，加强全县通信网络基础设施建设，新建通信基站、通信线路，优化改造现有通信设施设备，拓宽通信网络覆盖，增强通信网络数据交互能力。截至 2018 年年底，全县有手机用户 28.5 万人、宽带用户 8.4 万户(新增 6000 户)，有通信基站 1030 个(新增 80 个)、光纤宽带里程 9200 皮长公里（新增 700 皮长公里)，已初步搭建了覆盖全县的手机通信网络，光纤宽带和 4G 通信网络覆盖全县 95% 以上的行政村。

【信息产业发展】 持续推进电子信息制造业强化技术创新、改进关键生产工业、提升基础产品档次和技术水平，积极引导小微电子信息制造企业抢抓信息产业高速发展新机遇，合理扩大生产规模，提高生产线自动化比例，促进企业做大做强。

【信息化知识宣传】 以网络安全宣传周、宪法日等重要宣传活动为契机，县经济商务和信息化局印发信息化知识宣传册、宣传单，制作信息化知识宣传展板，悬挂了宣传横幅，大力宣传电信建设及保护、日常网络安全知识、防诈骗技巧、信息产业发展、5G 网络建设、通信辐射安全标准等信息化相关知识，提高了群众对信息化的了解，为信息产业的发展夯实根基。

（撰稿：县经济商务和信息化局蒲春梅、汪婕）

中国电信有限公司西充分公司

【概况】 2018 年中国电信西充分公司设“一部一中心六分局”和太平、义兴、多扶、仁和、双凤、槐树、城郊七个支局。“一部”即综合支撑部，“一中心”为公客销售中心，“六分局”为化凤分局、安汉分局、政企分局、商客分局、校园分局、网络运营分局。有合同制员工 69 人，劳务派遣员工 7 人。2018 年，西充电信分公司完成市公司下达的年度各项目标任务，在全市电信年度效绩考核中排名第一，并获得市公司天翼份额提升奖，公司总经理席华艳被省公司授予优秀基层管理者称号。

【企业文化】 中国电信西充分公司出台《企业文化实施细则》，首次明确公司“业绩争先、格局争先、文化争先”的企业愿景，并从物质文化、制度文化、精神文明建设三方面来推动争先文化落地执行，按月发布争先“琅琊榜”，积分应用于年度绩效考核名额分配，进一步规范员工的日常行为，激发员工奋勇争先的动力，营造血性奋争、创优争先的发展氛围。

【优化机制】 强化农村战队能力建设，2018 年优化支局长与渠道经理职责分工及公客人员支撑对接机制，常态化分片负责，下沉一线。优化前后管联动、城乡帮扶机制。强化执行监督，重盯“不落实的人”和“不落实的事”，提升支局统筹能力和执行力。

【市场发展】 2018 年，完成投资 1226 万元。新建端口 17176 个，新建基站 91 个，宽带农村行政村覆盖率达 98.18%。新建 H 端口 1.7 万个，基站 91 个。新拓展 9 家专营店、2 家家电厂商，在 6 个盲区完成补点。

【通信保障】 2018 年，完成高考、防汛、银行结算、春节 ITV 等重要通信保障 20 余次。2018 年上半年全市机房整治现场会在西充电信召开，并代表南充电信分公司接受省公司验收。改善基站掉站率，利用存量光缆资源，新增17个IPRAN环网，环网总数达32个。

（撰稿：王鸣惠）

中国移动有限公司西充县分公司

【概况】 2018年年末，西充移动公司有员工63人，下设综合部、市场部、政企客户部、网络部等4个部门、7个支局，有实体渠道网点100余个。

【网络建设】 遵循“追求客户满意服务”的经营宗旨，组织开展网络质量大会战、打造精品数据网络工程和打造精品网络工程活动，进行TD-LTE网、传输网、专线和互联网的建设，4G网络信号城乡覆盖面达100％。

【业务及服务发展】 2018年，移动4G客户和宽带客户发展迅速。截至年底，客户规模达到18万户。公司加强营销经理和客户经理两支队伍建设，完善服务管理制度、服务设施，创新服务环境，实现对外服务的电子化、自动化水平，延伸服务功能，科学合理设置服务网点，满足不同层次消费群体的需求。

中国联合通信有限公司西充县分公司

【概况】 2000年9月28日，中国联合通信有限公司南充分公司西充营业部成立，经营全县的联通通信业务。2006年7月，经中国联通总部批准，西充营业部升级为中国联通有限公司南充市分公司西充县分公司。2018年年底，县城有自办营业厅1处、合作营业厅11处，乡镇有合作营业厅14处。另外，还有40多个专营店、代理店及便利性服务网点。2018年年末有员工30人，2018年营业额达3000余万。

【业务发展】 截至2018年年末，西充联通分公司西充县建有基站480余个，网络涵盖了2G、3G、4G网络，建成5G试验网一个，共21个站址，覆盖县城内6大重点区域。有宽带端口5万余个，有移网用户6.8万户、宽带用户0.8万户。可覆盖全县所有乡镇及重点自然村。形成三大品牌体系和适应不同群体的资费“套餐”，并开通多种增值业务，丰富方便用户生活。与全世界200多个国家或地区的300个运营商开通国际漫游业务。

（撰稿：中国联通有限公司西充县分公司邓毅）

公用事业

市政水务

【概况】 西充县泓源水务发展有限公司属地方国有企业，下设西充县供排水有限公司、西充县泯兴水务有限公司、西充县万洁环保有限公司、西充县勘测设计有限责任公司4个子公司和西充县泓源水务发展有限公司市政建设分公司、西充县泓源水务发展有限公司二次供水分公司2个分公司。主要经营范围：水务基础设施项目的投资建设和经营管理；水利工程设计；城乡供水、排水和污水及固废处理管理；建筑材料销售及建筑机具设备销售；城乡二次供水，二次供水设计方案的审定，二次供水设施设备的安装、维修、清洗及技术咨询；销售供水设备；市政公用工程施工总承包；水利水电工程施工总承包。2018年，泓源水务发展有限公司供水1413万吨，管网覆盖人口16万，抄表率100%，水费回收率98.5%。

【项目建设】 2018年投资2.7亿元，完成义兴镇生活污水治理工程（一期）建设、川东北农产品精深加工产业园临时水厂工程建设，新建14个乡（镇）16座污水处理站，升级改造17个乡（镇）19座污水处理站，完善21个乡（镇）管网，完成西充县富余生活污水处理厂等9个项目建设，推进西充县双洛水厂及管网建设等项目。

新组建万洁环保公司，主要负责全县水污染及固体废物治理。2018年，接收原环保局及各乡镇运行的27座污水处理厂及配套管网。截至12月底，全县50座乡镇污水处理厂，公司负责其中47座，设计规模1.539万吨/日，其中46座全面进入调试运行阶段。川东北农产品精深加工产业园集中式污水处理厂一期正在施工建设。

【运营管理】 2018年，西充县泓源水务发展有限公司新设立城北收费大厅，县城设3处收费大厅、乡镇设2处收费大厅。全年致力于提高服务水平，宣传“供水服务热线”，受理投诉建议，规范窗口服务，调整服务时间，改进收费模式，开展窗口人员培训，开通微信公众号、开通银行ATM等自主缴费终端等工作。

【安全生产】 2018年，西充县泓源水务发展有限公司成立安全生产领导小组，对公司现有安全生产管理制度、应急抢修预案、操作规程、岗位职责、安全职责等进行修订。公司层层签订安全生产目标责任书，每月召开安全生产例会，通过每月不定期安全生产大检查工作，深入重点领域、重点部位、重点环节进行逐一排查。全年未发生较大及以上安全生产事故。

（供稿：泓源水务发展有限公司）

电力供应

【概况】 2018年，国网西充县供电分公司下设2个集体企业，所辖用户数24.3万户。辖区内有：110千伏变电站2座，变电容量15万千伏安；35千伏变电站9座，变电容量13.88万千伏安；10千伏变电站配变容量46.00万千伏安;110千伏线路4条，长度118.30千米;35千伏线路15条,长度168.21千米;10千伏线路69条，长度1377.21千米。国网西充县供电分公司优质服务评价指数排名全市第一。完成春节保电、项目拉练等各类保供电任务。

【电量销售】 2018年，完成销售电量3.83亿千瓦时，同比增长11.96%；综合线损率7.52%，同比降低0.28个百分点；电费回收率100%；最高负荷11.08万千瓦，同比增长4.24%；日最大电量215.19万千瓦时，同比增长9.87%。

【安全生产工作】 执行“精准日管控”“十不干”和到岗到位工作要求。完成春节安全检查、春季检修和防火安全专项检查工作，排查整治各类安全隐患，保障线路设备健康水平。安全管理评价为绿牌。

【电网建设】 促成西充县政府与市公司签订战略合作协议。开展110千伏观音输变电工程前期工作，全面完成征地程序，项目进入施工准备阶段。组织召开2019年农网工程推进动员大会，推进农网升级改造工程，统筹抓好2个城网、22个农网项目的安全、进度。

【精准扶贫】 完成全县97个贫困村的电网升级改造，49808名贫困人口实现脱贫退出。现阶段基本满足未来居民生活水平提升和产业发展的用电需求，完全匹配地方党委、政府脱贫攻坚整体安排。

（供稿：国网西充县供电公司）

燃　气

【概况】 四川省西充爱众燃气有限公司是四川广安爱众股份有限公司于2006年1月18日竞拍取得原西充县天然气公司经营性资产和三十年特许经营权后，注册设立的以经营天然气、CNG供应和燃气具零售为主的有限责任公司,注册资本2000万元。2018年年末，公司有在册员工90人，内设5个职能科室和安装队、抢险维修大队、储配气站、乡镇供气所、客户服务中心，下设太平、古楼、双凤、仁和、多扶5个燃气管理点，供气区域包括西充县城和太平、古楼、双凤、仁和、多扶、凤和、金泉、宏桥8个乡镇，用气客户87000余户。公司有储配气站1座,2000立方米储气罐1个,乡镇配气站8座,设计日供气能力30万立方米，年供气能力9000万立方米。

【提升综合运营能力】 建立以客户为中心的服务体系，优化制度流程，落实流程做减法、服务做加法。采用GIS地理信息系统对地下燃气管网布局进行科学探测，配合安装SCADA系统实现对全城管网设施设备自动控制,广泛宣传“96503”服务热线,成立24小时运维抢险队伍，购置发电车、激光检漏仪等现代化工具，全面提升响应能力。延伸掌上爱众APP使用功能，配备自助终端，为客户提供一站式服务。

【服务地方建设】 2018年，全县售气量3230.11万立方米，完成入库税金592万元，统筹推进燃气管网与地方发展相结合，加强燃气基础设施建设。新建双凤镇环镇次高压管线、金领大道二段管网；完成园林路、双凤镇管网改造工程；稳步推进老旧小区改造，完成改造小区11个；完成多扶西山井村、高石梯村城乡结合部天然气主管延伸并通气；新安装、改造规划楼栋、小区、庭院管线共21处，规划改造市政管网7处。

（撰稿：西充爱众燃气有限公司张旺）

民间协会

旅外人士联谊会

【引导乡友返乡创业】 2018年，围绕县委、县政府乡村振兴战略和脱贫攻坚布署，以各地旅外人士联谊会为纽带，通过举办联欢会、座谈会、发放信息资料、组织返乡参观考察等方式，推介优势产业项目。2018年有65家乡友企业回乡创业，累计投资达4亿余元，解决3000多名剩余劳动力就地务工。

【实施智力扶贫】 响应县委“扶贫先扶智（志），治穷先治愚”的号召，通过乡音网、《西充时报》等信息平台向全国乡友发出倡议，本着相互了解、自愿乐意原则，实行“一对一”“一对多”的结对帮扶。一年中共有58名爱心乡友资助了54名优秀贫困大学生和760多名贫困中小学生，帮扶资金达43.9万元。

【以情为系“让爱回家”】 通过多个信息交流平台以及开座谈会、联欢会等形式，加强与全国各地乡友的沟通、交流。组织乡友参观现代农业和工业园区建设，协助回乡创业乡友进行项目考察论证，协调解决项目实施中的困难和问题，帮助200多位乡友解决所托之事。用真情感动乡友，共有2000多名在外乡友为300多个村社的公益事业、老年活动中心捐资捐物200多万元，慰问特困老人3700余人，举办“坝坝宴”460多场。

（撰稿：冯大泽、何艳萍）

扶贫开发协会

【产业帮扶】 2018年，主动参与全县脱贫攻坚工作，到脱贫村走访调研，及时向县委、县政府反馈问题并提出有效建议。协调西充安汉投资集团、西充农村商业银行以及回乡创业的四川泓林生物科技公司、四川大水井农业开发公司等投资1300多万元，支持祥龙乡、凤鸣镇、鸣龙镇等8个乡镇发展种养殖业，为贫困乡村发展产业、脱贫奔康发挥了积极作用。

【捐资助学】 组织动员爱心企业、爱心人士参与栋梁扶贫工作。全年捐资45.1万元，帮扶慰问556名贫困中小学生和留守儿童；捐资44.6万元，资助56名优秀贫困大学生喜圆大学梦。

【爱心帮扶】 在乡（镇）、村（居）、广场、敬老院等开展了62场送文化、送医疗下乡公益慰问演出，慰问空巢特困老人16000多人，组织专家义诊6400多人次。组织爱心企业和爱心人士帮扶特困户600余户，帮扶资金71万元，送去大米500公斤、食用油200公斤。发出“十个一”献爱心活动倡议，得到2000多名乡友响应，并为全县430多个村社老年活动中心捐资捐物达260万元，重阳节、春节为老人举办“坝坝宴”等490多场。

（撰稿：冯大泽、何艳萍）

西充县安汉老年大学

【创新机制】 遵循“教、学、乐、为”相结合的教育方针，创新“老年大学+”办学机制。在组织管理上，协调整合“老年大学+涉老组织”；在业务管理上，指导整合“老年大学+民政、教育、文化等业务主管部门”；在经费投入上，整合“老年大学+财政、战略合作单位、学员个人”；在办学形式上，建设“老年大学+社区、示范村老年协会”；在活动方式上，整合“老年大学+部门、企业、社团”。

【按需施教】 遵循“增长知识、丰富生活、陶冶情操、提高素质、增进健康、服务社会”的宗旨，在专业设置上，开设摄影、太极拳、书画、声乐、二胡、合唱、舞蹈、智能手机运用等12个专业20个班级，建立5个示范性基层老年教育辅导站和游学体验基地、群众文化体验基地。针对不同专业实行“示范模仿式”“讲授+差异性个体辅导”“研讨交流”等多样化的教学模式。合理安排一、二、三课堂活动，既注重第一课堂的集中辅导，又积极安排第二、第三课堂（即班级活动、社会实践）。积极发展微信网络教育平台，适时传授时事政治、科学养生、科学理财、防范金融风险和电信诈骗等知识3000余次。

【创建C级老年大学】 按照省标进行自查自评，查漏补缺，申报创建C级老年大学，不断提高老年教育的可及性，促进了全县老年教育提档升级特色发展。成立达标升级创建领导小组，多次召开专题会议，研究部署升级工作，按照任务标准细化到项、落实到人。完成图书馆及教学设施等硬件建设，健全完善各项制度办法，编写《学校大事记》，各种档案资料整理归档，做到了职责制度上墙、各项标识醒目、规范化管理到位、各项迎检工作就绪。

【老有所为】 配合相关部门对西充县老年教育进行专题调研，撰写《西充县老年教育（2018—2020年）发展规划》和《关于推进我县老年教育工作的思考和建议》。配合省民政厅对政府购买居家养老服务赴西充考察调研，提出“发挥基层老协作用、支持农村互助养老方式承接政府购买居家养老服务”的建议得到采纳；参加市老干部局“老年政策大调研”，提出了“重视老年人力资源、搭建老有所为奉献余热平台”的建议；参加省老龄委“老年教育”专题调研，撰写了《关于老年教育和老年大学发展情况的调研与思考》。设立“银龄信箱”，就平安创建、城乡综合治理、现代农业、在外乡友返乡创业、关爱留守老人等向县委、县政府及有关部门报送信息和建议53条。在王朝大酒店定期展示学习成果30多场，班级开展集体课外活动200多次。组织学员慰问全县健在的13名抗战老兵，向县委、县政府报送的《我县健在抗战老兵走访慰问情况汇报和建议》得到充分肯定，配合县民政局、县广播电视台拍摄《最后的抗战老兵》爱国主义的专题片。协同有关部门开展公益宣传活动200多场，参加西充县春晚、“央视幸福账单”选拔赛，参加市县老年文艺、广场舞大赛等群众文艺比赛20多场，获得奖项12个。在纪信广场建立十九大精神宣传站，编排演出宣传十九大的文艺节目20多个。

（撰稿：冯大泽、谢涵宇）

老年协会（安汉老年服务中心）

【关爱空巢特困老人】 推广“五队服务”、老年托管、互助养老、协议赡养等多种切实可行的为老服务模式，做好居家养老服务工作，协助实施好省、市下达的福彩公益为老服务项目，为全县空巢特困老人提供优质、高效、便捷的服务。组织各级老年协会开展关爱空巢特困老人“暖春”“暖冬”行动，为特困老人捐款、捐物达280多万元，为老人举办“坝坝宴”520场。

【开展“敬老月”活动】 发出《关于深入开展2018年全县“敬老月”活动的通知》，对“敬老月”活动作出具体的安排部署。在纪信广场举行“敬老月”启动仪式暨慰问演出活动。各乡镇和村居老年协会在重阳节前后纷纷召开畅谈改革开放四十年座谈会、敬老助老和老有所为表彰会，举办丰富多彩的文艺演出，为老年人摆“坝坝宴”，以多种形式开展敬老爱老活动。在纪信广场举办了敬老慰问演出，观众达2000多人。利用电视台、纪信广场公共平台播放创建省级敬老模范县和全省“十大最美老人”李克维、市敬老模范张来琼、敬老先进个人杨碧芬的先进事迹专题片；利用县时报、广场橱窗等，宣传敬老爱老先进典型事迹和涉老政策、法律、法规。与县安汉老年大学一道送文艺下乡，到村居、敬老院慰问农村空巢老人、“五保”老人、留守儿童，举办公益演出21场；组织县城部分老年人到凤鸣县老年协会科普教育体验基地接受有机农业、现代农业知识教育；自筹资金2万余元，两次深入到全县尚健在的13名抗战老兵家中慰问，并配合有关部门拍摄了《最后的抗战老兵》爱国主义专题片。开展会企合作建协会活动，由金城置业公司杜代武先生出资10万元，支持10个村级老年协会建设，指导其规范管理，有效开展老年工作。

【扶贫攻坚】 组织有关部门和医疗专家开展义诊和涉老法律法规政策宣传咨询。共义诊670多人次，咨询服务1600多人次，展出大型展板36套。开展送医下乡5场，送文化下乡16场，为村居老年活动中心捐资捐物达260多万元，慰问特困老人1.6万多人。全县老年协会中23名退休干部党员结对8个党支部，协助解决脱贫攻坚中的困难和问题12个；老年协会会员中的1340名党员参加党员志愿服务队，对留守空巢老人实行“一对一”“多对一”的结对自愿服务；一批老干部、老党员率先成立老年互助组，带动全县建立1900多个老年互助组。

【关心下一代】 全县1000多名退休老党员、老干部参与各级关工委工作，38名老年协会会员和“五老”人员自愿担任或被聘为校外辅导员。县老年协会与扶贫开发协会共同组织引导爱心企业和爱心人士开展向留守儿童、贫困学生送温暖活动。筹集资金102万元，帮扶贫困中小学生和留守儿童580人，帮助56名贫困大学生圆大学梦。

（撰稿：冯大泽、谢涵宇）

乡 镇

晋城镇

【概况】 晋城镇位于县城中东部，东邻多扶镇，南与莲池镇交界，西连常林乡，北接太平镇、金泉乡。2018 年年末，全镇辖区面积 43.6 平方公里，县城建成区面积 17.9 平方公里；有 14 个社区、14 个行政村，常住人口 18.5 万人，户籍人口 14.9 万人（含农业人口 10716 人），外出务工人口 37100 人（其中外出务工农民工 2951 人），外来人口 69500 人（含户籍在其他乡镇人员）。2018 年，全镇完成固定资产投资 1.64 亿元，地方公共预算收入 3169.5 万元；城、乡居民人均可支配收入分别达 25934 元、16117 元。2018 年，晋城镇被县委、县政府评为教育工作先进集体、政法工作先进集体；被市住房公积金管理中心评为缴存先进单位；被县残疾人工作委员会评为残疾人工作先进集体。

【经济发展】 全镇主产水稻、小麦、玉米、红薯、油菜、经济果树林、水产养殖、畜禽（蛋）、蔬菜，80% 供应县城生活市场。2018 年，晋城镇在白鹤观村、滴水岩村、袁公桥村栽植红心柚 600 亩；在滴水岩村放养跑山鸡 1 万余羽，鱼苗 3000 余尾；在袁公桥、杨家桥、刘家垭等村培育无公害果蔬产业 800 余亩。

【精准扶贫】 全镇有建档立卡贫困户 606 户 1079 人，2018 年实施易地扶贫搬迁 21 户 35 人，16 户贫困户 27 人实现脱贫。滴水岩村实现整村脱贫。

【支柱产业】 2018 年，白鹤观翠袁绿壳鸡蛋养殖专业合作社养鸡 1 万只，出栏 7000 只，产蛋 40 万枚，收入 150 万元，纯利润 30 万元。滴水岩林下养殖专业合作社养鸡 1.2 万只，纯利润 20 万元。

【商贸经济】 2018 年年末，辖区有餐饮店 121 家，商贸小店 6947 个，食品加工企业 11 家，机械维修制造业 4 家，餐饮、购物、住宿、公共娱乐、休闲健身、医疗、教学、生产加工、易燃易爆危险品销售储存等九小场所 1311 个，加油站 6 家，液化石油气充装站 1 家，CNG 充装站 1 家。危爆品经营企业 3 家，烟花爆竹零售经营点 43 家，客运车站 2 处，小网吧 29 家，小旅馆 77 家，小美容院、洗浴场所 71 家，KTV 歌厅 23 家，小型商场 279 家，大超市 6 家，大集贸市场 5 家，旅游景点 1 个（化凤山）。

【基础设施建设】 2018 年，晋城镇修建产业路 5 公里，整治病险水库 1 座、山坪塘 4 口；整治隧道 1 处、升钟渠系 3.3 公里，清淤 12 公里；在 4 个村建安全饮水 5 处，解决 700 余人饮水问题。参与棚户区改造和城区雨污管网及海绵城市建设等重点项目建设。完成城东棚户区、城北拓展区、安汉大道北一段棚户区、城南田园新区开发建设拆迁工作，征地1100余亩，拆迁签约164120平方米。绵（阳）西（充）高速公路连接线建设拆迁征地200余亩，拆迁3500平方米。启动212国道线改道前期相关工作。全年征地拆迁农民833户2952人。开展违建、违栽日常巡控150轮次，小规模拆控违栽20余次，拆除违章建筑及彩钢棚共14300平方米，控栽各类苗木15000余株，为财政节省资金达4000万元。

【环境保护】 印贴宣标语、公告、责任书近5万余份，清理白色垃圾和建筑垃圾800余吨，整治污水管网12处、化粪池15处；清理牛皮癣5万余张；开展河道巡查、秸秆禁烧巡控2000人次以上。

【信访维稳】 调处纠纷200余次，化解矛盾50余起；接访涉军人员、城市拆迁户、2003年机改人员、95和96级大中专毕业生等群体600余人次；化解辖区城市开发建设、棚户区拆迁还房等各类矛盾1400多个。

【民生事业】 新增五保户10人、低保120户、高龄补贴710人、重度残疾补贴150人、困难残疾补贴330人、大病救助220人、优抚对象23人；清退不符合低保条件2891户3591人，清退率达34.9%。分配公租房818套，打卡房租补贴1120人；临时救助1000余人，救助金40万元。认真排查各类重大安全隐患35起，及时整治20起，及时上报15起；积极开展交通文明劝导大型活动20余次、食品安全检查40余次，巡查并处理马蜂窝32个。

【社会保障】 城乡居民医疗保险参保率达100%。实现新增就业6103人，帮助就业困难对象实现就业 922人，劳务输出10325人，指导自主创业13人，帮助16户零就业家庭实现17人就业，推荐464人实现了就业和再就业。

【干部队伍建设】 制定晋城干部“四严禁”（即严禁开会无故缺席或迟到早退；严禁上班不在状态；严禁服务群众时吃拿卡要、推拖躲绕；严禁工作日中午饮酒），出台相关违反处理细则，严肃工作纪律。成立以党委书记、镇长为双组长的“马上办、抓落实”领导小组和办公室。2018年严肃查处违反中央八项规定党员干部2人、违法党员干部3人、酒驾违纪党员干部8人；通报执行不力村（社区）8个，处罚现金5000余元。

（供稿：晋城镇党政办）

多扶镇

【概况】 多扶镇地处西充县与南充市之间，毗邻顺庆区，是西充东大门，西充融入南充、成都、重庆等地的“桥头堡”，距县城10公里、南充市区16公里，属成渝两小时经济圈，212国道贯穿城镇，广（元）南（充）高速公路出口在镇区。2018年年末，多扶镇辖区面积34.9平方公里，辖金龟寺、凤凰山、西三井、鹭鸶沟、潮音寺、燕子寺、三节桥、多宝观、三面峰、马槽沟、兴隆湾、黄竹坝、老林沟、破头山14个行政村，中心街、西南、万佰堰、田坝4个社区，城镇建成区12.2平方公里，常住人口5.9万。2018年，全镇实现地方生产总值72.5亿元。城镇居民可支配收入26000元，农民人均纯收入14947元。2018年，被评为四川省经济发达镇。

【集镇建设】 2018年，多扶下街棚户区改造基础设施建设项目全面完工，多扶下街、凤凰路升级改造全面完成，新建道路286米，扩建道路786米，完成镇政府门口至建华职业学院段400米道路两侧绿化工程。全面完成212线高速路口至加油站、阳溪路、中心上下街、上街店招店牌统一安装。场镇配套设施不断完善，多扶生活污水处理厂正式投入运行，场镇雨污管网工程启动建设。10月，启动产业新城建设的拆迁、征地工作，完成马槽沟村、兴隆湾村、黄竹坝村、老林沟村、破头山村230户20000平方米的房屋拆迁及土地、附属物锁定工作。

【脱贫攻坚】 重点开展贫困户回头看、回头帮及散居贫困户摘帽工作，完成多宝观村、西三井村、三节桥村易地扶贫搬迁工程。创新“支部＋业主＋贫困户”模式，新建老林沟村、破头山村脱贫奔康产业园，发展晚熟柑橘400亩。燕子寺村香格里红冰糖橙基地、兴隆湾村李记葡萄、黄竹坝村蜜本南瓜持续壮大，培育新型农业经营主体5户。2018年脱贫12户32人，提前实现全镇脱贫摘帽。燕子寺村成功创建为省级“四好村”。

【社会保障】 社会保障全面加强，完成城乡居民养老保险“人脸＋虹膜”识别系统认证工作，认证1948人，完成城乡医保数据录入18340户。全面落实公益性岗位补贴，为13人的公益性岗位争取资金18万元，办理就业证190人，社保补贴280人。完成养老保险人员生存认证4230人，农村劳动力转移4469人。做好五保、低保、民政优抚对象清理核实工作，清理不符合条件的城乡低保150余人。全面落实各项强农惠农政策，发放困难群众临时救助资金20余万元。

【文化教育】 实现广播村村通，“农家书屋”全覆盖，藏书达3.6万册；镇、村老年活动队全年演出共计30余场，电影下乡放映240余场。全镇有幼儿园3所，学生745人，幼师48人；小学1所，学生1100人，教师68人；职业技术学院1所，学生6050人，教师212人。多扶初中完成规划、征地等前期工作，南充科技职业学院一期工程建设进展顺利。

【环境卫生】 2018年，积极开展全国第二次污染源普查，对全镇1568个污染单位及个体商户进行全方位统计。彻底关停禁养区内养殖场，非禁养区养殖场、小散乱污企业得到全面整改，农村垃圾面源污染得到有效控制。强力开展城镇市容市貌、交通秩序、市场秩序等综合整治行动，组织开展“除四害”活动4次，修缮场镇垃圾房20个，新增垃圾桶20个，新建化粪池2口，通过国家级卫生镇检查验收。

（撰稿：黄自强）

义兴镇

【概况】 义兴镇地处国道212线，距西充县城18公里，东与紫岩乡、西碾乡毗邻，南与中岭乡、青狮镇接壤，西与青龙乡、槐树镇交界，北与南部县建兴镇相连，是县域北部经济、文化、商贸交流中心，素有“西充北大门”之称。全镇辖区面积37.5平方公里，辖曹家庙、西山庙、喻家垭等19个行政村和神垭宫、上河街、荣兴大道3个居民社区。辖区内户籍人口2.4万余人，其中农业人口16550人，非农业人口8100人，流动人口3276人。

全镇以农业为支柱产业，在经济作物方面，建有优质蚕桑基地，是市级蚕桑生产基地。在国道212沿线建有优质柑橘种植基地，是南充市柑橘生产基地镇。位于南充国家农业科技园区核心区，是中法农业科技示范园。

【精准扶贫】 落实“重精准、补短板、促攻坚”专项整改行动。对贫困户502户968人发放产业到户扶持资金249193元，完成贫困户33户64人脱贫任务。实施易地扶贫搬迁37户75人。坚持特色扶贫个性发展，因地制宜发展特色农业产业。在新华村新增花椒种植280亩，阳家庙村新增中药材种植100余亩，贾家店村新栽果桑500亩、种植中药材300亩，盐水垭村种植脆李600亩。培育示范性农业企业3家，新增家庭农场12家，带动2000余户农户参与发展现代农业。探索“企业＋合作社＋农户”

经营模式，引导农民参与现代农业、农村基础设施建设，推广“两统两返”等利益联结机制，助力脱贫攻坚战。

【教育】 镇内拥有中学、小学各1所，义兴镇小学有教职员工76人，其中专业教师68人。专业教师中，本科学历24人，专科学历44人；高级职称教师9人，中级职称教师29人。有在校学生1062人，其中学前教育75人。义兴中学有教职员工65人，其中本科及以上42人，高级教师22人、中级教师18人，市级骨干教师6人，有在校学生200余人。

【卫生和计划生育】 西充县第二人民医院2018年门诊82522人次，住院5017人次，住院补偿费用9553649元（其中，贫困人口2432人次，补偿费用6933499元）。年内新生儿65人，早孕建档64人，孕产妇健康管理人数295人。农村计生政策得到全面贯彻落实，年发放独生子女父母奖励金323人38760元，发放农村计划生育家庭奖励金367680元，发放特扶资金65700元。新增农村计划生育家庭奖励扶助人员33人，办理生育服务证109本。全年出生236人，人口出生率9.83‰；死亡125人，人口死亡率5.20‰；人口自然增长率4.63‰。

【社会保障】 社会保障体系得到进一步健全，城乡居民社会养老保险参保人数大幅提升。对全镇城乡低保进行了重新申报、认定、审批、建档，取消农村低保123人、城镇低保28人，新申报农村低保14人、城镇低保2人。享受大病救助61人次，共发放大病救助资金143200元；发放临时救助金及冬春救助金1.35万余元；完成全镇420名一、二级重度残疾人的护理补贴发放及482名困难残疾人的生活补贴发放；完成全镇602名80岁以上老人高龄补贴的申报、建档及对822名残疾人量服录入；完成全镇95名优抚对象的生存核实及认定建档。社会救助机制进一步强化，发放农村居民最低生活保障金256.23万元，农村五保供养救助资金70.6万元，重度残疾人护理补贴18.29万元，计划生育家庭特别扶助资金14.8万元。全年完成城乡居民医疗保险参保人数15000人，征收基金330万元，享受国家政策补助1309人，补助资金287980元。新增城镇就业人员415人，失业人员实现再就业47人，贫困人员实现再就业24人，办理就业证56人，办理“4050”社保补贴131人，成功申报大学生创业补贴3人，补贴到位资金3万元。全镇城乡居民参保11265人，申报死亡注销82人，办理抚恤金40人，发放抚恤金24000元。

【安全社区】 成立镇党委书记、镇长“双组长”安全生产领导小组，履行“党政同责，一岗双责”，签订大安全目标责任书、安全承诺书1600余份，制定完善安全管理文件30余份，建立固定安全知识宣传阵地2个。设立道路交通安全劝导点19个，建立消防安全网格22个，建成社区微型消防站1个，配备专兼职消防员5人。对辖区道路交通、消防、建筑、食品等领域开展安全专项检查40余次，排除各类安全隐患20余起。排查整治一般道路安全隐患20余处，交通协管员上路劝导执勤130余次，安装道路（涉水、临崖）安全警示标牌150个，在场镇人口密集区、重要村社路口等安装摄像头56个。11月，顺利通过省级安全社区建设专家组评审验收。

【乡村振兴】 围绕国道212线义兴—凤鸣乡村振兴示范带建设布局，抓好国家农业科技园区、中法农业科技示范园建设提升。川东北有机农产品精深加工产业园招引加工企业21个，成功入驻16家，西充农业电商产业园联网运行。成功举办蚕桑节、有机果蔬节、丰收节等特色乡村旅游活动，辐射带动观光旅游及住宿餐饮业发展，实现农旅融合。完成危房改造240户、易地搬迁62户，四好农村公路建设维护20余公里，产业路建设维护27公里。乡镇污水处理厂一期工程建设完成试运行，日处理污水能力达1000吨。创建吉家店等县级文明村5个，武显垭村被评定为省级“四好村”。推选出张猛等县级文明家庭3户。返乡创业大学生张丽萍荣获西充县第二届“最美劳动者”荣誉称号。有机产业稳步发展，园区建设带动就业，民宿旅游逐步升温，农民收入持续增长。

（撰稿：李永强）

太平镇

【概况】 太平镇位于西充县城东北部，离县城15公里，东临大全镇、仙林镇，南接金泉乡，西接复安乡、关文镇；北临古楼镇。2018年年末，全镇辖区面积27.64平方公里，辖太平、王家嘴、大轮寺、壁山垭、谢侯庙、转山河、麻树沟、楠木庙、张家坝、李家嘴、巴岩店、草坝场、麻柳垭、龙门垭、乐河寺等16个行政村和育英街居委会。全县人口16852人。其中，农业人口10114人。男性5719人，女性4395人。全镇有企业38家，从业人员120人，企业总产值约0.3亿元，纳税1000万余元。

【经济发展】 全镇主产水稻、小麦、红苕等粮食作物。年末有耕地15488亩，全年产粮食6215吨。畜牧业以鸡、鸭、鹅、猪为主。全年生猪出栏1903头，年末存栏1497头；小家禽出栏25765只，年末存栏49424只。

【文化】 有文化广播站1个，农家书屋16个（藏书约0.9万册），村民活动场所16个，篮球场3个，老年协会17个，社区书屋、综合文化站、老年腰鼓队、龙狮舞队各1个。

【教育】 有市级示范高中1所（育英中学），有学生340人、教职工81人。有县级公办示范中心小学1所，下设幼儿园2所，年末有教职工56人，小学生460人，在园幼儿110人。

【交通】 西（充）古（楼）公路穿镇而过6.3公里，广（元）南（充）高速公路过镇域2.6公里。通村、社公路里程53.5公里，防护设施2.5公里，设置路牌标示158个。全镇公路总长度78公里。

【社会保障】 新农合参合人数13256人。城镇居民最低保障户292户，农村居民最低保障户1465户。五保供养196人，优抚190人，残疾补助360人。惠民资金约4万元。

【脱贫攻坚】 全镇贫困户479户，脱贫53户；贫困人口893人，脱贫104人。省级贫困村李家嘴村全面脱贫。

（撰稿：邓媛元）

槐树镇

【概况】 槐树镇是全国农民体育先进镇，省级文化工作先进镇，市级生猪基地镇，中国西部有机禽蛋第一镇，生态明珠宜居集镇，县级蚕桑基地镇。因被誉为“西蜀孔子”的三国硕儒谯周出生在此，故而又被称为“谯周故里”，素有“诚信礼仪之邦”的美称。2018年，全镇辖区面积28平方公里，辖凤凰街、柳溪街2个社区和凤凰、乱石垭、窦禅寺、谢家店、合成寺、狮子湾、西禅寺、云山院、青龙观、双柏树、观音坝、浅垭子、黎家寺、马氏祠14个行政村。

【农村经济发展】 农作物以水稻、小麦、玉米、油菜、花生、红薯等为主，养殖业以鸡、猪、蚕等为主。有养殖大户28户，小户2000余户，“山连山、场望场”发展模式基本形成。全镇年出栏小家禽百余万只，销往北京、上海、杭州、成都、重庆等城市，累计产值超过1亿元。

【商业贸易】 2018年年末，全镇有商业网点500余家，大型农贸市场2处，禽蛋交易市场1处。辖区设有邮政所1个，农商行、农业银行各1个，移动、联通、电信营业点9个。

【基础设施建设】 镇内有升钟渠系37公里，自流灌溉面积3000亩，有提灌站14处，控灌面积7000亩。新自来水厂投入使用，建成日处理20吨垃圾中转站1处，投资900万元的污水处理厂工程进入试运行阶段，义（兴）盐（亭）公路槐树镇改道全面完成。

【教育】 全镇有初级中学1所，小学1所，幼儿园2所。全面实现校园绿化、硬化，微机室、学生公寓、食堂、实验室、卫星远程教育室、图书室等教育教学设施一应俱全。槐树初中占地面积24024平方米，建筑面积8688平方米；槐树小学占地面积22378平方米，建筑面积6230平方米。全镇中小学共有图书27998册。师资力量雄厚，2018年年末，全镇有在职教职工106人，其中初中专任教师55人，小学专任教师51人，在校学生2116人。2018年，全镇教育投资40万。

【文体】 2018年有文化广播站1个，农家书屋16个，藏书约1.2万册。有村民活动中心16个，篮球场7个，老年协会1个，老年人活动中心16处。

【医疗卫生】 全镇有村医疗站14个，一级甲等中心卫生院1所，中西医内外科、放射、检验、影像等科室俱全。有主治医师11名、医师4名、主管护师3名、护师9名、主管药剂师2名、放射医师2名、检验医师1名、影像主治医师2名，病床60张。卫生设施不断完善，农村合作医疗不断拓展。2018年新农合参保率达100%。

（供稿：槐树镇党政办）

双凤镇

【概况】 西充县双凤镇位于西充县城西南，距西充县城17公里。2018年年末，全乡辖区面积30.8平方公里，辖蟠龙、严村沟、曹家沟、化泉院、乾元宫、红栋子、新店子、龙家沟、鹤鸣院、跳蹬河、圭心寺、五栋碑等15个行政村和凤头、芋头沟、楼底子3个居委会。总人口23628人，耕地面积15167亩，城镇建成区面积2.6平方公里，城镇常住人口12585人。2018年，全镇社会固定资产投资达2亿元，工业总产值484839万元，城乡居民人均可支配收入达12290元。

【现代农业】 巩固提升龙滩河现代农业示范区建设，在红栋子村、鹤鸣院村、芋头沟社区、楼底子社区新增晚熟柑橘1650亩。流转土地900亩，新培育家庭农场、专业合作社7家，根本解决土地撂荒问题。完成土地确权办证工作，推进农村产权制度改革，跳蹬河村“支部+合作社”模式引领乡村振兴。推进市级商贸示范镇建设，新增农村电商经营主体2户，龙滩河现代农业融合发展园区、跳蹬河桃园等新型特色农业旅游吸纳游客8万余人，跳蹬河村“一建二定三管”集体经济发展模式成为西充现代农业和乡村振兴名片。

【集镇建设】 启动投资400余万元的棚户区配套综合整治项目，完成场镇段龙滩河河堤改造工程。依托项目完成龙凤大道油面铺设11200余平方米，维护维修场镇环卫设施10个。开展场镇秩序整治，完成垃圾压缩中转站渗漏液处理。跻身四川省百镇示范建设乡镇。

【脱贫攻坚】 新识别纳入贫困户21户45人，未发生返贫现象。建成社道路、产业路5.5公里；新改建蓄水池、堰塘6口，提灌站4座，实现安饮工程全覆盖；完成易地扶贫搬迁27户60人，实施危房改造277户。蟠龙村成为省级“四好村”，圭心寺村成为市级“四好村”，跳蹬河村胡江获四川省脱贫攻坚“奋进奖”。就业、医疗、教育、金融、保险等政策有效落实，深度贫困人员实现政策兜底全覆盖，78户150名贫困群众顺利脱贫，被评为2018年全县脱贫攻坚工作先进集体。

【生态环境】 全面落实河长（湖）长制，全年巡河3200人次，秸秆禁烧、扬尘治理等专项行动扎实推进，通过中央生态环境保护督察“回头看”，加大沿河畜禽养殖排查整治，投资30余万元对龙滩河场镇段污水管网跑冒滴漏现象进行全覆盖治理，域内水域环境得到有效改善。

【社会事业】 完成公租房分配，建成3个日间照料中心，年度累计发放低保、五保、医疗救助、重点优抚对象补助、困难残疾人生活补贴、计生奖扶等资金855.4万元。双凤中心校被评为市级文明校园、安全示范校园，双凤中学获“全县名学校”称号。村级卫生室实现全覆盖。

【安全生产】 加强重点领域安全监管，通过全省安全社区复评。开展扫黑除恶专项斗争，调处矛盾纠纷213件，化解历史遗留信访问题2件，“雪亮工程”二期建成使用，重大敏感节点实现“三零”目标，成功创建市级无邪教示范乡镇。

（撰稿：王小勇）

莲池镇

【概况】 莲池镇位于西充县西南部，距西充县城7公里，东接永清乡，西靠占山乡，南连南充嘉陵区龙泉乡、金宝镇，北与常林乡接壤。2018年年末，全镇辖区面积22.4平方公里，辖莲池、苏家堰、礁碑寺、永通桥、观音堂、三码桥、天兴桥、周武宫、杨榨子、田家坝、凤鸣山、灵宝宫、范村沟13个行政村。总人口12379人，其中，男性6734人，女性5645人。农作物主要有水稻、小麦、玉米、红薯，经济作物以发展特色有机枇杷、火龙果、猕猴桃、青花椒种植为主。2018年，农业总产值14300万元，农民人均纯收入4600元，全镇财政收入520万元。

【经济发展】 2018年年末，辖区内有耕地面积17620亩。全年农作物播种面积33905亩，产量7813吨。其中，小麦2992.5吨，水稻2738吨，玉米1708吨，杂粮63吨，红苕1812吨。全镇果园面积2900余亩，产值3250万元。四季蔬菜2200亩，产值3000余万元。全年生猪出栏2000余头，羊出栏1310只，牛出栏362只，小家禽出笼2.6万羽。水产品总量40.6吨，水产总值4100余万元。

【精准扶贫】 天兴桥村为县级贫困村。年末，全镇有405户贫困户，贫困人口917人，其中，贫困村贫困户51户，人口121人。截至2018年年底，莲池镇建档立卡贫困户实现全面脱贫。

【基础设施】 连接张澜故居和盛祥玫瑰园的永通桥建成通车，印石沟桥完成规划设计。完成村道、社道硬化10公里。范村沟2组公路规划完成并实施全面硬化。莲池镇老公路桥维修工作上报交通局并立项。维修整治堰、塘7个。完成升钟水渠清淤20余公里，维修整治水渠4处80米。

【新农村建设】 以新农村聚居点建设为抓手，建设美丽宜居乡村。坚持以政府引导、财政补助、农民自建的方式持续开展新农村聚居点建设。在全镇8个村修建1个新农村综合体、9个新农村聚居点，共计516套新居，建筑面积6000余平方米。516户农民搬进新房，完成聚居点绿化、亮化、硬化，垃圾、污水统一治理。整治农村垃圾。全镇配备环卫人员31名，兴建垃圾中转站2个、垃圾房52个，到户垃圾桶1200余个。坚持按照“垃圾全面整治、设施全面配套”的总要求，整治农村垃圾，“户集、村收、乡运”。结合农村环境“三大革命”和美丽乡村建设，突出场镇和张澜故居4A级风景区以及新村聚居点三个关键，以点带面扎实推进农村污水处理设施建设。建成场镇、灵宝宫村新农村综合体和张澜故居4A级风景区3个污水处理站、7个污水处理池。结合农户厕所实际和农户要求，场镇修建公共厕所1个，对全镇220余户农户的厕所进行了整治，对70余户养猪户用政府投入一点、农户投入一点的方式修建沼气池。着力提升村容村貌。沿张澜故居6个村400余户农户住房实施风貌打造。在4个村实施土地双挂钩项目，拆除危房旧房2万余平方米。实施危房改造1100余户，易地扶贫搬迁建新居32户。

【现代农业产业】 辐射莲池、观音堂、三码桥、杨榨子、田家坝、凤鸣山、灵宝宫7个村的明和农博园万亩产业基地发展顺利，福家坝香桃、火龙果、葡萄、柑橘、水产品、青花椒等特色产品实现产值2100余万元。盛祥玫瑰园区3000亩玫瑰管护良好，投资200万元的园区厂房扩建工程完成，以玫瑰采花节为载体，推动园区建设，接待观赏、采摘游客万余人，玫瑰花茶、玫瑰酱、玫瑰精油等旅游产品畅销，产值超百万元。培育新型农村经营主体，其中青花椒种植专业合作社3家，水果种植专业合作社5家，特色水产养殖合作社2家，各类种养大户45户，带动全镇群众增收致富。苏家堰村、灵宝宫村1000余亩花椒基地进入盛产期，实现产值200余万元。天兴桥村500亩鱼藕基地扩建进度良好，扶贫养殖合作社规模不断扩大，出栏肉牛120余头，出栏生猪200余头、羊600余头、鸡鸭万余只。周武宫村杨程种养殖专业合作社流转土地近200亩，种植柑橘4000余株、蔬菜200余亩，实现产值10万余元。

【城乡环境综合治理】 实行河长制，建立镇、村、社三级河长制体系，对全镇12余公里河道进行治理，整治乱排、乱放污染源2处。实施农村沼气池建设45口，改厨改厕105户，安装垃圾桶105个，场镇污水处理达三级水质排放。

【社会事业】 有莲池小学1所，年末有在校学生230名、教职工40人；幼儿园1所，配备教职工7人，学生80名，学龄儿童入学率达100%；有乡级卫生院1个、村级卫生站10个，有病床8张、医护人员7人。2017年，启动新建卫生院工程，截至2018年年末，约730平方米的综合大楼主体工程完工。

【社会保障】 全镇新农保参保4230人，统计符合领取养老保险条件人员2456人。新型农村合作医疗参保8786人，收缴参合资金1932920元。农村低保人数1559人，城市低保20户22人，五保119人，优抚53人，空巢老人457人，留守儿童165人，残疾人办证543人。

【乡村旅游】 张澜故里系南充市红色旅游目的地、四川省爱国主义教育基地、国家4A级旅游景区，规划景点39处。主要景点有中国民盟陈列馆、梅园、澜湖、表方石、中国民盟林 、竹林书院等。景区有乡村农家乐19户，接待省内外游客25万人次，营业额达300余万元。

（撰稿：唐慧）

仙林镇

【概况】 仙林镇位于西充县城东北23公里处，东与大全镇、岱林乡交界，西与东太乡毗邻，南与华光乡相连，北与太平镇、金泉乡接壤。2018年年末，全镇辖区面积24平方公里，辖贾地庙、马庸寺、维莫湾、石老嘴、敬垭观、跳礅子、长龙观、桥凤坝、来龙山、谯家沟、黄楝坪、三圣庵12个行政村。全镇户籍人口11150人。其中，农业人口11050人，男性5858人，女性5192人。全年劳务输出5679人，劳务收入2.8亿元。人均纯收入6368元。

【经济发展】 全镇主产小麦、水稻、玉米等粮食作物。年末有耕地17950亩，全年生产粮食7095吨。主要经济作物有油菜、海椒。全年种植油菜2633亩，产油菜527吨；种植海椒2479亩，产海椒2230吨。畜牧业以猪、鸡、鸭、鹅等小家禽为主。全年饲养生猪，出栏3248头，年末存栏1393头；饲养小家禽8万羽，上市5.9万羽。全年畜牧业总收入2000万元。

【支柱产业】 打造来有生态农业公园，并成为2019西充县“一乡一节”暨第二届牡丹文化节举办场地。来有生态农业公司种植雷竹700亩，收入100余万元；种植油用牡丹1200亩，收入200万元。鑫土地公司新种植银杏300亩。天粮农业公司租地1000余亩，种植有机水稻450亩，年收入100余万元。亿德公司种植有机水稻、小麦1200亩，收入220万元。马庸寺村种植核桃100亩、柑橘120亩，养殖小龙虾50亩，年收入达50万元。维莫湾村、跳墩子村、长龙观村、黄楝坪村分别新增柑橘园800亩、950亩、500亩、700亩。全镇种植柑橘3500亩。

【产业转型升级】 黄楝坪村、桥凤坝村1200亩土地流转给来有生态有限公司种植油用牡丹和观赏牡丹，靠观赏牡丹发展乡村旅游，靠油用牡丹产生了经济效益。贾地庙村、马庸寺村1200亩土地流转给亿德公司种植有机水稻、小麦。石老嘴村的300亩麻竹和黄楝坪村的700亩雷竹进入丰产期，年收益达150万元。

【乡村旅游】 由中共西充县仙林镇党委、西充县仙林镇人民政府、西充县旅游局主办，四川来有生态农业开发有限公司承办，西充县旅游协会协办的2018年西充县首届牡丹文化节于4月3日在仙林镇黄楝坪村拉开帷幕。活动持续到4月底结束。

其间，开展“相约仙林仙境，共享国色天香”赏花游园、“情绕炊烟、回味乡愁”美食品鉴、“以渔会友，凭栏人生”垂钓大赛、“牡丹花语、诗意人生”摄影书画创作大赛和“百车自驾、情人踏青”“我健康、我快乐”千人户外徒步露营等主题活动。涵盖文化交流、赏花旅游、经贸会展、体育休闲等多个领域。活动接待省内外游客20万人次，旅游总收入200余万元。

【脱贫攻坚】 年初，与帮扶单位、帮扶责任人联合为贫困户量身定做年度帮扶方案，落实帮扶责任人，和贫困户签订责任书。项目与物资结合，发放产业扶持资金30.8万元，发放扶贫风险基金1.6万元。落实到企业就业65人，贫困户就地就近务工135人，发展庭院经济15人。实施危房改造220户，实施易地搬迁37户。县公用事务管理局与县民政局定点帮扶马庸寺村，县公安局交警大队定点帮扶谯家沟村。全年脱贫89户182人，圆满完成省定脱贫目标，马庸寺村完成贫困村退出。

【基础设施建设】 有镇道1条，里程7公里，其中，油混路面7公里。村社道12条78公里，全部水泥路面。危房改造100户。新建安饮工程18处，解决2000余人的安全饮水问题，新建蓄水池2口。全年整治堰塘7座、斗渠2000余米、农田800亩，新建产业道30公里。广播覆盖率100%，数字电视覆盖率100%。农村居民自来水饮用率80%，天然气使用率10%，居民用电安全率100%。

【文化】 有文化站1个，面积80平方米，藏书8000册；有文化广场1个，面积500平方米；有文化室1个；有农家书屋12个，藏书48000册。

【教育】 有学校1所，辖初中班3个、小学班1个、学前班1个，年末有学生136人、教职工33人。小升初升学率100%，适龄儿童入学率100%，九年义务教育覆盖率100%。

【医疗】 有医院1所，2000平方米，有病床10张，有职业医师5人、影像技师1人、护士2人，年诊病人1.5万人次。12个行政村建有医疗站，有职业医师2人，乡村医生14人，医疗站内设有病床、诊疗室、中西医药房。

【社会保障】 新农合参合人数11050人，参合率100％。人口自然增长率2.1‰，发放独生子女奖励金3万余元、特扶金7万余元、奖扶金20万余元、并发症补助资金3万余元。城镇居民最低保障户36户，保障金12.7万元。农村居民最低保障户1320户，保障金220.1万元。五保供养149人，供养金74.6万元。临时救助121人，救助金4.9万元。优抚供养138人。重度残疾护理补助314人，补助金22.3万元；困难残疾生活补助387人，补助金37.1万元。地力保护补贴186.7万元。

【环境卫生】 全镇建有垃圾池13个，设垃圾桶90个。有保洁人员47人，其中，村社44人，场镇3人。镇村社基本清除了白色污染，可回收物全回收，废物进入垃圾场深埋。

（撰稿：廖雪梅）

大全镇

【概况】 大全镇位于西充县城东北25公里，东邻南部县马王乡，南与岱林乡相望，西与太平镇毗邻，北与古楼镇、南部县大堰乡接壤。2018年，全镇辖区面积22.6平方公里，辖玉山沟、福寿宫、黄家坝、庞家沟、公子垭、官争沟、沙子岭、何家堰、罗家坝、水旱坝、青杠嘴、童家湾12个行政村和文化街社区1个社区。全镇户籍人口11179人，其中城镇人口1830人，农业人口9349人；场镇聚居人口3860人，其中非农业人口1830人。全年劳务输出4320人，劳务收入1.86亿元。

【经济发展】 全镇农业主产水稻、小麦、玉米、红薯，兼产油菜子、花生和黄豆，特产辣椒、柑橘、生猪和小家禽等。年末，全镇有耕地8225亩，其中水田3925亩、旱地430亩。实施土地流转耕地面积1200亩。航粒香公司在黄家坝、庞家沟、罗家坝、童家湾4个村种植有机水稻500亩；以重点贫困村为点，依托专业合作社，种植晚熟柑橘1800亩。全年出栏生猪4500头、家禽62000羽、山羊500只。

【脱贫攻坚】 福寿宫、庞家沟、何家堰和青杠嘴4个村为全镇重点贫困村，县投资促进局定点帮扶福寿宫村，县九龙潭管理所和县就业局帮扶何家堰村，县公路局帮扶庞家沟村，县泓源水务有限责任公司帮扶青杠嘴村。对贫困户落实帮扶人与帮扶户签订责任书，项目与物资结合，发放鸡、鸭苗5000羽，优质肥2067吨。落实到企业就业40人。庭院果园栽植晚熟柑橘56000株，易地扶贫搬迁40户，危房改造280户。截至2018年年末，全镇贫困户517户，脱贫508户；贫困人口1106人，脱贫1081人。2019年，脱贫任务9户25人，投入资金1100万元，其中基础设施项目850万元，产业发展250万元。

【基础设施建设】 省级公路射（洪）蓬（安）公路大全段全面竣工，完成大全粮站太平路路基拓宽，新修建村社道路5公里、产业路7公里。场镇完成雪亮工程建设，监控体系初步全区域覆盖。全年实施安全饮水工程5个村，惠及人口3200人，整治山坪塘3口、新建蓄水池14口，庞家沟村、青杠嘴村新建提灌站4处，维修斗农渠0.5公里，整治河道3000米。场镇自来水改造工程投入资金800余万元，实现从南部县嘉陵江西河引水到场镇，居民安全饮用水得到保障。

【文化教育】 镇内有农家书屋13个，有线电视入户率达98%。2018年年末，大全小学有在职教职员工36人。大全镇幼儿园有在园儿童121人，聘请教师5人；有小学专任教师17人，学生320人；有初中专任教师12人，学生110人。适龄儿童入学率100%，小学升初中率100%，九年义务教育覆盖率100%。

【医疗卫生】 全镇有卫生院1所，村级合作医疗站13个。卫生院有床位12张，固定资产值38.3万元；有专卫人员9名，全年治疗0.9357万人次。出院病人207人次，全年无传染病发生。

【社会保障】 新农合参合人数11196人，参合率100%。人口自然增长率3%，发放计生惠民资金23.208万元。城镇居民最低保障户43户，保障金14.5万元。农村居民最低保障户1366户，保障金210万元。五保供养138人，供养金66.2万元，孤儿13人，供养金16万元。临时救助800人，救助金17万元。优抚93人（含60岁老兵），优抚金49.3万元。残疾补助314人，残疾人补助金28.3万元。惠民资金175万余元。

【环境卫生】 全镇建有垃圾中转站1个、垃圾池13个，设垃圾桶60个。有保洁员53人，其中，村社48人，场镇5人。场镇全面完成街道排污管网建设，所有污水全部进入镇污水处理站进行无害处理，实现雨污分流。全年常态化推行河长制工作、畜禽无害无污染养殖及秸秆禁烧工作。镇、村、社基本清除了白色污染，可回收物全回收，废物进入垃圾场深理。

（撰稿：贯思容）

古楼镇

【概况】 古楼镇位于西充县东北部，距西充县城19公里，域内有广（元）南（充）、巴（中）南（充）两条高速公路，且巴（中）南（充）高速公路在距场镇3公里处有互通。全镇以充国香桃、乡村旅游为支柱产业，是四川省级乡村旅游示范镇、中国充国香桃之乡、四川省农业科技示范镇、西充县有机食品示范镇，也是川东北地区有机充国香桃产业第一镇。

2018年年末，全镇辖区面积37平方公里，辖17个行政村，有人口17923人，其中农业人口15136人。全年农业总产值19075万元，粮食总产量3160吨，农民人均纯收入15023元，财政收入2582万元。

【农业经济发展】 2018年年末，全镇有耕地面积27899亩，其中，水田3275亩，旱地24624亩。拓宽农民发展渠道，促进增收致富，实施香桃套种二荆条、黄豆等模式。全年平整荒地400亩，新发展柑橘产业1000亩，出栏生猪5213头、山羊353只、小家禽6.3万羽。

【香桃产业】 年末，古楼镇成片规模栽植充国香桃2.3万亩，其中，母本园500亩，挂果壮树10000亩，幼树12500亩，种植面涵盖全部行政村。充国香桃挂果树树均单产达100公斤，亩产3000公斤左右。单价3~10元/公斤，产值0.9万~3万元/亩。2018年，挂果面积逾万亩，总产量约1.4万吨，年产值约1.5亿元。全镇有5000户1.2万人从事香桃产销工作，果农人均收入达8000余元。充国香桃远销川、渝、云、贵等周边市场，成为南充市顺西优质农产品生产加工示范区主栽水果。

【乡村旅游】 按照“产业打底，节庆搭台、农旅结合”模式发展乡村旅游。2018年，西充县第六届桃花节、品果节和南充市首届丰收节开幕式在古楼镇举办。全年到古楼镇旅游人数超过80万人次，旅游收入4000余万元。全镇有招商注册涉农企业、农民专业合作社、家庭农场等100余家，农家乐等个体经商户60余家，吸纳就业人员近3000余人。

【精准扶贫】 全年减少贫困人口145户307人，鲜家坝村完成贫困村退出验收。组织贫困户参加电子商务和就业技能培训2次，发放到户扶持资金51.3万元。完成47户贫困户新建房，41户贫困户危房改造。新增贫困户14户38人。

【基础设施建设】 完成场镇、西（充）古（楼）公路和巴（中）南（充）高速公路连接线、香桃旅游精品环线沿线农房的风貌整治及幸福美丽新村建设，建筑高低错落有致，民居风格建筑与产业园区相得益彰。2018年，全镇拆除园区老旧房屋20余处，对130余户居民危房进行改造和新建。加宽通村路2公里，新建产业路7公里，完善道路绿化及亮化工程。完成升钟干渠清淤，新建滴灌工程6处、安饮工程2处，平整荒地400亩，新发展柑橘产业1000亩。

【社会事业】 全年16207人参加农村医疗保险，参合率91.5%；8735人参加城乡居民养老保险，完成率83%。有3370人领取城乡居民社会养老保险，发放率100%。完成低保、五保的复评复审工作，审定五保户（含分散供养219人，集中供养23人）242人，发放优抚金173人；民主评议低保户2013人（其中，农村1907人、城镇106人）。发放高龄津贴525人，发放临时困难救助金95200元，报销大病救助110余人。参加城乡居民医疗保险人数16207人，完成全镇2018年医疗保险筹资工作任务，实现城乡居民医疗保险全覆盖。全镇增加转移就业人员42人，为19名“4050”人员申请社保补贴，为7名返乡农民工提供创业扶持，申请创业园区的补助资金共计20余万元。

【综合治理】 形成生活垃圾“户集、镇运、县处理”模式。有压缩式垃圾中转站1处，配备保洁员和保洁工具负责日常维护，生活垃圾无害化处理率达100%。结合“安全卫生月”“厕所革命”、河长制、秸秆禁烧等工作，宣传引导农户（商户）进行“门前三包”，推行卫生保洁和病媒生物防治常态化。新建改造公厕，场镇污水全面截污纳管。2018年，新建公共厕所2处，治理河道18处，清除卫生死角20余处、“牛皮癣”120余处，消灭病媒生物滋生地2处，清运乱堆乱放垃圾500多吨，开展秸秆禁烧巡逻和河长巡查制。开展交通劝导及培训10余次，新建停车场2处，安装监控设备16处。完成绿化栽植1398亩。落实封山禁牧政策和措施，实施封山禁牧面积12804亩。取缔肥水养殖。

（撰稿：汪川）

凤鸣镇

【概况】 凤鸣镇位于西充县城北7公里处，东邻复安乡，南连晋城镇，西南接常林乡，西与观凤乡交界，北依中岭乡。国道212线、遂（宁）西（充）高速公路横贯其境，凤观（凤）、凤复（安）乡道经过场镇。2018年年末，场镇规模0.8平方公里，全镇辖区面积23.3平方公里，辖四圣庙、佛归寺、三元桥、双龙桥等14个行政村和凤阳社区。辖区总人口11906人，其中，男性6371人、女性5535人。全年生产总值11258.72万元，农村人均纯收入6213.5元，财政收入1513.3万元。2018年，凤鸣镇双龙桥村旅游景区更名为中国有机生态循环第一村，通过国家3A级景区验收；佛归寺村、双龙桥村被评为全省文明村，并有1户被评选为全省文明家庭。

【农业经济发展】 2018年年末，全镇有耕地面积13300.2亩。全年农作物播种面积17238.1亩，总产小麦850.5吨、水稻1426.5吨、玉米503.9吨、杂粮87.1吨、红薯1028吨；果园面积5308亩，总产柑橘2860.6吨、葡萄86吨、桃子76.1吨、草莓9.2吨；蔬菜、瓜果面积2748.8亩，总产量2113.6吨。养殖业以猪、牛、羊、小家禽等为主，全年出栏八宝洞猪730头、山羊308头、兔411头、小家禽3.2万只，蜂蜜产量2.24吨。特产四季优质柑橘、剑叶牌冬菜、猕猴桃、各类有机竹笋、有机食用玫瑰、有机红心薯、八宝洞猪、三宝鸡、山羊等实现网上网下销售，总值突破1000万元。

【精准扶贫】 2018年，全镇有建档立卡贫困户432户820人，至2018年年底已脱贫423户799人。当年实施异地扶贫搬迁22户45人，投入扶贫资金175.56万元，包括基础项目建设、产业发展资金。另投入附属工程2.2万元，过渡安置费1.92万元，2019年计划完成剩余9户21人的脱贫目标。同时，做好“回头帮、回头看”工作。

【基础设施建设】 农村“四好”公路建设在去年通过省市验收的基础上再添新道，新硬化柑橘产业园路2.5公里、联户路2.1公里，新设置道路交通警示牌5处，设置防火宣传牌15处；清淤、维修升钟斗农毛渠14公里，整治维修山坪塘4口，修缮旧损蓄水池3口。

【社会事业】 年末，凤鸣小学有教职工61人、学生412人，其中，学前教育人数119人，学龄儿童入学率达100%。有镇文体综合服务中心1个，文化广播站、农家书屋、农民夜校、农民活动中心各14个。有老年人日间照料中心4个，老年人协会、老年人活动中心各15个；参加县级文体、演讲活动1场次，荣获组织奖。有镇卫生院1个、村级卫生站15个，实现居民健康体检和老年人日常巡诊制度。在建康养中心1座。

有农村低保1270户1320人，城镇低保60户66人，五保122人，优抚对象185人，空巢老人647人，留守儿童249人，残疾人办证476人。城乡居民医疗保险参加人数9612人，新农保参保5934人，符合领取养老保险条件人员2251人，完成农业灾害性保险493户，约2435亩。

【城乡环境综合治理】 认真落实城乡环境综合治理、环保、生态文明建设责任制。常态化保洁，垃圾每日分类归位，定时清运。实施农村危房改造165户，改水、改厨、改厕、改圈、改房165套。两河流域治理，落实河长负责制，进行河道清淤保洁9公里，关停整治不合格养殖场1处。

【平安社区建设】 全年召开各类安全会议18次，例行全镇级安全检查17次，签订《目标责任书》16件，签订在建工程《安全生产责任书》11件；实行每月安全隐患排查制度，进行综合整治8次；实施网格化服务管理，15支队伍常态化巡逻，普及并保持“十户联防”机制，组织开展文艺宣传汇演7场次，开展交通安全劝导18场次，依法治理举办各类法制学习培训班4场次，聘请安监、消防专业人士讲课3场次。

【新农村建设】 已建成新农村综合体13处，对212沿线新农村风貌提档升级，实现重点连片打造。

【乡村旅游】 加大双龙桥村有机生态循环园区深度开发，旅游景点和配套设施填充，双龙牧业玫瑰花节精彩纷呈，有机绿色食品餐饮部正式对外营业，一年一度的桃花节增加了钓鱼比赛、摄影比赛、山地自行车赛等项目，接待游客逐年上升。在凤凰谷旅游度假区，有较为完善的水上欢乐项目和恐龙世界等景点；元旦、妇女节、劳动节、中秋节举办了文艺演出，全年接待游客10万人次以上。有机观光农业得到进一步拓展，旅游通道进一步完善，在大量培育竹类农作物基础上，新发展柑橘产业800亩以上，大量增加就业并强化农业合作发展。加强了北山寺寺庙景区管理工作，扩宽寺庙道路和停车场地，增加安全设施。

（撰稿：杜政银）

青狮镇

【概况】 青狮镇是中国近代教育家、现代诗人杨吉甫的故乡，位于西充县西北部，距西充县城21公里。东临中岭乡、义兴镇，南接观凤乡、仁和镇，西连双洛乡，北靠青龙乡。义（兴）青（狮）路、青（狮）仁（和）路、青（狮）观（凤）路等公路交汇青狮场镇。2018年年末，全镇辖区面积29.7平方公里，辖青狮、大寺垭、红庙嘴、大兴寺、分水垭、苦竹垭、观音寺、中观音、垭门、杨柳垭、大石坎、拱背桥、皇庆沟、观音桥、程家坝、杜家坝、东岳庙、老木垭、石宝宫19个行政村。辖区总人口15498人，其中，男性8030人，女性7468人。全年总产值8566万元。

【农业经济发展】 2018年年末，辖区内有耕地面积18292亩，其中，水田7736亩，旱地10556亩。全年农作物播种面积28181亩，总产小麦2103吨，水稻4098吨，玉米1501吨，杂粮727吨，红苕301吨。养殖业以猪、羊、兔、家禽等为主。2018年，生猪出栏1726头，年末存栏817头；羊出栏76只，年末存栏27只；兔出栏110只，年末存栏82只；家禽出栏33210羽，存栏16493羽。农业人口人均纯收入6354元。

【基础设施建设】 全镇19个村整治渠道12.21公里，修缮山坪塘44口。2018年，投入资金120万元新建青狮镇农贸市场，改建水冲式公厕2座，彻底解决了摆摊农户占道经营的安全隐患，做到游商归市，坐商归店，保证市场交易秩序和交通安全。更换狮子街和大北街破损污水管道800米。对场镇所有私搭线路进行清理。清理占道、违建11处，规划停车位76个，制作交通标志标牌68个，增设临时停车场3处、居民健身广场1处，城镇面貌焕然一新，居民生活更加便利。

【社会事业】 青狮镇小学2018年年末有教职工50人、学生510人，高中升学率保持100%。全年新建农家书屋1个，建设乡村文化活动场所2个，人文环境持续优化。青狮卫生院有医务人员7人，病床数15张。全年开展各类义诊、科普宣传活动20余次，发放科普宣传册、宣传资料1万余份。全年共计住院760人次，门诊上万人次，门诊、住院共补偿费用79万元。2018年，计生办组织孕检56人，发放计生“三结合”帮扶金2万余元，办理奖扶特扶27人，落实独生子女父母奖480余人，办流动人口证32件，办生育服务证117件。全镇共计农村低保1819户1893人，城市低保60户67人，五保172人，优抚226人，空巢老人524人，留守儿童386人，残疾人办证680人。大病医疗救助110人。同时，全年完成了504名复退军人及其他优抚对象的信息采集工作。

【精准扶贫】 青狮镇大兴寺村、老木垭村、石宝宫村为省定贫困村。2018年，全镇建档立卡贫困户684户，贫困人口1194人，2018年3个贫困村实现脱贫退出。截至年末，全镇未脱贫户14户28人，易地搬迁贫困户22户34人。青狮镇获得2018年脱贫攻坚县级先进集体称号。

【城乡环境综合治理】 2018年，开展创建国家级卫生集镇动员工作，投入资金120万元新建下沉式垃圾中转站1座，新增美观分类垃圾桶60个、垃圾收集房12个、环卫人员13名、垃圾收集手推车20辆、垃圾运输车2辆。投入资金10万元对所有店招、遮阳棚进行了统一规范制作，拆除不符合要求雨棚、遮阳棚180个。投入资金8万元栽植垃圾桶美观盆栽与行道树美观围栏。成功创建5个省级卫生村（苦竹垭村、观音寺村、老木垭村、石宝宫村、大兴寺村）。

【平安创建】 全年预防矛盾纠纷32起，处理不稳定因素68条。依法处理上级移交的信访件22件。健全网格化管理，实现人口信息管理、重点人员重点场所登记等社会管理网络化、信息化。全年镇、村两级“红袖标”治安巡逻360余次。培训交通劝导员12次；积极协调镇派出所等相关单位对道路交通安全、食品卫生、建筑工程等进行安全检查

40余次。全镇全年未发生重特大安全生产事故。

（撰稿：杨士铉）

关文镇

【概况】 2018年，关文镇辖区面积20.9平方公里，辖关文、会元宫、回龙宫、燕子垭、长路垭、塔水桥、太极宫、祁嗣庵、九联洞、走马岭、石坝子、杜家桥、金龙寺13个村，共4284户12910人，其中非农业人口1642人。有耕地面积9947亩。全镇农作物以水稻、小麦、红薯、玉米为主，兼产棉花。全年粮食总产量8657吨，农业总产值4509万元，农民人均纯收入5836元，财政收入782万元，劳务输出3682人，实现劳务收入4195万元。

【特色产业】 关文镇兴隆鞭炮厂占地70亩，解决就近就业100余人，产值约1200万元；长路垭村和杜家桥村新增柑橘200亩，投资500万元。品牌柑橘爱媛38号和春见，远销全国；金龙寺村香菇厂产值约200万元。

【基础设施建设】 2018年，关文村新修道路2公里。截至年末，全镇硬化村社道路80多公里，实现硬化公路村村通和80%以上的社道硬化。在易发多发交通事故的村社道路设置道路标示、防护栏及警示牌，保障群众安全出行。2018年，累计完成15余公里升钟农渠的清淤与维修，完成3处提灌站、6口堰塘的维修整治。

【社会事业】 镇内有初级小学1所，分小学部和初中部，年末有教职工44人、学生312人，学生入学率达100％。有文化广播站1个，农家书屋13个，图书室1个，藏书约2.5万册。有村民活动中心13个，篮球场4个，老年协会14个，老年人活动中心14处。镇内有卫生院1所，医生6名，护士1名。卫生院建有综合服务大楼，配备B超、心电图等设备；有村卫生室13个，每个村有1名乡村医生。全镇11800人参加新农合，参合率为100%，参加城乡居民养老保险5500余人，领取待遇2700余人。镇内建有自来水厂。有敬老院1所。重阳节期间，关文村、杜家桥村积极开展爱心敬老活动，购买生活物资及举办“坝坝宴”，为老人送上节日的祝福。

（撰稿：王勇）

鸣龙镇

【概况】 鸣龙镇位于西充县西北部，是西充、南部、盐亭三县交界乡镇，距县城39公里，东靠槐树镇，西临盐亭县，南接双洛乡，北连罐垭乡。2018年年末，全镇辖区面积31平方公里，辖尖山子、河脉桥、丝公山、官斗山、白鹤庵、响水滩、佛尔河、宫子山、回龙观、回龙场、龙井沟、象岩寺、凉快垭、三合寨、猫尔山15个村。全镇总人口14568人，其中，男性8041人、女性6527人。全镇以农业为主，辖区内耕地面积14825亩。2018年，全镇地方生产总值9994万元，农民人均纯收入7236元。劳务输出3849人，实现劳务收入3530万元。

【经济发展】 全镇主产小麦、水稻、玉米等粮食作物。年末有耕地14825亩，全年产粮食11153吨。主要经济作物有油菜、蚕桑。全年种植油菜面积2500亩，产油菜375吨;桑园1200亩，养蚕333张，产茧13.6吨。畜牧业以养猪、鸡、鸭、鹅小家禽为主。全年饲养生猪7066头，出栏4676头，年末存栏2390头；饲养山羊1782只，出栏976头，年末存栏806头；饲养小家禽12万羽，上市9.7万羽。全年畜牧业总收入3100万元。

【支柱产业】 流转土地5000亩建成青花椒种植基地，建成蚕桑基地2500亩，建成柑橘基地1910

亩；新建标准化、规范化养鸡基地 4 个，肉羊基地 3 个，肉牛基地 1 个，竹鼠黑豚养殖基地 1 个，中药材种植基地 350 亩。

【产业转型升级】 回龙观村流转土地 450 亩用于柑橘种植和山羊养殖；回龙场村土地整村流转后成立西充大水井生态农牧有限公司，经营有机水稻、核桃、蚕桑，实现产值 102 万元，支付村民务工费 50 万元。

【脱贫攻坚】 丝公山村、白鹤庵村、象岩寺村于 2014 年被识别为省级建档立卡贫困村，凉快垭村被识别为县级贫困村，2018 年全部脱贫退出贫困村序列。2018 年脱贫 114 户 315 人，2019 年拟脱贫 11 户 28 人。2018 年实施易地搬迁 54 户 175 人（集中安置 6 户 20 人，分散安置 48 户 155 人），2018 年实施危房改造 129 户（C 级 115 户级 14 户）。鸣龙镇被县委、县政府评为脱贫攻坚先进集体。

【基础设施建设】 成（都）巴（中）高速公路贯穿象岩寺村、三合寨村、猫尔山村；义盐路、鸣槐路、鸣双路四通八达，交通十分方便；通村水泥路达 128.5 公里，实现村村通；全年新建山坪塘 16 口、安饮工程 39 口、蓄水池 12 口、提灌站 2 处，农渠整治 1.2 公里；整治高标准农田 1900 亩，新建产业道 18 公里；广播覆盖率 100%、数字电视用户 520 户；农村居民自来水饮用率 100%，天然气使用率 50%，居民用电安全率 100%；升钟水库右总干渠水槽坐落于龙井沟村，可覆盖灌溉鸣龙镇 8 个村，解决鸣龙镇生产用水匮乏难题。

【文化】 有文化站 1 个，面积 213 平方米，藏书 1600 册；有镇老年活动室 1 个，村老年活动室 15 个；有农家书屋 15 个，藏书 22000 册。

【教育】 有幼儿园 1 所，幼儿 34 人、幼师 1 人；有小学 1 所，学生 324 人、教师 37 人；小升初升学率 100%，适龄儿童入学率 100%。

【医疗】 有医院 1 所，1400 平方米，有病床 12 张，专业人员 9 人，其中，执业医师 3 人、助理医师 6 人，年诊病人 2 万人次。15 个行政村建有医疗站，有执业医师 8 人，医疗站内设有病床、诊疗室、中西医药房。

【社会保障】 新农合参合人数 11088 人，参合率 80%。人口自然增长率 2%，发放独生子女奖扶金 25 万元、特扶资金 2.6 万元、独生子女费 3.8 万元、手术并发补助金 5.4 万元；农村居民最低保障户 1899 户，保障金 312 万元；五保供养 130 人，供养金 76 万元；残疾补助 299 人，残疾人补助金 22 万元，残疾人生活困难补助 346 人，残疾人生活困难补助 36 万元；惠民资金 230 万元。

【环境卫生】 全镇建有垃圾房 17 个、垃圾池 105 个，有保洁员 49 人。其中，村社 45 人，场镇 4 人。镇、村、社基本清除白色污染，可回收物全回收，废物进入垃圾场深埋。2018 年，龙井沟村被评为省级卫生村，丝公山村被评为市级环境卫生示范村。

（撰稿：唐亚辉）

高院镇

【概况】 高院镇地处县域西部边陲，距县城 33 公里，是西充县十大建制镇之一，东靠双凤镇，南邻祥龙乡，西接同德乡和射洪县曹碑镇，北连东岱乡和盐亭县金鸡镇，西（充）射（洪）公路贯穿镇内。2018 年年末，全镇辖区面积 31.28 平方公里，辖关帝庙、花子岭、邹家堰、蟠龙山、梅垭沟、秋垭庙、敬家庙、石牛庙、桶门垭、三溪口、石梯坎、梓潼庙、东龙山、龙凤溪、老城子、佛华山、公子坎、范家庙 18 个行政村。全镇总人口 15890 人，森林覆盖率

50%，辖区内耕地面积15106亩。全年外出务工人员5797人；实现地方生产总值4490万元，农民人均纯收入5800元，财政收入560.54万元。

【脱贫攻坚】 全镇有贫困户679户1448人，2018年脱贫132户297人，无返贫户。全年完成C级危房改造90户，D级危房改造10户；易地扶贫搬迁计划53户150人，发放易地扶贫搬迁补助399万元。年底通过脱贫攻坚省级成效考核验收。

【产业扶贫】 2018年，高院镇结合精准扶贫工作，在建成邹家堰村、龙凤溪村、三溪口村脱贫奔康产业园的基础上，在石牛庙村、敬家庙村连片种植优质黄豆800亩，在东龙山村种植二荆条辣椒400亩，在敬家庙村种植密本南瓜400亩，在邹家堰村种植白芷等中药材200亩，在佛华山村、老城子村新栽植山桐子400亩，在东龙山村规划建设山桐子育苗基地200亩。

【基础设施建设】 2018年，新建、整修山坪塘6口、石河堰11处，新建安饮工程6处，解决全镇2000多人的人畜饮水问题。推进场镇路面升级改造和高院至曹碑通乡公路升级改造等项目，新建村道项目4个6公里，产业便道5公里。完成场镇污水处理厂建设，并投入运行，日处理规模达150立方米。

【社会保障】 全镇应参保15890人，实际参保13720人。办理享受养老保险死亡和终止参保人员252人。办理扶贫医疗救助总人数26人，发放扶贫救助金15万元。全镇农村低保1372户1807人，帮助重点优抚对象89人。临时救助95人，发放救助金6.7万元。帮助因自然灾害造成家庭生活困难群众240人，发放救助金9.6万元。

【社会治理】 实施镇、村两级网格化管理，聘任专（兼）职网格员19名。全年排查和化解各类矛盾纠纷62起，没有发生因调处不当或不及时而导致矛盾纠纷激化扩大案例，也没有发生民转刑案件。

（撰稿：王川）

仁和镇

【概况】 仁和镇位于西充县城西北18公里，东连宏桥乡，南邻凤和乡，西接双江乡，北接青狮镇，2018年年末，全镇辖区面积36平方公里，辖白虎坪、千佛寺、圣泉山、百福寺、任家沟、莲花台、仁义桥、小陵寺、高楼架、联合、石塔岭、何家沟、金子山、玉台山、彭家寺、大湾头、燕子坝、小燕、金华山、檬子垭、马鞍山21个行政村和大众街社区。户籍总人口人17519人，常住人口7540人。

【农业发展】 2018年年末，辖区内有耕地23725亩。全年农作物播种面积17725亩，总产小麦28吨、水稻40吨、玉米80吨、杂粮1吨、红苕30吨，总产值130万元。全镇果园面积6735亩。其中，柑橘种植6600余亩，产10吨；清脆李种植100余亩，产1吨。总产值60余万元。中药材种植300余亩，产17吨，产值30余万元；蚕桑种植50余亩，产4吨，产值16万元；四季蔬菜50余亩，产值13万元。养殖业以猪、牛、羊、小家禽等为主，有养殖大户8户。全年生猪出栏3000余只，牛出栏80余头，羊出栏50余只，小家禽出笼3万羽。全镇水产养殖面积350亩，水产品总产量40吨，畜牧水产总值800万元。

【脱贫攻坚】 2018年，完成112户257人脱贫任务，易地搬迁16户48人，完成农村危房改造90户，发放资金108万元。4个扶贫项目通过验收，其中贫困户自身发展项目3个。举办贫困户技能培训32期，参训人数6000余人次。年末，全镇有贫困户4户9人，其中贫困村贫困户1户2人。截至2018年年末，投入资金200万元，其中基础项目156.2万元，产业发展 43.8 万元。

【基础建设】 新修产业路 13 公里，旅游快速通道、仁和至猴儿垭公路建设有序推进，乡村马拉松道路、绵（阳）西（充）高速公路仁和段建成通车。新修农渠 29 公里，维修整治堰、塘 7 个，重砌河堤 60 米，改造自来水主管道 2 公里，完成升钟水渠清淤 18 公里，维修整治水渠 38 处 365 米。场镇戏楼改造提升工程全面开工，百福寺森林公园综合开发项目一期景观工程全面建成。

【社会事业】 镇内有中学 1 所，年末有学生 127 人，教职工 36 人；有小学 1 所，学生 353 人，教职工 36 人。适龄儿童入学率达 100%，九年义务教育覆盖率达 100%。有 22 个村级文化站和农家书屋，藏书约 3.5 万册；有村民活动中心 22 个，老年人协会 22 个，老年人活动中心 22 处。有一级甲等医院 1 所，村卫生室 22 个，病床 40 张，医护人员 14 人，乡村医生 24 人。

【乡村旅游】 镇内有百福寺、万年山两个旅游景区。万年山禅寺始建于唐朝，距今已有一千多年历史，为佛教圣地，曾被清康熙帝御封为“万年禅林”，现有中国书法家协会原主席启功题字“万年山禅寺”。百福寺始建于隋唐时期，毁于元代，重建于明永乐年间，景区属市级森林公园。

（撰稿：缪昆锦）

常林乡

【概况】 常林乡位于县城西郊，东邻晋城镇，南连永清、莲池乡，西接占山乡、仁和镇，北与宏桥乡毗邻，是省级生态文明建设示范乡、省级安全社区示范乡。乡人民政府驻西充县城洗笔路 1 号。2018 年年末，全乡总面积 57.8 平方公里，辖花盐河、活佛山、大垭、柏江、陈店沟、桥上罗家、锦屏山、罗村沟、亭子垭、木角庙、大石桥、高石梯、红豆沟、五里店、蟠龙观、张家店、石狮子、龙洞沟、白庙子、杨村沟 20 个行政村，大田坝、灵芝桥、石板河、将军碑 4 个社区居委会。总人口 28562 人，其中，城镇人口 9352 人，城镇化率 32.74%。2018 年，粮食总产量 4884 吨，农业总产值 2.45 亿元，农民人均纯收入 13250 元，城镇居民人均可支配收入 18860 元，财政收入 3447.79 万元。获县委、县政府 2018 年度目标考核一等奖。

【农业经济】 2018 年年末，全乡耕地面积 14881 亩，其中，水田 6695 亩，旱地 8186 亩，人均耕地约 0.5 亩。常林乡是以粮、蔬、果、油生产为主的农业乡，年内实现流转土地近 1500 亩。建立优质水稻、小麦、玉米、蔬菜、水果、油菜、花生种植基地。畜牧业以饲养生猪、家禽为主。2018 年，出栏生猪 80560 头，鸡 2 万羽，鸭 1 万羽。

【精准扶贫】 活佛山村、亭子垭村为省级重点贫困村。年末，全乡有贫困户 713 户，贫困人口 1591 人。其中，重点贫困户 31 户，人口 68 人；危房贫困户 52 户，人口 134 人。易地搬迁贫困户 4 户，人口 6 人。截至 2018 年年末，已投入资金 338.6 万元，其中，基础项目 255 万元，产业发展 83.6 万元。

【基础设施建设】 2018 年，全乡完成 4 个村的村道公路维修整治建设，实现硬化村道 11.2 公里，设立道路交通警示牌 105 个，实现全乡村村通水泥路；整治病险水库 3 座，山坪塘 5 口，石河堰 2 处，维修升钟渠道隧洞 2500 米，总投入约 350 万元；维修、改造、新建农村危房 35 间；整治山体滑坡危害、人民群众生产生活安全隐患 6 处；建立清洁卫生公共自来水站 8 个，解决人畜饮水困难群众 2125 人。

【社会事业】 2018 年，有将军碑社区“金晚霞”文艺演出队 1 个、舞蹈队 1 个，灵芝桥社区舞蹈队 3 个，有业务演职员65人，年均演出80余场次。建成农家书屋24个，各类图书藏量近2.6万册；建成乡级宣传文化服务中心1个；有现代远程教育站点25个。

乡内有小学（含初中）1所，年末有学生135人，小学专任教师25人，初中专任教师11人。小学适龄儿童入学率达100%，小升初升学率达100%，初升高升学率达85%，九年义务教育覆盖率达100%。

全乡有乡级卫生院2所，农村合作医疗站24个，病床33张，专业医卫人员24人。

2018年，全乡有城镇、农村低保生活保障户4320户，总人数4780人；农村五保对象234人。城镇、农村大病医疗救助148人次，民政部门资助参保合作医疗2737人次；农村临时救济1215人次，支出近40万元；计划生育奖（特）扶对象397人，办理（补办）独生子女光荣证950余件，办理生育服务证65件；国家抚恤、补助各类优抚对象297人。农村空巢老人政府购买居家养老服务870人，支出10.38万元。全乡农村安全卫生饮用水普及率达95%，农村卫生厕所普及率达65%。全乡有线电视实现乡、村两级并网共缆传输"村村通"。广播"村村响"，现有广播喇叭180只，入户率达95%，通响率达100%，广播综合覆盖率达100%，电视综合覆盖率达98%。

全年录入劳动力11001人，其中，转移就业7120人。开展新农合政策宣传，新农合参保人数21284人，参保率达100%。建成省级劳动服务保障示范中心1个，并办理就业失业登记证，为4050就业人员申请了就业援助；符合领取养老保险条件人员4715人，养老金发放率达100%。

【城乡环境综合治理】 实行"领导包片、干部包段"责任制和居民门前"三包"制，全年投放果屑箱588个，建村垃圾收集房30个、垃圾池68个，添置垃圾手推车125辆，"四清"面达98%；改水、改厨、改厕、改圈、改房125间。落实保洁员153人，保证垃圾每日清除。

（撰稿：罗迪）

占山乡

【概况】 占山乡位于西充县西南方向，是老一辈无产阶级革命家于江震的故里，与嘉陵区龙泉镇接壤，与西充县的车龙、双凤、仁和、常林、莲池等乡镇相邻，距县城10公里，属丘陵地区。全乡面积43.6平方公里，耕地面积27214亩，辖21个行政村，5394户，总人口15986人，城镇化率为18.18%。全乡以水稻、小麦、油菜、小家禽养殖为支柱产业，农民人均可支配收入12300元。财政收入1837.16万元，财政支出1837.16万元。

【经济发展】 全乡种植业以水稻、玉米、小麦、红苕、杂粮为主；经济作物以核桃、西瓜、冬瓜、花生、油菜、柑橘等为主；养殖业以生猪、小家禽为主，是南充市的柑橘、生猪基地。全年粮食总产量为14621吨，西瓜300吨，冬瓜260吨，年出栏土鸡4.3万只，土鸭4万只，山羊460只。在晓阳村、竹溪井等村种植柑橘1000余亩，竹溪井村新建小龙虾养殖、中药材种植基地；成立专业合作社11个，家庭农场2个，培育专重大户6户，实现规模种植特色产业4500亩。

【脱贫攻坚】 狠抓"一户一册一卡"工作，完善更新了国办系统中的贫困户数据，按照要求对建档立卡贫困户进行动态管理，新增贫困户2户6人。竹溪井村退出省级重点贫困村序列，积极落实扶贫小额贷款、以奖代补、雨露计划等各项扶贫政策。加大已有产业管护，完成改良花椒、核桃产业园300亩，新种柑橘502亩，新建小龙虾养殖基地300亩。有力推动农村"组组通"公路建设，新修硬化社道、断头路里程合计11.7公里。开展贫困群众感恩教育"坝坝宴"聚会2次，农民夜校产业种养殖知识培训31次，培养致富带头人24人，实现危房改造C级80户、D级4户，易地扶贫搬迁12户。

【基础设施建设】 2018年，实现全乡各村通水泥硬化路和广播电视，19个村有集中安全饮水，同时新修水井8口，完成病险塘库堰整治6处，维护升钟农渠48公里。新修硬化公路里程合计18.6公里，全面完成绵西高速公路拆迁改赔工作。农村居民天然气使用率达40%，居民用电安全率达100%。

【文化】 有文化站1个，新修村级活动室1处，各村配备图书4000余册，藏书合计80000册；设公益电影放映集中点3个，全年举办文艺汇演4次；新建农家大院1处；有老年活动室1个，村老年活动室21个。

【教育】 有幼儿园1所、初中1所，2018年全面完成全国性义务教育均衡发展验收，确保小升初升学率达100%，适龄儿童入学率达100%；组织爱心助教活动3次，收到广东狮子会慈善机构8万余元的教学资金和物质。

【医疗】 有医院1所，卫生室21间，有医务人员34人，病床15张，组织艾滋病筛查1次，免费义诊体检2次。

【社会保障】 全年共计发放农村低保328万元，五保户补助96万元，孤儿补助3.3万元。按要求和程序全年新增低保75户、五保7户，取消低保110户。全乡新型农村社会养老保险60岁以下参保人数达3386人，发放60岁以上人员养老金3900人，城乡居民参保率达93%，贫困户、低保户、五保户参保率达100%。

【环境卫生治理】 健全乡村环境保洁机制，调整保洁员3名，成立环保督查小组，环保工作实现全面网格化；实行村级"河长制"工作例会制，每季度听取村级河长汇报工作2次，制定河长标语牌8个，全面打扫辖区流域3次；定期开展巡河工作，大力实施场镇污水管网提升改造工程，污水得到有效治理。

（撰稿：谯程太）

宏桥乡

【概况】 宏桥乡地处西北，距县城10公里，县道西（充）射（洪）公路从乡域穿过。东南与常林乡毗邻、西与仁和镇接壤、北与观凤乡相邻。县级景点百福寺森林公园部分位于乡域内。乡内有小型水库2座，升钟渠系环绕全乡。2018年年末，全乡辖区面积23.7平方公里，辖谢家坡、青龙嘴、二郎庙、李店垭、杨家坝、板桥子、观乐山、观音殿、金祠寺、小角沟、范家堰、宏桥12个行政村。总人口8742人，其中，农业人口8219人；男性4683人，女性4059人。有规模以上民营企业1个，职工85人，主要生产烟花，年产值2000万元。2018年，全乡农业总产值4660万元；劳务输出3750人，劳务收入1.88亿元；农民人均纯收入8100元 。

【农业经济发展】 全乡粮食主产水稻、小麦、玉米，经济作物以辣椒种植为主。年末有耕地面积11181亩。其中，水田3571.5亩，旱田7609.5亩。全年实施土地流转面积2070亩。全乡养殖以生猪、鸡鸭等家畜家禽和鱼、虾、蟹等水产为主。2018年，总产水稻2007吨、小麦1615吨、玉米1823吨、杂粮109吨。全年生猪出栏7715头、小家禽出笼34805羽。全年养殖鱼200亩、虾350亩、蟹50亩。有家庭农场22个，专业合作社20个。

【脱贫攻坚】 宏桥乡金祠寺村为省级贫困村，观乐山村为县级贫困村。2018年，对贫困户落实帮扶人与帮扶户签订责任书，全乡有建档立卡贫困户416户，贫困人口891人，2018年年末实现贫困户全面脱贫。2018年，实现贫困户危房改造125户270人；实现易地搬迁贫困户42户80人；建成金祠寺村脱贫奔康产业园，栽植柑橘300亩。

【基础设施建设】 完成社道硬化1.5公里，拓宽村道6公里；县级百福寺旅游环山公路全长9公里，全乡公交车有4辆；全年整治山坪塘6口、蓄水池5口，中、升钟隧洞2处，升钟斗渠5公里，升钟农渠23公里，硬化产业路5公里，新建产业路12公里。

【文化】 有文化站1个，面积200平方米；农家书屋13个，藏书1万余册；有老年活动室1个，村民活动中心12个，老年协会12个。

【教育】 有幼儿园1所，年末有幼儿15人、幼师2人；小学1所，教师34人，中小学生121人。小升初中升学率达100%，适龄儿童入学率达100%。

【医疗】 有卫生院1所，病床6张，专业人员8名。其中，执业医师5人，护士2人。年诊病人4.6万人次。12个行政村建有医疗站，有择业医师7人。医疗站内设有病床、诊疗室、中西医药房。

【社会保障】 城乡居民医疗保险参保率达95%以上；人口自然增长率3‰，发放独生子女父母奖励及计划生育奖扶资金17.8万元；全乡享受农村低保1182人，发放低保资金181万元；国家抚恤、补助各类优抚对象129人，供养五保户103人，发放抚恤金16.5万元；享受医疗救助52人，发放医疗救助金5.5万元。

【环境卫生】 全乡有垃圾中转站1个，垃圾池35个，垃圾桶80个，保洁员42人。其中，村社40人，场镇2人。乡党委政府以清洁家园活动为抓手，二郎庙村、宏桥村获省级卫生村称号。

【基层组织建设】“两学一做”常态化。深入推进“进村入户、问联心”工作。截至2018年年末，全乡有党支部14个，其中，机关支部1个，退休支部1个，村支部12个，党员373名（其中，女性党员51名）。

（撰稿：于勇庆）

金泉乡

【概况】 金泉乡位于西充县城北6.5公里处，东临东太乡、仙林镇，南接晋城镇，西靠复安乡，北依太平镇。年末，全乡辖区面积21.6平方公里，辖大神庙、靛堂子、源洪庙、双桥子、慈花寺、黑山垭、白鹤铺、庞家庙、斯家店、柏林山、石头垭、板凳垭、牛王庙13个行政村。辖区内户籍总人口9797人，其中，城镇常住人口417人，城镇化率4.26%。全年粮食总产量1903.7吨，农业总产值3056.4万元，农民人均纯收入9650元。财政收入498万元，财政支出498万元。

【农业经济发展】 年末，全乡有耕地面积11655亩。其中，水地4899亩，旱地6756亩。主产水稻、小麦、玉米、红苕、油菜等，特产辣椒、柑橘，养殖生猪、山羊等。建立了有机粮油基地、有机葡萄园、万亩晚熟柑橘产业园，建成专业合作社39个，家庭农场19家，实现农业产业快速发展。全乡现已流转园区土地3500余亩，成立劳务合作社9个，农民就近务工3000人次，务工收入20余万元，实现农业产业快速发展。引进西充美好家园农业发展有限公司在全乡发展晚熟柑橘产业；服务四川洪天新型建材厂继续扩大产能，扩建厂房，提高生产力；全方位配合本土发展的农业龙头企业星科农业公司深度发展。

【精准扶贫】 两个省级建档立卡贫困村大神庙村、板凳垭村脱贫。大神庙村开展就业扶贫工作模式，完成晚熟柑橘产业园建设，贫困户依托专业合作社实现入股分红；板凳垭村积极开展产业扶贫模式，依托星科农业有限公司发展莲藕种植、山羊养殖等产业。探索“一建二定三管”工作机制，各项工作得到落地落实。2018年，实施贫困户异地搬迁25户，危房改建21户，补助贫困户产业到户资金30.7万元，帮助贫困户发展种养殖业创造产值50余万元，贫困户因租赁土地、土地入股分红、就近务工增收近100万元，完成68户120人的年度脱贫任务。

【基础设施建设】 全面实施村道公路、国土整治、扶贫新村和土地挂钩项目。新建柑橘园区产业路6公里；升级改造场镇自来水供水系统，彻底解决1779人安全饮水问题；改造农村C级危房160余户，D级危房25户。国土整治以配套产业为目的，实现整治一片，产业配套一片，实施了7村、8村、12村、13村四个村省投土地整理项目和1村、2村、3村、4村、5村五个村县投土地整理项目。完成了10村、11村、12村三个村属于土地挂钩项目，签订拆旧复垦、新村建设等协议近600余份，拆除危旧房屋9700余平方米，复垦土地60余亩，农房风貌整治200余间，砍伐杂树近万株。实行乡干部分片包干责任制和场镇居民“门前五包”责任制，完善村庄生活垃圾处理设施。

【社会事业】 各项惠民惠农财政补贴资金管理规范，实行“一卡通”兑付到户。完成大神庙、石头垭、板凳垭3个村活动室的提档升级。严格落实城乡低保五保政策。2018年，新增低保21人，提标5人，全乡纳入城乡最低生活保障1012户1088人；落实五保供养128人，新增五保2人；新增困难残疾人生活救助31人，发放生活救助金29760元；新增重度残疾人护理补贴31人，发放护理补贴金27680元；新增高龄补贴31人，其中90岁老人4人；43人得到大病医疗救助，4563人落实城乡居民养老保险，新型农村合作医疗参合率达90%以上。乡综合文化站、村农家书屋购买各类图书万余册，13个村开通有线广播，乡老年文艺宣传队开展文艺演出30余场。

（撰稿：谭维果）

岱林乡

【概况】 岱林乡地处西充县城东部，距县城约29公里，与顺庆区双桥镇、龙桂乡，南部县马王乡，西充县华光乡、仙林镇、大全镇接壤。年末，辖区面积17.2平方公里，辖岱林、任家坝、天桥、石兰寺、龙泉寺、黄龙场、大坝井、燕子井、李家沟9个行政村。耕地面积6981亩，其中，水田3257亩，旱地3724亩；总人口7418人，其中非农业人口416人。2018年，财政收入1515.24万元。

【农业经济发展】 全年农作物总播种面积21085亩，其中粮食作物播种面积14281亩，油料作物播种面积6804亩，全乡粮食总产量5162吨。在龙泉寺村流转土地250亩，投入资金230万元，发展稻田养鱼；在李家沟村发展生猪养殖，投入资金300万元，建设恒温养殖场2000平方米，年出栏生猪5000余头，年末存栏3000余头；在李家沟村3社、4社、7社、8社、10社，流转土地300亩，栽植青翠李；燕子井村在原有核桃800亩的基础上，新栽植核桃300亩。

【基础设施建设】 射（洪）蓬（安）公路岱林段全面建成通车；投资800余万的岱林河河道整治即将完工；岱林村2社、3社，9社、11社新建提灌站2个，解决400余亩耕地和300余人的生产生活用水困难；投入资金10余万元，完成了任家坝村5社山坪塘整治；燕子井村1社、8社完成公路硬化2.9公里；整治维修升钟渠道1100米。

【精准扶贫】 全乡有省级重点贫困村天桥村、大坝井村，市级重点贫困村黄龙场村。2018年，全面落实产业、就业、健康、教育、金融扶贫等政策，发放产业扶持到户资金37.8万元，完成黄龙场村1.7公里村道，大坝井村2.2公里社道，天桥村1.5公里新建公路、2.5公里产业路、3.5公里加宽公里建设；

落实项目资金71万元，完成贫困户危房改造49户；完成易地扶贫搬迁33户74人，其中，建设集中安置点1个,集中安置13户29人,分散安置20户45人;积极落实就业脱贫政策，开展劳务技能培训，为贫困户提供公益性岗位。从贫困户中聘用保洁员2名、治安巡逻员2名。

【社会事业】 完善城乡低保救济机制，实行动态管理，应保尽保，累计发放农村低保金206.6万元。大病医疗救助48人次，发放高龄补贴金10.3万元、重度残疾人护理补贴18.6万元、困难残疾人生活补贴22.4万元，发放民政解困资金9万余元；9名精神病人、2名病患儿童得到救助。认真落实"两免一补"政策和义务教育阶段农村学生"营养改善"计划，发放"雨露计划"资金2万元；组织乡老年文艺演出队开展文艺演出活动3次，丰富了群众文化生活；开展计生健康活动4次，免费议诊300余人次，咨询人数300余人，乡卫生院综合大楼投入使用。

（撰稿：黄小平）

华光乡

【概况】 华光乡地处西充县城东南部，距县城29公里，分别与顺庆区永丰乡、顺河乡，西充县的仙林、东太、扶君、岱林等乡镇接壤。2018年年末，全乡辖区面积23.95平方公里，耕地面积11078亩，其中,水田4188亩、旱地6890亩,退耕还林2200亩，森林覆盖率达26%以上。辖孙家庙、哨子山、船嘴庙、水磨庙、喜凤山、青龙院、茅盖寺、新场垭、小垭寺、红庙子、方山庙、黄家庙12个行政村。总人口10112人，其中,农业人口9600人,男性5000人,女性4600人。全年劳务输出5000多人，劳务收入2.5亿元。人均纯收入10230元。

【经济发展】 全乡主产水稻、小麦、海椒、玉米、红苕。全年粮食总产量5500吨，农业总产值5720万元；畜牧业以猪、鸡、鸭、鹅小家禽为主。全年出栏生猪2700头，年末存栏生猪3000头；饲养小家禽22万羽，上市19万羽。全年畜牧业总产值2300万元。

【支柱产业】 全乡坚持"夯实基础强乡，调整结构兴乡，拓展旅游富乡"的工作思路，继续发挥传统产业优势，壮大小家禽养殖规模，积极发展林下养殖。全年养鸡10000只，种植"二荆条"辣椒1500亩，流转土地4000亩，栽植青花椒1000亩，成片栽植柑橘500亩，栽植新疆核桃1800亩，培育恒鑫等新型农业经营主体3户。

【脱贫攻坚】 2018年，帮助贫困户种植"二荆条"辣椒500亩，养鱼200亩，流转土地3800亩，实施医疗救助20人，易地搬迁14户30人，危房改造118户，"五改三建"20户，庭院整治10户。建集中供水站2处,全乡110户207人按预期计划脱贫。

【基础设施建设】 年末，乡内有县道、乡道公路2条，里程14.8公里。其中，油混路面5公里，水泥路面9.8公里。乡村道12条45公里，村社道100条90公里,全部水泥路面。全年整治山坪塘3口、蓄水池2口、提灌站1处、隧洞5处、斗渠5公里、农渠10公里，新建产业道10公里、景区路3公里。广播覆盖率100%，数字电视用户2300户，覆盖率98%。农村居民自来水饮用率80%，天然气使用率30%，居民用电安全率100%。

【文化】 有文化站1个，面积200平方米，藏书3200册；有乡老年活动室1个，村老年活动室12个；农家书屋12个，藏书12000册。

【教育】 乡内有完全小学1所。有学前教育1个班,教师2人,学生30人。小学6个班,教师15人,学生150人。初中3个班，教师11人，学生75人。小升初升学率100%，适龄儿童入学率100%。

【医疗】 有乡卫生院1所，800平方米，有病床8张，专业人员5人。其中，主治医师1人，执业医师3人，护士1人。年诊病人6000人次。有村级医疗站12个。

【社会保障】 新农合参合人数8100人，城镇居民最低保障户28户，农村居民最低保障户1222户，五保供养148人，合计金额268万元，临时救助600人，救助金1.4万元。优抚88人，优抚金83.6万元，残疾补助280人，残疾人补助金18.4万元；独生子女奖扶金19万元。

【环境卫生】 全乡建有垃圾房15个、垃圾池131个，设垃圾桶20个，有保洁员48人。其中，村社45人，场镇3人。乡、村、社基本清除白色污染，可回收物全回收，废物进入垃圾场深理。

（撰稿：蒲晶）

金源乡

【概况】 金源乡地处西充东北角，距县城32公里，与西充的古楼镇、李桥乡相邻，与南部县的流马镇、窑场乡、大堰乡接壤，与南部的县八尔湖景区毗邻，成（都）巴（中）高速公路经过，高速公路出口距场镇2.5公里。

2018年年末，全乡辖区面积22.2平方公里，辖新民、天宫院、玉成材、冉氏祠、骑龙庵、席家庙、陈家沟、帅家庙、三清庙、凤凰嘴、刀尖河11个行政村，户籍人口4203户10350人，其中，男性5697人，女性4653人。全年劳务输出3338人，农业总产值3312万元，农民人均纯收入6780元，财政收入901.5万元。

【农业经济发展】 年末，全乡有耕地面积8521.5亩（其中，水田3670亩，地5001.5亩）。全乡以生态香桃、生态核桃、生态青花椒为产业支柱，以生态养殖鱼类、禽类（鸡、鸭）、肉类（生猪、牛、羊等）为主要副业收入。2018年，全乡补栽管护香桃1200亩，补栽管护优质柑橘530亩，补栽管护青花椒1200亩，通过土地流转和为合作社打零工的方式为全乡群众增收。2018年，全乡播种粮食作物面积15274.6亩，其中，优质粮油生产3536亩，优质水稻生产3316.9亩，种植红薯1384亩。全乡成立农民专业养殖合作社10个。年出栏土鸡1.7万只，土鸭1.02万只，肉牛73头，山羊68只，生猪1395头，生态鱼27万尾。

【精准扶贫】 金源乡2018年按期完成贫困户106户211人退出任务，新识别纳入贫困户6户11人，动态调整各类人员79人，集中力量开展户口清理整顿规范管理，持续落实精准分类实施帮扶。

【基础设施建设】 2018年，投入资金500余万元实施刀尖河渡船改桥项目，打通贫困村出行“最后一公里”。敬老院主体及附属工程顺利竣工，并整体搬迁入住。全乡新硬化村级道路近8公里，扩宽村道路5公里，规划新建山地产业蓄水池6口，整治山坪塘4座，整治渠系900余米。

【项目建设】 牢固树立“抓项目就是抓发展、抓项目就是抓落实”的工作思路，全力以赴争项目、从严管理建项目。通过积极对接省、市、县相关部门，征求德国专家关于乡村振兴的意见，最终形成川德合作土地整理项目规划方案，下半年开展土地整治项目。骑龙庵村移民搬迁项目主体工程完工，其附属工程已经提上日程，特困群体已经开始入住。

【城乡环境综合治理】 新建垃圾收集点50余个，组织环保网格员进行河塘、堰库整治及公路沿线道路清理10余次，提升金源乡生态环境质量。全年进行生态环境宣传、秸秆禁烧等专题环境宣传活动30余场次，发放宣传单3000余份，提高金源乡环境保护意识。

【教育医疗】 金源乡小学为九年义务教育学校，开设小学到初中的课程，有学生285人，教师31人。小升初升学率100%，适龄儿童入学率100%。金源乡卫生院，占地600平方米，有病床8张，专业医师3人，护士1人，年诊病人126人次。

【新农村建设】 通过乡村产业发展、环境整治提升、文化历史不断挖掘，2018年金源乡被确定为全省乡村振兴试点乡镇。

（撰稿：李兵）

李桥乡

【概况】 李桥乡距离西充县城29公里，东接金源乡，西连西碾乡，南邻古楼镇，北与南部县流马镇等地接壤，广（元）南（充）高速公路、成（都）巴（中）高速公路穿乡而过。2018年年末，全乡辖区面积24平方公里，下辖马龙滩、张家庵、向家沟、书房垭、方山坪、庙子滩、贾家湾、母家山、槐树沟、文家沟、回龙庵、新龙寺12个行政村，总人口10450人。

【经济发展】 全乡主产水稻、小麦、玉米、油菜、柑橘、红薯、大豆、生猪、小家禽、籽莲、香桃、猕猴桃、核桃、鲫鱼等。年末有耕地9108亩。全年粮食总产量4501吨，农业总产值6989万元，年末生猪存栏3820头，出栏3000头。人均纯收入10368元。全年劳务输出5221人，实现劳务收入1.03亿元。培育农业种植大户5个，依托产业环线优势，继在马龙滩、张家庵、向家沟、书房垭、母家山村发展香桃产业1500亩后，新建充国香桃园5600亩，并对张家庵、新龙寺等村原有的柑橘、猕猴桃、核桃产业进行精准管护，提升改造。在书房垭村、庙子滩村、贾家湾村栽植籽莲共305亩。新栽青花椒1500亩。

【基础设施建设】 2018年，新修产业道路15公里；全乡充国香桃补栽90000株，嫁接5000株；建成书房垭村高速公路出口段脱贫产业示范园；完成李桥乡场镇备用水源地及附属工程建设；完成马龙滩村、张家庵村土地整治800亩；打造书房垭村、方山坪村、庙子滩村、贾家湾村、新龙寺村、回龙庵村、马龙滩村香桃产业环线；建成李桥乡场镇安全限高牌坊并安装完成LED电子显示屏；完成场镇交通安全隐患整治，增加减速带10处。

【社会事业】 2018年年末，学校有在职教师27名，其中，小学高级教师14名，中学一级教师4名，在校学生281人。小升初升学率100%，适龄儿童入学率100%。有卫生院1所，内设中西医内外科，有防疫执业医生6名，护士2名，病床12张，全年接待病患6000余人次。12个农家书屋，藏书达30000册。“村村通”广播12个，全年常态化广播率达100%。

2018年参加城乡居民养老保险5500人，其中2100人已开始领取城乡居民养老金，全乡新型农村合作医疗参合率达100%。农村居民享受最低生活保障1352人，五保户126户，社会福利中军人优抚、带病回乡、伤残、复员75人，退役军人信息采集率100%。有1所敬老院，供养孤寡老人13人。

【脱贫攻坚】 截至2018年年末，全乡实现553户1187人脱贫，2018年完成易地搬迁50人，危房改造106户，修建蓄水池8口，整修山坪塘4口，建成脱贫奔康产业园1500亩。

（撰稿：张绍松）

中岭乡

【概况】 中岭乡位于县城以北15公里处，与义兴镇、紫岩乡、复兴乡、凤鸣镇、青狮镇、观凤乡毗邻。2018年年末，全乡辖区面积21.6平方公里，辖圭峰院、观音岩、楼子寺、金铧寺、双拱桥、神通庵、刘家沟、会仙桥、桂枝垭、上坊寺、明昌宫11个行政村，总人口10129人。全年完成社会生产总产值1.83亿元，同比增长8.4%。其中，农业总产值0.6亿元；工业总产值0.2亿元，规模以上农业企业总值0.35亿元，农民外出务工总收入0.6亿元。完成财政收入800万元。全年完成固定资产投资0.8亿元，同比增长10.6%。人均收入达8360元。

【产业发展】 年末，全乡有耕地10080亩。圭峰院、会仙桥、桂枝垭村有600亩花椒基地；观音岩村新建400亩白芨中药材基地；楼子寺村的广绿生态农业发展有限公司承租1300亩热带水果产业示范园；金铧寺有500余亩"二荆条"海椒种植基地，"遍地红"辣椒加工企业运转正常；双拱桥村有300亩苗木种植和生猪养殖基地；神通庵村有300亩水面养殖基地；刘家沟村有蔬菜、水果、水产基地；会仙桥村有500亩凤犁、猕猴桃、柑橘产业基地；桂枝垭村有核桃、花椒、柑橘、木耳、水产种养基地；茂源生态农业公司在上坊寺、明昌宫村租地2600亩建设蔬菜、水果、水产、万头生猪种养基地。全乡有14个农民专业合作社、12户家庭农场。

【基础设施】 实施农田水利渠系整治，完成全乡2018年春灌渠道清淤整治15.7公里，完成产业道路建设5.3公里，硬化村社道4.5公里。

【文化教育】 农村支部阵地及老年活动场所的建设为农村群众文化生活提供保障。年末，有文化广播站1个，有农家书屋11个，藏书2万余册。有村级文化活动阵地11个，老年协会12个，老年活动中心12个。乡内有小学1所，年末有学生160人，教职工47人。全乡适龄儿童入学率达100%。投入资金30余万元，用于新建中岭小学学生食堂和维修校舍。

【医疗卫生】 年末，有卫生院1所，村级卫生站11个，卫生院有600平方米的综合大楼，有病床12张，医护人员6人。落实计划生育奖励扶持对象253人，发放独生子女费359户。

【社会保障】 全乡2018年城乡居民社会参保任务为7200余人，实际参保人数4800余人。应缴保费73.57万元，实缴保费75.74万元。新增城镇就业5人，城镇登记失业率控制在4.1%；农村劳动力技能培训180余人，新型农民培训420人，农民实用技术培训500人次。

2018年，全乡发放临时救济款8万余元，救济330余户；医疗救助28户，救助总额11.2万元。为"特殊人群"1380人购买医保，包括低保、五保、重残、孤儿、优抚等。2018年，全乡新农合参保人数10000余人，城乡医保实现应保尽保，新农合参合率达99%以上。住院报销共894人次，医疗总费用为335.5万元，报销金额达148.24万元。

【脱贫攻坚】 推进2018年全乡103户175人的精准扶贫工作。全乡有387户贫困户享受国家69.3万元的农村低保资金，发放贫困户产业到户扶持资金33余万元。建立贫困户子女38人就学台账，掌握全乡贫困户子女就学信息，确保教育扶贫政策落实"一个都不少"。优先对建档立卡的70户贫困户进行危房改造，享受危房改造资金86万元，确保贫困户住房安全。实施贫困户易地搬迁12户25人，享受国家补助资金66.5万元。落实贫困户人口大病医疗救助制度，确保贫困户就医方便和按政策在县内就医支付10%的医疗费。

【生态环境】 投入近20余万元，对场镇污水处理厂进行设备更换和维护。开展污染源普查工作，对辖区内散、乱、污企业做到应关尽关。做好夏秋季秸秆禁烧工作。实施乡村环境卫生整治、保洁活动，抓好“三清洁”和“生态家园”建设。推进河长制工作全面落地落实。

【名胜古迹】 千佛寺距场镇300余米，据考证已有一千多年历史，于2017年被批准为合法开放寺庙。

（撰稿：周克坚）

西碾乡

【概况】 西碾乡位于西充县城北27.3公里，东临李桥乡、古楼镇，南接紫岩乡，西接义兴镇，北与南部县碾垭乡毗邻，两乡共管一场。2018年年末，全乡辖区面积21.3平方公里，辖牌坊湾、大悲寺、庞家庵、斯家庙、桅杆坝、石仁宫、柏林嘴、敬二垭、黄家垭、界牌湾10个行政村。总人口12168人，其中，农业人口9885人，男性6682人，女性5486人。有规模以上民营企业2家，职工180人。全乡劳务输出5520人，劳务收入29.5万元。人均纯收入6770元。财政收入365.5万元。

【经济发展】 2018年年末，西碾乡有耕地7650亩。全乡主产小麦、水稻、玉米等粮食作物。其中，扩耕面积89亩。全年产粮食3725吨。主要经济作物有油菜、蚕桑。全年种植油菜1150亩，产油菜子345吨；有桑园800亩，养蚕2500张，产蚕110吨。畜牧业以猪和鸡、鸭、鹅等小家禽为主，全年饲养生猪8200头，出栏7200头，年末存栏1000头。饲养小家禽19万羽，上市17.5万羽。全年畜牧业总收入2800万元。

【支柱产业】 绿谷鸭专业合作社养绿谷鸭5万羽，收入170万元。杉源香桃基地350亩，产值90万元。天府生态养殖合作社租地250亩，栽植早熟脆香桃2万株。养土鸡5000只，年收入45万元。桅杆坝村新增福源肉牛养殖基地，养肉牛70头，出栏30头，收入50万元。种植沃柑550亩。斯家庙、敬二垭两村栽植青花椒400亩。敬二垭村土地982亩租给外出务工能人回乡开发太阳能产业，年租金35万元，400名村民转型为农业工人。界牌湾、柏林嘴、桅杆坝、斯家庙、庞家庵、牌坊湾等村1800亩水田流转给航粒香种香稻。牌坊湾、大悲寺、庞家庵、斯家庙、石仁宫等村栽植600亩香桃，经6公里观光道与古楼香桃园接轨。

【脱贫攻坚】 乡党委、政府对贫困户落实帮扶人与帮扶户签订责任书，项目与物资相结合。发放绿谷鸭苗1.2万只，化肥150吨，落实到企业就业100人，庭院栽植沃柑2000株，改厕103户，人饮工程8处。大悲寺、庞家庵、桅杆坝、敬二垭等村新建易地新居8000平方米，易地迁居95户。残疾人无障碍设施25户。县文化广播影视局定点帮扶桅杆坝村，下派一人兼任村第一书记。县民政局定点帮扶敬二垭村。全乡贫困户347户，脱贫102户，贫困人口725人，脱贫355人，实现省定脱贫目标。桅杆坝村全面脱贫。5月9日，南充报记者到西碾乡桅杆坝村专访精准扶贫户引水工程，并作了“四载帮扶路，情留桅杆坝”报道。

【基础设施建设】 有县道、乡道2条，里程12.5公里。其中，油混路面7.5公里，水泥路面5公里。成（都）巴（中）高速公路域内段7.5公里，乡村道10条45公里，村社道40条90公里，全部水泥路面。全年整治山坪塘11口，蓄水池4口，提灌站2处，隧道3处，斗渠10公里，农田900亩。新建产业道13公里，观光道5公里，农贸市场800平方米，新增摊位24个。场镇街道、公共区域全面实现光亮工程。场镇旧房改造率100%，广播覆盖率100%，数字电视用户2300户，覆盖率95%，农村居民自来水饮用率100%，天然气使用率40%，居民安全用电率100%。

【文化事业】 有文化站一个，面积200平方米，藏书3000册；有文化广场1个，面积200平方米。有老年活动中心1个，村老年活动室10个，农家书屋10个，藏书1000册。

【教育事业】 有幼儿园1所，在园幼儿63人，幼师2人。小升初升学率100%，适龄儿童入学率100%。在校学生全面落实“两免一减”。

【医院】 有医院1所，面积1000平方米，有病床15张，有专业人员8人。其中，主治医生1人，执业医师4人，护士2人，聘请执业医师1人。年诊病人8.9万人次。10个行政村建有医疗站，有执业医师8人，医疗站内设有病床、诊疗室、中西医药房。

【社会保障】 新农合参合人员12168人，参合率100%。人口自然增长率3%，发放独生子女奖扶金28万元。城镇居民最低保障户55户，保障金17.5万元。农村居民最低保障1457户，保障金238万元；五保供养116人，供养金45万；临时救助700人，救助金16万元；优抚44人，优抚金36万元；残疾人补助211人，残疾补助金15万元；惠农资金230万元。

【环境卫生】 场镇建污水处理站2处，日处理污水60吨，总投资80万元。全乡建有垃圾池40个，设垃圾桶100个，有保洁员43人。其中，场镇3人，村社40人。乡、村基本清除了白色污染，可回收物资全面回收，废物进入垃圾场深埋。

【旅游业】 2018年，大悲寺景点接待游客2万人，大灯山景点年接待游客3万人，旅游收入300万元。

（撰稿：马正举）

紫岩乡

【概况】 紫岩乡位于西充县城东北部，距县城19.2公里，东临古楼镇，南接关文镇，西南毗邻中岭乡，西靠义兴镇，北依西碾乡。2018年年末，全乡辖区面积19.23平方公里，辖11个行政村，3674户9942人。耕地面积8261亩，其中，水田3826亩，旱地4435亩，人均耕地0.8亩，为典型的传统农业乡。该乡属浅丘陵地貌，适宜于多种农作物和经济作物，特别是各类果树的生长。

【乡域经济】 2018年，实现地方生产总值12887余万元。粮食总产量5363吨，完成地方财政收入22万元，全乡储蓄存款约9500万元，农民人均纯收入达7200元，比2017年增长300元。

【产业发展】 坚持“以促农增收为目的，以市场为导向，以信息为手段，以科技为依托”，完善多元化农业发展体系，加大对特色柑橘产业的投入。通过高换改良，加强柑橘管理，新栽优质柑橘500亩，补植补栽400亩，改良600余亩，科学管护，长势良好。实施生态文明建设，全面取缔肥水养殖，倡导自然生态养殖模式，纪信湖乌鱼养殖基地发展良好。桐子洞生态养殖和观光旅游产业在胥家湾村、观音庙村落户。观音庙村高标准柑橘示范科技园、龙洞山村脱贫攻坚产业园建成投产。

【基础设施】 天然气全部进入乡场镇和义（兴）紫（岩）公路沿线居民户家中，覆盖率达100%。水泥路通达全乡11个行政村113个社，实现“村村通”公路目标。全乡硬化村社道路7.5公里，修建产业路3公里、生产便道4.5公里，全面实现“社社通”，基本实现“户户通”。紫（岩）（西）碾公路、紫（岩）古（楼）公路通过全省“四好”公路保路验收，成为全省“四好”公路示范路。修建灌溉渠系1500米，新建、整治蓄水池7口，整治山坪塘3口，农村安饮工程正按计划实施。

【精准扶贫】 加强乡镇扶贫救助建设，将农村五保、特困老人、失独老人、孤儿和重度残疾、精神病、重大疾病患者等无力脱贫特困群体，纳入最低生活保障范围，严格按照《四川省社会保障扶贫专项方案》规定贯彻落实扶贫线和低保线“两线合一”政策。全乡低保户全部符合低保政策，无人情保、关系保，低保补助严格按政策发放，无截留挪用现象。全乡新培育新型农业经营主体22家，流转土地2000余亩，带动引领450余户贫困户发展种养殖业，实现贫困户务工收入40余万元。2018年，全乡预脱贫户92户178人顺利脱贫。实施D级危房改造18户，C级危房改造120户，易地搬迁22户，贫困户住上安全住房。

【城乡环境治理】 加强秸秆焚烧、畜禽养殖、农村生活垃圾等污染整治，开展环境污染隐患排查4次，对2处因工程施工造成损坏的垃圾池进行维修。春秋两季每周组织巡逻车对各村焚烧秸秆情况进行巡查、考核，动员干部群众对秸秆进行科学处理。开展紫岩河流域巡河30余次，整治畜禽养殖污染2处。场镇污水处理站及雨污分流管网工程现已竣工，即将投入使用。改变以街代市的局面，引进资金新建农贸市场，建彩钢大棚900平方米，设置摊位30个。

【社会事业】 超额完成冬季征兵任务。整治11个村的农家书屋，免费对外开放。城镇居民基本医疗保险和新型农村合作医疗保险覆盖面不断增大，全乡建档立卡贫困人口988人全部实行县财政代缴2019年度新农合，实现建档立卡贫困人口100%参保，住院费按照相关政策100%报销。新型农村居民养老保险的参保取得突破，60岁以上应领基础养老金的老年人参保达2483人。全面落实兑现计生奖扶政策，设立村计生服务员11人。

【民生工程】 完成2018年农村“一事一议”财政奖补工作，投入资金21万元。2018年，发放退耕还林、生态补偿、粮食直补、农资综合直补、水稻良种补贴、油菜良种补贴、玉米良种补贴等各种惠民政策资金137万元。完善社会救助体系，稳步扩大农村低保覆盖面，2018年新增农村低保82人，新增农村五保2人。紫岩乡敬老院在太平寺村完成改造建设，并搬迁使用。

（撰稿：吴敏）

复安乡

【概况】 复安乡位于西充县中部，距县城13公里，2018年年末辖区面积15.4平方公里，其中耕地面积7843.95亩，辖双福井、月儿湾、楼房湾、大小湾、大山垭、罗树沟、马川井、华林寺、李子垭、大青沟、复兴11个行政村。全乡总人口7099人，其中，男性3683人、女性3416人。地处丘陵平坝区，主产水稻、小麦、红薯、玉米、柑橘、辣椒等。2018年，全乡生产总产值8000余万元，其中，农业总产值7133万元，农民人均纯收入11269元。

【经济产业】 在巩固传统产业的基础上发展优势产业，改良柑橘品种2000余株35余亩，栽植果桑100亩，种植有机水稻1500亩，发展中药材300亩，新栽种花椒70亩、柑橘300亩，生猪养殖出栏1000头，圈存450头以上。全乡农民专业合作社12个，农民专业合作社成员109人，有种植大户8户、畜禽养殖大户6户、家庭农场6个。

【精准扶贫】 马川井村、李子垭村为全乡重点贫困村，通过帮扶干部与预脱贫户一对一结对帮扶，面对面按照脱贫标准制定“五个一批”的帮扶措施，全年脱贫132户219人，发放产业扶持周转金30万元，到户产业扶持资金21.9万元。省级2016年脱贫贫困村马川井村投资150万元，新栽种药用银杏300亩、优质柑橘300亩；新建产业路1.5公里、社道1.1公里，新建养猪圈舍400平方米，整治山坪塘1口。省级2017年脱贫贫困村李子垭村2018年年底集体经营性收益达10000元。成立土地股份合作社，合作社以无公害果桑、籽莲生产为主，社员以土地入股，有合作社社员163户。完成社员入股土地800多亩，土地流转200多亩。两个省级贫困村经省、市、县多次检查，顺利通过脱贫验收，全面完成脱贫攻坚任务。全乡2018年度四类人员危房改造共292户全面竣工验收、交付使用。

【基础设施建设】 完成全乡升钟农渠20余公里的渠槽清淤、维修、整治；马蹄堰水库与文家坝水库两个小二型水库，实行专人管护，确保汛期堤坝安全。完成10.24公里的乡道日常维护。投资120万元，整治山坪塘3口，维修升钟农渠10公里。投资5万元，整治场镇污水管网200米。全乡11个村，对乡内村道路的肩与排水渠组织实施整治工作，完成20多公里的村道全面维护和乡内5公里的河堤加固整治工程。

【社会事业】 年末，复安小学有教职工23人，学生151人，儿童入学率、九年义务教育覆盖率均达100%，被县教体科局评为西充县文学教育质量二等奖。全年发放奖抚及独生子女费236500元，征收社会抚养费4万元，孕检60人。有卫生院1所，医务人员6人，病床数13张。截至年底，住院302人次，门诊2600余人次，年报医疗费用30余万元，新农合参合率达100%。有村卫生站11个，覆盖率100%。有乡综合文化服务站1个、乡村农家书屋11个。有老复员军人6名，参核参战人员11名，伤残军人4名。全乡低保864户1030人，新增45人，取消30人；城市低保41户41人；五保户109人，其中，集中供养15人；空巢老人920人；大病救助40人，发放救助资金6.5万元。

（撰稿：杨小龙）

观凤乡

【概况】 观凤乡位于西充县城北12公里，距国道212线4公里，与凤鸣镇、中岭乡、青狮镇、仁和镇、宏桥乡和常林乡接壤。2018年年末，全乡辖区面积18.6平方公里，辖13个行政村，场镇规模0.63平方公里，人口10009人，人口密度为每平方千米610人。

【农业经济发展】 2018年年末，辖区内有耕地10262亩。全年农作物面积17458亩，总产小麦1288吨、水稻1870吨、玉米526吨、杂粮562吨、红苕399吨。全乡果园面积1510余亩。养殖业以猪、小家禽等为主。经济作物产量589吨，其中，鲜椒180吨、油菜子269吨、麻竹笋140吨。生猪饲养0.35万头，出栏0.65万头；家禽年饲养量1.5万只，上市1.4万只。种植莲籽1600亩，产量达500斤/亩；种植柑橘1490亩，已初见成效。

【现代农业发展】 支持农业合作社建设，发展壮大阳光绿地、千福园、英明家庭农场等种养殖基地12个，创造就业岗位600余个。西充阳光同济基金互助社试点成功，吸纳会员150余人、资金110万元，实现入股分红5万余元；航粒香有机稻种植扩面至2748亩，新增产值600余万元；毛家桥村、白象山村成片种植南瓜、冬瓜、西瓜600余亩；加强麻竹管护，新增产值50余万元；成功招引凯丰公司入驻杨家庙村，新建柑橘产业园区400亩；高标准打造盛谷种养殖基地，流转南北垭村农田600余亩，种植有机稻328亩，栽植金刺梨300亩；招引返乡退伍军人谢金宝流转土地115亩，成立金莹家庭农场，从事特色养殖。

【精准扶贫】 全乡有389户贫困户，贫困人口1001人，已脱贫388户，脱贫人口997人。年内实施易地扶贫搬迁16户，贫困家庭危房改造项目20户，脱贫村3个专业合作社运转良好，2个脱贫奔康产业园得到有效管护。

【基础设施建设】 完成入场公路改道1公里基础开挖平整，桥涵修建，护坡衬砌；完成集中配送中心占地8亩的场平，正在进行基础开挖；完成西充县盛谷种养殖专业合作社落户南北垭村，修机耕道2.6公里，整治荒田75亩，平整土地30亩，修桥4座，整治渠系1.2公里；完成了优质柑橘园基地建设，杨家庙村新栽柑橘400亩，嘉和兴、阳光农业和两个贫困村脱贫奔康柑橘产业园已投产见效。

【社会事业】 乡内有学校1所，包括幼儿园、小学、初中，在校学生267人，专职教师30人。适龄儿童入学率100%，小升初率100%，九年义务教育覆盖率100%。有文化广播站1个，农家书屋13个，藏书约2.1万册。有卫生院1所，村级合作医疗站13个，床位12张，专卫人员7名。有敬老院1所，特困供养人员8人。

有符合领取养老保险条件人员2191人，新型农村合作医疗参保8363人，收缴参合资金1839860元。有农村低保户1167人，五保103人，优抚164人，留守儿童312人，残疾人办证375人。

【城乡环境综合治理】 有农村垃圾桶76个，垃圾房18个、垃圾中转站1处，新建场镇公厕1个，完善治污设施13个，9个养殖大户排污达标。场镇污水管网3500米，实现场镇污水处理三级水质排放。

【新农村建设】 完成3个村的新农村主体工程建设。开展庞氏祠村、袁塘坝村、净土寺村新村建设附属工程。

（撰稿：刘雷）

罐垭乡

【概况】 罐垭乡位于县城西北部，距县城47公里，与南部、盐亭两县相邻。2018年年末，全乡辖区面积27.9平方公里，辖金鱼桥、峨童山、川井坝、杨山岭、杜家沟、文昌宫、堰坎上、陈家坪、文昌岭、何家岩、羊角湾、元山宫12个村委会和桃园社区1个社区。总户数3601户，11044人，其中，男性5681人，女性5363人。全年农业总产值7744万元，农民人均纯收入7012元，全乡财政收入1367万元。

【农业经济发展】 2018年年末，辖区内有耕地10776亩。全年农作物播种面积16652亩，总产小麦1006吨、水稻1651吨、玉米900吨、红苕1107吨。全乡柑橘产业园面积2453亩。养殖业以猪、牛、羊、小家禽等为主，全乡猪、牛、羊养殖大户5户。全年生猪出栏2770只，羊出栏220只，牛出栏125只，小家禽出笼2.2万羽。全年畜牧业总收入2000万元。

【精准扶贫】 对贫困户落实帮扶人与帮扶户签订责任书，发放鸡、鸭苗0.3万羽，优质肥200吨。文昌宫村、羊角湾村为省级贫困村。年末，全乡有312户贫困户，贫困人口917人，其中，贫困村贫困户14户30人，易地搬迁贫困户31户97人。截至2018年年末，投入资金1000万元，其中基础项目700万元，产业发展300万元。

【基础设施建设】 至2018年年末，全乡公路总里程达77公里，其中，乡道公路15公里，村道公路62公里。2018年，新建村道公路5.5公里，新建安饮工程3处。

【社会事业】 乡内有小学1所，年末有教师43人，学生398人，学龄前儿童入学率达100%。辖区有文化广播站13个，农家书屋13个，社区书屋1个，村民活动中心13个，篮球场2个，老年人协会14个，老年活动中心1处，老年文艺队1个、居民健身歌舞队1支、歌舞厅1家。有卫生院1所，村级卫生医疗站12个，卫生院建有面积800平方米的综合大楼，有病床10张，专业医护人员10人。

新农保参保6686人，统计符合领取养老保险条件人员2383人。新型农村合作医疗参合人数8274人，收缴参合资金150万元。农村低保人数1128户1345人，城市低保29户29人，五保74人，优抚64人，空巢老人520人，留守儿童761人，残疾人办证921人。

【城乡环境综合治理】 全乡建有垃圾池14个，安装垃圾桶103个，有保洁员42人。投资200余万元新建生态污水处理站1座，目前正在完善中，污水网管800余米。

（撰稿：白德茂）

青龙乡

【概况】 青龙乡位于县城西北28公里处，毗邻义兴、槐树、鸣龙、双洛和青狮等乡镇。年末，乡辖区面积22.8平方公里，辖蚕华山村、雷公垭村、阳家垭村、元山坪村、石佛寺村、华雀寺村、庙子嘴村、皂角垭村、南垭庙村、老祠堂村10个行政村，总人口8800人。场镇有卫生院、畜牧站、青龙小学、邮储银行、幼儿园、移动营业厅、电信营业厅、国家电网等单位。蚕华山村通过2017年度省级“四好”村验收。

【经济发展】 全年农民人均纯收入4327元。年末，全乡耕地面积9285亩，果园面积2124亩。其中，柑橘园2040亩，全年产量327吨。养殖业以猪、牛、羊、家禽等为主，全年出栏猪3849头、牛153头、山羊55头，家畜肉产量549吨；家禽出栏20730羽，禽肉产量38吨，禽蛋产量20吨。全乡以种植水稻、小麦、红苕、玉米为主，全年粮食作物播种面积11694亩，粮食作物产量4380吨。油料作物以油菜子、花生为主，播种面积1649亩，产量390吨。辣椒播种面积379亩，产量达162吨。蔬菜、瓜果播种面积723亩，产量622吨。

通过租赁、转包、股份合作制等多种土地流转机制，皂角垭村青龙湖花椒合作社种植花椒450亩，产量20吨，南垭庙村德仁和公司有机作物种植310亩，石佛寺村、蚕华山村、雷公垭村成都橘缘农业有限公司种植1050亩脐橙，庙子嘴村柑橘产业园种植柑橘550亩，其中成都硕果轩农业科技有限公司承包柑橘228.5亩。

【脱贫攻坚】 2018年，皂角垭村通过县脱贫验收；易地扶贫搬迁工作涉及10个村，建档立卡贫困户35户105人完成拆迁复垦、农户入住任务。扶贫产业到户资金坚持标准，打卡直发。

【基础设施建设】 蚕华山村严家大院改建工程接近尾声。青龙乡小学迁建工程启动，并完成场平工程。华雀寺村升钟干渠提水入青龙湖工程建成并运行，皂角垭村花椒产业园新建烘干房已投入使用，完成场镇污水管网改造，园艺场友谊桥建成使用。青龙乡至青狮镇公路硬化完工并通车，蚕华山村大型提灌站2处完工，皂角垭村大型提灌站2处修建完成。完成阳家垭村、老祠堂村的村道路、移民路硬化4.8公里。全乡新建蓄水池5口、堰塘2处、水井1口、水渠2公里，并投入使用。

【社会事业】 2018年，发放最低生活保障180万余元、五保金36万余元、医疗救济3万元、残疾人两补津贴41万余元，发放高龄补贴13万元。辖区有1个公办学校青龙小学和1个民办幼儿园。青龙乡小学有教职工30人，学生240人，初中升高中升学率达90%以上。民办幼儿园有教职工4人，学生40人。辖区有卫生院1个，村卫生站10个，医疗卫生全覆盖。6723人参加城乡医疗保险，5015

人参加城乡居民养老保险。

【环境卫生】 开展环保整治专项行动，重点整治饮用水源环境问题，整治农业面源污染，开展秸秆禁烧行动和乡村环境治理。取缔大型养殖场4处，养鱼塘1处，场镇养猪养鸡户7户，关停烤酒小作坊、豆腐加工坊和榨油坊各1处。对场镇污水管网全部更换实行雨污分流处理。做好青龙湖保洁和面源污染防治工作。

（撰稿：冯志丹）

双洛乡

【概况】 双洛乡是典型的农业乡镇，位于西充县西北方向，距县城38公里，东邻青狮镇，西接盐亭县洗泽乡，南连双江乡，北靠鸣龙镇、青龙乡，青龙湖水库大坝在双洛乡域内。辖羊鹿桥、双石坪、香炉桥、杨家沟、老家湾、杜家井、书垭子、楼子坪、谢家灶、双庙垭、龙凤山、飞龙庙12个行政村，辖区面积22平方公里。2018年年末，辖区总人口8668人，其中，男性4631人，女性4037人。2018年，全乡农业生产总产值7035万元，农民人均纯收入6700元，财政收入399.85万元。

【农业经济发展】 2018年年末，辖区内有耕地面积10499亩，其中，水田3334亩，旱地7165亩。全年总产小麦439.8吨，水稻1270吨、玉米894吨、红苕1270吨、花生124吨、油菜子243吨、柑橘19吨、西瓜30吨；养殖业以猪、小家禽和家蚕为主，年出栏生猪1426头，小家禽4.15万羽，蚕茧170张；特色农业以籽莲为主，种植面积800亩，产干莲籽80余吨，其他特色农业有黄金丹参80亩、九叶青花椒550亩、观赏月季100亩。

【基础设施建设】 整理土地2000亩，整治山坪塘15口、蓄水池10口、石河堰8处，新增排水渠3公里，修建道路32公里，新建污水处理厂1处，增设卫生设施3处，3个村卫生室已投入使用，建成新农村聚居点4处、移民避险解困聚居点2处，安装太阳能路灯50盏，实施风貌改造34户，建成老年活动中心1处50平方米，老家湾村、楼子坪村共同出资建立莲子加工厂1座。

【社会事业】 双洛小学2018年年末有教职工29人，学生199人。双洛小学中考23人参考，19人考入重点中学，获全县教学质量二等奖。双洛籍学生高考11人上本科线。2018年年末，全乡有城镇低保34人，农村低保1009人。双洛卫生院有病床15张，专业卫生人员7人，医保参保6627人，参保率76.5%；新农保参保6067人，参保率约70%；农村五保76人，办证残疾人432人。西充县第二届莲花文化节在老家湾村举行，吸引省内外旅客2万人。

【精准扶贫】 2018年年末，全乡有建档立卡贫困户466户1078人，2个重点贫困村，2018年脱贫68户179人。全年分村制定脱贫规划，督促帮扶单位和帮扶个人落实帮扶责任，认真开展“进村入户、问情联心”，解决群众各类困难1600余次，解难释疑3200多次，贫困户满意度明显提高。实施易地搬迁38户98人，实施危房改造190户。

【乡村旅游】 6月30日至8月5日，由西充县旅游局、西充县旅游协会、西充县文化广播影视局和双洛乡人民政府共同主办的西充县第二届莲花文化节在双洛乡举行。

（撰稿：王旻之）

中南乡

【概况】 中南乡位于西充县西北部，距县城38

公里。东北部与南部县建兴镇接壤，南与槐树镇毗邻，西与义和乡交界。2018年年末，辖雨台山、李家山、邓家沟、郭家嘴、周家嘴、中和井6个行政村；辖区总人口5530人，其中，男性3019人，女性2511人。全年农业总产值3076万元，农村人均纯收入5563元，全乡财政收入560万元。

【农业经济发展】 2018年年末，辖区内有耕地面积6504.6亩。全年农作物播种面积10631亩，总产小麦507吨、水稻1009吨、玉米537吨、红苕210吨，新增蜜本南瓜1200亩。全乡果园面积393亩，年产值270余万元，其中，"六月雪"蜜梨种植面积100亩，年产值60万元。四季蔬菜种植面积1581亩，年产值1300余万元。全乡桑树种植面积850亩，年饲养僵蚕1200张。畜牧业以生猪、小家禽为主，全年生猪出栏587头，鸡出笼14825羽，鸭出笼5761羽，鹅出笼956羽，总产值143万元。

【脱贫攻坚】 截至2018年年末，全乡仅剩4户贫困户，贫困人口15人，全乡198户贫困户顺利脱贫；实施易地搬迁19户60人；对全乡无劳动能力、无经济收入来源、无赡养抚养能力的贫困户实施低保兜底。

【基础设施建设】 截至2018年年末，全乡公路总里程达64.4公里，其中，乡道10公里，村道54.4公里。全年修整村道2.9公里，交通实现网络化、村村通。全年建集中供水站3处，完成水渠清淤530米。

【城乡环境综合治理】 新建垃圾房11处，整治排污渠系200米，关停2个大型养殖场。推行河长制，设立河段长，组织干部群众对宝马河道漂浮物、水葫芦、两岸白色垃圾、小家禽养殖污染、农业面污染源进行清理和打捞。

【社会保障】 截至2018年年末，全乡共有607户617人享受了低保，47人享受农村五保，共救助大病患者39户，救助金额8.2万元。下拨春节救灾救济款共计5万多元，全乡享受抚恤、定补的老复员军人1人，伤残军人共5人，带病回乡病退军人、"三属"、参战涉核共计32人，享受60周岁以上退役兵补助26人，烈士子女2人。政府为全乡423名60岁以上的空巢和特困老人，购买了居家养老服务。全乡有181人享受高龄老人长寿津贴，其中，80~89岁以上老人170名，90岁以上老人11名。有各类在册残疾人176人，其中，已办理二代残疾证的有176人。完成政策性农业保险任务74089元，完成率100%；农村居民养老保险完成3199人参保任务。

【教育】 辖区内有公办小学1所，在职教师18人，在校学生228人。校园全面绿化、硬化，图书室藏书35000余册，微机室、学生公寓、食堂、实验室、多媒体教室等教育教学设施设备齐全。

【医疗卫生】 有卫生院1所，拥有住院病房2间，病床6张，村级卫生医疗站6个，固定资产总值18.8万元，专业卫生人员15人，其中执业医师4人，完成诊疗1万余人次，出院病人109人次。2018年，全乡共有4454人参加新农合，完成新农合筹资801720元，参合率达100%。建设健康知识宣传栏8个，发布健康知识宣传12期，发放健康知识资料5500份。基本公共卫生服务免费体检0~6岁儿童105人，65岁以上老龄人及慢病患者免费体检689人，为辖区内居民建健康建档4963份，建档管理率达95%。

【文化】 全乡有文化广播站1个，农家书屋7个，体育场地5处，老年人活动中心1处，组建了居民健身歌舞队2支。为群众提供安全保障，全面推进网格化服务管理，设置乡级管理中心1处，村级管理站6处，网格化管理人员4名。

（撰稿：李子钦）

义和乡

【概况】 义和乡位于西充县西北边陲，距县城37公里，东临槐树镇，南接鸣龙镇，西邻罐垭乡，北达南部县千秋乡，宝马河横贯全乡。2018年年末，全乡辖区面积17.5平方公里，耕地面积7560亩，森林覆盖率48%；辖9个行政村，2213户7572人，其中非农业人口214人。全年实现生产总值1.97亿元，固定资产投资完成1180万元，社会消费品零售总额实现1950万元。劳务转移4630人，实现收入10800万元。农民人均纯收入12600元。义和乡政府获2017年度脱贫攻坚先进集体、西充县尊师重教先进集体、信访维稳先进集体称号。

【农村经济发展】 全年粮食总产量2586吨，油料产量515吨，生猪出栏2000头，肉牛出栏30头，肉羊出栏300只，小家禽出栏8万羽，蔬菜种植面积2800亩。推广有机蜜本南瓜种植2000余亩，收入超200万元。推广小家禽养殖，完善新型农业经营模式。培育建立新型农业合作社、农业经营主体等。西充宏润伟业流转土地1000余亩，发展小龙虾养殖。西充今晨农业有限公司在3村、7村、8村流转土地1300余亩栽植青花椒；红钰养殖场、家庭农场、华威兔业合作社、红树养猪场形成规模化种养殖。

【基础设施建设】 维修整治提灌站1座，整治山坪塘4口、石河堰1处。维修清淤升钟渠系、灌溉渠系4000余米。新建村社硬化道路5公里，新建安饮工程7处。村社道路设署路标、安全警示标志40公里以上。场镇污水处理厂建成并开始试运行。5月，启动93户C级、10户D级危房户农村危房改造。12月，启动178户C级、D级农村危房户改造。全年完成90户C级、10户D级农村危房户危房改造工作，完成贫困户25户78人易地搬迁。

【社会事业】 9月5日，义和乡小学校长何明义获西充县名校长称号，义和乡小学教师杜元聪获西充县优秀教育工作者称号。12月，陈氏祠村接受省、市、县脱贫攻坚验收，实现顺利脱贫。做好低保、五保的申报工作和大病医疗救助金、优抚、救灾救济资金发放。计生特扶、奖扶、独生子女费等优惠政策落实兑现，其他各项强农、惠农资金及时、足额发放到群众手中。创建市级文明村1个，县级文明村2个。

（撰稿：冯楠）

祥龙乡

【概况】 祥龙乡距西充县城31公里，东接双凤乡，南临蓬溪县新星乡，西接射洪县曹碑乡、蓬溪县文井乡，北连高院乡。年末，全乡辖区面积29.6平方公里，辖张家沟、太阳沟、昭阁庙、刘家庙、佛宫山、小珠坝、卧龙山、山王寨、烈溪庙、川祖庙、杜家坪、瓦店子、拱石桥、应井场、大水科、玉皇宫16个行政村，4311户15116人，其中，非农业人口1142人。有耕地11794亩。2018年，农民人均纯收入5800元；劳务输出4485人，实现劳务收入9126万元。

【经济发展】 全乡农作物以种植水稻和小麦为主，还有红薯、玉米、油菜、黄豆、花生等。全年水稻种植面积4633亩，总产量2631吨；小麦种植面积6422亩，总产量2018吨；油料作物种植面积2183亩，总产量317吨；蔬菜种植面积3076亩，总产量1921吨。乡内养殖业以猪、羊、家禽为主。全年生猪出栏2.2万头，年末存栏9110头；山羊出栏量1906头，年末存栏941头；家禽存笼8553羽，出笼18347羽。动物免疫密度达100%。

【基础设施】 乡内有双（凤）祥（龙）路沥混路面乡级公路1条，总长12公里。16个村实现组组通水泥路，总长 68.3 公里。完成河道整治 2.5 公里，清淤清杂 50 余次，卧龙山村农村饮水安全巩固提升工程全面完工。完成 3.5 公里农村公路硬化、2 公里道路加宽工程。开展农村危房改建工程，完成改厨改厕 85 户，完成农村危房改造 274 户。

【社会事业】 有祥龙小学 1 所。年末有学生 355 人，教职工 43 人。中小学入学率 100%，小学辍学率 0%，在岗教师持证上岗率 100%。有乡文化中心 1 个，设专职文化站长 1 名。有文化活动中心 1 处，村级文化活动中心 16 处。各类图书室 17 个，藏书 3 万余册。有卫生院 1 所。全乡 15116 人参加新型城乡居民医疗保险，参保率 100%。卫生院新住院楼投入使用。有线广播、电视村村通，有线电视用户 3996 户，入户率 92.7%。

对全乡 165 个五保户，发放生活补助资金 80.88 万余元。对全乡 45 个城乡低保，发放补助资金 3.7 万余元。对 1591 户农村低保家庭，发放补助资金 248.2 万余元。全年发放临时困难救济和优抚解三难资金 30 余万元。为 147 名困难群众发放医疗救助资金 23 万余元。为全乡 149 名优抚对象，发放优抚资金 93 万余元。为 432 名困难残疾人、重度残疾人发放护理补贴 36 万余元。对 456 名持证残疾人员进行信息核查，帮助他们解决就业、生活等问题。对全乡 11236 亩耕地落实耕地地力补贴 160 余万元。

【脱贫攻坚】 对全乡 551 户 1423 名贫困人口按照“不愁吃、不愁穿，保障贫困户义务教育、保障基本医疗和保障安全住房”的标准，认真规划到户产业，推进脱贫工作。全年 120 户 293 人实现脱贫，昭阁庙村、大水科村整村退出贫困。完成 2 个脱贫攻坚产业园 610 亩柑橘栽种，完成 200 亩白芨种植园建设、250 亩花椒种植园建设以及 350 亩橄榄油基地建设，受益贫困人口 143 户 385 人。

（供稿：祥龙乡党政办公室）

车龙乡

【概况】 车龙乡位于西充县城西南方向，地处西充、蓬溪、嘉陵三县交接区。2018 年年末，全乡辖区面积 38.5 平方公里，辖龙滩子、庄子上、葛藤沟、花园寺、滩子溪、石佛山、黄垭榨、双凤山、杨池坝、文滩桥、三教庵、尼姑寺、建林宫、白马庙、郭山垭、席家观、观音阁、枣树林、灵官庙、席家沟、流溪社区 21 个村（居），总人口 17014 人，其中，农业人口 3100 人，男性 9205 人，女性 7809 人。2018 年，全乡地区生产总值 12416.2 万元，人均收入 9917 元。

【经济发展】 全乡农作物以水稻和小麦为主，还有柑橘、猕猴桃、油菜、花生、玉米、红薯、辣椒等。2018 年，全乡水稻种植面积 4720 亩，总产量 2017 吨；小麦种植面积 3803 亩，总产量 1180 吨；红薯种植面积 2511 亩，总产量 680 吨；玉米种植面积 5042 亩，总产量 1500 吨；油料种植面积 4000 亩，总产量 560 吨。畜牧业以猪、牛、羊、家禽及水产为主。2018 年，全乡肉牛出栏 120 头；生猪出栏 3117 头，年末存栏 1360 头；家禽出栏 23126 羽，禽蛋产量 47 吨。

【支柱产业】 乐程信园现代农业开发有限公司、文嘉源生态农业有限公司种植晚熟柑橘 2500 余亩，各省级贫困村引进的专业合作社发展青花椒种植 600 余亩，尖子山肉牛养殖专业合作社养殖肉牛 200 余头。

【产业转型升级】 花园寺村、文滩桥村、建林宫村将流转土地 3000 余亩给专业合作社和种养殖公司种植晚熟柑橘和青花椒。

【脱贫攻坚】 2018 年，全乡 118 户 248 人脱贫，花园寺、建林宫两个省级贫困村通过脱贫验收。通过入股分红和带贫务工等形式，带动 30 余户贫困户增收。实施危房改造 194 户，实施扶贫易地搬迁 50

户 119 人。开展家庭医生签约服务，建立五道医疗保障线。开展扶贫助学活动，教育扶贫政策惠及 30 余中小学生，做到教育扶贫不落一户。对建档立卡 16~60 周岁有劳动能力和就业意愿的贫困人口，举办建档立卡农村贫困劳动力培训班 3 次，受益农户 60 余人。

【基础设施建设】 三条主干线与村道并网。车龙至双凤镇 3 座公路桥全面建成通车，车龙至七宝寺镇、车龙至蓬溪县新星乡、车龙至双凤镇 3 条出乡公路全面畅通，总里程 17 公里，村道公路主路近 90 公里，覆盖全乡。乡农贸市场面积 600 余平方米，有摊位 80 余个。全乡广播电视覆盖率 100%，数字电视用户 5000 余户，覆盖率 95% 以上。农村居民自来水饮用率 100%，天然气使用率 35%，居民用电安全率 100%。

【文化体育】 2018 年年末，全乡有文化广播站 1 个，农家书屋 21 个，藏书约 1.5 万册，村民活动场所 13 个，篮球场 4 个。

【教育】 辖区有小学 1 所，教职工 44 人，学生 490 人；有幼儿园 2 所，教职工 10 人，幼儿 110 人。

【医疗】 辖区有卫生院 1 个，医务人员 10 人，病床 10 张。全乡 16 个村建有卫生室。新型农村合作医疗覆盖率达 100%。

【社会保障】 2018 年，全乡低保认定 1987 户 2078 人。有优抚对象 191 人，发放优抚金 37 万余元。实施临时救助 52 人次，救助资金 5 万余元。大病救助 76 人次，救助资金 23 万余元。对全乡 677 名残疾人分类实施补贴，发放资金 6 万余元。

【环境卫生】 全乡建有垃圾池 45 个，有垃圾桶 110 个，保洁员 36 名。场镇、村组干净整洁，基本清除白色污染。

（撰稿：文灿）

东岱乡

【概况】 东岱乡位于西充县城西南部，距县城 22 公里，东连本县双凤镇，南接高院镇，西与盐亭县金鸡镇、折弓乡接壤，北与凤和乡毗邻。2018 年年末，全乡辖区面积 21.4 平方公里，辖 10 个行政村，3639 户，全乡总人口 10051 人，农民人均纯收入 6870 元。2018 年，获县委、县政府 2018 年度信访维稳工作先进集体，篷船灌区工程建设征地移民安置工作先进集体，东岱乡长明山村、荣华山村获省级卫生村称号。

【农业经济发展】 2018 年年末，全乡耕地面积 7818 亩，其中，水田 2973 亩，旱地 4825 亩，流转耕地 3206 亩。东岱乡是以粮食生产为主的农业乡。全乡生产粮食 6201 吨，其中，水稻 1655 吨，小麦 1555 吨。农业作物以水稻、小麦、玉米、油菜、红薯为主。畜牧业以饲养猪、兔、山羊、小家禽为主。生猪出栏 3738 头，年末存栏 1357 头；兔出栏 420 只，年末存栏 355 只；山羊出栏 118 只，年末存栏 54 只；小家禽出栏 27479 羽，年末存栏 11597 羽。引进西充粮王生态农业有限公司，整体流转全乡 8 个村的土地，发展优质有机水稻、蔬菜、稻菇、牡丹花等产业，年解决剩余劳动力 700 余人。农业产业发展坚持抓大不放小，积极培育家庭农场和专业合作组织，全乡引进培育农业龙头企业 1 个、家庭农场 23 个、专业合作组织 29 个，按照“专合组织 + 农业职业经理人 + 订单”模式，以八角亭村为核心，提升发展土黑香猪养殖。创新利益联结机制，让群众致富、企业发展。在金龟山、长明山等村探索劳务承包模式，引导在家农户成为龙头企业的产业工人；在树金桥、龙虎山等村探索“村支部 + 龙头企业 + 协会 + 农户”模式，龙头企业向村下订单，提供技术服务，统一保底收购，村支部通过协会组织农户种植；在龙角湾等村探索农户以土地租金、劳动力或现金入股龙头企业，企业给予保底分红的模式，让农民在企业发展中得到更多实惠。

【精准扶贫】 龙虎山村、树金桥村为省级贫困村。2018年,全乡实施易地扶贫搬迁15户36人(分散安置);实施危房改造93户,其中,C级危房90户,D级危房3户;解决农村低保16户,困难救助252人次,大病救助35人次,重度残疾护理补贴209人,残疾人困难生活补贴210人,新农合新农保全覆盖,实现452户1074人稳定脱贫目标,并顺利通过省级脱贫攻坚考核验收。

【社会事业】 乡内有小学1所,在校学生205名,教职工23人,学龄儿童入学率达100%。有卫生院1所,开设中西医内外科、妇幼保健、防疫等科室,有医护人员8人。10所村医疗站全面投入使用,全乡新型农村合作医疗参合率达100%。全乡有线广播、电视,实现村村通、村村响。10个村开设农家书屋,市、县3次开展送文化下乡活动。全乡10个村活动室均实现网络互联互通,远程教育设备全面升级,10个村均设农家书屋,藏书2万余册。乡内有县级文物2处。

2018年,农村最低生活保障1137人,256人得到城乡医疗救助;农村五保供养121人,优抚对象126人;敬老院1所,有9人入住。全乡领取城乡居民养老金2355人,7284人参加保险。落实计划生育奖励扶持对象155人,独生子女家庭273户,孕前优生检查37对。

【基础设施建设】 易地扶贫搬迁聚居点全面入住;重新维修场镇路灯、管线,缓解了场镇排污难、夜间行路难的问题;新建村社公路6.7公里,新建提灌站5座;整治荣华山村山坪塘2口;在金龟山村、龙虎山村整治坡耕地500亩。

【新农村建设】 2018年,金龟山村、树金桥村实施创建省级幸福美丽新村;八角亭村、龙虎山村实施创建市级幸福美丽新村;东岱村、长明山村、荣华山村3个村实施创建县级幸福美丽新村。

(撰稿:王艳)

凤和乡

【概况】 凤和乡素有"花炮之乡""西凤脐橙之乡"的美誉,位于县城西20公里,东临仁和镇,南临双凤镇,西临东岱乡,北临双江乡。2018年年末,全乡辖区面积19.27平方公里,耕地面积9578亩,辖13个行政村,3122户9336人,其中,农业人口8811人。2018年农民人均纯收入5185元。

【脱贫攻坚】 2018年,完成危房改造93户,易地搬迁21户47人,脱贫103户232人。年末,全乡剩余贫困户6户11人,其中,石桥坝村1户2人,蚕丝村2户4人,蜞蚂山村3户5人,均为2019年规划脱贫户。

【园区建设】 凤和乡是龙滩河现代农业示范园区的核心区,2018年在蜞蚂山村新栽"爱媛38"柑橘300亩,在罗针地村新栽"不知火"柑橘400亩。

【基础设施建设】 2018年,加宽村级道路9.5公里,新建蓄水池4口,清淤杏树垭水库堤坝150米,完成乡村马拉松赛道17公里沥青路路面铺设及配套设施建设,栽植天竺桂、桂花树、红叶石兰等4000株绿化改造场镇出口。

【社会事业】 乡内有小学1所,年末有学生57人,教职工22人,学龄儿童入学率达100%。有文化广播站1个,农家书屋14个,藏书1万余册。有村民活动中心13个,老年协会14个,老年活动中心14处。有卫生院1所,村级卫生站13个,乡卫生院建有面积400平方米的综合大楼,有病床8张,医护人员7人。全年城乡居民医疗保险参保7024人,城乡居民养老保险参保5389人。农村低保927人,五保119人,优抚75人,发放各类救助资金90余万元。

(撰稿:刘奇)

双江乡

【概况】 双江乡位于西充县西部，距西充县城27公里。东接仁和镇、青狮镇，北连双洛乡，南靠凤和乡，西与盐亭县宗海乡、折弓乡隔河相望。2018年年末，全乡辖区面积16.4平方公里，辖临江、南陵寺、书房湾、冯家桥、福应宫、弥勒寺、白家井、马龙、米丹9个行政村。辖区2640户6973人，其中，男性3610人，女性3353人。2018年，农村人均纯收入13120元，财政收入1045万元。

【农村产业发展】 2018年年末，全乡有耕地7969亩，其中，水田3146亩、旱地4624亩。主要粮食作物为水稻、小麦、玉米等，全年粮食产量3245吨。主要经济作物有油菜、花生、药材等，全年产油菜子787吨、花生150吨、药材2吨、畜牧业以养猪、小家禽为主，全年饲养生猪1920头，出栏1540头，饲养小家禽47000羽，出栏31000羽。截至年末，全乡建成有机水稻产业园450亩，花椒基地400亩，狼尾草种植100亩，肉牛养殖基地2个，小家禽养殖场3家。三江甲鱼生态养殖专业合作社建成现代化有机甲鱼养殖塘500余亩，其中，稻田养鱼460亩，现存甲鱼15万余只，年产值400余万。

【基础设施建设】 乡内有县道5公里，乡村道60公里，全部完成硬化。全年新建社道5.6公里，加宽2.2公里，修建产业路6公里。场镇垃圾中转站完成搬迁并投入使用。年末，污水处理厂处于管网铺设阶段。米丹村、福应宫村2处提灌站启动施工。新建安饮工程水井4口，维修2口，整治山坪塘4口，全部竣工。各村文化室、农家书屋建设全部完成验收工作。

【脱贫攻坚】 双江乡属西充县“三边”乡镇，辖区内有一个省级贫困村米丹村，一个县级贫困村福应宫村，全乡有贫困人口344户719人。2018年，全乡开展贫困户技能培训4次，举办脱贫感恩教育文艺活动3次，表彰感恩奋进代表9人、脱贫致富能手9人。福应宫村文化室、卫生室改建完成，达到“一低五有”退出验收标准。全乡易地扶贫搬迁13户、危房改造130户，基本完成。全年脱贫35户75人，全部达到“一超六有”脱贫标准。全乡2018年完成脱贫。

【民政与社会保障事业】 2018年，城乡居民养老保险征收完成比例167.67%，全民参保率达91.09%；为全乡贫困户安装“小锅盖”70个，解决70户贫困户看电视难的问题。2018年，全乡新增农村低保33人，取消56人，新增城镇低保0人，取消7人，低保共计959户962人，全年发放低保金160余万元，全乡低保首次出现负增长。特困供养人员111人，特困供养金约55万元。为115位优抚对象缴纳农村合作医疗，为重点优抚对象重新办理优抚证；对全乡221名退役军人及现役军人家属进行信息采集并作出政策解释。为全乡80岁以上高龄老人276人，发放高龄补贴12万余元；为全乡326户发放临时救助、自然灾害资金71000元；为全乡39名大病患者解决大病医疗救助46万余元；全乡享受残疾人生活补贴、护理补贴396人，发放补贴36万余元。

【学校教育】 双江乡有幼儿园1所，年末有幼儿55人，幼师3人。有小学1所，年末有学生134人，教师22人，2018年新进年轻教师3人；完成综合楼及教学楼的维修工作，完成学校运动场的建设改造，完成校门处教师临时住所的改造。适龄儿童入学率100%，小升初升学率100%。

【医疗】 有医院1所，约850平方米，有病床10张，专业人员8人。其中，主治医师1人，执业医师5人，护士2人。年诊病人1.3万人次。9个行政村建有医疗站，有执业医师1人，医疗站内设有病床、诊疗室、中西医药房。

【环境保护】 宣传环境保护，提高群众环保意识，张贴宣传标语200余幅，发放宣传资料1000余份。全面排查全乡污染源，及时备案。完成场镇污水处理厂建设，并投入使用。对发现的秸秆焚烧行为立即制止，对违规群众批评教育。深入推进河长制工作，根据辖区划分责任到村。组织巡逻队伍20余人，定期到各村进行巡逻。

【司法联动】 创新边界乡镇社会治安综合治理工作，与盐亭县宗海乡联动工作，开展社会治安“四协作”、法治建设“三创新”、矛盾纠纷“多元化解”3项工作大联动，大力推行边界“联防、联巡、联调、联治”措施，为打造平安边界、美丽乡村探索出一条新路径。

（撰稿：刘志诚）

同德乡

【概况】 同德乡位于东经105°36′～106°04′，北纬30°52~31°15′。扼西充县西大门，距西充县城40公里，至射洪县城42公里，东邻高院镇，接壤射洪县仁和镇、曹碑镇，北与盐亭县金鸡镇毗邻。2018年年末，全乡辖区面积15.9平方公里，辖同德村、董仲垭村、万泉村、龙台寺村、小神垭村、梅树湾村、凤头山村、广元湾村、玉清山村、香炉山村、大欠沟村、九头湾村12个行政村。辖区总人口10170人，其中，男性5446人，女性4724人；农业人口8898人。有规模以上农业企业2家，职工65人，主要生产青花椒、名贵花卉树木、水产养殖等，年产值320万元。全年劳务输出4300人，劳务收入1.7亿元。人均纯收入10520元。

【经济发展】 全乡主产小麦、水稻、玉米等粮食作物。年末有耕地7236亩，全年产粮食3720吨。主要经济作物有油菜、花生，全年种植油菜1160亩，产油菜357吨，种植花生870亩，产花生190吨。畜牧业以养猪和鸡、鸭、鹅小家禽为主。全年饲养生猪3200头，出栏3100头，饲养小家禽13万羽，上市12.5万羽。全年畜牧业总收入1900万元。

【乡村振兴】 以九头湾村2社为起点，以乡贤带动，统一规划道路、环境设施、绿化建设等。村民建设统一风格房屋，整个环境井然有序；建立多种产业，有酒坊、餐厅、民宿，类型多种多样；通过网络传播乡村生活模式和理念，形成自己的IP文化，建立网上销售农产品平台，取得较大经济效益。

【支柱产业】 流转凤头山村、大欠沟村、九头湾村1230亩土地，招引今晨农副产品有限责任公司，发展青花椒长效经济产业，成立专合社，贫困户以土地入股分红的方式加入专合社，已产生经济效益。

【脱贫攻坚】 对贫困户落实帮扶人与帮扶户制定脱贫（巩固）措施，项目与物资结合，发放慰问金40000元、油200余桶、大米200余袋、优质肥30吨。落实企业就业124人，改厕60户，安饮工程7处，易地搬迁49户106人。县人武部、县粮食局在定点帮扶村大欠沟村、九头湾村开展重阳节“坝坝宴”活动，参加人员200余人。全乡贫困户448户，脱贫84户；贫困人口993人，脱贫195人。省级建档立卡贫困村九头湾村实现整村脱贫。

【基础设施建设】 射（洪）蓬（安）公路顺利通车，境内7公里。乡村道路12条62公里，村社道路116条173公里，全部水泥路面。全年新建蓄水池2口，新建社道9公里，维修整治农渠4公里，新建产业道5公里。广播覆盖100%，数字电视用户1827户，覆盖率71%。农村居民自来水饮用率65%，天然气使用率62%，居民用电安全率100%。

【文化】 有文化站1个，面积300平方米，藏书2000册。有老年活动室1个，村老年活动室12个，农家书屋12个，藏书12000册。

【教育】 有幼儿园1所，幼儿30人，幼师2人，保洁2人，保安1人。初中1所（含小学）。初中学生74人，教师10人；小学学生141人，教师14人；管理工勤岗4人。小升初升学率100%，适龄儿童入学率100%。

【医疗】 有医院1所，占地3300平方米，有病床15张，专业人员6人。其中，执业医师4人，护士2人。聘请临时人员2人，年诊病人2.4万人次。12个行政村建有医疗站，有执业医师4人，医疗站内设有治疗室、诊疗室、药房。

【社会保障】 新农合参合人数7564人，参合率85%；人口自然增长率2.4%；发放独生子女奖扶金19万元；农村居民最低保障户1066户，保障金571余万元；五保供养115人，供养金58余万元；临时救助300余人，救助金9余万元；优抚101人，优抚金31余万元；残疾补助538人，残疾人补助金48余万元。

【环境卫生】 全乡建有垃圾房13个、垃圾池116个，有垃圾桶130个、保洁员50人。其中，村社44人，场镇6人。乡村社基本清除了白色污染，可回收物全回收，废物进入垃圾场深埋。

（撰稿：吉敏）

东太乡

【概况】 东太乡位于县城东北部，距西充县城10公里。2018年年末，全乡辖区面积27.1平方公里，辖东太、东岗山、金龙山、天马山、长坪沟、土地垭、三岔河、响堂堡、八宝山、莲花寺、鱼池寺、团岭子、空柏树、太清宫、红花坪15个行政村。辖区总人口12761人，耕地面积14183亩。主产水稻、小麦、玉米、油菜、海椒、生猪、小家禽等，2018年农业总产值15768万元，农村人均纯收入7630元。

【脱贫攻坚】 改造西（充）东（太）公路6公里，实施易地搬迁39户77人，新建安饮工程10处、蓄水池4口，整治莲花寺村垮塌农渠400米，完成贫困户“五改三建”项目42户，实施贫困户危房改造268户，建成村综合文化室1个。2018年，土地垭村脱贫，全乡建档立卡贫困户149户272人退出，通过市、县脱贫攻坚验收。

【社会事业】 有小学1所，年末有教职工30人，在校学生76人，适龄儿童入学率达100%。有文化站15个，农家书屋15个，藏书2万余册。有卫生院1所，医务人员7人，村级卫生站15个。2018年，城乡医保参保10894人，参保率达100%；农保参保5736人，其中享受人员2565人。打卡直发退耕还林、耕地地力保护补贴186.46万元，新增低保40人、五保4人，低保提标11人。2018年年末，有农村低保1620户1674人、城市低保28户33人、五保160人、优抚137人、高龄补贴389人、计生奖扶321人。全乡残疾人办证932人，其中，享受残疾困难补助653人、残疾护理561人。

（撰稿：郑辉）

扶君乡

【概况】 扶君乡位于县城东南部12.5公里。东南面与顺庆区黄金镇毗邻，西面与多扶镇接壤，北面与东太乡、华光乡相连。年末，全乡辖区面积19.8平方公里，辖李村沟、会龙观、芦家坝、赵家湾、罐子坝、长林坝、泥巴寺、雷家沟、黄家沟9个行政村。总人口6806人，其中，男性3587人，女性3219人。全年农业总产值3950万元。劳务输出

2927人，劳务收入1.5亿元。农民人均纯收入5804元，财政收入1506万元。

【经济发展】 年末，辖区有耕地7174亩。全乡主产小麦、水稻、玉米等粮食作物，全年农作物播种面积2316亩，粮食作物总产量926吨。经济作物以油菜为主，主要经济作物产量440吨。全乡蔬菜、瓜果面积2316亩，产量5727吨。养殖业以猪、牛、羊、小家禽等为主，有养猪大户4户。全年生猪出栏1955头，羊出栏245只，牛出栏20头，小家禽出笼9077羽。

【脱贫攻坚】 李村沟村为县级贫困村，全乡44户贫困户，贫困人口89人，其中，贫困村贫困户5户7人退出贫困序列。危房改造204户，易地搬迁贫困户53户98人，新修产业路4公里。截至2018年年末，投入资金170.2万元，其中，基础项目140万元，产业发展30.2万元。

【基础设施建设】 全年完成村道、社道2.5公里硬化，村道0.68公里加宽。维修整治堰、塘5口，蓄水池3口。完成升钟水渠清淤20余公里，投资10余万元。维修整治水渠1500米、涵洞5处。新建集中安全饮用水2处，解决300余人饮用水。

【社会事业】 适龄儿童入学率100%。人口自然增长率2.5%，新增计划生育奖励扶助8人，发放独生子女奖扶金2.6万元、计划生育奖扶金21万元。有文化广播站1个，农家书屋10个，藏书约3万册。有村民活动中心9个，老年人协会9个，老年活动中心2个，空巢老人日间照料中心1处，有线电视入户率达95%。有兽防站1所，兽防人员2人。

有卫生院1所，乡卫生院建有600余平方米的综合大楼，设防疫、妇幼、保健、儿科、中西医内科等科室，有医务人员7人、护士1人。村级合作医疗站9个，有执业医师10人。

2018年，城乡医疗参保人数6806人，参保率100%。城镇居民最低保障27人，保障金9.3万元。农村低保1109人，保障金186万元。五保121人，集中供养26人，供养金24万元。优抚87人，优抚金54万元。残疾人办证368人，补助金6.1万元。空巢老人327人，留守儿童185人。全乡3631人参加新型农村合作医疗保险，统计符合领取养老保险条件人数1781人，领取养老保险金250.5万元。惠民资金186万元。

【生态环境】 落实开展河长制。开展禁止秸秆焚烧、农业面源污染等工作。全乡建有垃圾池28个，有垃圾桶82个，有保洁员30人，其中，村社28人，场镇2人。乡、村、社基本清除白色垃圾，可回收物全部回收，废物进入垃圾场统一处理。森林覆盖率36.5%。

【安全稳定】 推进“法治扶君”建设和“七五”普法，开展依法治村、村民自治。落实领导包案责任制，排查调处群众矛盾纠纷，化解历史遗留问题。开展“扫黑除恶”专项斗争，落实安全生产责任制，开展道路交通、消防、烟花爆竹、非煤矿山、油气管道、建筑施工、地质灾害点等安全隐患专项整治，杜绝较大及以上安全生产事故。加强食品药品安全监管，确保群众舌尖上的安全。

（撰稿：康江）

金山乡

【概况】 金山乡位于西充县东南部，距县城15公里，距南充市35公里，与顺庆区的同仁乡、嘉陵区的双桂镇、西充县的永清乡、多扶镇接壤，且与顺庆区同仁乡同处一街。辖桂花、庙子坝、金山、河玉沟、鼓楼沟、打船坝、维摩院、穿洞沟、佛子沟9个行政村。总户数21158户，总人口7092人，其中，非农业人口311人。全乡为低丘陵地貌，乡内地势北高东低，沟壑纵横，馒头山四起。2018 年年末，全乡辖区面积 29497.65 亩，耕地面积 7326 亩，森林覆盖率 42% 以上。

【农村经济发展】 全乡主产水果、水稻、小麦、玉米、花生、油菜、红心苕、黄心苕、豌豆、蚕桑、柑橘、海椒、耕牛、生猪、禽蛋、蔬菜等。年粮食产量 49845 吨，年农业总产值 4658 万元；年产茧量 3 吨；圈存生猪 3245 头，出栏 3826 头；年人均纯收入 6889 元。坚持农业生产为全乡支柱产业，引进玉琬牧业有限公司在打船坝村新建占地 15 亩的现代化养猪场，年出栏生猪近 2 万头。扶持金山红薯农民专业合作社，该社有基地 2100 亩。所种植红薯品种有西充黄心苕、西充红心苕、紫薯、香薯、南薯 88、南薯 012 等系列品种，并远销省内外。因地制宜抓大生猪繁育和山羊、肉牛、家兔、小家禽家畜的发展。新培育养殖专重大户 2 户，养母猪 20 头以上 1 户，养兔 200 只以上 6 户，养肉牛 5 头以上 3 户，鸡、鸭、鹅年出售达 1000 只以上 8 户，养猪 100 头以上 3 户。全乡劳务输出人数达 2910 人，主要在广东、深圳、浙江、新疆、北京、内蒙古、江苏、福建等地从事建筑、餐饮、服务、运输物流等行业，年收入总额约 3.36 亿元。

【基础设施建设】 金山乡敬老院 760 平方米，于 11 月入住，集中供养老人 18 人。投入 150 万元继续改造和完善庙子坝村、金山村、河玉沟村、打船坝村产业路建设；新修建金山村组道公路 3 公里，新建打船坝村产业路 2 公里；土地整治 720 余亩。组织和发动群众大力开展农田水利建设，对现有水库、塘堰、蓄水池等水利工程进行清淤扩容，整修配套、除险加固，维修和整治山坪塘 1 口、新建山坪塘 1 口，维修和整治升钟水渠 2860 余米。在桂花村脱贫奔康产业园区新建 3 口蓄水池，解决贫困村牲畜饮水和产业园用水问题。新建苕窖 350 平方米，可储藏红苕 350 吨，解决金山红心苕、黄心苕的储藏难问题。新建集中安全供水点 5 个，解决近 300 人的安全饮水问题。新建 1 个垃圾中转站，聘请村级保洁员 27 名，场镇保洁员 3 名。

【社会事业】 2018 年，全乡有 7092 人参加新型农村合作医疗，参合率达 100%。新增农保参保人数 190 余人，总保金达 110 余万元，小额人身保险参保人数达 4123 人，参保率达 90% 以上。全乡有 500 人（50 岁以上老年人）参加了夕阳红保险，参保率 100%。多方筹资解决全乡 362 户困难户、残疾户、受灾农户、建档立卡贫困户的生产、生活和居住问题，做到“应保尽保、应退尽退”。截至 2018 年年底，全乡有低保户 789 户 893 人；特困人员 109 人，其中，集中供养 18 人。为 470 位老人进行居家购买服务，做到老有所乐、老有所养。各类民政资金依规足额按时发放到位。完成扶贫建档立卡工作。至 2018 年年底精准识别贫困户 384 户 755 人，乡实现精准扶贫脱贫 384 户 755 人。2018 年，全乡出生人口 61 人，出生率 2.58‰，计生率 100%。全年发放独生子女费 1.82 万元，发放计生奖扶人数 83 人、特扶 2 人，计 9.37 万元，合计 11.19 万元。

（撰稿：周庭宴）

永清乡

【概况】 永清乡位于西充县城南 11 公里，东临金山乡、多扶镇，南接南充太和乡，西接晋城镇，北与莲池镇相临。年末有耕地 10365 亩，其中，水田 3976 亩，旱地 6389 亩。辖公子坪、傅家沟、大毛坪、小梨沟、赵山沟、分水岭、盐井坝、广川庙、南岷山、清河桥、石牛山 11 个行政村，总人口 9919 人，农民纯收入 6700 余元。

【经济发展】 全乡主产小麦、水稻、玉米、油菜等作物，主要经济作物有油菜、花生、蚕桑，全年种植面积约1000 亩。有桑园 700 亩，养蚕 500 余张。

畜禽主要有鸡、鸭、鹅、生猪养殖。全年畜牧业养殖收入 2000 余万元。

【支柱产业】 引进美好家园公司，承包 9000 余亩旱地，全部种植晚熟柑橘沃柑，解决劳动就业问题，使群众增产增收。

【脱贫攻坚】 公子坪村、大毛坪村为省级贫困村。年末，全乡贫困户数 525 户，贫困人口 1138 人，其中重点贫困户数 42 户 97 人。危房贫困户 12 户 25 人。易地搬迁贫困户 35 户 78 人。公子坪村新建桥梁 1 座，主要连接公子坪村六组，完成晚熟柑橘栽植 600 亩。大毛坪村新硬化水泥公路 3.7 公里，维修山坪塘 2 口，新建蓄水池 2 口，新栽桑树 100 亩，可以养蚕 200 余张。2018 年大毛坪村全面脱贫。

【基础设施建设】 有县道、乡道 2 条，里程 17 公里，绵（阳）西（充）高速公路乡域内 2.7 公里。乡村道公路 11 条 51 公里，永（清）双（桂）公路 8 公里，全部是水泥路面。全年整治山坪塘 4 口，蓄水池 2 口，新建水泥路 5.2 公里。公子坪村新建桥梁 1 座，主要连接公子坪村六组。大毛坪村新硬化水泥公路 3.7 公里，维修山坪塘 2 口，新建蓄水池 2 口。赵山沟村堰塘整治 1 口，基本农田整治 500 亩。小梨沟村、赵山沟村、分水岭村计划修建体育公园 1 处。

【文化教育】 有文化站 1 个，面积 500 平方米，藏书 7000 册；有农家书屋 11 个，藏书 12800 册。有幼儿园 1 所，年末有幼儿 12 人，幼师 2 人；有小学 1 所，学生 91 人，教师 32 人。小升初升学率 100%，适龄儿童入学率 100%。

【医疗】 有医院 1 所，建筑面积约 1000 余平方米，年末有床位 10 张，专业医生 4 人，医护人员 2 人。年诊断病人约 1.2 万人次。11 个行政村建有医疗站，每个医疗站配有病床、诊断室、中西医药房。

【社会保障】 全年登记劳动力 5652 人，其中转移就业 3910 人。发放社保卡 7000 张。办理城镇医保 9322 人，参保率 100%；全乡新增转移就业人员 10 人，并办理就业失业登记证 4050 本，就业困难申请就业援助 2 人，统计符合领取养老保险条件人员 2069 人，养老金发放率 100%，4859 人参加场镇居民社会养老保险。全年全乡有 1215 人享受低保，148 人享受五保。永清乡有敬老院 1 所，有 10 位老人在那里安度晚年。

【城乡环境】 全乡投放果屑箱 31 个，建有村垃圾收集房 11 间。垃圾池 21 个。垃圾中转站 1 处，添置垃圾清运车 1 辆，垃圾手推车 11 辆，新建污水处理站 1 处。落实了场镇清扫人员和村保洁员 47 人，对部分场镇住户庭院和住家、街道实现了绿化，彻底改变昔日场镇脏、乱、差的现象。坚持河长制巡河制度，清理沿河白色垃圾，严格保护饮用水源。全乡加大秸秆禁烧宣传力度，严禁燃烧秸秆行为。

（撰稿：张波）

人物与先进

县级领导名录

中共西充县委员会

书　记：孙　骏

副书记：张光全

　　　　廖先毅（11 月止）

常　委：向　峰

　　　　陈　伟

　　　　赵云强

　　　　杨　佳（9 月止）

　　　　何　俐（女）

　　　　蒲永红

　　　　罗嘉陵（1 月起）

　　　　张洪波（9 月起）

西充县人民政府

县　长：张光全

副县长：向　峰

　　　　何德清

　　　　张晓波（1 月止）

　　　　杨春林

　　　　何涌泉

　　　　周小红

　　　　胡　媛（女，3 月起）

　　　　刘洪国（5 月起）

西充县人民代表大会常务委员会

主　任：张　伟

副主任：杨　平

　　　　贾全林

　　　　李晨红

政协西充县委员会

主　席：付杰修

副主席：杨家舜

　　　　王　智

　　　　何碧琼（女）

　　　　何　轩

代表名录

南充市第六次党代会代表

王治飞　王艳玲　王　鑫　任定华
孙　兵　孙　骏　阳国华　严春林
苏长龙　李　洪　李红霞　李　林
李　萍　杨　英　杨　佳　杨春林
陈　伟　陈泽斌　严　领　杜　勇
范启龙　岳春阳　庞　琼　赵云强

胡　江　赵智民　郭峥嵘　黄俊强
程　芳　蒲道林　蒲建明　廖先毅
谢永江　强　洪　衡小刚

四川省十三届人大代表

赵学会　王晓晴　张海明

南充市六届人大代表

马　婕　王宏伟　代　俊　冯朝勇
吕兴伦　李化树　李东旭　李晓兰
杨　敏　唐红春　蒲　勇　潘国华
邓如云　龙　刚　向　峰　刘建菊
孙　骏　阳世杰　杜玉莲　李占勇
李念标　李炳才　李　莉　李　婧
杨　平　杨晓宁　何小娟　何文辉
宋　江　张光全　张　伟　张洪波
张　瑜　陈　林　陈凯曼　赵国平
赵　磊　侯鲁川　姚　艳　郭峥嵘
郭斌定　唐恒博　程海林
释际亘（俗名：李恒）
谢雨芝　谢　勇　蒙胜庆

优秀集体

西充县人民政府　7月，被省委、省人民政府评为四川省2017年脱贫攻坚先进县。10月，被省人民政府农田水利基本建设指挥部评为四川省2016—2018年县级农田水利基本建设绩效考核先进单位。2019年3月，被省人民政府授予2018年度四川省粮食生产“丰收杯”。

西充县人大常委会　11月，被市人大常委会评为南充市第26届人大好新闻评选组织奖。

西充县委政法委　2019年2月，被市委、市人民政府授予“2018年度全市扫黑除恶专项斗争先进集体”称号。

西充县纪委监委　县委办公室　县政府办公室　县环境保护局　县目标管理督查办公室　县农牧业局　8月，被市委、市人民政府评为在协助中、省环保督察工作中表现突出的先进集体。

西充县人民法院　2月，被省高级人民法院评为全省法院2017年度执行信息调研工作二等奖。

民盟西充总支　5月，被省委统战部、省人力资源和社会保障厅、民盟四川省委评为四川省各民主党派开展坚持和发展中国特色社会主义学习实践活动先进集体。

西充县水务局　1月，被省水利厅评为2017年度水利工程建设与管理工作先进单位、2017年度水行政执法工作先进集体。10月，被省人力资源和社会保障厅、省人民政府农田水利基本建设指挥部办公室评为四川省农田水利基本建设“李冰杯”竞赛先进集体。11月，被省水利厅评为2018年度防汛抗旱工作先进单位。12月，被省水利厅评为2018年度四川省水利宣传工作先进集体。

西充县教育体育和科学技术局　4月，被省人民政府评为四川省第六届普通教育教学成果三等奖。6月，被省教育厅、省教育报刊社评为四川教育宣传先进单位。9月，被省人力资源和社会保障厅、省教育厅评为四川省教育工作先进集体。

西充县市场监督管理局　7月，被省委、省人民政府评为四川省脱贫攻坚“五个一”帮扶先进集体。

西充县发展和改革局　11月，被省发展和改革委员会评为全省价格认定工作先进集体。12月，被省发展和改革委员会评为全省价格监测先进集体。

西充县财政局　11月，被省财政厅表彰为2017年总决算一等奖、2017年预算执行分析工作三等奖。

西充县妇女联合会　12月，被市委、市人民政府评为南充市2017年脱贫攻坚先进帮扶单位。

西充县地方志办公室　12月，被省人力资源和社会保障厅、省地方志工作办公室评为四川省地方志系统先进集体。

复安乡　紫岩乡　12月，被市委、市人民政府评为南充市2017年脱贫攻坚先进乡镇。

西充县人力资源和社会保障局　被省委、省人民政府表彰为农民工服务保障权益维护先进单位。

西充县就业局 被中共四川省委办公厅评为全省去冬今春农民工服务保障工作先进单位。

西充县公安局晋新派出所 7月，被省公安厅评为全省派出所等级评定“一网考”绩效考核排名二类。

西充县公安局交通警察大队 7月，被省人民政府评为道路交通安全综合治理工作先进集体。

西充县公安局禁毒大队 7月，被省公安厅评为四川省优秀公安基层单位。

西充县教研室 4月，被省人民政府评为四川省第六届普通教育教学成果二等奖。

西充县价格认定中心 12月，被国家发改委价格认定中心评为全国价格认定工作提升年活动先进机构。

观凤乡人民政府 2月，被四川省爱国卫生运动委员会授予四川省卫生乡镇称号。

多扶镇老林沟村 1月，被省委、省人民政府评为2017年省级“四好村”。7月，被国家司法部、国家民政部表彰为全国民主法治示范村。

观凤乡袁塘坝村 净土寺村 2月，被四川省爱国卫生运动委员会授予四川省卫生村称号。

多扶镇多宝观村 三面峰村 2月，被四川省爱国卫生运动委员会授予四川省卫生村称号。

先进个人

郭峥嵘 县农牧业局局长。1月，被省农业厅和人民日报社人民网编辑政策委员会评为2017年四川十大农业供给侧结构性改革人物。

范启龙 晋城镇党委书记。2月，被省委政法委、省综治委、省人力资源和社会保障厅评为社会治安综合治理先进个人。

庞 琼 县经济商务和信息化局局长。3月被省妇联授予四川省“三八红旗手”称号。

吴兴斌 县环境保护局局长。8月，被市委、市人民政府评为在协助中、省环保督察工作中表现突出的先进个人。

李红霞 县发展和改革局局长。12月，被国家发改委价格认定中心评为全国价格认定工作先进个人。

何 平 鸣龙镇党委书记。12月，被市委、市人民政府评为南充市2017年脱贫攻坚优秀党委书记。

冯春雷 常林乡党委书记。12月，被市委、市人民政府评为南充市2017年脱贫攻坚优秀党委书记。

杨旭东 同德乡党委书记。12月，被市委、市人民政府评为南充市2017年脱贫攻坚优秀党委书记。

谢 林 永清乡党委书记。12月，被市委、市人民政府评为南充市2017年脱贫攻坚优秀党委书记。

任 宏 县总工副主席。被省总工会授予四川省优秀工会工作者称号。

李长斌 西充县信访局局长（群工部部长）。2019年1月，被省委、省人民政府表彰为信访工作先进个人。

胡 洋 县人民法院法官。2017年12月，被省人力资源和社会保障厅、省高级人民法院评为四川省法院系统先进个人。

杨小雪 县发展和改革局干部。1月，被国家发改委价格监测中心评为全国价格监测先进个人。

杨晏华 崔义斌 金晓忠 县人民法院法官。3月，被省高级人民法院授予荣誉天平奖章。

王万春 县交通运输局干部。4月，被省交通运输厅评为“12328”电话先进管理个人。

王桂芳 4月，其家庭被省妇联评为四川省五好家庭。

蒙庆全 5月，其家庭被全国妇联评为全国“五好家庭”。

徐春忠 县农牧业局畜禽繁育改良站站长、常林乡活佛山村党支部第一书记。7月，被省委、省人民政府评为四川省2017年度脱贫攻坚“五个一”帮扶先进个人。

庞汉卿 县农科所支部书记、义和乡陈氏祠村农技员。7月，被省委、省人民政府评为四川省

2017年度脱贫攻坚"五个一"帮扶先进个人。

庞　超　县农牧业局植保站副站长、中岭乡桂枝垭村农技员。7月，被省委、省人民政府评为四川省2017年度脱贫攻坚"五个一"帮扶先进个人。

李光俊　西充中学副校长。9月，被省人力资源和社会保障厅、省教育厅评为"四川省先进教育工作者"。

衡春梅　车龙小学教师。9月，被省人力资源和社会保障厅、省教育厅评为四川省优秀教师。

黄　斌　县人民法院法官。11月，被省高级人民法院评为全省法院"执行大会战"集中行动先进个人。

巨　敏　赵晓平　县人大常委会干部。编写的《西充人大历经十五年探索完善行政首长参与行政诉讼规定》，11月，被南充市人大常委会评为南充市第26届人大新闻奖二等奖。

胡猎博　赵晓平　县人大常委会干部。编写的《推动教育均衡发展，让农村学生更公平地享受教育资源》，11月被南充市人大常委会评为南充市第26届人大新闻奖二等奖。

李爱民　县教育体育和科学技术局干部。11月，被省人力资源和社会保障厅、省科协评为先进工作者。

张奇晏　张海林　县教育体育和科学技术局干部。11月被省人力资源和社会保障厅、省体育局评为群众体育先进个人。

李泽霞　县公安局干警。被全国总工会授予2018年度全国优秀工会积极分子称号。

张丽萍　义兴镇人。被省人力资源和社会保障厅授予大学生创业典型称号。

王煜海　县水务局农水股股长。10月，被省人力资源和社会保障厅、省人民政府农田水利基本建设指挥部办公室评为四川省农田水利基本建设"李冰杯"竞赛先进个人。

张　杰　县扶贫移民局副局长。12月，被市委、市人民政府表彰为"南充市2017年度脱贫攻坚优秀扶贫干部"。

李勇军　县扶贫移民局干部。12月，被市委、市人民政府表彰为南充市2017年度脱贫攻坚优秀扶贫干部。

范　虹　县就业局干部。派驻金泉乡大神庙村第一书记。12月，被市委、市人民政府表彰为南充市2017年度脱贫攻坚优秀第一书记。

王　程　县文化广播影视局干部。派驻槐树镇观音坝村第一书记。12月，被市委、市人民政府表彰为南充市2017年度脱贫攻坚优秀第一书记。

李白杨　县地方志办公室工会主席。青龙乡皂角垭村驻村干部，12月，被市委、市人民政府表彰为南充市2017年度脱贫攻坚优秀第一书记。

张泽良　占山乡晓阳村驻村农技员。12月，被市委、市人民政府表彰为南充市2017年度脱贫攻坚优秀驻村农技员。

蒲玉琼　双凤镇圭心寺村党支部书记。12月，被市委、市人民政府评为南充市2017年脱贫攻坚优秀村干部。

马正先　青狮镇石宝宫村党支部书记。12月，被市委、市人民政府评为南充市2017年脱贫攻坚优秀村干部。

谯井宴　仙林镇谯家沟村党支部书记。12月，被市委、市人民政府评为南充市2017年脱贫攻坚优秀村干部。

杜　堃　县纪委、县监委干部。3月，被省纪委评为全省2018年度党风廉政新闻报道优秀通讯员。

文存

中国共产党西充县第十三届委员会第七次全体会议工作报告

中共西充县委书记　孙骏

（2019 年 1 月 21 日）

同志们：

受县委常委会委托，现在我向全会报告工作。

刚刚过去的 2018 年，是西充全面发力、多点突破、勇开新局的一年。县委常委会坚持以习近平新时代中国特色社会主义思想为指导，深入贯彻党的十九大和十九届二中、三中全会精神，全面落实省委十一届三次、四次全会精神，市委六届八次、九次全会决策部署和县委十三届五次、六次全会工作安排，增强“四个意识”，坚定“四个自信”，坚决做到“两个维护”，坚持“稳中求进”工作总基调，认真践行新发展理念和高质量发展要求，紧紧围绕“三大定位”战略目标，深入实施“533”战略规划，全力抓好“10+2”大事，全县经济社会发展呈现稳中快进、进中向好的良好态势。全年预计实现地区生产总值 135 亿元、增长 9.6%，地方一般公共预算收入 7.03 亿元、增长 15.5%，全社会固定资产投资 132.3 亿元、增长 16.1%，社会消费品零售总额 67.6 亿元、增长 12.6%，规上工业增加值增长 10.9%，城乡居民人均可支配收入分别达到 25152 元、12093 元，分别增长 8.6%、9.6%，主要经济指标增速高于全国、高于全省、高于全市。

——“三场攻坚战”捷报频传。风险防控稳扎稳打，政府债务、安全稳定等风险有效防控，“扫黑除恶”扎实开展，实现重大敏感节点“三零”目标，全年未发生较大及以上安全生产事故。脱贫攻坚连战连胜，被评为全省 15 个综合评价为“好”的县之一，顺利实现 25 个贫困村退出、7098 名贫困群众脱贫。污染防治措施有力，环保基础短板加快补齐，中、省生态环保督察反馈问题全面整改，顺利通过中央生态环保督察“回头看”。

——“三场突围战”场场精彩。项目建设大干快上，103 个重点项目完成投资 113.7 亿元，高标准通过全市项目拉练现场检阅，得到市委、市政府高度肯定，彰显了“西充风采”。招大引强力度空前，成功招引恒大南西田园康养生态城等项目，刷新了单体项目最大、投资最多等纪录，展示了“西充作为”。改革创新亮点纷呈，医联体改革经验获得国务院领导肯定性批示，10余项改革经验国省推广，创造了“西充经验”。

——“三场持久战”激浊扬清。管党治吏全面从严，“两学一做”学习教育常态化制度化开展，“大学习、大讨论、大调研”活动成果丰硕，队伍建设、基层基础全面加强，中、省、市决策部署落地有声、层层压紧。正风肃纪持续深化，“10+X”专项治理、“三乱”治理等深入开展。集中开展“作风整顿月”活动，问责32人。整改“行业不正之风”问题130余个，查处扶贫领域违纪违法案件53件。惩贪治腐高举高打，严查涉黑涉恶、脱贫攻坚、基层“微腐败”等领域重点问题，风清气正的良好政治生态持续巩固。

一、坚持尽锐出战、全面攻坚，“五大战场”战果显著，发展支撑持续增强

（一）决胜现代农业大战场，特色发展取得新成果。基地面积和质量实现“双拓展”。金太线万亩柑橘产业园、国家智慧农业示范园基本建成，龙滩河流域现代农业融合发展示范园等基地提升改造有序推进。新发展柑橘5.6万亩、充国香薯1万亩。建成水肥一体智能化灌溉基地1万亩。国家农业科技园高分通过国家验收。有机品质和标准实现“双增强”。新建有机食品生产基地2万亩，新认证1万亩，基地面积达18.5万亩，12万亩基地、100个品种获得有机认证，30个基地完成标准化提升，成功创建国家有机食品生产基地建设示范县。品牌总量和影响实现“双提升”。“好充食”农产品区域公用品牌享誉全国，新注册涉农商标65个、培育特色农产品品牌10个，二荆条辣椒、充国香桃等入选全国“名特优新”农产品目录，西充黄心苕荣获2018年中华品牌商标博览会金奖，“航粒香米”被评为四川省优质农产品品牌，更多的“西充造”抢占高端市场。

（二）决胜工业振兴大战场，转型升级再谱新篇章。园区平台支撑有力。川东北有机农产品精深加工产业园综合服务中心、标准化厂房、一期基础设施基本建成，15家企业顺利落地。多扶工业集中区功能配套持续完善，升格为四川西充经济开发区。南充市西充产业新城PPP项目招商等前期工作顺利推进。主导产业势头强劲。军民融合高端装备制造产业园主体工程加快建设，10家企业入驻、3家企业即将投产。真空技术应用产业园一期建成并投入试运行。农产品加工、生物医药等产业迅猛发展。龙头企业产销两旺。九天真空成为全省优秀民营企业，上市步伐全面提速。星河科技、太极制药等龙头企业持续壮大。预计全年新增规上企业8户。

（三）决胜旅游康养大战场，消费市场激发新活力。乡村旅游实现“快发展”。青龙湖休闲旅游度假区等重大旅游项目加快建设，“桃博园”开门迎客，成功创建省级旅游扶贫示范村3个，成功举办全市首届中国农民丰收节、桃花节等重大节庆活动。全年实现旅游综合收入46亿元，增长20%。健康养老激活“新引擎”。南西田园新城康养休闲产业带规划加快完善，博爱医疗养老服务中心等项目进展顺利，残疾人康复中心投入使用。商贸物流开启“加速度”。电子商务加快发展。建材家居物流园等项目快速推进。维天运通“无车承运”西南区域总部入驻西充，短短5个月实现营业收入4.6亿元，争创税收4600万元，西充数字经济破冰起航。

（四）决胜城镇建设大战场，城乡发展呈现新面貌。新城建设强势开篇。80平方公里南西田园新城加快建设，城南核心区已具规模，高新技术产业带、乡村振兴示范带、康养休闲产业带齐步共建，“三横三纵”市政交通网络即将全面启动，融南发展迈出了铿锵步伐。城市功能日臻完善。“海绵城市”“城市双修”等项目加快推进，莲花湖片区海绵化改造和品质提升基本完成，城北湿地公园竣工并投入使用。旧城雨污管网分流改造全面实施，“四河”治理一期全面竣工。基础设施持续配套。绵西高速建成通车，“引嘉入西”、环城北线改建等项目有序推进，天宝西路高架桥、升钟二期、川德合作土地整理等项目加快建设。顺利通过“四好农村路”省级复查督导。33座乡镇污水处理厂（站）新改建全面完成，西充加快发展的基础更加坚实。

（五）决胜乡村振兴大战场，全面小康开启新征程。乡村振兴高点起步。“三带三区百村”总体布局基本构建，义兴—凤鸣乡村振兴示范带加速推进。与农商行达成授信120亿元战略合作协议。金源乡成为全市唯一的全省乡村振兴规划试点乡镇。镇村发展全面提速。多扶镇创建为国家卫生乡镇，槐树镇创建为四川省卫生乡镇，古楼镇、双凤镇成为全省百镇建设行动试点镇。“厕所革命”“五改三建”、新村聚居点、旧村落改造等工作扎实推进。新创建省、市级“四好村”85个。民生事业持续改善。全年新增城镇就业7673人。19个棚户区改造项目加快推进。四川建华职业技术学院成功申办、一期主体工程全面完成，义务教育均衡发展顺利通过国家验收。

二、坚持聚焦聚力、多点突破，“三大动力”不断汇聚，发展活力竞相进发

（一）重点改革纵深突破。农业农村改革成果丰硕。农村综合改革试验区试点深入实施，农村产权抵押融资等18项改革试点工作有序开展，成功创建全省城乡融合发展综合改革试点县、全省农村综合改革示范县，被评为2018年全省重大农村改革任务推进示范县。财税金融改革稳步实施。国税地税征管体制改革基本完成，争取“政融保”险资授信2亿元，争取农发行棚改贷等贷款资金25.4亿元。放管服改革深入开展。“最多跑一次”改革全面启动，三十八证合一等改革加快推动，企业登记时限缩短到3个工作日。

（二）对外开放势头强劲。项目争取再创佳绩。成功争取“中国好粮油”四川行动示范县等国省项目344个，到位资金48.8亿元。招大引强喜报频传。组织参加首届中国国际进口博览会等重大活动，成功举办西充（山东）农产品精深加工项目推介会，成功招引项目39个，协议总投资266.1亿元，到位资金64.2亿元。对外合作深化拓展。与国际有机联盟亚洲理事会、新津县、成都中医药大学等达成战略合作协议，对外合作、区域合作、校地合作、银政合作多线并进。

（三）创新创业全面加强。双创平台支撑更实。川东北国家级高技能人才创业孵化园启动建设，双创中心、科技孵化中心基本建成，入驻企业7家。太极制药成为省级企业技术中心。双创主体活力更强。科技型中小微企业认定管理扎实推进，新培育科技型中小微企业85户。完成高新技术产业产值31亿元，申报专利270件。人才培育态势更好。深入实施“西充英才工程”，成功引进金融管理、教育卫生等紧缺人才120余名，培育新型职业农民400余名。

三、坚持从严从实、纵深推进，“三大保障”全面加强，发展环境更加优化

（一）从严治党全面深入。政治建设持续加强。全县党员干部坚持把政治纪律作为第一纪律，政治规矩作为第一规矩，政治要求作为第一要求，增强“四个意识”，坚定“四个自信”，坚决做到“两个维护”，始终坚决执行中央大政方针和省委市委决策部署、县委决定要求。队伍建设持续用力。围绕“三大定位”、脱贫攻坚、改革开放、安全环保等发展主战场，“选”好年轻干部、“用”好基层干部、“管”好中层干部，择优培训年轻干部52名，提拔重用乡镇干部28名，轮岗交流中层干部481名，扎实开展执法服务单位中层干部社会评价，干部结构持续优化、队伍活力有效激发。纪律建设持续从严。坚持有案必查、有贪必肃、有腐必反。2018年立案235件，党纪政纪处分224人。

（二）依法治县不断深化。法治建设全面推进。严格落实法律顾问制度和“三重一大”事项集体决策制度。扎实推进公正司法，支持法院、检察院依法独立办案。“七五”普法和“法律七进”活动深入开展。安全生产态势良好。认真落实党政领导安全生产责任制，烟花爆竹、道路交通、地灾防汛、建筑工地、食品药品等重点领域、重点行业安全监管扎实有效，安全生产风险防控有力。社会大局和谐稳定。扫黑除恶专项斗争取得阶段性成果，“雪亮工程”深入推进，平安建设和党风廉政建设的社会满意度评价得分、排名均实现“双升位”。

（三）基层党建持续加强。组织建设实现新发展：扎实开展基层党建质量提升年活动，采取“撤并合建”等方式优化组织设置，新成立非公企业和社会组织党组织9个。机制创新取得新成果：创新“一建二定三管”党建引领产业发展工作机制，创新民营企业家担任“名誉村主任”工作举措，经验均在全省推广交流。干群关系呈现新气象。“城乡党建结对共建”“进村入户”、矛盾纠纷定期排查等活动扎实开展，群众认可度、满意度显著提高，基层党组织凝聚力、号召力持续提升。

过去一年，县委常委会高度重视自身建设，对标落实省委、市委部署要求，充分发挥了把方向、管大局、作决策、促落实的职能作用。一是坚定坚决提高政治站位。严肃党内政治生活，坚定不移增强“四个意识”、坚定“四个自信”、坚决做到“两个维护”，全县党员干部始终在政治立场、政治方向、政治原则、政治道路上同党中央保持高度一致。坚持县委常委会集体学习、县委中心组学习会专题学习，把学习贯彻习近平新时代中国特色社会主义思想不断引向深入。二是坚定坚决践行民主集中。坚持县委“总揽全局、以上率下、真抓实干”，按照市委战略部署，确立了“三大定位”战略目标、“533”战略规划战略路径、“10+2”大事战略支撑，丰富完善了发展战略体系。严格执行县委工作规则和县委常委会议事规则，召开42次县委常委会，研究部署政治建设、经济发展等事关西充发展的大事要事。三是坚定坚决做到廉洁自律。带头执行改进作风各项要求，自觉遵守廉洁从政各项规定，干净干事、廉洁用权，净化朋友圈、管好身边人，树立了良好的班子形象和个人形象。

在看到成绩的同时，县委常委会也清醒地认识到，我们的工作还存在一些问题和不足：一是经济总量不大、发展质量不高、产业结构不优等问题依旧突出；二是发展支撑不强、重大项目不多、对外开放程度不深等情况依旧存在；三是基层“微腐败”、违反八项规定等问题依然存在；四是一些干部担当精神不强、作风不实等现象依然存在；等等。这些问题和不足，县委常委会将高度重视、认真对待、坚决整改。希望同志们对县委常委会的工作提出宝贵意见和建议，帮助我们把工作做得更实更好。

政府工作报告

——在西充县第十六届人民代表大会第四次会议上

西充县人民政府县长　张光全

（2019 年 3 月 28 日）

各位代表：

现在，我代表县人民政府，向大会报告工作，请予审议，并请县政协委员和其他列席会议的同志提出意见。

盘点 2018
战天斗地经风雨，胜利夺取满堂彩

峥嵘岁月，奋斗者荣。2018 年是贯彻党的十九大精神的开局之年，也是全县上下团结拼搏、克难奋进的一年。一年来，县政府以习近平新时代中国特色社会主义思想为指导，在市委、市政府和县委的坚强领导下，在县人大、县政协的监督支持下，紧紧围绕“三大定位”战略目标、“533”战略规划和“10+2”大事战略支撑，坚定不移抓执行、全力以赴抓推进、雷厉风行抓落实，全面完成各项目标任务。实现地区生产总值 135 亿元、增长 9.6%，增速居全市第 1 位；完成地方一般公共预算收入 7 亿元、增长 15.5%，增速居全市第 1 位；完成全社会固定资产投资 132.3 亿元、增长 16.1%，增速居全市第 3 位；实现社会消费品零售总额 67.6 亿元、增长 12.6%，增速居全市第 4 位；规上工业增加值增长 10.9%，增速居全市第 5 位；城镇、农村居民人均可支配收入达到 25152 元、12093 元，分别增长 8.6%、9.6%，增速居全市第 4 位、第 3 位，主要经济指标增速继续保持全市“一方阵”。

——过去一年，我们的工作取得多项突破，充分体现了西充担当。我们实施了西充历史上最大规模的城市拓展和改造，南西田园新城全新开篇，“海绵城市”建设全面推进，20 万平方米棚户区改造全力实施。我们推进了西充历史上最大体量的项目谋划和建设，“10+2”大事搭建起长远发展的坚实基础，103 个重点项目支撑起项目拉练的火热现场。我们形成了西充历史上最具特色的产业集群和体系，川东北有机农产品精深加工产业园、军民融合高端装备制造产业园、南西田园康养生态城全面加快推进，三产融合势不可挡。

——过去一年，我们的发展抢得多重先机，充分展示了西充作为。维天运通“互联网＋无车承运”西南总部项目成功落户，抢占了“互联网＋”物流产业的发展先机。南充科技职业学院顺利通过省政府评估验收，填补了川东北地区工科类高职院校的空白，抢占了从中职教育向高职教育迈进的发展先机。全国农村产业融合发展试点示范县、示范园争取到位，成为全省两个“双国字号”县之一，抢占了实施乡村振兴战略的发展先机。绵西高速建成通车，县内高速路网基本建成，高速里程位居全国县级城市前列，抢占了“四向拓展、全域开放”的发展先机。

——过去一年，我们的经验获得多方肯定，充分彰显了西充智慧。继公立医院改革经验之后，医联体改革经验获得国务院领导肯定性批示。“绿色＋”

行动促进现代农业高质量发展经验在全国推广。“一建二定三管”脱贫产业发展新机制，受到国务院扶贫办和省市领导的高度肯定。多扶镇老林沟村被评为全国民主法治示范村。金源乡成为全市唯一的全省乡村振兴规划试点乡镇。为全国深度贫困地区激发内生动力研讨班、全省农田水利基本建设现场会、全市乡村振兴大会提供了震撼现场的经验。

一年来，我们主要做了以下工作。

一、坚持“稳增长”与“促转型”并举，产业发展迸发新活力

现代农业特色化提效发展。金太线万亩现代柑橘产业园基本建成，国家农业科技园区高分通过国家验收。建成智慧农业示范基地2000亩、水肥一体化智能灌溉基地1万亩。新增有机农业基地2万亩，新认证1万亩。粮食安全行政首长责任制全面落实，再获四川省粮食生产“丰收杯”。“好充食”区域公用品牌影响力持续扩大，西充黄心苕荣获2018年中华品牌商标博览会金奖，“航粒香米”被评为四川省优质农产品品牌。新培育市级以上示范专合社5家，新发展专合组织263家，农机化综合水平达57%。“拨改投”“补改投”发展机制迈出实质性步伐。

新型工业集群化提质发展。多扶工业集中区升级为省级经济开发区。川东北有机农产品精深加工产业园招引亿元企业21家、入驻建设16家。南充市西充产业新城即将启动建设。军民融合高端装备制造产业全面突破，真空技术应用产业园一期、九天真空军工配套车间建成投产。新增规上工业企业8家；实现工业销售收入193.6亿元、增长16.3%；完成工业投资25.8亿元、增长49.1%，技改投资26.5亿元、增长66.9%。

第三产业多元化提速发展。凤鸣双龙桥、古楼桃博园成为国家3A级景区，新创建省级旅游扶贫示范村3个、省级乡村旅游精品村寨1个，成功举办全市首届中国农民丰收节等节庆活动，实现旅游综合收入46亿元、增长20%。川东北（南充）康养文化小镇PPP项目前期工作有序开展，博爱医疗养老服务中心加快建设。建材家居物流园、文笔山美食城加快推进。“互联网＋无车承运”业务火爆，开业仅4个月即实现税费4100万元。电商产业“三大工程”有效实施，销售额突破12亿元。

二、坚持“靓城市”与“美乡村”并行，城乡面貌展现新颜值

城市建管速度快、品质高。南西田园新城核心区初具规模，融南发展迈出铿锵步伐，新增城市面积1.2平方公里，城镇化率达42%。“城市双修”加快推进，“四河”治理一期、莲花湖片区升级改造基本完成，城北湿地公园开园迎客，市民休闲再添好去处。将军路、园林路海绵化改造基本竣工，新改建雨污管网27.8公里。绵西高速连接线、天宝西路高架桥加快建设。县城建筑材料基本实现集中经营，城市机械化清洁保洁率达80%，城市管理精细化水平进一步提升。

乡村振兴开局顺、起步稳。义兴—凤鸣乡村振兴示范带启动建设。2个新村聚居点建设、15个旧村落改造、2000户民居提升全面完成，新改建城乡公厕59座，新创建省市级“四好村”85个。多扶镇、槐树镇分别成为国省级卫生乡镇，双凤镇、古楼镇成为全省“百镇建设行动”试点镇。射蓬公路改造、环城大道中修工程全面完成，新改建通乡通村公路170公里。海贝水库、升钟二期工程加快推进，整治渠系49.6公里。整理土地7万亩，新建高标准农田3.5万亩。

生态保护力度大、效果好。第二次全国污染源普查全面开展。秸秆禁烧、扬尘治理等专项行动扎实推进，顺利通过中央生态环境保护督察“回头看”。河（湖）长制全面落实，整治问题河道16处50公里。县城饮用水源水质稳定达标。县城污水处理厂升级改造、33座乡镇污水处理厂新改建全面完成。垃圾填埋场启动封场，大型生活垃圾压缩中转站投入运行。医疗废物集中转运处置实现全覆盖。西碾农药厂土壤治理和修复工程启动实施。“大规模绿化西充行动”持续开展，新增造林3.3万亩。

三、坚持“惠民生”与“解民忧”并进，民生改善取得新成效

脱贫攻坚决战决胜，群众幸福指数步步提升。

3177人易地扶贫搬迁、4742户危房改造、140公里产业路建设、185处安饮工程、115座山坪塘整治全面完成。新建成脱贫奔康产业园2万亩、市级脱贫示范村10个。就业、医疗、教育、保险等政策有效落实，深度贫困群众实现政策兜底全覆盖。顺利实现25个贫困村退出、7098人脱贫，贫困发生率降至0.13%。在现行标准下，全县基本完成减贫任务，成为全省脱贫攻坚先进县。

*民生事业快速发展，群众满意指数节节攀升。*民生工程和民生实事有效办理，新增城镇就业7673人，“五大社会保险”参保突破90万人次。退役军人服务管理和农民工服务保障有效加强。东风路幼儿园建成招生，顺利通过全国义务教育发展基本均衡县评估认定。残疾人康复中心投入使用，县中医医院综合楼加快建设，高院等4所卫生院、常林等4所敬老院全部竣工。新增省级文物保护单位3处，西充籍运动员王欢荣获第18届亚运会女子水球冠军。人口、妇女、儿童、老龄、档案、气象、地方志、民族宗教、外事台侨、人民防空、国防动员、关心下一代、老年体育、老年科技等各项事业均取得新成绩。

*社会大局保持安定，群众安全指数日日上升。*防汛减灾应急体系不断完善，整治防汛和地灾隐患302个、病险水库16座，成功实现安全度汛。重点领域安全监管全面加强，未发生较大及以上安全生产事故，义兴镇成为省级安全社区。非洲猪瘟有效防控，群众舌尖上的安全得到有力保障。矛盾纠纷排查调处深入开展，解决历史遗留的信访问题26件、发展问题42件。7500余户产权证“办理难”问题有效解决。“平安西充”建设不断深化，“雪亮工程”覆盖60%以上行政村。“扫黑除恶”专项斗争扎实开展，重大敏感节点实现“三零”目标。

四、坚持“强内功”与“借外力”并驱，改革开放实现新突破

*改革的深度持续挖掘。*农业农村改革深入实施，成为全省城乡融合发展综合改革试点县、全省农村综合改革示范县、全省重大农村改革任务推进示范县。金融改革实现突破，落实“政融保”、乡村振兴等授信122亿元，争取棚改贷资金22.6亿元、土地储备债券8.9亿元，债务、金融等风险防控化解扎实有效。国资国企改革稳步实施，225个单位国有资产清理全面完成，国有企业主营业务收入达7.1亿元。国税地税征管体制改革全面完成。

*开放的广度持续拓展。*成功争取国省项目344个，到位资金48.8亿元。组织参加首届中国国际进口博览会等重大活动，成功举办西充（山东）农产品精深加工项目推介会、西充（重庆）投资推介会，成功招引速原中天果蔬精深加工、开心麻花等项目39个，协议总投资266.1亿元，到位资金64.2亿元。川德合作土地整治等对外合作项目加快推进，与成都中医药大学、成都市新津县签订战略合作协议，对外开放的领域不断延伸。

*创新的高度持续提升。*双创中心、科技孵化中心基本建成，入驻企业7家。新增各类市场主体3438户，太极制药成为省级企业技术中心，九天真空等9家企业获评省市级优秀民营企业。新培育高新技术企业2户，专利申请270件、专利授权150件，科技对经济增长贡献率超过50%。“631”创业行动计划、西充英才工程深入实施，引进紧缺人才120名，培育新型职业农民400余名，4人被认定为首批南充市首席技师。

五、坚持“转作风”与“提效能”并重，自身建设得到新加强

*依法行政在接受监督中全面提升。*自觉接受县人大及其常委会的法律监督、工作监督和县政协的民主监督，办理人大代表建议79件、政协委员提案127件，办复率达100%。深入推进政务公开，清理精简县级权责清单684项。严格执行行政重大决策程序规则，县政府常务会学法23次、研究事项190项。合法性审查重大事项、规范性文件221项，法治政府建设走在全市前列。

政务环境在改进作风中不断优化。“作风整顿月”活动扎实开展，“新闻问效”新机制有效落实，重点部门关键岗位干部履职情况满意度测评全面完

成。“以分划等、按分计奖”的目标绩效考评体系全面建立。“放管服”改革全面推进，“最多跑一次”事项达 80% 以上，工商登记“三十八证合一”全面实施，企业设立登记时限缩短到 3 个工作日。

*廉政建设在正风肃纪中持续加强。*始终坚持党的全面领导，思想政治建设不断加强。党风廉政建设主体责任全面落实，严格执行八项规定及其实施细则，积极支持县纪委监委从严监督执纪，给予政务处分 25 人，移送司法机关 9 人。审计监督不断加强，全年审计各类项目 134 个。惠民惠农“一卡通”管理问题、扶贫领域作风问题、行业不正之风、“10+X”等专项整治不断深入，政风民风持续优化。

各位代表，路虽远行则将至，事虽难做则必成。回顾过去一年，我们倍感振奋的是，综合实力更强了;深受鼓舞的是，发展后劲更足了;满怀喜悦的是，城乡颜值更高了；无比欣慰的是，群众实惠更多了。

以上成绩的取得，得益于市委、市政府和县委的坚强领导，这些给予了我们最大的关怀和鼓励；得益于县人大、县政协的监督支持和社会各界的关心关注，这些给予了我们最大的理解和帮助；得益于全县人民、全体干部职工的奋勇拼搏，这些给予了我们最大的信心和力量。

在此，我代表县人民政府，向全县人民，向各位代表、各位委员和离退休老同志，向驻县部队、政法干警，向各民主党派、工商联、无党派人士、人民团体，向参与西充建设的广大客商和支援西充脱贫攻坚的各级干部，向所有关心、支持西充发展的海内外朋友们表示衷心的感谢和崇高的敬意!

在肯定成绩的同时，我们也清醒地看到，全县经济社会发展还存在一些问题和不足：经济欠发达、结构不合理、发展不平衡不充分的县情仍未改变；新旧动能转换基础差、短板多，产业转型、社会转型的基础仍不牢固；个别领域遗留问题不断显现，从根本上消除仍需时日；政务服务水平和依法行政能力仍待提升。对此，我们一定会高度重视、认真对待、切实解决，不断提高发展的质量与水平。

奋战 2019
改革开放再出发，扬帆逐梦正当时

中流击水，奋楫者进。2019 年是中华人民共和国成立 70 周年。当前，我们既处在发展环境深刻变化的挑战期，更处在深化改革加快转型的机遇期。从宏观经济看，当前世界经济深刻调整，虽然不稳定不确定因素较多，但整体呈现复苏回暖势头。我国经济运行持续保持在合理区间，总体平稳、稳中有进、进中向好的态势明显，为我们保持发展定力、坚定发展战略创造了良好环境。从发展机遇看，国家推进“一带一路”建设，大力实施西部大开发、乡村振兴等重大战略，省委作出实施“一干多支、五区协同”的战略部署，市委作出建设“成渝第二城”、争创全省经济副中心的战略决策，为我们保持加快发展、跨越发展提供了难得机遇。从历史方位看，我县“三大定位”战略目标、“533”战略规划、“10+2”大事战略支撑构建的发展体系全面形成，三次产业融合发展势头强劲，内联外畅的交通网络基本形成，风清气正的政治生态持续优化，为我们保持可持续发展、高质量发展奠定了坚实基础。面对新定位、新目标，我们必须保持战略定力、坚定战略方向,确保全县经济社会发展“换挡”不“拖挡”、“减排”不“减速”。

2019 年政府工作的指导思想是：高举中国特色社会主义伟大旗帜，以习近平新时代中国特色社会主义思想为指导，深入贯彻党的十九大和十九届二中、三中全会精神，认真落实省委十一届三次、四次全会，市委六届八次、九次全会，县委十三届六次、七次全会决策部署，坚持稳中求进工作总基调，坚持新发展理念，坚持高质量发展要求，坚持以供给侧结构性改革为主线，坚持全面深化改革扩大开放，紧紧围绕“三大定位”战略目标、“533”战略规划和“10+2”大事战略支撑,坚决打好“三场攻坚战”“三场突围战”“三场持久战”,统筹抓好稳增长、促改革、调结构、惠民生、防风险各项工作，为全面建成小康社会收官打下决定性基础，以优异成绩庆祝中华

人民共和国成立70周年!

2019年政府工作的目标任务是：确保地区生产总值增长8.6%以上，地方一般公共预算收入增长8.5%以上，全社会固定资产投资增长13%以上，规上工业增加值增长10.8%以上，社会消费品零售总额增长12.2%以上，城镇、农村居民人均可支配收入分别增长8.7%、9.6%以上。

围绕上述目标，今年要重点抓好八个方面的工作。

一、坚持示范引领、特色发展，努力争当“有机农业排头兵”

*精细化建设农业基地。*深入实施“50万亩现代农业特色产业基地”建设工程，新建“2+4”特色产业基地5万亩，提升发展基地10个，创建省级现代农业五星级示范园区1个。加快实施10万亩水肥一体化智能灌溉项目，全面推进农业物联网和“智慧农业”建设，争创国家农业高新技术产业示范区。启动“中国好粮油”四川行动示范项目，坚决确保粮食安全。

*优质化供给有机产品。*聚焦高质量发展要求，深入实施“中国有机农业第一县”建设工程，新建有机农业基地2.5万亩、新认证1万亩，巩固提升有机农业基地25个。修订完善有机农产品地方生产标准10个，编制生产（加工）标准1个。严格有机准入门槛，健全有机农产品全过程质量监管体系，加快创建国家出口食品农产品质量安全示范区。

*市场化开展品牌营销。*理顺“好充食”区域公用品牌管理机制，完善“区域品牌+产品(企业)品牌”的双品牌管理体系，全面开展市场营销推介，新注册涉农商标60件，新培育农产品品牌10件。启动有机农产品交易中心项目，推进特色有机农产品销售平台建设，让更多西充有机农产品进入市场、走向国际。

*实效化推进机制创新。*持续加大农业新型经营主体培育力度，新培育农业龙头企业4家、市级以上示范专合社11个、家庭农场150个、新型职业农民400名以上。加快完善社会化服务体系，新发展农机、劳务等服务组织3个以上。不断健全利润返还、股份合作等利益联结机制，全面推行国有企业、村集体参与新型经营主体发展现代农业新机制，确保群众稳定增收。

二、坚持工业强县、转型发展，加快实现“新型工业大突破”

*突出园区拓展“主战场”。*积极抢抓南充高新技术产业园创建国家级高新区重大机遇，进一步完善四川西充经济开发区配套服务功能。高起点、高规格启动南充市西充产业新城建设工程，拓展园区面积500亩以上。加快推进川东北有机农产品精深加工产业园建设工程，完成园区次干道、标准化厂房、污水处理厂等设施建设，确保园区一期工程全面完成。

*突出产业项目“主引擎”。*加快建设军民融合高端装备制造产业园，确保7家以上组团企业建成投产。加快真空技术应用产业园二期建设，实现九天真空民用产业全面入驻。加快推进太极生物医药谷等项目建设，确保爱尔华精密制造等企业建成运营。大力发展农产品精深加工产业，促成开心麻花等21家企业竣工投产。力争工业销售收入突破220亿元、入库税金突破亿元大关。

*突出民营经济“主力军”。*认真落实支持民营经济发展政策措施，完善县级领导联系服务企业制度，着力破“三门”、搬“三山”，支持民营经济持续健康发展。大力实施真空绝热板等技改项目，加快九天真空主板上市步伐，充分释放太极制药、星河科技等企业产能，支持立民制冷科技等企业做大做强。力争新增规上工业企业5家以上、建筑企业5家以上、中小企业100户以上，民营经济占GDP比重达到62%以上。

三、坚持高端突破、加快发展，全力打造“乡村旅游目的地”

*让乡村旅游“火”起来。*加快实施“农业公园和乡村旅游目的地”建设工程，启动多扶科教创新小镇、金源美丽乡村公园等项目，推进仙林来有、金泉星科等农业公园建设，提升改造青龙湖国家湿

地公园等十大潜力景点。依托张澜故居提档升级工程，高标准、高品位推进“十里梅坞”建设。继续办好桃花节、品果节等活动，力争让双洛乡老家湾村成为全国乡村旅游扶贫示范村，确保旅游综合收入突破50亿元。

*让健康养老“热”起来。*加快川东北（南充）康养文化小镇、南西田园康养生态城等项目建设，完成山水居生态养老院、凤鸣生态养老院主体工程，促成博爱医疗养老服务中心竣工投入使用。鼓励支持社会资本兴办养老机构，加快构建覆盖城乡的养老服务体系，积极创建国家健康产业示范基地，确保“中国长寿之乡”创建成功。

*让商贸物流“活”起来。*持续实施省级商贸流通转型升级示范县项目，启动城南特色商业街、城南购物中心建设，加快推进建材家居物流园等项目，促成鹭岛酒店、城北综合大市场投入运营。深入实施电商产业“三大工程”，支持“互联网＋无车承运”项目、农业电商产业园加快拓展全国市场，力争第三产业增加值增长11.5%以上。

四、坚持内外兼修、融南发展，奋力建设“产城一体示范区”

*高质量推进新城拓展。*加快南西蓬一体化进程，积极推进撤县设区。大力实施南西田园新城建设工程，启动生态景观公园、山体公园建设，打造“望得见山、看得见水、记得住乡愁”的新城新貌。启动凤凰大道项目，完成金领西路、绵西高速连接线建设，构建“三横三纵”的新城骨架。启动城南新区学校、县人民医院城南分院等公共设施建设，培育产城相融的新城业态。

*高水平提升城市品位。*大力实施“城市双修”建设工程，全面完成莲花湖片区升级改造。全力推进“海绵城市”建设工程，启动G212县城至九龙潭段海绵化改造、旧城雨污分流改造。加快实施城市高质量提升工程，启动青春大道临街面改造，完成天宝西路高架桥、金领大道等5条标美路建设。大力实施城市干道畅通提升建设工程，加快环城北线、旅游快速通道建设。力争西顺嘉快速通道建设工程正式启动。

*高效能加强城市管理。*完成文笔山美食城、城北小吃集中经营区建设，完善停车场、公厕等基础设施，切实增强城市配套功能。合理规划建设潮汐市场，加大对油烟污染、噪声扰民、骑门占道等经营乱象的管控力度，切实规范市场经营秩序。强化综合行政执法，严格推行网格化管理，大力开展乱搭乱建、乱停乱放、乱堆乱摆等专项整治，切实改善市容市貌。加强城市机械化清洁保洁能力建设，切实提升城市精细化管理水平。

五、坚持因地制宜、内生发展，深入实施“乡村振兴大战略”

*全域实施乡村建设。*深化“百镇建设行动”试点，加快太平、义兴、双凤等重点集镇建设，启动多扶行政管理体制改革试点。加快推进义兴—凤鸣乡村振兴示范带建设，积极开展金源乡村振兴规划试点。实施全国农村产业融合发展试点示范县、示范园项目，加快构建农村产业新格局。围绕龙滩河流域、古楼—金源、金泉—太平三大片区，启动3个聚居点项目，改造10个旧村落，完成10个聚居点后续建设。创建省市级“四好村”100个。

*全面巩固脱贫成果。*打好精准脱贫攻坚战，全面开展已脱贫对象巩固提升工程，扎实推进“回头看”“回头帮”。加快完善易地扶贫搬迁户后续产业发展和基础设施、生产设施建设。继续落实“两线合一”政策，确保全县结余的652名贫困人口全部脱贫。大力推广“一建二定三管”等发展模式，持续提升脱贫攻坚实效。坚持扶贫与扶智(志)相结合，扎实开展“感恩奋进”教育，充分激发贫困群众脱贫致富内生动力。

*全力完善基础功能。*完成县城—占山等10条通乡公路建设，新改建乡村公路150公里以上。加快推进“引嘉入西”建设工程前期工作和海贝水库等项目建设，完成升钟二期主体工程。启动观音110千伏变电站建设，进一步完善城乡能源保障体系。加快推进川德合作土地整治等6个土地整理项目，整理土地6万亩，新建高标准农田4万亩。

六、坚持生态优先、绿色发展，积极创建“生态建设标杆县”

打好污染防治“攻坚战”。大力实施“蓝天、碧水、净土、宁静”四大专项治理行动，坚决打好污染防治“八大战役”。全面完成第二次全国污染源普查，有效整改中央生态环境保护督察“回头看”问题，加快补齐基础短板。全面开展秸秆禁烧、扬尘治理、“散乱污”企业整治，确保大气质量优良率达 86% 以上。扎实开展土壤污染防治行动，加快推进西碾农药厂土壤治理修复、农业面源污染治理，全面完成垃圾填埋场封场。

筑牢生态保护“大屏障”。深入落实河(湖)长制，实施虹溪河水环境生态修复示范工程，完成 10 个乡镇污水处理厂改造，确保西充河流域水质全年稳定达到 III 类标准。加强集中式饮用水水源地保护，确保所有乡镇饮用水源水质全面达标。深入推进“大棚房”整治和水土流失治理，实施坡改梯 5700 亩。持续开展森林禁伐和“大规模绿化西充行动”，新增绿化造林 2 万亩。积极开展生态文明示范创建活动，引导广大群众共建美丽家园。

跟进绿色经济“新方向”。认真践行“绿水青山就是金山银山”理念，不断完善生态红线、环境准入、生态补偿等制度体系。扶持现代农业、新型工业、旅游康养等绿色产业发展，鼓励“数字经济”、电子商务等新兴产业做大做强，力争三次产业结构比达到 21 ∶ 36 ∶ 43，积极构建绿色产业体系。加快发展低碳循环经济，积极推广使用新能源，加快推进分布式能源项目建设，支持发展节能环保、清洁能源产业，促进资源高效循环利用，力争万元 GDP 能耗降低 2% 以上。

七、坚持以民为本、共享发展，不断提升“人民生活幸福感”

全力办好民生实事。持续加大民生投入，全面完成 30 件民生实事，确保一般公共预算民生支出占比超过 66%。新增城镇就业 6500 人以上，社会保险覆盖面超过 95%，实现惠民惠农财政补贴资金“一卡通”。实施城东等 16 个棚户区改造，发放住房租赁补贴 3085 户。加快农村住房“五改三建”和农村垃圾、污水、厕所“三大革命”，完成农村危房改造 4980 户，新改建城乡公厕 35 座。推进城乡供水一体化，启动李桥水厂建设，完成双洛水厂一期工程，让更多群众喝上干净水、安全水、放心水。

努力发展社会事业。加快青龙小学、多扶初级中学等 6 所学校建设，全面推进南充科技职业学院建设工程，确保实现全国统一招生。完成县中医医院综合楼建设。深入推进量体裁衣式残疾人服务工作，积极创建残疾人康复示范县。完成西充文庙提档升级工程，积极开展群众文体活动。加强退役军人服务管理和农民工服务保障。完成第四次全国经济普查、第三次全国国土调查。统筹抓好人口、外事台侨、民族宗教、气象、档案、地方志、妇女、儿童、老龄、国防动员、人民防空、关心下一代等工作。

着力加强社会治理。深入推进“扫黑除恶”专项斗争和平安建设，依法严惩各类违法犯罪，全力构建“平安西充”。深入开展“三乱”治理，切实维护法治良序。深化“七五”普法，完成县级公共法律服务中心建设，全力建设“法治西充”。扎实推进“天网工程”，力争“雪亮工程”覆盖 80% 以上行政村。大力推广新时代“枫桥经验”，完善社会稳定风险评估和社会矛盾排查化解机制，坚决确保社会大局和谐稳定。严格落实安全生产责任制，杜绝较大及以上安全生产事故。落实食品安全“四个最严”和“党政同责”要求，全面加强食品药品安全监管，严密防控非洲猪瘟疫情，让广大群众真正吃得放心、生活舒心。

八、坚持投资驱动、外向发展，持续构建“全面开放新格局”

在“实”处抓好重大项目。紧扣全市“项目年”行动，持续抢抓国省基础设施“补短板”等重大政策机遇，积极做好项目包装、申报、入库，力争争取国省重大项目 170 个以上、落实国省资金 50 亿元以上。坚持项目推进例会制度，围绕“三大定位”2019 年行动方案、“10+2”大事、全市项目拉练，大力实施106个重点项目，确保年度投资突破144亿元。

往“深”处推进重点改革。全面抓好农业农村改革，推进改革助推乡村振兴等试点项目。深化“放管服”改革，实行“一枚印章管审批”，推行审批服务“马上办、网上办、就近办、一次办”。健全国有企业管理制度，力争国有企业主营业务收入超过8亿元。打好风险防控攻坚战，深化金融改革创新，严厉打击扰乱金融市场行为，严防严控互联网金融风险；加强政府性债务和隐性债务监管，坚决遏制不规范举债行为，有序化解各类债务。

向“远”处扩大开放合作。紧扣全市“开放年”行动，紧盯京津冀、长三角、珠三角等重点区域，大力开展以商招商、延链招商、委托招商，力争新签约项目25个以上、到位资金突破62亿元，其中川东北有机农产品精深加工产业园新签约亿元项目10个以上。持续深化与德国等国家以及国际有机农业亚洲联盟等国际组织的合作，筹办西充国际有机产业创新发展（首届）峰会，加快构建全面开放新格局。

从“高”处着力创新创业。全力争取国家创新型县等重大项目，加快有机农业科技研发中心、川东北国家级高技能人才创业孵化园等平台建设。深化产学研合作，大力扶持科技型中小微企业发展，力争培育科技型小微企业20户以上，新申报专利150件以上、授权专利100件以上。大力实施“西充英才工程”“归雁计划”“大学生志愿者服务西部项目”，力争招引紧缺人才60名，实现返乡农民工、高校毕业生等群体创业500人以上。

不忘初心
砥砺前行强担当，守正笃实树新风

竞争之世，奋发者强。西充高质量发展，不是等得来、喊得来、靠得来的，而是拼出来、闯出来、干出来的。县政府系统必须坚持党的领导，深入推进“两学一做”学习教育常态化制度化，扎实开展“不忘初心、牢记使命”主题教育，进一步树牢“四个意识”，坚定“四个自信”，坚决做到“两个维护”，展现一流作风，发挥一流水平，创造一流业绩，努力建设人民满意政府。

一、始终把法治建设抓在手中，做到依法行政、规范干事

法治是政府履职的基本方式。要主动接受各方监督。自觉接受人大法律监督、工作监督和政协民主监督、社会舆论监督，认真办理人大代表建议和政协委员提案，充分听取和采纳民主党派、工商联、无党派人士意见，规范实施政务公开，让公共权力依法行使、阳光运行。要依法科学民主决策。坚持一切从实际出发，认真落实民主集中制，切实履行公众参与、专家论证、风险评估、合法性审查、备案审查等重大决策法定程序，让政府决策依法规范、公开透明。要完善改进行政执法。健全细化权责清单，做到法无授权不可为、法定职责必须为，切实解决部门职能交叉、权责分离问题，让行政执法严格规范、公正文明。

二、始终把解放思想摆在高位，做到开明开放、大胆干事

开放是政府工作的重要部分。要让思想插上翅膀。大力倡导“全球思维、世界眼光”，坚决反对“坐井观天、故步自封、夜郎自大”。用心学习南充“印象嘉陵江”湿地公园的高品位、大格局，敢谋他人不敢谋的项目，敢创他人不敢创的业绩，做到出手就是一流、干成就是标杆。要让政策摆上台面。敢于给政策、善于算大账，以更加开放的胸怀、更加优惠的政策、更加宽松的环境，让广大企业安心投资、专心发展；敢于为担当者担当、为改革者撑腰、为创新者呐喊，让广大干部放手干事、放心干事。要让先进登上舞台。坚持奖优罚劣，激励争先创优，只要符合政策、切合实际、顺应民意，就要鼓励大胆闯、大胆干、大胆试，杜绝“小成即满、小富即安、小步慢跑”，要让后进者无地自容，让先进者被众人景仰。

三、始终把责任担当扛在肩上，做到牢记宗旨、务实干事

担当是政府职员的核心素质。要敢于担当挑重担。爱挑的担子不嫌沉。必须坚决摒弃“怕出错不愿干事、怕麻烦不愿抓事”的错误思想，敢于担当、勇挑重担。要勇于担当冲在前，想涉的滩涂不畏险。必须坚决反对“新官不理旧事”、当“太平官”、当

"逍遥官"，要积极践行市委提出的"三挂"工作法、"一线"工作法、"三个一"工作法、"三走"工作法、"三最"工作法，当好"实干家""促进派"。要善于担当讲章法，能破的藩篱不怕难。必须坚决避免"眉毛胡子一把抓"，要有一套好的工作办法，抓重点、重点抓，"打蛇打七寸"；抓具体、具体抓，"勤于下深水"；抓统筹、统筹抓，"学会弹钢琴"。

四、始终把提升效能记在心里，做到改进作风、高效干事

高效是政府职能的第一要求。要持之以恒转作风、树新风。大力实施"政府效能提升年"行动，坚决整肃庸政、懒政、怠政行为，着力整顿"不作为、慢作为、乱作为"问题，让政务服务更加高效、群众办事更加方便。要坚定不移抓推进、抓落实。既定的事要快速办，困难的事要创新办，跨界的事要协同办，明天的事要超前办。做到今日事、今日毕，事不过夜、案无积卷，以激情干事业，以高效求发展。要一以贯之高标准、严要求。必须始终保持"勇争一流、敢争第一"的气概，在工作思路上高水平谋划，在工作措施上高标准推进，在工作任务上高质量落实，坚决做到不打折扣、不降标准、不搞变通，坚决杜绝"差不多""过得去"。

五、始终把纪律规矩挺在前面，做到清正廉明、干净干事

廉洁是政府形象的根本保证。要筑牢拒腐防变"防火墙"。坚决贯彻从严治党、从严治政各项规定，坚决执行八项规定及其实施细则，严格落实党风廉政建设主体责任，深挖细查各个领域的廉政风险点，从源头上预防和遏制腐败。要慎用权力这把"双刃剑"。坚持以敬畏之心、审慎之态为民用权、阳光用权、依法用权，坚决反对"以权谋私、以公肥私"，坚决杜绝"任性用权、任意用权"，确保权力行使不偏向、不越轨、不出格。要系好个人廉洁"安全带"。常思贪欲之害，常怀律己之心，常修为政之德，自觉抵制金钱物欲和腐朽思想的侵蚀，时刻自重、自省、自警、自励，加强自我约束，注重点滴养成，带头营造风清气正的良好政治生态。

各位代表！梦在心中，路在脚下。让我们更加紧密地团结在以习近平同志为核心的党中央周围，高举习近平新时代中国特色社会主义思想伟大旗帜，在市委、市政府和县委的坚强领导下，在县人大、县政协的监督支持下，大力实施县委"533"战略规划，争当"有机农业排头兵"、打造"乡村旅游目的地"、建设"产城一体示范区"，以优异成绩向新中国70华诞献礼！

名词解释

1. 三大定位：争当"有机农业排头兵"、打造"乡村旅游目的地"、建设"产城一体示范区"。

2. "533"战略规划："5"指决胜现代农业、工业振兴、旅游康养、城镇建设、乡村振兴"五大战场"；"3"指汇聚重点改革、精准招商、创新创业"三大动力"；"3"指强化依法治县、从严治党、基层党建创新"三大保障"。

3. "10+2"大事："10"指"中国有机农业第一县"建设工程，50万亩现代农业特色产业基地建设工程，川东北有机农产品精深加工产业园建设工程，军民融合高端装备制造产业园建设工程，南（充）西（充）田园新城建设工程，海绵城市建设工程，西充县城市干道畅通提升建设工程，西（充）顺（庆）嘉（陵）快速通道建设工程，农业公园和乡村旅游目的地建设工程，南充科技职业学院建设工程；"2"指"引嘉入西"建设工程和南充市西充产业新城建设工程。

4. 无车承运：指无车承运人以承运人身份与托运人签订运输合同，承担承运人的责任和义务，通过委托实际承运人完成运输任务的道路货运经营模式。

5. 一建二定三管：村党支部引领建合作社；村党支部定发展规划、定经营主体；村党支部管集体经济、管人才培训、管效益分配。

6. 拨改投、补改投：财政资金支持企业、产业发展的方式由无偿拨款、直接补助改为投资。

7. 电商产业"三大工程"：全企入网工程、全民触网工程、电商示范工程。

8. 城市双修：生态修复、城市修补。

9. 四河：虹溪河、宝马河、龙滩河、紫岩河。

10. 四好村：住上好房子、过上好日子、养成好习惯、形成好风气的幸福美丽新村。

11. 五大社会保险：养老保险、医疗保险、失业保险、工伤保险、生育保险。

12. 雪亮工程：以县、乡、村三级综治中心为指挥平台，以综治信息化为支撑，以网格化管理为基础，以公共安全视频监控联网应用为重点的“群众性治安防控工程”。

13. “三零”：零进京、零非访、零影响。

14. 政融保：按照“政府政策支持＋保险资金融资＋保险风险保障”模式，为农户和农业企业提供农业保险和信贷资金支持的融资项目。

15. “631”创业行动计划：“6”指高校毕业生、返乡农民工、妇女、青年、民营及农民工企业家、城镇失业人员6项创业行动计划；“3”指就业创业培训、公共就业创业服务平台建设、“互联网＋就业创业”3项工程行动计划；“1”指三年扶持10000人创业。

16. 放管服：简政放权、放管结合、优化服务。

17. 三十八证合一：将税务登记证、机构代码证、保险证、统计证等38个涉企证照事项整合到营业执照上。

18. “一带一路”：丝绸之路经济带、21世纪海上丝绸之路。

19. 一干多支、五区协同：“一干”指支持成都加快建设全面体现新发展理念的国家中心城市。“多支”指打造各具特色的区域经济板块，推动环成都经济圈、川南经济区、川东北经济区、攀西经济区竞相发展，形成四川区域发展多个支点支撑的局面。“五区协同”指推动成都平原经济区、川南经济区、川东北经济区、攀西经济区、川西北生态示范区协同发展；推动成都与环成都经济圈协同发展；推动甘孜州、阿坝州、凉山州与内地协同发展；推动区域内各市（州）之间协同发展。

20. 三场攻坚战：风险防控攻坚战、精准脱贫攻坚战、污染防治攻坚战。

21. 三场突围战：产业发展突围战、项目建设突围战、对外开放突围战。

22. 三场持久战：管党治吏持久战、正风肃纪持久战、惩贪治腐持久战。

23. “2+4”特色产业：“2”指有机粮油、畜禽；“4”指西凤脐橙、充国香桃、二荆条辣椒、充国香薯。

24. “三门”：阻挡民营企业公平发展的“卷帘门”“玻璃门”“旋转门”。

25. “三山”：市场的“冰山”、融资的“高山”、转型的“火山”。

26. 三横三纵：城南新区在建和拟建的三条东西走向、三条南北走向的城市干道（暂未命名）。

27. 潮汐市场：为方便群众买卖蔬菜、水果等农副产品，将商贩集中在指定区域，在早晚时段内规定时间、规定点位进行买卖的临时市场。

28. 两线合一：低保线、扶贫线标准合一。

29. 八大战役：蓝天保卫战、碧水保卫战、黑臭水体治理攻坚战、嘉陵江保护修复攻坚战、饮用水水源地问题整治攻坚战、环保基础设施建设攻坚战、农业农村污染治理攻坚战、“散乱污”企业整治攻坚战。

30. 大棚房：指一些工商企业和个人借建农业大棚之名，占用耕地甚至永久基本农田，违法违规建设“私家庄园”等非农设施。

31. 数字经济：指一个经济系统。在这个系统中，数字技术被广泛使用并由此带来了整个经济环境和经济活动的根本变化。

32. 五改三建：改厕、改水、改圈、改厨、改路，建园、建池、建家。

33. “三乱”：乱告状、乱炒作、乱上访。

34. 天网工程：通过在交通要道、治安卡口、公共聚集场所、宾馆、学校、医院及治安复杂场所安装视频监控设备，为强化城市综合管理、预防打击犯罪和突发性治安灾害事故提供可靠的影像资料。

35. 枫桥经验：起源于20世纪60年代初浙江省诸暨市枫桥镇，后经过不断推广发展，形成了具有鲜明时代特色的“党政动手，依靠群众，预防纠纷，化解矛盾，维护稳定，促进发展”的枫桥新经验。

36. 四个最严：最严谨的标准、最严格的监管、最严厉的处罚、最严肃的问责。

37. “三挂”工作法：挂帅出征、挂图作战、挂责问效。

38. “一线”工作法：情况一线掌握、问题一线解决、工作一线推进。

39. “三个一”工作法：开会一次见效、协调一次成功、督办一次落实。

40. “三走”工作法：走下去解决问题、走上去争取支持、走出去招商引资。

41. “三最”工作法：负责的工作使出最大力气、出手的事情达到最高水平、交出的答卷达到最好效果。

西充县人大常委会工作报告

——在西充县第十六届人民代表大会第四次会议上

西充县人大常委会主任　张　伟

（2019 年 3 月 29 日）

各位代表：

我受西充县第十六届人民代表大会常务委员会委托，向大会报告工作，请予审议。

2018 年工作回顾

2018 年是全面贯彻党的十九大精神的开局之年，是改革开放 40 周年，也是西充人大创新奋进、务实作为的一年。一年来，县人大常委会在中共西充县委的坚强领导下，坚持以党的十九大精神和习近平新时代中国特色社会主义思想为指导，紧紧围绕“三大定位”战略目标、“533”战略规划和“10+2”大事战略支撑，认真履行宪法和法律赋予的各项职责，自觉担负起新时代赋予人大的历史使命。全年共召开常委会会议 9 次、主任会议 13 次，听取和审议专项报告 46 项，组织开展视察调研活动 10 次、执法检查 1 次，全面完成县十六届人大三次会议确定的各项目标任务，为全县经济社会健康快速发展做出了积极贡献。

一、我们始终坚定政治立场，坚持和依靠党的领导，坚决贯彻落实县委决策部署，牢牢把握人大工作正确方向

*坚持党的领导，切实增强维护核心的政治自觉。*扎实开展“大学习大讨论大调研”活动，深刻领会习近平新时代中国特色社会主义思想和习近平总书记对四川工作系列重要指示精神，深入贯彻党的十九大精神和省委、市委、县委系列重大决策部署，增强“四个意识”，坚定“四个自信”，坚决做到“两个维护”。坚持重大问题、重要事项及时主动向县委请示报告，自觉把党的领导贯穿于人大履职行权的各方面、全过程，确保人大工作与县委中心工作同轴运转、同频共振、同向发力。

*贯彻县委决策，切实增强依法履职的思想自觉。*坚持围绕县委决策部署谋划工作，依法行使职权。审议作出“十三五”规划部分指标调整、2017 年财政决算、2018 年财政预算调整等 15 项重大事项决议决定，自觉把县委作出的重大决策转化为全县人民的共同意志。着力推动监察体制改革，专题听取县监察委员会工作运行情况报告，积极支持监察工作顺利高效开展。坚持党管干部和人大依法任免有机统一，严明政治规矩，严守法定程序，严把关键环节，通过人事任免事项 44 人次，补选县人大代表 4 名，全面落实组织人事意图，确保地方国家机关正常有序运转。

*服务全县大局，切实增强务实担当的行动自觉。*坚持党委工作指向哪里，人大工作就聚焦哪里。坚决落实县委“1+3”决定，深入调研“10+2”大事推进情况，对“引嘉入西”、南西田园新城、“中国有机农业第一县”建设等重大事项提出意见建议，为县委科学决策提供参考。积极参与川东北有机农产品精深加工产业园招商引资工作，成功招引速原中天和新川蒲两个高质量亿元项目。全力完成脱贫攻

坚任务，帮助7个贫困村脱贫摘帽、8个贫困村巩固提升，其中东岱乡龙虎山村、永清乡大毛坪村代表西充顺利通过省级脱贫攻坚成效交叉考核。认真落实“河长制”，加强日常巡查和监管，责任河流水质明显改善。

二、我们始终聚焦经济建设，坚持围绕“三大定位”战略目标和“533”战略规划，凝心聚力促发展，积极贡献人大力量

聚焦发展质量，助推县域经济稳健运行。围绕践行新发展理念，听取审议国民经济和社会发展计划执行情况、“十三五”规划实施中期评估报告，提出深化“放管服”各项改革、强化实体经济要素保障等意见建议，推动经济向更加注重高质量方向发展。贯彻执行预算法和财税体制改革方针政策，听取审议财政预算草案和预算执行情况，督促推动全过程预算绩效管理，认真落实项目资金使用绩效评价工作，提升财政资金效益。深入安汉公司和有关部门开展融资风险防控专题座谈，要求优化财政支出、加强国有资本经营管理、健全债务预警机制，切实防范化解重大金融风险。听取审计工作和审计查出问题整改情况报告，跟踪督促34个单位及时整改问题35个，要求未及时整改到位的单位作出专项说明、限期整改落实，督促对屡审屡犯的问题严肃问责、建章立制，维护审计工作权威。

聚焦发展引擎，助推重点项目顺利实施。紧盯经济发展项目主抓手，听取审议全县重点项目建设情况报告，组织代表集中视察金太线万亩现代柑橘产业园、莲花湖片区海绵化改造等重点项目建设情况，现场指出部分项目前期工作不细、进度缓慢、管理不规范等问题，督促政府及相关部门加强科学论证、加快建设进度、强化质量监管，全力打造民心工程、德政工程、精品工程。审查批准城市棚户区改造等10个政府购买服务项目、川东北（南充）康养文化小镇等两个PPP项目，支持政府多方筹集资金，保障重点项目顺利实施。

聚焦发展支撑，助推现代产业加快发展。主动对接争当“有机农业排头兵”战略定位，认真开展“中国有机农业第一县”建设专题调研，深入走访有机农业企业、专合组织、家庭农场50多家，建议强化生产、监管、营销、服务、政策五大体系建设，确定重点品种，形成规模效应，健全有机农产品质量监督管理办法，理顺部门监管职责，完善新型农业经营主体培育、产品认证、市场营销、社会化服务体系建设等全环节普惠制扶持政策，得到县委充分肯定，县委主要领导专题召开座谈会听取意见、积极采纳，有力助推有机农业可持续发展。深入调研全县工业经济运行情况，支持政府积极落实“一企一策”帮扶措施，对有发展潜力、暂时困难的企业，在税费上给予政策扶持，促进实体经济健康发展。认真贯彻乡村振兴战略，全覆盖调查全县新型农业经营主体，专题调研粮食安全工作，认真听取乡村产业振兴、乡村旅游建设专项报告，要求尽快出台优惠政策，完善配套设施，引入社会资本，招引优质企业，力促现代产业深度融合、加快发展。

三、我们始终关注社会民生，坚持践行为民宗旨，积极回应社会普遍关切，充分保障和维护人民群众根本利益

精准聚焦，助力决胜脱贫攻坚。始终把脱贫攻坚作为天大的事，使天大的力，尽天大的责。创新推进县、乡人大联动监督脱贫攻坚机制，组织县、乡代表开展常态化监督检查110次，发现指出问题180项，督促整改落实150项，对项目建设进度慢、产业发展不均衡等基层难以解决的共性问题，要求政府及相关部门统一协调、认真解决。深入开展“脱贫攻坚人大代表在行动”活动，落实人大代表“1对1”结对联系帮扶贫困户责任，组织2000余名县乡代表捐赠300余万元物资，引导人大代表利用自身优势，帮助贫困村和贫困群众发展致富产业，为全县脱贫攻坚贡献人大力量。

扭住关键，持续监督环境整治。积极践行绿色发展理念，督促整改落实中央和省环保督察反馈问题，要求建立健全长效机制，坚决防止反弹回潮。专题调研九龙潭水库环境保护和乡镇污水处理站建设运行情况，听取审议全县环境保护工作报告，支持政府持续打好污染防治“八大战役”，加强环保基础设施建设秸杆焚烧、工地扬尘、噪音污染等环境问题整治。继续加强西河流域污染综合治理、“四河”治理专项监督，扎实开展环保世纪行活动，推动形成生态环境共建、共治、共享格局。

*紧盯热点，密切关注民生实事。*坚持把解决事关群众切身利益的民生问题作为人大监督的重要内容。认真开展义务教育均衡发展情况专题调研，跟踪督办城区基础教育发展审议意见办理情况，督促解决示范幼儿园老师缺额问题，启动张澜学校综合实验楼建设。审议公共文化服务体系建设情况，指出“四馆一场一中心”建设严重滞后等问题，要求及时整改，目前安汉公司已向县委、县政府立下“军令状”，承诺限期完成建设任务。督促相关部门加强零售药店经营管理，全面取消日常生活用品上架销售，规范医保刷卡消费行为。联合县政协开展临时停车收费管理专题调研，提出取消临时停车位收费、加强规范管理的建议方案，县委专题研究并充分采纳。紧盯群众反映强烈的小吃烧烤等食品摊贩乱象问题，开展专题监督检查5次，督促取缔西充中学校门外和九州春天文化路口小吃烧烤摊点，规划建设集中经营区，有效提升城市形象。认真做好信访工作，全年受理群众来信来访89件（次），有效维护群众合法权益和社会和谐稳定。

四、我们始终捍卫法治权威，坚持发挥职能作用，有力促进依法治理，积极推进民主法治建设进程

*严格开展执法检查。*认真监督宪法和法律法规贯彻实施，组织开展《中华人民共和国残疾人保障法》执法检查，深入21个部门和17个乡镇开展检查，指出关爱氛围不浓、组织体系不健全、保障服务不到位等问题，要求政府及相关部门完善基层服务体系，注重分类施策和精准帮扶，保障残疾人平等参与社会生活、共享改革发展成果。巩固2017年食品安全法执法检查成果，跟踪督促审议意见办理，确保问题整改到位，努力维护人民群众舌尖上的安全。

*大力促进依法行政。*对县发改局、城管局开展工作评议，在充分肯定成绩的同时，客观指出发改局在抢抓政策机遇、统筹项目推进，城管局在行政执法力度、精细化管理等方面存在的问题，跟踪督促整改落实，开展满意度测评，促进被评议单位依法行政、改进作风、担当尽责。加快推进法治政府建设，认真督查新修订的《西充县人大常委会关于行政首长参与行政诉讼的规定》落实情况，督促政府及有关部门积极参与行政诉讼。全年行政负责人出庭应诉率高达100%，比上年增加47%，行政诉讼案件胜诉率78.6%，比上年增加28%，司法建议书办理回复率100%，在实践中增强了机关干部的法律意识，提高了依法行政能力，得到省、市人大的充分肯定。做好规范性文件备案审查，审查县乡备案文件147件，上报备案规范性文件23件，积极维护国家法治统一。

*切实保障司法为民。*专题调研“七五”普法开展情况，听取审议有关工作情况报告，促进“七五”普法深入实施。高度重视平安西充建设，专题听取公安经侦工作情况报告，督促支持扫黑除恶专项斗争，要求进一步完善社会治安防控体系，依法打击犯罪行为，保障人民群众生命财产安全。深入调研社区矫正工作，要求加大财政投入，加强特殊人员教育管理，推进矫正工作规范化法治化建设。持续关注公平公正司法，审议法院案件质量管理工作情况，要求加强法官队伍建设，认真落实案件质量考评管理制度；监督支持法院案件执行工作，出台推动人民法院基本解决执行难工作意见，法院案件执结率比上年增长7%。根据检察院职能调整后的新形势，专题调研公益诉讼等工作情况，支持检察机关依法有序开展工作、有效提升办案能力，为公共利益筑牢司法防线。

五、我们始终抓实代表工作，坚持代表主体地位，不断完善代表工作机制，切实保障代表依法履职行权

*抓实活动组织，保障代表知政参政。*加强代表联系交流，认真落实常委会组成人员联系代表、代表联系群众制度，畅通民意表达渠道，推动代表进

一步知民情、传民意、解民忧。督促乡镇“人大代表之家”规范运行，引导县、乡代表定期接待群众，收集社情民意，有效化解矛盾问题。围绕全县经济社会发展大局和群众关注的热点难点问题，组织代表实地视察重点项目建设和产业发展情况，参与人代会闭会期间人大常委会组织的执法检查、专题调研、工作评议等活动，列席县人大常委会和政府有关会议，现场观摩法院案件庭审和检察院案件评查活动，保障代表知情知政，支持代表参政督政。

抓实服务管理，促进代表履职尽责。强化学习培训，坚持为代表订阅《人民权力报》《民主法制建设》等学习资料，邀请川大法学院专家开展关于新修订的宪法、监察法专题知识讲座，组织代表参加各类专题培训6期，着力提高代表整体素质和依法履职能力。加强代表履职绩效管理和考核，制定代表履职考评办法，建立代表履职档案，完善考核激励机制，切实增强代表履职的积极性和责任心。认真落实代表向选民述职制度，230余名县人大代表向当选地选民报告履职情况，接受评议和监督，代表的履职意识、服务意识和责任意识不断增强。

抓实督查督办，提高建议办理质量。进一步加强和改进建议督办工作，由代工委牵头、各专委会督办，邀请代表全程跟踪，采取实地查看、电话催办、重点建议挂牌督办等方式，跟踪督办县十六届人大三次会议期间代表提出的79件建议、批评和意见。专项听取政府关于代表建议意见办理情况报告，对个别办理质量不好、代表满意率不高的建议，督促重新办理，切实提高办理质量、增强办理实效。在政府和有关部门的共同努力下，代表建议办理答复率达100%，代表满意率超过90%。

六、我们始终狠抓自身建设，坚持从严从实要求，努力建设“四讲四有”人大机关，促进人大工作与时俱进、开拓创新

全面强化队伍素质。坚持把政治建设摆在首位，积极开展“四讲四有”人大机关创建活动，持续推动“两学一做”学习教育常态化制度化，及时传达贯彻中央和省委、市委、县委重要会议精神，严明政治纪律和政治规矩。坚持把能力建设抓在日常，有序推进常委会组成人员、人大干部业务培训，认真落实常委会会前学法制度，不断提升人大干部的综合素质和工作能力。坚持把作风建设贯穿始终，严格执行中央八项规定和省委、市委、县委相关规定，彻底肃清周永康流毒影响，深入开展蒲波严重违纪违法案警示教育，全面推进党风廉政建设和反腐败斗争，自觉维护风清气正的良好政治生态。

全面推进制度建设。健全县人大常委会会议和主任会议议事规则，完善常委会领导和各委室负责人联系乡镇人大工作制度，认真执行各专门委员会工作规则、专门委员会与县级有关部门工作联系办法。坚持民主集中制原则，定期召开党组会，重大事项集体研究决定。加强机关规范化管理，完善机关公文处理办法、学习考察制度和财务管理制度，促进机关规范高效运转。做好人大制度研究和新闻宣传报道，在《人民权力报》等国、省、市主流媒体发表调研理论文章21篇、新闻信息148篇，荣获省人大新闻宣传特等奖，有力提升了西充和人大工作的对外影响力。

全面夯实基层基础。高度重视乡镇人大工作，加强联系指导，组织开展乡镇人大干部学习培训170人次，督促乡镇人大及时制定年度计划，依法规范召开人代会，积极开展主席团工作和代表活动，促进乡镇人大工作制度化、规范化。专题开展乡镇人大工作目标量化调研督导，及时指出问题，交流经验，探讨方法，不断提升乡镇人大工作整体水平。

各位代表，回顾过去一年的工作，我们深切地感受到：坚持党的领导是人大工作的根本保证，必须坚定政治立场，始终把准政治方向；推动地方发展是人大工作的重要任务，必须围绕中心大局，实施正确有效监督；推进民主法治是人大工作的法定职责，必须依法履职尽责，维护社会公平正义；为人民服务是人大工作的本质特征，必须聚焦民生实事，充分保障群众利益。

我们也深深地知道，县人大常委会取得的各项成绩，是县委坚强领导的结果，是全体人大代表、常委会组成人员和人大工作者依法履职、辛勤付出的结果，是“一府一委两院”、县级部门和乡镇人大密切配合、精诚协作的结果，是全县人民和社会各界充分信任、大力支持的结果！在此，我谨代表县人大常委会，向大家表示衷心的感谢，并致以崇高的敬意！

在看到成绩的同时，我们也清醒地认识到，常委会在改进监督方式、增强监督实效上还需进一步加强；在深化常委会组成人员联系代表、代表联系群众上还需进一步加强；在强化自身建设、联系指导乡镇人大工作上还需进一步加强。对此，我们将自觉接受监督，虚心听取意见，采取有效措施，切实加以改进，推动我县人大工作迈上新台阶。

2019 年主要工作

2019 年是中华人民共和国成立 70 周年，是决胜全面建成小康社会的关键之年。新的一年，县委站高谋远、运筹帷幄，吹响了全面决胜“三大定位”战略目标的集结号。县人大常委会将坚持以习近平新时代中国特色社会主义思想为指导，认真落实中央和省委、市委、县委决策部署，紧紧围绕“三大定位”战略目标、“533”战略规划和“10+2”大事战略支撑，依法行使各项职权，切实增强工作实效，唱响主旋律，画好同心圆，努力建设“四讲四有”人大机关，以优异成绩迎接中华人民共和国成立 70 周年。

一、讲忠诚有信念，坚决维护党的领导，全面提升素质能力

人大是党领导下的重要政治机关，坚持党的领导是人民代表大会制度的本质要求和最大优势。要把旗帜鲜明讲政治贯穿工作始终。坚持用习近平新时代中国特色社会主义思想武装头脑、指导实践、推动工作，坚决维护习近平总书记党中央的核心、全党的核心地位，坚决维护党以习近平同志为核心的中央权威和集中统一领导。自觉维护县委“统揽全局、协调各方”的领导地位，及时主动向县委请示报告人大工作中的重大问题、重要情况，坚决在思想上、政治上、行动上与县委保持同心、同向、同步。要把贯彻县委决策部署贯穿工作始终。紧紧围绕县委“三大定位”战略目标、“533”战略规划、“10+2”大事战略支撑和人民群众普遍关注的热点难点问题，依法审议决定事关全县经济社会发展的重大事项，坚持通过法定程序，把县委主张转化为全县人民的共同意志，确保县委各项决策部署全面贯彻落实。要把切实加强自身建设贯穿工作始终。大力加强党建和党风廉政建设，扎实开展“不忘初心、牢记使命”主题教育活动，严格执行中央“八项规定”，持续深化作风建设，真正把人大机关建设成为讲忠诚有信念的政治机关，全面担负起各项法定职责的工作机关，同人民群众保持密切联系的代表机关。

二、讲法治有权威，坚决维护公平正义，全面推进依法治县

法治是新时代社会治理的重要基石，促进依法治理、维护公平正义是我们责无旁贷的职责使命。积极促进全民普法。持续深化法治西充建设，深入推进“七五”普法工作，督促开展法律“七进”和“国家宪法日”宣传活动，切实增强社会各界尊法、学法、守法、用法的良好意识。加强常委会组成人员和机关干部职工法治教育，坚持会前学法制度，努力提升干部职工法律素养。大力促进依法行政。认真开展《中华人民共和国水污染防治法》执法检查，加强规范性文件备案审查工作，加大涉法涉诉信访案件督办力度，坚决保证法律法规全面正确实施。积极探索和改进任后监督方式，依法开展工作评议，认真进行履职满意度测评，全面跟踪督查行政首长参加行政诉讼情况，促进政府及其部门转变作风，依法履职，自觉接受人大监督。努力促进监察司法工作。全力支持监察工作有效开展，跟踪督促法院“基本解决执行难”工作，听取审议刑事检察、扫黑除恶工作专项报告，切实提升司法满意度和公信力。

三、讲责任有担当，坚决维护中心大局，全面助推经济发展

推动地方发展始终是人大肩负的重要责任。着力助推经济良性运行。坚持稳中求进工作总基调，依法审议计划、预算报告，严格落实国有资产、债务管理、审计查出问题整改情况向人大报告制度，做好预算联网监督平台建设工作，积极促进经济健康发展。着力助推“三大行动”落实落地。紧扣“产业年”行动，听取审议川东北有机农产品精深加工产业园运行、乡村旅游建设情况，督促实施乡村振兴战略，持续关注“中国有机农业第一县”建设，促进三产联动发展、融合发展。紧扣“项目年”行动，组织代表专题视察乡村振兴示范带、南西田园新城、南充科技职业学院等重点项目推进情况，促进项目顺利实施。紧扣“开放年”行动，支持政府大力招商引资、深化区域协作，积极构建全面开放新格局。着力助推民营经济繁荣发展。贯彻落实省、市民营经济发展有关会议精神，调研全县民营经济发展现状，听取审议专项报告，督促政府认真落实扶持政策，不断优化营商环境，推动各类经济主体竞相发展。

四、讲宗旨有情怀，坚决维护民生民利，全面保障群众合法权益

人大是人民的守护者。必须坚持以人民为中心，依法维护人民群众的根本利益。始终聚焦社会民生。听取审议全县脱贫攻坚工作报告，坚持县乡人大联动监督脱贫攻坚机制，持续开展“脱贫攻坚人大代表在行动”活动，全面助力决胜脱贫攻坚。继续加强环境保护工作监督，听取专项工作报告，督促审议意见整改落实，大力支持争创“生态建设标杆县”，坚决守护生态安全。跟踪督办残疾人保障法贯彻实施情况审议意见，审议全民健康保障计划实施、学前教育发展等情况，促进政府增加民生投入、完善公共服务体系、提升社会治理能力。继续关注县城小吃烧烤集中经营区运行情况，督促城区公共区域临时停车位规划管理工作，真正把人民群众关心关注的事情办好办实。促进代表履职为民。始终重视代表工作、做好代表工作，为人大代表依法履职搭建平台、提供服务。认真落实“双联系”制度，适时邀请代表参加有关会议和活动，力争实现代表参与闭会期间各项活动全覆盖，切实保障代表的知情权、参与权、表达权和监督权。加强代表履职管理，组织开展代表向选民述职活动，督促乡镇“人大代表之家”规范运行，促进代表紧密联系群众、认真履职尽责。跟踪督办建议意见。组织代表开展经常性调查研究，支持代表围绕中心大局，建诤言献良策。完善代表建议意见督办机制，认真做好交办督办工作，公开办理情况，着力提高办理质量和满意率。

各位代表，新时代托起新梦想，新作为铸就新辉煌。让我们更加紧密地团结在以习近平同志为核心的党中央周围，在中共西充县委的坚强领导下，牢记全县人民重托，团结一心，开拓奋进，努力开创人大工作新局面，为推动西充经济社会高质量发展贡献人大力量，以更加优异的成绩向中华人民共和国70华诞献礼!

名词解释

1. 三大定位：争当“有机农业排头兵”，打造“乡村旅游目的地”，建设“产城一体示范区”。

2. “1+3”决定：“1”指《关于全面推动习近平总书记对四川工作系列重要指示精神在西充落地落实的决定》，“3”指《关于加快推动高质量发展争当“有机农业排头兵”打造“乡村旅游目的地”建设“产城一体示范区”的决定》《关于集中力量抓好“10件大事”的决定》和《关于纵深推进全面从严治党构建县域良好政治生态的决定》。

3. “533”战略规划:“5”指决胜现代农业、工业振兴、旅游康养、城镇建设、乡村振兴“五大战场”;“3”指汇聚重点改革、精准招商、创新创业“三大动力”;“3”指强化依法治县、从严治党、基层党建创新“三大保障”。

4. “10+2”大事：“10”指“中国有机农业第一县”建设工程，50万亩现代农业特色产业基地建设工程，川东北有机农产品精深加工产业园建设工程，军民融合高端装备制造产业园建设工程，南（充）西（充）田园新城建设工程，海绵城市建设工程，西充县城市干道畅通提升建设工程，西（充）顺（庆）嘉（陵）快速通道建设工程，农业公园和乡村旅游目的地建设工程，南充科技职业学院建设工程（原四川建华职业学院项目）。“2”指“引嘉入西”

建设工程和南充市西充产业新城建设工程。

5. 三大行动：产业年、项目年、开放年行动。

6. “四讲四有”人大机关：讲忠诚有信念的政治机关，讲法治有权威的权力机关，讲责任有担当的工作机关，讲宗旨有情怀的代表机关。

7. 一府一委两院：“一府”是指县人民政府，“一委”是指县监察委员会、“两院”是指县人民法院、县人民检察院。

8. 放管服：简政放权、放管结合、优化服务。

9. 法律七进：法律进机关、进学校、进社区、进乡村、进寺庙、进企业、进单位。

10. 四河：虹溪河、宝马河、龙滩河、紫岩河。

11. PPP：政府为增强公共产品和服务供给能力、提高供给效率，通过特许经营、购买服务、股权合作等方式，与社会资本的利益共享、风险分担及长期合作关系。

12. 八大战役：蓝天保卫战、碧水保卫战、黑臭水体治理攻坚战、嘉陵江保护修复攻坚战、饮用水水源地问题整治攻坚战、环保基础设施建设攻坚战、农业农村污染治理攻坚战、“散乱污”企业整治攻坚战。

中国人民政治协商会议
第十届西充县委员会常务委员会工作报告

——在政协第十届西充县委员会第四次会议上

政协西充县委员会主席　付杰修

（2019 年 3 月 27 日）

各位委员、同志们：

现在，我代表政协第十届西充县委员会常务委员会，向大会报告工作，请予审议，并请列席的同志们提出意见。

2018 年工作回顾

2018 年是贯彻落实中共十九大精神的开局之年，也是西充努力争当“有机农业排头兵”、打造“乡村旅游目的地”、建设“产城一体示范区”的起步之年，全县经济和社会发展成功夺取满堂彩。一年来，县政协坚持中共西充县委对政协工作的全面领导，多次向县委专题汇报工作，邀请县委、县政府主要领导亲临政协机关参加调研座谈会议和协商议政会议。呈报的资政报告和协商专报，县委、县政府主要领导都能及时作出批示、批办。县政协常委会进一步增强“四个意识”、坚定“四个自信”、坚决做到“两个维护”，围绕“三大定位”战略目标、“533”战略规划战略路径、“10+2”大事战略支撑，坚持在建言资政和凝聚共识两个方面双向发力，为西充经济社会高质量发展作出了积极贡献。

一、一年来，我们始终紧扣中心大局建言资政，助力实施“533”战略规划

围绕“533 战略规划”建言议政。利用常委会议、主席会议对重点问题开展专题协商，形成协商成果 9 期，提出意见建议 58 条。开展乡村振兴试验区建设专题协商，就落实专项规划、突出产业支撑、推动融合发展、用活政策资源等提出建议。开展农村土地综合整治专题协商，提出强化项目统筹注重多规合一、体现地域特点助力产业发展、严把建设质量强化资金保障等建议。开展南西田园新城建设专题协商，重点围绕新城规划、品味风格、产城融合、城市功能等提出建议。

围绕“533”战略规划调研资政。通过县内视察、县外考察集聚各方面智慧力量，形成《关于西充红苕产业发展的调查报告》《关于营山县城市建设的考察报告》《关于西充经济高质量发展研究报告》报送县委；开展西顺嘉快速通道建设情况、多扶工业集中区和西充产业新城工业用水紧缺问题的调研，形成意见建议，受到市政协采用并印送市委、市政府主要领导参阅。

围绕“533”战略规划发声参政。借势借力省、市政协平台宣传西充、呼吁支持西充。持续在市政协全会、常委会议和专项协商会议上，围绕推进西

顺嘉快速通道建设、加快“撤县设区”进程等，提交集体提案、进行发言交流、争取上级支持；参加川陕革命老区政协协作交流座谈会，对接国家《川陕革命老区振兴发展规划》，结合西充农业发展实际和优势，提出振兴川陕革命老区的建议。协助做好全国政协调研组对西充一、二、三产业融合发展的调研视察，省政协对西充特色村镇建设和城乡融合发展等调研视察，市政协对西充新型农业技术服务推广体系建设和10件大事推进情况等调研视察，宣传推广西充，争取政策支持。发挥文史资料存史资政重要作用，组织西充农业发展历程中“亲历亲见亲闻”的各界人士，编纂《田园追梦——改革开放40周年西充现代农业发展纪实》。

二、一年来，我们始终践行以人民为中心的发展思想，协力增进民生福祉

坚持把民生作为政协民主监督的重点内容。组织开展涉及民生的视察监督15次，收集、办理委员反映社情民生提案40余件。先后对升钟二期建设、农村客运市场管理、民营医院管理、农产品质量监管、“河长制”工作、南充科技职业学院建设等组织开展集体视察，参与委员300余人次，提出意见建议62条。主席会议对农村公路养护管理、推进医疗改革优化医疗服务、规范居民住宅小区物业管理等重点提案进行协商督办。

坚持把社情民意信息作为政协反映民生的重要渠道。全年编送社情民意信息50条。向省市政协报送关于规范农业政策性保险的建议、关于乡村振兴的建议、关注中小学教师性别比例失衡的建议等信息，编印加强城南湿地公园管护、清除村道公路路障等社情民意信息。其中，省政协采用社情民意信息1条，市政协采用社情民意信息10条、专刊印发2条。

坚持把脱贫攻坚作为政协助推改善民生的主攻方向。聚焦脱贫攻坚，开展协商、调研、考察、提交提案和社情民意等履职活动771件（次），专题协商脱贫奔康产业园建设和管理工作，推动管理措施出台。在“企业帮村、界别帮点、委员帮户”活动中，结对帮扶贫困村64个，结对联系贫困户992户，通过个人捐助资金、募集社会资金、协调财政资金等形式帮助发展富民产业和建设基础设施。

三、一年来，我们始终发挥专门协商机构作用，着力广泛凝聚共识

通过专题协商凝聚共识。会同县委、县政府制定年度协商计划，明确了17个方面的协商议题。进一步完善全体会议协商、常委会议协商、主席会议协商、专题协商、对口协商等协商形式，通过广泛多层协商，把县委的决策部署和县政府的重大安排贯彻下去，把各界的智慧力量凝聚起来。

通过民主评议凝聚共识。按照县委部署，集中用3个月时间，对原县旅游局进行了民主评议，同时一并对相关部门协同推进旅游事业发展的情况进行延伸评议。坚持助推工作、助力发展，紧扣发展乡村旅游，围绕明确主题把准定位、规划引领逐点攻坚、创新机制激活资源、延展链条富县富民、加强领导加快推进等方面提出建议，把推动打造“乡村旅游目的地”的决策部署变成全县上下的自觉行动。

通过提案办理协商凝聚共识。坚持将提案办理协商贯穿于提案的提出、立案、交办、经办、督办、反馈各环节，把提案办理过程作为思想引领和广泛凝聚共识的过程，助力经济社会发展和民生改善。对127件立案提案，进行提案办理质量和提案自身质量综合评价，促进了提、办质效提升。

四、一年来，我们始终以加强政协党的建设为统领，努力提升能力素质

强化理论武装。深入学习领会习近平新时代中国特色社会主义思想、习近平总书记对四川工作系列重要指示精神、习近平总书记关于加强和改进人民政协工作的重要思想，认真落实中共中央《关于加强新时代人民政协党的建设工作的若干意见》和省委《实施意见》，党组中心组和主席会议、常委会议坚持分专题定期学习；组织政协委员和机关干部，在全国政协干部培训中心、中共延安市委党校专题学习；举办县政协委员政治建设和高质量履职培训班，邀请省市政协领导专题辅导。

推进履职实践。坚持以党的建设引领政协履职实践，聚焦发挥党组的领导核心、支部的战斗堡垒、党员的先锋模范作用，推进高效履职；围绕正确处理履职数量与履职质量、政协所为与政协所能、履职成果与履职成效、自身建设与履职尽责的关系，务实履职，其经验做法受到市政协领导批示肯定。

加强作风建设。统筹推进县政协党建工作和党风廉政建设，加强廉政风险防控，落实主体责任、一岗双责，严格执行中央八项规定及其实施细则精神；实行专委会“十个一”工作目标管理办法，细化专委会职责任务，加强综合评估考核；印发《关于进一步发挥界别作用的意见》，明确界别履职的平台、内容、制度机制和工作保障;量化考核委员“五个一”目标完成情况，实行政协常委年度履职报告，以良好形象增强履职效果。

各位委员、同志们，回望2018，我们充分履职尽责，广泛凝心聚力，同心共赴使命。我们深深地体会到：中共西充县委的坚强领导，为我们做好工作指明了政治方向；县人大常委会、县人民政府的真诚帮助和鼎力支持，为我们做好工作提供了坚强保障；全县各级各部门、各单位、社会各界的通力配合，为我们做好工作创造了良好条件；全县政协各参加单位、广大政协委员的共同追求和努力有为，汇聚了我们做好政协工作的强劲活力。你们的信任支持，你们的真挚情怀，大家的孜孜付出，为我们留下了难以忘怀的政协记忆! 在此，我代表县政协常委会，向关心、支持、参与政协工作的各级领导、各界人士和广大委员，表示崇高敬意和衷心感谢!

在总结工作的同时，我们也清醒地认识到仍存在一些问题和不足。主要是对人民政协高质量履职的措施、办法有待拓展；界别作用发挥还不平衡不充分；委员履职服务管理还需进一步优化；调研视察、提案建言、反映社情民意信息还需进一步加强。这些问题和不足，我们将高度重视、努力改进。

2019年主要任务

2019年，是中华人民共和国成立70周年，也是人民政协成立70周年。县政协工作的总体要求是：坚持以习近平新时代中国特色社会主义思想为指导，深入贯彻落实中共十九大、十九届三中全会，省委十一届三次、四次全会，市委六届八次、九次全会，县委十三届六次、七次全会精神，紧紧围绕“三大定位”战略目标、“533”战略规划战略路径、“10+2”大事战略支撑，坚持党对政协工作的全面领导和以人民为中心两大原则，突出团结和民主两大主题、着力建言资政和凝聚共识双向发力两大重点，建好政协委员和政协机关干部两大队伍努力实现高水平党建和高质量履职两大目标，认真履行政治协商、民主监督、参政议政职能，充分发挥协商民主重要渠道和专门协商机构作用，为努力争当“有机农业排头兵”、打造“乡村旅游目的地”、建设“产城一体示范区”贡献政协力量，以优异成绩迎接中华人民共和国成立70周年、人民政协成立70周年。

一、坚持把思想政治建设作为首要任务，维护核心、永跟党走

人民政协是政治组织，必须旗帜鲜明讲政治，不断加强思想政治建设，夯实共同思想政治基础。不断强化理论学习。深入学习贯彻习近平新时代中国特色社会主义思想、习近平总书记对四川工作系列重要指示精神、习近平总书记关于加强和改进人民政协工作的重要思想，开办履职能力提升班，轮训政协委员和政协干部。不断强化政治站位。进一步树牢“四个意识”,坚定“四个自信”,坚决做到“两个维护”，引导广大政协委员和社会各界人士不忘合作初心、继续携手前进。不断强化性质定位。引导委员进一步准确把握人民政协的政治定位、职能定位、作用定位，提高政治把握能力、调查研究能力、联系群众能力、合作共事能力，坚持把高质量履职贯穿政协工作全过程，发挥好专门协商机构作用，促进工作全面提质增效。

二、坚持把服务“三大任务”作为履职主线，精诚出力、助推发展

人民政协履行职能，只有在大局下思考、在大局下行动，才能明确主攻方向、把握着力重点、彰显意义价值。助推做强经济总量。围绕“经济总量突破150亿向160亿迈进”目标要求，抓好专题调研工作，紧扣园区建设、工业发展、乡村振兴等，努力形成高质量建言成果；抓好招商引资工作，通过政协系统、政协委员和党派团体界别，联系各界人士，为县域经济发展既献计又出力；发挥寓监督于协商之中的优势，围绕“10+2”大事等开展协商式监督，推动党政决策部署落实，为完成全县今年的发展目标贡献政协力量。助推南西蓬一体发展。运用集体提案、大会发言、社情民意等形式，推动在全县进一步形成“西充新未来、南西同城化”的发展共识，就融入南充发展的规划布局、产业填充、基础建设等方面，用好政协平台积极建言，争取市上关注支持；围绕南西田园新城和西充产业新城建设，组织开展调研视察，通过知情明政凝聚共识、促进发展。助推争创生态建设标杆县。进一步凝聚社会各界对“生态田园、有机西充”的发展共识，助推全面构建以有机农业为核心的绿色产业体系，组织开展调研、视察、协商，推动形成全社会共同参与生态文明建设的浓厚氛围，助力建设有机农业第一县。

三、坚持把人民政协为人民作为工作遵循，不忘初心、关注民生

人民政协是人民民主的重要制度，必须坚持以人民为中心，着眼满足人民日益增长的美好生活需要履职尽责。积极助推脱贫攻坚。继续做好“企业帮村、界别帮点、委员帮户”活动，加强组织协调，竭尽政协所能，集聚政协组织和政协委员的智慧力量，为我县同步实现全面小康发挥积极作用。积极助推环境保护。围绕落实河（湖）长制、饮用水水源地保护、乡镇污水处理等，组织委员调研视察、民主监督。积极助推民生实事。围绕县政府安排的30件民生实事，组织委员深入基层一线，认真调查研究，通过提案和社情民意信息等形式，反馈群众诉求、提出意见建议。

四、坚持把广泛凝聚共识作为发力重点，促进团结、汇集力量

人民政协是专门协商机构，必须多做解疑释惑、宣传政策、理顺情绪、化解矛盾的工作，使建言资政的过程，成为传递信心、凝聚共识、推进工作的进程。坚持把县委的决策部署传递下去。通过政协党组会议、常委会议、主席会议和专题协商会议等多种形式，组织开展情况通报、调研视察等多种方式，及时把县委的决策部署和县政府的重大安排传递下去。坚持把社会各界的智慧汇聚起来。进一步发挥好政协委员特别是界别的作用，加强各界别调研视察，针对性选择界别群众关心关注的课题和问题，一件一件打磨锤炼，充分集中集体智慧，扎扎实实形成有一定质量的切口小、方向准、接地气建言成果。坚持把各个方面的力量凝聚起来。通过走访座谈、联合调研、学习交流、联系联谊等形式，为社会各界人士了解西充搭建平台、助力发展提供渠道，广泛凝聚起推动西充发展的正能量。

五、坚持把党对政协工作的全面领导作为根本原则，提升素质、增强本领

人民政协是中国共产党领导的多党合作和政治协商的重要机构，必须全面贯彻落实新时代加强人民政协党的建设总体要求，保持政协工作正确方向。加强组织建设。按照安排部署，建立健全政协系统党的组织，落实政协党建工作有机构、有人员、有经费保障、有健全机制的要求，实现党的组织对党员委员的全覆盖、党的工作对政协委员的全覆盖。加强作风建设。严格贯彻落实中央八项规定及其实施细则精神，坚决反对形式主义、官僚主义，坚持不调研不立论、不研究不建言、不聚智不献策，进一步改进文风会风和调研视察考察工作，努力使政协履职心系发展、情牵民生、德润人心。加强能力建设。进一步加强政协两个队伍建设，搭建好委员履职平台、加强委员履职管理，严格机关管理、提升工作质效，努力打造“懂政协、会协商、善议政”“守纪律、讲规矩、重品行”的委员队伍和机关干部队伍。

各位委员、同志们！时间新故相推一往无前，事业接续发展永不止步。让我们更加紧密地团结在以习近平同志为核心的中共中央周围，在中共西充县委的坚强领导下，以共同意志为大局发声，以响亮声音为时代喝彩，以诚挚情怀为人民鼓劲，广泛汇聚努力奔跑、奋力追梦的西充力量，为争当“有机农业排头兵”、打造“乡村旅游目的地”、建设“产城一体示范区”做出新的更大政协贡献！

附　录

★经济社会发展

2018年西充县国民经济和社会发展统计公报

西充县统计局

（2019年4月21日）

2018年，面对艰巨繁重的改革发展任务和多重叠加的困难挑战，县委、县政府坚定以习近平新时代中国特色社会主义思想为指导，坚持稳中求进工作总基调，深入实施“533”发展战略，深化供给侧结构性改革，着力推动高质量发展，全县经济持续健康稳定发展，经济活力和韧性持续增强，经济运行呈现总体平稳、稳中有进、稳中有升、稳中向好的发展态势。

一、综合

国民经济持续较快发展。经市统计局审定，2018年全县实现地方生产总值（GDP）135.04亿元，按可比价格计算，同比增长9.6%。其中，第一产业增加值34.10亿元，增长4.2%；第二产业增加值50.77亿元，增长10.8%；第三产业增加值50.17亿元，增长12.7%。从生产的角度看，第一产业对经济增长的贡献率为12.1%，拉动经济增长1.2个百分点；第二产业对经济增长的贡献率为45.1%，拉动经济增长4.3个百分点；第三产业对经济增长的贡献率为42.8%，拉动经济增长4.1个百分点。人均地方生产总值25170元，同比增长9.2%。三次产业结构由2017年的26.4 ： 38.3 ： 35.3调整为25.2 ： 37.6 ： 37.2，与2017年相比，一、二产业占国民经济比重分别下降了1.2、0.7个百分点，第三产业提高了1.9个百分点。

民营经济保持快速发展。全年实现民营经济增加值78.59亿元，同比增长9.9%。其中，第一产业民营经济增加值17.76亿元，同比增长5.2%；第二产业民营经济增加值40.78亿元，同比增长10.2%；第三产业民营经济增加值20.05亿元，同比增长14.0%。民营经济占GDP的比重为58.2%，对经济增长的贡献率为 61.6 %。民营经济迅速发展壮大，已成为领跑县域经济快速发展的主导力量。

二、农业

2018 年，我县实现农林牧渔总产值 56.04 亿元（现价），同比增长 4.1%。其中，农业产值 31.27 亿元，同比增长 5.5%；林业产值 0.95 亿元，同比增长 5.7%；牧业产值 21.85 亿元，同比增长 1.9%；渔业产值 1.61 亿元，同比增长 6.7%；农林牧渔服务业产值 0.36 亿元，同比增长 7.6%。

全县年末耕地面积 49724.14 公顷，粮食作物播种面积 5.51 万公顷，同比增长 0.1%，粮食作物总产量达 30.96 万吨，同比增长 0.5%。其中，水稻播种面积 13853 公顷，同比增长 0.2%，产量 110134 吨，同比增长 0.6%；小麦播种面积 11747 公顷，同比下降 2.1%，产量 48807 吨，同比增长 1.0%；玉米播种面积 19599 公顷，同比增长 1.0%，产量 111714 吨，同比增长 1.0%；折粮薯类播种面积 8087 公顷，同比增长 0.4%，产量 33985 吨，同比增长 0.8%。

油料作物种植面积 15415 公顷，产量 40945 吨。其中，全县油菜子种植面积 10294 公顷，总产量达到 32342 吨；花生种植面积 4586 公顷，产量 8346 吨。棉花种植面积 187 公顷，产量 118 吨。蔬菜及食用菌种植面积 13650 公顷，产量 445698 吨。园林水果总产量 40319 吨，其中，柑橘类产量达 31330 吨，桃产量达 6463 吨。

2018 年，西充县持续强力推行生猪标准化、规模化养殖。全年肉类总产量 6.41 万吨，其中猪肉产量 5.33 万吨。全年出栏生猪 73.14 万头、牛 0.56 万头、羊 9.84 万只；生猪年末存栏 50.07 万头，牛年末存栏 0.95 万头，羊年末存栏 8.50 万只。

三、工业和建筑业

工业经济保持平稳增长，增速放缓。全年实现全部工业增加值 37.97 亿元，比上年增长 9.9%，对经济增长的贡献率为 31.7%。年末规模以上工业企业 89 户，全年规模以上工业增加值同比增长 10.9%。全年规模以上工业企业实现主营业务收入 193.62 亿元，同比增长 16.3%；实现总产值 198.24 亿元，同比增长 17.6%；工业销售产值 197.62 亿元，同比增长 18.5%，产品销售率达 99.7%；实现利税总额 19.75 亿元，同比增长 13.9%；利润总额 13.59 亿元，同比增长 14.5%。

全年全社会建筑业增加值 13.28 亿元，比上年增长 14.0%。年末资质以上总承包和专业承包及劳务分包建筑企业共 9 户。房屋建设施工面积 273.48 万平方米，同比增长 22.7%。其中，新开工面积 167.66 万平方米，同比增长 10.0%；房屋建设竣工面积 168.81 万平方米，同比增长 27.1%，其中住宅竣工面积 146.46 万平方米，同比增长 15.9%。

四、固定资产投资

投资增速较快发展。2018 年，西充县全社会固定资产投资达 132.33 亿元，同比增长 16.1%。分产业看，第一产业完成投资 18.71 亿元，同比增长 42.8%；第二产业完成投资 25.92 亿元，同比增长 48.8%，其中，工业投资 25.77 亿元，同比增长 49.1%；第三产业完成投资 87.70 亿元，同比增长 66.3%，其中交通运输投资 17.05 亿元，同比下降 8.5%。

五、国内贸易及旅游

（一）旅游业加快发展。紧扣市委对西充的“三大定位”和县委“533”战略规划，以打造立足成渝、面向西部的“乡村旅游目的地”为目标，加快推进项目建设，高端实施宣传营销，以乡村旅游为特色的西充旅游业快速发展。2018 年全县旅游接待人数 518.2 万人次，实现旅游综合收入 45.67 亿元，同比分别增长 19.2%，19.0%。一是品牌创建推进有力。积极开展 A 级景区创建工作。双龙桥中国有机生态循环第一村、古楼香桃源国家 3A 旅游区创 A 工作有序推进，迎检软件全面完成，硬件设施基本建成，11 月中旬接受省、市验收，年底完成创建工作。成功创建晋城镇白鹤观村、双洛乡老家湾村、同德乡九头湾村为省级旅游扶贫示范村，创建古楼镇赵家庙村为省级乡村旅游精品村寨，创建太平镇冯老四农家乐、金泉星科农业园区为省级农家乐园、省级养生山庄。二是重点项目进展迅速。桐子河景区建设项目，投资约 5000 万元，新建跑马场 3000 平方米，乡村大舞台5000平方米，滑草场2000平方米，乡村大食堂2000平方米，旅游厕所90平方米，停车场2000平方米，栽植泡桐树、黄桷树、砂糖橘3000株，紫玉兰3000株，旅游道路拓展8公里。张澜故里提档升级项目，完成项目可行性研究报告。罗家沟景观工程专项规划，完成项目立项审批、施工设计、图审、预算财评等工作。厕所革命项目。投资约225万元，建成张澜故居国家4A级景区、仙林牡丹园、川北水乡旅游区等景区5座星级厕所。三是大力开展自主营销。成功举办了西充县第六届桃花节、品果节以及仙林首届牡丹文化节、青禾庄园首届蚕桑文化节、双洛乡第二届荷花文化节等文化旅游节庆活动，吸引成渝西（安）等地和南充周边县市游客近300万人次，旅游综合收入达25亿元，带动旅游从业人员上万人，实现人均增收1000元。四是积极开展整体营销。赴西安、乐山、重庆等地，参与省市旅游整体营销，推介宣传西充旅游文化、精品线路和特色旅游商品。利用四川省旅游政务网、南充市旅游政务网、四川民生报道网、今日头条、爱西充旅游网等平台，刊发西充文化旅游外宣文章200余篇。策划制作西充最新旅游宣传折页，筹建APP平台，以新媒体方式宣传西充文化旅游和经济社会形象。吸引重庆、广安、遂宁等地游客组团到古楼、双龙桥、张澜故居、百科园观花赏景，游生态西充，享有机生活。

国内消费持续活跃。2018年，全年实现社会消费品零售总额67.59亿元，同比增长12.4%。按销售所在地划分，城镇市场实现零售额44.71亿元，同比增长11.6%；乡村市场实现零售额22.88亿元，同比增长14.2%。按行业分，餐饮收入12.75亿元，同比增长14.3%，其中限额以上企业（单位）餐饮收入5.19亿元，同比增长14.9%；住宿业收入0.92亿元，同比增长14.0%；零售业收入44.68亿元，同比增长11.9%，其中限额以上企业（单位）零售收入10.39亿元，同比增长15.8%；批发业收入9.24亿元，同比增长12.6%，其中限额以上企业（单位）批发收入0.29亿元，同比下降9.5%。

六、交通、邮电

2018全年交通运输、仓储和邮政业实现增加值28424万元，同比上升5.3%。2018年全县道路运输经济运行质量呈持续增长态势，运输效率和运输服务保障能力明显提升。在国家节能减排的政策下，积极更新安全、经济、节能、低耗的车辆，全县拥有道路运输业户525户，其中，道路客运企业3户，城市公交2家，出租车企业3家，货运企业6家，个体货运业户372户，维修企业（业户）139家（其中一类1家，二类13家，三类125家）。

全县拥有客车213辆，出租汽车130辆，货车619辆；客运班线69条，其中，省际班线5条，市际班线6条，县际班线15条，县内农村客运班线43条；二级客运站2个；汽车驾驶培训教练车226辆，教练员312人。道路运输从业人员共计2242人，其中，道路旅客运输驾驶员806人，道路货物运输驾驶员1436人，协助市局做好驾驶员继续教育工作，累计继续教育培训6302人。客车、出租汽车中高级比例稳步增长，客运车辆达到88辆，中高级车占总数的41%以上，出租汽车、县际以上班车、公交车乘坐舒适度有了大幅度提升。货运车辆趋向公司化、专业化。

全年邮电主营业务收入26149.35万元，其中，移动主营业务收入10220万元。年末固定电话用户40965户。年末移动电话用户364700户，比上年增加34.3%。固定互联网用户达到89630户，比上年增长31.6%。

七、财政和金融

2018年全县财政收入有所增长。实现地方一般公共预算收入70046万元，同比增长15.5%。其中，各项税收39097万元，同比增长24.9%。地方一般公共预算支出371765万元，同比增长5.4%。其中，一般公共服务支出33783万元，同比增长53.3%；教育支出63987万元，同比增长0.9%；城乡社区事务支出81681万元，同比增长89.6%。

金融业稳定运行，各金融机构经营状况良好。2018年年末，我县金融机构各项存款余额211.09亿元，比年初减少 0.4%。其中，住户存款 171.36 亿元；非金融企业存款 10.72 亿元；广义政府存款 29.01 亿元。我县金融机构各项贷款余额 109.91 亿元，比年初增长 10.0 %。其中，住户贷款余额 46.94 亿元。非金融企业及机关团体贷款 62.97 亿元。年末，驻县金融机构各项存款余额 206.83 亿元，比年初增长 1.1%，驻县金融机构各项贷款余额 109.91 亿元，比年初增长 10.0%。

八、教育和科学技术

优先发展教育事业。2018 年年末，全县校点数合计共有 110 所(民办 54 所)。其中，普通高中 6 所(其中民办 1 所)，初中 37 所（其中民办 1 所），完全小学 11 所，幼儿园 53 所（民办 51 所），特殊教育学校 1 所，中职学校 2 所(民办 1 所)。全县在校学生数 54174 人。其中，职业高中生 2693 人，同比增加 16.58%；普通中学在校学生 17761 人，同比减少 0.80%，高中毕业率 100.00%；小学在校学生 22965 人，同比增加 1.36%。学龄儿童入学率 100.00%，初中升学率 100.00%。全县在职专任教师 4275 人，其中，普通中学 2684 人，小学 949 人。

科技“双创”纵深推进。大力开展国家创新型县申报工作，顺利通过省级评估论证，正有序推进科技部资料验收等工作。积极组织企业参加第二届“嘉英荟·南充双创大赛”，成功举办并组织 56 家企业参加“双创”大赛西充选拔赛，7 家企业进入第二届“嘉英荟·南充双创大赛”年度总决赛。加快创新创业平台建设，科技孵化中心、“双创”中心建成并投入使用，招引立民科技、振成电子等 5 家企业入驻园区；建成省级技术中心 5 家、市级技术中心 15 家。扎实推进科技型中小微型企业认定管理，新培育科技型中小微企业 90 余户；注重科技创新和科学规划，完成高新技术产业产值 30 亿元、技术交易合同登记 850 万元，企业研发经费投入 1.1 亿余元；指导企业申报国、省、市重点项目 19 个资金 730 万元，其中 4 个项目已获得省科技计划专项资金 300 万元。完成专利申报 270 件，其中发明专利 60 件。

九、文化、卫生和体育

文化体育事业蓬勃发展，群众性文体活动丰富多彩。2018 年全县有文化馆 1 个，社会事业服务中心(综合文化站)44 个，农家书屋及社区书屋 621 个，公共图书馆 1 个，公共图书馆图书总藏量 78000 册，文物保护单位 29 个（其中，国家级 1 个，省级文物保护单位 11 个，市级文物保护单位 17 个）。文化下乡，共演出 105 场（次），观看人数达 10 万人。有网吧 35 处，其中，查处违法（规）经营网吧 11 个，处罚金额 3 万元。

坚持全民参与，体育事业加快发展。积极落实《西充县全民健身实施计划（2016—2020 年）》，扎实开展迎新春、庆五一、8 月 8 日全面健身日、庆国庆、冬季健身五大系列全民健身活动，组织开展万人长跑，健身展演，篮球、羽毛球和乒乓球比赛等系列活动；顺利承办县第六届桃花节“千人户外健身徒步”比赛和第二届美丽乡村自行车环形骑游赛，协办第七届“南充 1783 百里徒步”活动、西充县 2018 年警体运动会；成功举办八人制周末足球联赛，组队参加市第四届老年人健身交流大会和市第三届篮球联赛。扎实推进学校体育场馆等公共体育设施向群众免费开放，不断提升现有体育场馆使用率、服务水平和社会满意度，完成体育场馆免费开放体育锻炼 10 万余人次；建成全民健身路径 12 个。强化对全县 17 个体育协会、419 个各类体育健身组织的管理与指导，培训省、市各级社会体育指导员 108 人次。体育竞技活动取得新成就，为省、市足球、射箭队输送优质运动员 57 人。举办体育健身活动 30 余场次，参加人数达 2 万余人次，其中参加县级运动会 1.2 万余人，参加全国、省、市比赛达 150 余人次。2018 年西充籍运动员在全国及省、市举办的各类体育赛事中，共取得了 46 枚奖牌，其中，金牌 15 枚，银奖 8 枚，铜奖 23 枚。

2018 年年末全县有卫生机构 659 个（含村卫生室 611 个)，实有床位 3859 张，卫生技术人员 2306 人。其中，执业医师 702 人，执业助理医师 98 人，注册护士 888 人，其他卫生技术人员 618 人。在所有卫生机构中，有公立医院 2 个，实有床位 1200 张，卫生技术人员936人；有农村卫生院45个，实有床位784张，卫生技术人员483人；有妇幼保健机构1个，卫生技术人员119人；有疾病预防控制机构1个，卫生技术人员47人；有卫生监督所1个，卫生技术人员11人。

2018年，广播电视基础设施进一步完善，扩大有线电视网络覆盖，大力推进农网村级数字电视整转。广播电视综合覆盖人口达51万人；全县有线电视传输干线网络总长达800公里，年末电视收看频道146个，其中县设频道3个。有线电视入户率95%，电视覆盖率100%。广播电视总收入1800万元。有乡镇广播站44个，村广播室588个，广播喇叭3600个，广播通村率100%，广播覆盖率100%。2014年年底全面已完成行政村“村村通”和“村村响”工程。

十、人口和就业

根据公安人口统计年报，全县年末总人口60.07万人（未含16岁以上未采集人头像年龄段人口数）。其中，城镇人口12.80万人，乡村人口47.27万人。全年出生人口6035人，人口出生率10.05‰；死亡人口4942人，人口死亡率8.23‰，人口自然增长率为1.82‰；全年迁入1500人，迁入率0.25‰，全年迁出7796人，迁出率1.30‰，总迁移率1.55‰，人口净迁移率-1.05‰。年末城镇化率40.86%。

全县输出农村劳动力20.08万人，实现劳务收入39.88亿元，全年农村劳动力技能培训1970人，年末城镇登记失业人员1389人。

十一、人民生活和社会保障

2018年，实现城镇居民人均可支配收入25152元，同比增长8.6%。城镇居民人均消费性支出15662元，同比增长7.9%，其中，食品支出6926元，同比增长7.7%。城镇居民家庭恩格尔系数44.2%。

农村居民人均可支配收入12093元，比上年增收1063元，同比增长9.6%。其中，工资性收入3347元，比上年增加228元，同比增长7.3%；家庭经营收入4707元，比上年增加182元，同比增长4.0%。农民人均生活消费支出10341元，同比增长8.6%。其中，食品支出4297元，同比增长1.4%。农村居民家庭恩格尔系数41.6%。

城乡基本医疗保险参保人数50.39万人，参加失业保险人数1.3万人；城镇基本养老保险参保人数（含退休人员）7.8万人；城镇居民最低生活保障人数11916人，农村居民最低生活保障人数63316人；参加城乡居民社会养老保险人数23.9万人；各种社会福利收养性单位40个，床位数2397张。

注：

1. 公报中各项数据为初步统计数，正式数据以《西充统计年鉴2019》为准。部分数据因四舍五入的原因，存在着总计与分项合计不等的情况。

2. 公报中地区生产总值、各产业增加值绝对数按当年价格计算，增长速度按可比价格计算。地区生产总值核算执行国家统计局新的《国民经济行业分类》和《三次产业划分规定》，即第一产业指农、林、牧、渔业（不含农、林、牧、渔服务业），第二产业指工业（不含开采辅助活动，金属制品、机械和设备修理业）和建筑业，第三产业即服务业，是指除第一产业、第二产业以外的其他行业。

3. 公报中林业、渔业、农业机械化、交通运输、邮政、电信、金融、旅游、财政、教育、科技、文化、卫生、体育、社会保障和人口自然增长率数据来源于林业局、水利局、交通局、邮政局、电信部门、人民银行西充分行、旅游局、财政局、教育体育和科技局、安监局、人社局、民政局和卫计局等相关部门。

★调研文章

关于深入实施同城一体发展战略
将西充率先建成南充城市副中心的调研报告

中共西充县委副书记、县长　张光全

当前，西充全县上下深入学习贯彻党的十九大精神、习近平新时代中国特色社会主义思想“四川篇”和“果州十二问”，全面落实党的十九大报告“区域协调发展战略”、省委“一干多支”发展布局和市委推进“南西蓬”一体化发展战略，以“大学习大讨论大调研”活动为契机，就“深入实施同城一体发展战略，将西充率先建成南充城市副中心”（南充城市副中心，是指南充主城的城市副中心，不是南充市全域的城市副中心）进行了深入调研。现将有关情况报告如下。

一、南充建设城市副中心的必要性分析

城市多核心理论认为，大城市不是围绕单一核心发展的，而是逐步由单中心向多中心发展的。我国很多大城市发展的经验表明，大城市经济的快速发展除了中心城区的拉动外，还需要副中心作为支撑。南充作为四川省第二人口大市、“双过百”大城市，一方面，由于激烈的发展竞争，需要建设副中心，形成新的发展“增长极”（“增长极”理论认为，区域经济发展主要依靠条件较好的少数地区和少数产业带动，应把少数区位条件好的地区和少数条件好的产业培育成经济增长极）；另一方面，南充中心城区发展到现在，已经具备建设城市副中心的条件。顺应城市发展规律、立足南充发展实际，建设城市副中心，对促进南充跨越发展、高质量发展具有十分重大的现实意义。

（一）建设“成渝第二城”，标兵渐远、追兵逼近，需要建设城市副中心，形成新的发展增长极。南充是《成渝经济区发展规划》定位的成渝经济区的北部中心城市，是《成渝城市群发展规划》定位的南遂广城镇密集区的区域中心城市。“南充新未来·成渝第二城”是市第六次党代会确定的战略目标，开启了南充“大城崛起”的发展新征程。但是从成渝城市群其他主要城市的发展来看，南充建设“成渝第二城”正面临极大的冲击和挑战。

一是从经济发展来看，各地竞争异常激烈。2017年南充地区生产总值达到1827.9亿元（全省第五），增长8.5%。但从近两年的发展“成绩单”来看，南充地区生产总值总量差距正在被绵阳、德阳、宜宾不断拉大，被泸州逐渐逼近。

二是从城市规模来看，各地发展势头正劲。南充在2012年9月正式进入“双过百”Ⅱ型大城市行列，到2017年，中心城区常住人口达到125万人，建成面积达到126平方公里，保持4.4万人/年、5平方公里/年的增长速度，城镇化率为46.5%。与绵阳、德阳、宜宾、泸州相比，南充城镇化率较低，中心城区常住人口、建成面积年均增长速度较慢（表1），城市规模有待进一步拓展、发展水平有待进一步提升。

三是从副中心建设来看，各地已经抢先起跑。成渝城市群中，除成渝两地外，绵阳、德阳、宜宾、泸州等地已通过疏解中心城区人口、协调区域功能布局等方式，启动了城市副中心建设。比如，绵阳正在加快推进安州区建设，德阳已经建设有罗江副中心，宜宾正加快推进岷江新区、金沙新区、临港新区、南溪新区四大城市副中心建设，泸州正在加

表 1 成渝城市群主要城市发展情况对比

序号	城市	2012 年			2017 年		
		中心城区常住人口（万人）	中心城区建成面积（km^2）	城镇化率（%）	中心城区常住人口（万人）	中心城区建成面积（km^2）	城镇化率（%）
1	南充	103	101	39.34	125	126	46.5
2	绵阳	107	107.5	43.64	132.8	139.1	51.01
3	德阳		64.29	44.79			51
4	宜宾	82.51	79.85	41.08	119	118	48.12
5	泸州	100.97 ★	101.05	41.73	151.62 ★	153.88 ★	48.95

快推进南部副中心和北部副中心建设。南充城市副中心建设起跑较晚。

因此，南充作为全省经济版图的重要组成部分，在深入实施“155”发展战略、建设“南充新未来·成渝第二城”中，亟须整合区域生态、产业、旅游、文化等资源，建设一个城市副中心，形成新的发展“增长极”。

（二）建设区域中心城市，双核竞争、态势逼人，需要建设城市副中心，提升区域中心城市能级。市委朝华书记明确指出，“区域中心城市是大城崛起的首要标志”。南充历为都、州、郡、府、道之治所。1949 年后，历经“川北首府”“川东北区域中心城市”“成渝城市群北部中心城市”的演变，始终是川东北经济、商贸、金融和教科文卫中心。随着各地竞相发展，南充的川东北“领头雁”地位，正面临排名第二城市——达州市“后发赶超”的危险。

一是从发展定位来看。早在 2014 年，省上就已首次明确了南充和达州的川东北经济区“双核（川东北经济区发展规划 2014—2020 年）”地位，并明确提出将达州列为四川重点建设的百万人口区域中心城市，既形成双核互动的强劲态势，又形成双核竞争的特殊考验。就省级层面而言，南充作为区域中心城市“一枝独秀”的优势并不明显。

二是从交通区位来看。南充虽然是当前川东北城市群中综合交通条件最好的城市，铁路、公路、水运、航空一应俱全，但达州区位条件不容忽视。达州地处川渝鄂陕四省市结合部，是四川对外开放的“东大门”。进入高铁时代，省上全力支持达州高铁建设（在 2016 年全国两会上，四川以全团名义提出《关于支持西渝高速铁路线路经达州、广安方案的建议》），一旦西渝等高铁建成，达州将成为全省除成都、宜宾外，唯一的国家“八纵八横”高铁线交汇城市。在航空方面，达州机场迁建工程将于 2018 年年底竣工投入使用，其体量与高坪机场相当。在水运方面，随着渠江风洞子航运枢纽工程建成，达州将具有 1000 吨通航能力的Ⅲ级水上黄金通道，将对南充综合交通枢纽地位形成挑战。

三是从发展势头来看。达州“短短 5 年时间，中心城区面积增长了 40%，截至 2017 年年底，中心城区面积达到 90 平方公里，中心城区人口从 78 万增长到 100 万（《四川日报》2018 年 1 月 11 日 07 专刊）”，将在 2018 年正式成为“双过百”Ⅱ型大城市。届时，南充作为川东北唯一的“双过百”Ⅱ型大城市的优势将被削弱。

因此，南充要巩固川东北大城市“首座”地位，亟须建设一个城市副中心，加快向更高能级的Ⅰ型大城市挺进，力争率先成为全省非省会城市中首个“双超两百”（中心城区面积超过 200 平方公里、人口超过 200 万人）城市。

（三）推动城市高质量发展，问题显现、矛盾待解，需要建设城市副中心，优化中心城区整体布局。经过数十年发展，南充中心城区不断扩大，但诸如“大城市病”等大城市发展中普遍面临的问题也随之而来。当前，南充中心城区已具备“城市具备较大规模，城市经济产业发展到一定阶段，特殊的地理空间结构（刘贵文等《浅析城市副中心的形成与发展理论及贵阳的城市副中心选择》）”等催生城市副中心形成的条件。

一是城市规模前景在望，需要拓展发展空间。根据《南充市城市总体规划（2010—2020）》显示，中心城区人口和建设用地到2020年将达到135万人~140万人、150平方公里，到2030年将达到190万人~200万人、190平方公里，终极规模可达248万人、258平方公里。这就意味着，在现有基础上中心城区人口、建设用地将实现翻番。特别是在全省“一干多支”发展格局中，南充将迎来更大的发展机遇，如此巨大的人口增长和城市发展，需要新的更大城市发展空间。

二是地理空间结构特殊，需要实现重点突破。一方面，中心城区发展地理空间受限。受“清泉寺山—西山”“凌云山—朱凤寺山”左右两条南北走向的山系所阻，中心城区主要沿嘉陵江而建，呈“以江为轴、拥江发展”的格局。从地形上看，向西充方向发展空间较大。另一方面，中心城区土地开发空间有限。根据《南充市城市总体规划（2010—2020）中心城区审视完善规划》开发边界划定图和土地资源及承载力分析图显示，在中心城区建成区的基础上，仅有一类用地（最适宜建设）55平方公里、二类用地（适宜建设）98平方公里，且主要集中在中心城区北部和南部，但南部区域主要临江，大部分为限建区。可开发用地主要集中在中心城区北部和西充方向。

三是功能布局不够合理，需要进行部分疏解。一方面，目前南充中心城区的九大功能片区中，具备中央商务区（CBD）功能的有顺庆中心片区、高坪江东片区，二者仅一江之隔。又主要集中在以五星花园为中心、不到4平方公里的核心商圈内，相对于南充作为区域中心城市的巨大经济辐射范围，其CBD功能区显得太小。另一方面，由于历史原因，中心城区还有大量文化、教育、体育、医疗、卫生等功能，不仅占用了大量宝贵的中心城区建设用地，导致无法进入新的更多商业经济，无法形成更大的CBD功能区，无法满足南充长远发展对城市辐射范围的需求，反而加重了CBD功能区的交通负担，对CBD功能区的干扰明显，需要进行部分功能疏解。

四是主导产业发展迅猛，需要更多承载空间。市第六次党代会明确指出，要大力实施“155”发展战略，做大做强汽车汽配、油气化工、丝纺服装、现代物流、现代农业“五大千亿产业集群”。到2020年产值将分别突破1000亿元、700亿元、600亿元、650亿元、1000亿元。可以预见，“五大千亿产业集群”“五大百亿战略性新兴产业”将实现快速发展、壮大崛起。但南充中心城区目前建设的潆华工业集中区、航空港工业集中区、嘉陵工业园、经开区化工园区、现代物流园等产业园区，随着中心城区规模的快速扩张，正面临被城市“包围”的局面，极大限制了园区的可持续发展，需要提前谋划、提前布局更大的园区承载平台。

五是“大城市病”日渐突出，需要切实加以解决。随着中心城区规模持续扩大，土地昂贵、交通拥堵、环境污染等问题相继出现。其一，由于中心城区可开发空间有限，新增开发项目较多，造成土地价格不断攀升。据央视财经新闻报道，2018年2月南充房价环比涨幅居全国楼市涨幅榜首位。中心城区大部分新开发商品房每平方米均价突破万元大关。其二，中心城区人均道路面积13.3平方米（南充市2016年国民经济和社会发展统计公报），低于全国平均水平。全市机动车保有量已突破85万辆(南充市公安局交警支队车管所2018年5月2日公布数据)，居全省第三，平均每9个人就至少拥有1辆车。加之火车站、城北汽车站、长途汽车站等交通枢纽基本在城区内，加重了交通拥堵。南充城市交通高峰拥堵延时指数达到22.55，排名全国第三十位、四川第二位（2017年中国主要城市交通分析报告)。其三，随着城市人口不断增长，中心城区水环境、大气质量等方面问题日渐突出。比如，2017年中央环保督察交办问题，中心城区占全市总量的50%。

因此，南充要解决大城市发展中面临的普遍问题，推动城市高质量发展，亟待建设一个城市副中心，疏解城市功能、缓解城市压力、预留发展空间。

二、西充建设南充城市副中心的可行性分析

城市副中心理论认为，副中心是在城市中心发展出现规模不经济，大城市病比较严重，CBD功能向外扩散过程中伴随而产生的位于城市边缘区的城市新功能的集聚点和结合点（刘伟等《北京城市副中心的形成定位及战略要求分析》），是大城市演化的必然产物。专家研究认为，某片区域发展成为城市副中心一般应具备五大要素（刘贵文等《浅析城市副中心的形成与发展理论及贵阳的城市副中心选择》）。一是区位要素，具备优势区位，容易接收饱和溢出的人口和补充功能的产业。二是发展要素，具备一定的人口、经济、产业基础，承接城市中心的功能转移。三是空间要素，具备足够大的人口、产业等的承载能力。四是交通要素，具备完善的交通功能，保障人口膨胀和对外往来的需求。五是社会要素，具备政府规划和政策支持，缓解中心城区压力。从西充的现实基础、发展潜力等方面来看，完全具备建设南充城市副中心的基础和条件。

（一）区位条件优越，与中心城区之间有最适宜的距离。城市副中心应当与中心城区保持适当空间距离（丁健《现代城市经济》）。太近，完全处于中心城区辐射范围以内，无法弥补中心城区辐射空白；太远，则空间阻隔较大，增加发展成本，辐射带动不强。根据南充中心城区2030年发展目标和终极发展目标测算，副中心与中心城区保持15~25公里为宜（由中国城市规划设计研究院测算）。西充是距离南充中心城区最近的县。县城、南西田园新城、多扶产业新区分别距离中心城区仅26公里、20公里、12公里。西充与顺庆、嘉陵接壤长度达70多公里，西充多扶镇、金山乡已经分别与顺庆共兴镇、同仁乡实现了连通发展，为要素流动、产业协作奠定了基础。

（二）发展势头迅猛，正处在历史上发展最好的时期。西充虽然是南充地域最小、人口最少的县。但近年来，西充县始终保持快速发展，2017年城区常住人口达21万人、城区建成面积达20平方公里，城镇化率达40%。近5年GDP增速均高于全国、高于全省、高于全市。2017年，GDP增速居全市第一，固定资产投资、三产增加值等7项主要经济指标增速位居全市前列。西充是南充国家现代农业示范区、南充国家农业科技园核心区、南充市现代农业千亿产业集群核心基地，已建成现代农业基地38万亩，11.3万亩基地、100个品种通过有机认证，有机农业规模稳居西部第一，“好充食”区域公用品牌享誉全国、走向世界。西充是南充市创新驱动发展试验区（北区），多扶工业集中区、川东北农产品精深加工产业园、南充西充产业新城、军民融合高端装备制造产业园、太极生物医药谷等产业园区平台加快发展，规模以上工业企业达82家，新型工业实现爆发式增长。西充是省市乡村旅游文化节举办地，张澜故居4A级景区、充国香桃源、中国有机生活公园等一大批景区相继建成，成为成渝西（安）乡村旅游重要节点。随着川东北（南充）康养中心、南西田园康养生态城等一批健康养老项目的快速崛起，西充将成为川东北地区高端消费人群居家、养老、养生的首选地。西充完全具备承接南充中心城区产业转移和功能疏解的条件。

（三）开发潜力巨大，是“南西蓬”一体化区域内空间承载力最强的地区。一是生态环境良好。近年来，西充高度重视生态文明建设，是全国闻名的生态经济强县、有机农业大县，生态禀赋优良，森林覆盖率达45%，远高于周边地区。二是城市潜力巨大。西充是全省17个“城市双修”县试点城市之一，是全省十个之一、南充唯一的“海绵城市”建设试点县。当前，两项试点正加快建设。一旦建成，城市承载力将得到极大提升。这是周边同类县所不具备的优势。三是可开发空间巨大。城市发展理论和国外大城市实践表明，为防止城市“摊大饼”式的蔓延，很多城市采取轴向发展的方式，引导城市定向发展（倪前龙《国外大城市空间发展模式及其借鉴》）。西充与南充中心城区之间的“走廊”地带就是天然的发展轴线。在国道212线的基础上，西充正规划建设西（充）顺（庆）嘉（陵）快速通道、

潆华大道北延线，并沿此三条轴线规划建设80平方公里的南西田园新城。据《南—西—蓬经济区总体发展战略规划（2013—2030年）》用地布局概念性指引图显示，三条轴线两侧完全具备建设南充城市副中心的空间要素。

（四）基础设施完善，具有与中心城区互联互通最便捷的交通网络。城市副中心理论认为，城市交通条件的改善，可以提高交通可达性和交流效率，缩短地域间的时空距离，让企业和居民可以选择在城市边缘地区生产生活。当前，西充已经全面完成域内国、省干线提档升级。到今年10月绵西高速公路建成通车，西充将实现5条高速公路穿境交汇的"壮举"，高速公路通车里程达118公里，拥有落地互通9个，所有乡镇可在半小时内通达高速公路，形成内联外畅、高效便捷的高速公路网络。随着西顺嘉快速通道、潆华大道北延线和南充城市轨道交通的相继建成，西充通达中心城区的时间将由目前的30分钟缩短至15~20分钟。同时，西充是四川规划建设的南充三个之一、"南西蓬"一体化发展区域唯一的通用机场布局地（四川省通用机场布局规划2016—2030年）。目前，中国有机生活公园低空飞行航线已覆盖全市。

（五）政策优势明显，具有同城一体发展最好的机遇。城市副中心理论认为，城市副中心是城市内生发育与外在规划共同作用下形成的特殊区域(史卫东等《城市副中心规划建设的理性思考——以上海真如副中心为例》)。外在规划和政策是重要的引导力量。比如，北京通州新区、河北雄安新区等。其一，市第六次党代会明确提出了推动"南西蓬"一体化发展的重大部署，把西充作为南充建设"双超两百"城市的重要版块和支撑节点。其二,在《南—西—蓬经济区总体发展战略规划（2013—2030年）》中，已初步将西充定位为副中心城市。其三，当前顺庆正向北加快推进潆溪片区开发，西充正向南推进南西田园新城、多扶产业新区发展。"相向发展"为西充建设南充城市副中心奠定了坚实基础。其四，西充与南充中心城区地缘相近、历史相承、文化同源、自古一体。实施同城一体发展是68万西充人民的共同夙愿。从南充卫星城到南充后花园，再到西充撤县设区，到如今的南充城市副中心，无不反映出西充人民融入主城的殷切期盼。

三、西充建设南充城市副中心的战略支撑和目标路径

围绕落实省委"一干多支"发展布局和市委建设"成渝第二城"重大战略，西充县将深入实施市委"155"发展战略和县委"533"战略规划,以建设"中国西部现代农业公园"为统揽，坚持国际标准、高点定位、特色发展，一张蓝图绘到底、一届接着一届干，加快推进南充城市副中心建设。

（一）西充建设南充城市副中心的战略支撑。为深入实施同城一体发展战略，西充县将坚持"融入主城、出位发展，发挥优势、错位发展，城乡一体、融合发展"，大气魄、大手笔规划建设80平方公里的南西田园新城，建设高质量的生态宜居城市。

一是构建"三条轴线"总体布局。概算总投资500亿元，可吸纳人口20万人，围绕西顺嘉快速通道、国道212线、潆华大道北延线三条轴线，推进南西田园新城建设。

二是构建"三带同构"空间布局。重点做强西充城区功能，建设多扶至潆溪高新技术产业带、城南至潆溪乡村振兴示范带、西顺嘉沿线宜居康养休闲带。

三是构建"四方并进"发展格局。组团发展创新科教小镇、康养文旅小镇、商贸宜居新区、生态绿色长廊，形成"北产、南旅、西居、中生态"的发展格局,全力建设融入南充主城的先导区、桥头堡、后花园，强力推进与南充中心城区快速接龙。

（二）西充建设南充城市副中心的目标定位。西充县将大力实施市委"155"发展战略和县委"533"战略规划，充分发挥比较优势，主动承接中心城区产业转移和功能疏解，结合西充实际、着眼长远发展，对建设"中国西部现代农业公园"战略目标，进一步项目化、具体化、工程化，着力打造"三区三地"，建设南充城市生态宜居区、全域乡村旅游度

假区、城市健康养老聚集区、全国有机食品供给地、农产品精深加工基地、川东北职业教育基地。

建设南充城市生态宜居区。坚持既要“金山银山”，更要“绿水青山”，全面加强生态保护、治理、建设，确保森林覆盖率达50%以上，人均城市公共绿地面积达15平方米以上，让绿色成为西充最靓丽的主色。对接市委“城市建设板块”重大工程项目，大力实施海绵城市和城市双修等重大项目，全面提升西充城市发展承载力，力争城镇化率达50%以上。建设低密度、高品质住宅小区，打造慢生活、田园式、高品位的生态宜居新城，将西充打造成为南充精致舒适、宜居宜业的山水园林城市。

建设全域乡村旅游度假区。依托张澜故居4A级旅游景区、青龙湖国家湿地公园、中国有机生活公园等特色优势资源，深化全国休闲农业与乡村旅游示范县建设，打造全域覆盖的农业休闲观光、自然生态景观、历史人文体验等乡村旅游精品线路，做响桃花节、品果节等节会品牌，策划乡村文体赛事、民俗文化体验、有机产品品鉴等活动，力争旅游综合收入年均增长20%以上，建成“有山有水、有田有家、有园有景”的最美乡村旅游目的地，争创国家全域旅游示范区。

建设城市健康养老聚集区。发挥西充自然生态、有机农业等比较优势，依托川东北（南充）康养中心、南西田园康养生态城等重大项目，主动承接中心城区乃至川东北地区健康养老产业和功能，大力发展有机康养、医疗养生、生态旅居等养老产业，配套发展康养医疗、健康教育、保健饮品等关联产业，培育100亿元大健康产业集群，积极创建国家健康产业示范基地。

建设全国有机食品供给地。依托国家现代农业示范区、国家农业科技园等重大项目，建设有机农业基地20万亩，认证基地15万亩，巩固有机农业规模西部第一的优势。建成亚洲知名的有机农产品研发基地，争取全国有机农业标准制定权，农业科技创新能力领先全国。建成国家级有机农产品集散地，以“好充食”农产品区域公用品牌为核心的有机农产品市场占有率居西部第一，年产值突破100亿元。

建设农产品精深加工基地。建成川东北农产品精深加工产业园4500亩，入驻亿元级农产品加工企业50家以上，实现年产值200亿元，创税收5亿元以上。农产品加工驰名商标达10个以上，数量位居西部第一。全国技术领先型农产品加工企业达10家以上，加工技术和生产工艺位居西部第一。农产品加工原材料产地覆盖西部、延伸东部，产品销售覆盖全国、实现出口。

建设川东北职业教育基地。积极抢抓国家大力发展职业教育战略机遇，依托张澜职业技术学校、南充技师学院、四川建华职业学院等职业教育优势资源，按照“集群发展、抱团发展”的思路，整合周边地区职业教育资源，在多扶规划建设川东北职业教育基地，力争到2030年，基地拥有中高职学校5所以上，在校职教学生4万人以上。

（三）西充建设南充城市副中心的实施路径。西充县将以实施“10件大事”为龙头，坚持以大项目推动大发展，推进“区域同城、基础同网、产业同链、生态同建、文脉同兴”，加快促进与南充主城同城一体发展。

一是推进区域同城。高标准编制南西田园新城规划，科学设计布局、功能、业态、配套等内容，确保南西田园新城生态宜居、宜业、宜游。积极抢抓南充市城市总体规划第八次修编重大机遇，力争将西充定位为南充城市副中心，并将西充（南西田园新城）纳入南充城市一体规划，确保多规融合、无缝衔接。

二是推进基础同网。在高速公路方面，确保10月份实现绵西高速建成通车，加快形成覆盖全域的高速公路交通网络。在干线公路方面，尽快启动西顺嘉快速通道、潆华大道北延线等重点项目建设。在轨道交通方面，积极谋划对接南充轻轨1号连接线、绵（阳）南（充）城际铁路过境西充并设置西充站，打造互联互通新“动脉”。在通用航空方面，加快对接省市发展规划，启动西充通用航空基地建设工作。在信息化建设方面，深入实施“宽带乡村”“三网融合”等基础工程，大力推进智慧农业、智慧旅游、智慧养老、电子商务、物联网等产业融合发展。在能源建设方面，加强电力、燃气、清洁能源联网建设，提高要素保障能力。

三是推进产业同链。在现代农业方面，坚持“全域规划、区域布局、流域发展”的思路，依托国家现代农业示范区、国家农业科技园等平台，以建设南充现代农业千亿产业集群核心基地为目标，围绕“2+4”特色产业，加快推进现代农业基地建设，力争建成现代农业基地50万亩，产值突破100亿元。在新型工业方面，加快推进川东北农产品精深加工产业园、南充西充产业新城、军民融合高端装备制造产业园、太极生物医药谷等产业园区平台建设，进一步完善多扶工业集中区服务功能，全面对接中心城区产业转移，推动产业转型升级。在旅游康养方面，大力提升青龙湖国家湿地公园、桃博园等景区建设水平，完善道路交通、餐饮住宿、导游导购等配套设施，推进乡村旅游与农业体验、历史文化、民俗民居等深度融合。加快推动川东北（南充）康养中心落地建设，培育大健康产业集群。推动文化产业、乡村旅游与健康养老产业融合发展。

四是推进生态同建。加强生态环境保护，开展绿化山川行动，持续实施森林禁伐，深入推进天然林保护等工程，抓好水土流失综合治理，大力保护饮用水水源地，确保全域水质常年达Ⅲ类以上。实施生态基础建设，推进海绵城市、城市双修、“四河”治理、引嘉入西（充）等重大生态环境保护项目。深入实施“蓝天、碧水、净土”行动，强力整治工地扬尘、露天焚烧秸秆垃圾等污染源，抓好城乡污水处理、雨污分流改造、中小河流域治理，抓好有机土壤土质提升，力争70%以上土壤达I类标准，坚决打好大气、水、土壤污染防治三大攻坚战，筑牢南充中心城区生态屏障。

五是推进文脉同兴。大力弘扬传统优秀文化。依托纪信、谯周、何炯、张澜等历史文化名人名片和西充文庙等国、省级重点文物保护单位，加快与中心城区共同挖掘打造忠义文化、三国文化、宗密文化、民主文化，形成历史文化、民俗文化两大轴线。大力发展文化产业。依托川北大木偶等国家级非物质文化遗产，大力挖掘西充剪纸、祥龙嫁歌、板凳龙等非物质文化遗产，努力创作更多文化艺术精品，满足群众多元化需求。大力发展教育事业。依托四川建华职业学院、南充技师学院、张澜职业技术学校等资源，主动承接城市教育功能，加快建设川东北职业教育基地。

四、西充建设南充城市副中心的几点建议

建设城市副中心是一项宏大的系统工程，涉及方方面面，也需要各方面的大力支持。建议市委在西充建设南充城市副中心方面给予全面支持。

（一）支持西充率先撤县设区。市第六次党代会明确提出，“推动西充、蓬安撤县设区，确保到2020年‘南西蓬’一体化发展取得实质突破”。当前，西充撤县设区工作遇到瓶颈、停滞不前。建议市级层面再次推动，以利南充“双超两百”城市建设，推动南充向I型大城市发展。

（二）在南充城市总体规划第八次修编中将西充定位明确为南充城市副中心。一是建议将西充（南西田园新城）纳入南充城市总体规划修编范围，一体规划、一体修编，确保多规融合、无缝衔接。二是建议结合此次规划修编，编制南充城市副中心专项规划。三是建议在南充城市总体规划中，将西充作为城市副中心的功能担当明确界定为南充城市生态宜居区、全域乡村旅游度假区、城市健康养老聚集区、全国有机食品供给地、农产品精深加工基地、川东北职业教育基地。

（三）在产业发展上给予更多支持。一是建议将川东北农产品精深加工产业园上升到市级园区进行统筹建设，避免各县（市、区）同质竞争、分散发展。二是建议支持军民融合高端装备制造产业向西充布局。目前，西充军民融合高端装备制造产业园占地400亩，总投资30亿元，已入驻企业14家（高新技术企业2家），具备发展高端装备制造产业集群的基础条件。三是建议支持西充优先承接南充中心城区产业转移和功能疏解。

（四）在交通基础设施方面给予支持。一是建议将汉巴南高铁南充站设置在南充中心城区北部待发展区域。既可以加强与火车站、火车北站、城北汽车站等交通枢纽的直接联系，减少人流、车流穿城带来的交通压力，又可以让高铁站对中心城区和西充实现双向带动。二是建议将南充轻轨1号线和西充连接线同期一体建设，加快推进西充融入南充主城发展。三是建议积极争取绵南、川东北等城际铁路建设，并在西充设置客运站点。四是建议由市级层面统筹，尽快启动西顺嘉快速通道、潆华大道北延线等重点项目建设，加快构建西充融入南充主城“三轴并进”格局。

（五）将引嘉入西（充）水利工程上升为市级重点工程予以推进。当前，制约西充发展最大的瓶颈在于缺水。西充县已聘请长江勘测规划设计研究院提出了升钟水库补水县内新建囤蓄水库、阆中沙溪电站全自流引水、南部红岩子电站半自流引水和南部盘龙提水4种引水方案。经多方论证，初步确定沙溪引水方案为最优方案，工程占地少，项目建设完全具备实施条件。建议由市级层面统筹沿线各县（市）组织实施该工程，引水自流至西充，注入西充河上游，顺流而下，汇入嘉陵江，以此彻底解决西充河生态环境保护和西充生产用水、生活饮水、生态补水的长远发展问题，为进一步提升西充环境承载能力，建设南充城市副中心打下更加坚实的生态基础。

（六）在园区平台建设上建立跨区域协同发展机制。当前，西充多扶工业集中区建设已接近饱和，正规划建设南充西充产业新城。该园区位于多扶、金山两个乡镇，毗邻顺庆区共兴镇。建议以西充多扶工业集中区、南充西充产业新城和顺庆工业园区为载体，跨行政区域共同建设、共同发展，既解决园区用地问题，又实现抱团发展、壮大总量，集中创建国家级高新技术开发区。

（七）支持在多扶建设川东北职业教育基地。西充拥有张澜职业技术学校、南充技师学院和在建的四川建华职业学院3所中高职学校，在校中高职学生1.1万人。随着四川建华职业学院建成，还可容纳学生1万人。结合市委朝华书记在顺庆区调研时提出的“在北部新城规划建设‘大学城’”的要求，在多扶建设川东北职业教育基地，可实现全市优质教育资源集中抱团发展，打造强有力的区域发展带动力。

（八）在要素保障上给予重点倾斜。西充基础差、底子薄、总量小，需要更多资源要素支持发展。一是建议增加土地用地指标。在新增用地指标、土地增减挂钩指标上给予最大支持。二是建议推进能源同网同价，解决西充水、电、气价格长期高于三区的矛盾，降低西充招商引资成本和群众生活成本。三是建议增加人才保障。加大全市统筹力度，通过“嘉陵江英才工程”等渠道，支持引导更多城市规划建设、财税金融、国有企业管理等方面的人才向西充流动，并适当增加西充公务员、事业单位考录编制名额。

生态农业享誉西充山川

——西充生态农业建设纪实

回顾近40年农业发展的历程，西充历届县委、县政府带领全县人民探索出了一条传统农业向现代农业跨越发展、常规农业向有机农业转型升级的康庄大道，绿色产业亮点纷呈，成效显著。

改革发展的思考

西充系丘陵地区农业县，土壤多属蓬莱镇组母质发育而成的紫色土，土层深厚，土壤肥沃，宜耕性好，宜种度广。良好的生态条件，适宜水稻、小麦、玉米、辣椒、油料、水果等多种粮经作物生长发育。

1978年以前，西充农业生产偏重于发展种植业，忽视经济作物、林业、牧业、渔业和副业生产，不少地区违背因地制宜的原则，在一些不适宜发展粮食生产的地方种植粮食作物，特别是毁林开荒等。1977年，全县森林覆盖率仅4.7%，农业各部门的依存关系被破坏，土壤由于缺乏森林植被涵养，造成水土流失严重、肥力下降、农业生态环境恶化等不良后果。

1987年，县委第六次代表大会提出以种养业为基础，以林果桐和乡镇企业为支柱，建设柑橘、蚕桑、海椒、良种等4项商品基地，形成生猪、柑橘、丝绸、海椒、烟花鞭炮等5个龙头，促进种、养、加协调发展。

1988年，县政府提出“建设吨粮田、开发千元地、绿化金银山、培植长富水、兴办聚宝院”的产业发展路子。

1990年起，县委制定并实施“五三”富民工程，即打好“三基”（水利、能源、交通基础），增强后劲；改造“三低”（低产田、低产品种、低劣耕作技术），平衡发展；建设“三田”（高产田、示范田、两季田），集约经营；开发“三荒”（荒山、荒水、荒院），利用资源；办好“三企”（乡镇企业、村社企业、户办联户办企业），增加农民收入。农业经济实现一年一个台阶，至1990年年末，全县实现粮食总产24.4万吨，棉花总产4363吨，名列全省第二。

1992年，全县实现农业总产值63085万元，比1986年增长2.3倍。

可是，由于单纯强调经济发展，忽视生态环境保护工作，造成生态资源环境被破坏、生活环境恶化的现象十分普遍。在种植业方面，盲目投入化肥、农药、农用薄膜等工业产品类农业生产资料，以换取单位面积产量。20世纪80至90年代初期，粮经作物大量使用高剧毒、高残留的有机磷农药及杀虫脒、三氯杀螨醇等具致癌隐患的农药，西充辣椒干农药残留超标，严重影响“西充二荆条辣椒”的生产和对外贸易销售，尤其是防治棉花棉铃虫、红铃虫等灾害性害虫用药量大，残留农药对土壤、水源环境造成严重污染。农用薄膜残留和氮素化肥等单一肥料的超标施用，造成土壤团粒结构被破坏，导致土壤宜耕性、宜种性下降。在养殖业方面，20世纪80年代初，随着畜禽养殖专业户的兴起和网箱肥水养鱼技术开始大面积推广，到21世纪初，西充县养殖业产业化快速发展，大型养殖场随意建设，缺乏环评约束，未配套污染处理设施设备，污染物肆意排放，缺乏有效监管，养殖废弃物造成水域、土壤、空气污染，严重影响人民群众的身心健康。

持续发展的创新

2002年5月，西充县政府制定颁布《关于禁止销售和使用高毒高残留农药的通告》。

2003年，西充开始探索有机农业发展途径：浙江客商张一飞在西充县多扶镇金龟寺村租用土地1500亩种植雷竹、茭白、灵芝、蔬菜等特色农产品，组建南充市广丰农业科技有限公司，2004年5月公司种植基地及38个产品获得南京国环有机认证中心的有机转换认证，成为四川省第一个有机食品生产基地。

2006年，西充龙兴农业科技有限公司开始发展有机农业，2007年8月该公司种养殖基地部分产品获得北京五洲恒通认证有限公司的有机产品认证。

2008年10月，时任西充县人民政府县长的韩伦红在充分调研的基础上，提出“发展有机农业产业，建设生态经济强县”的构想，确立了建设“中国西部有机食品基地县”的战略目标。以有机农产品生产，带动农产品精深加工、商贸物流和生态旅游发展，构建“以工带农、以农促工、三产互动、协调发展”的产业格局，培育以有机农产品为龙头、具有较强竞争力的县域经济支柱产业；依托有机食品基地县品牌，扩大西充知名度和影响力，吸纳更多的项目、资金和人才、物流，促进县域经济加快发展；通过发展有机食品产业，更好地保护生态环境，降低资源消耗，确保经济社会可持续发展。

2008年11月18日，县政府成立“西充县·中国西部有机食品基地县建设领导小组”，由县长任组长。

2009年1月15日，县委、县政府出台《关于建设中国西部有机食品基地县的决定》；9月20日完成《西充县建设中国西部有机食品基地县十二五规划纲要》的制定。该规划纲要提出：围绕建成“四川西充·中国西部有机食品第一县”宏伟目标，建立有机产品科技服务中心、有机产品检测中心、有机产品营销展示中心产业服务链，立足粮油、果蔬、养殖、笋菌4大产业，按照品种优良化、生产标准化、基地规模化、监管科学化、市场品牌化标准，健全完善产业体系、标准体系、认证体系、监管体系、市场体系、队伍体系六大体系，切实开展有机农业生产基地建设和有机农产品质量安全监管工作。坚持巩固提升一批、退出淘汰一批、规划发展一批的原则，以国家现代农业示范区建设为重点，到2015年建成有机食品基地20万亩、有机认证面积10万亩，认证有机畜禽500万头（只），有机农业覆盖面达30%，有机产业实现年产值50亿元，初步建成辐射全国的有机食品生产供应基地。

2010年，西充县有机产品成功进入上海世博会联合国馆，西充县被授予“低碳中国行品牌建设中国西部有机食品基地县”称号，四川龙兴公司、南充丰源公司、百科有机种养殖公司、天盛竹业有限公司被授予“魅力品牌走进联合国馆指定产品”“战略合作伙伴”“指定生态基地”等荣誉。

2011年11月，西充县被国家认监委授予“国家有机产品认证示范创建县”称号；同年西充县成功纳入成渝经济区唯一有机食品生产基地规划县。

2012年4月，国家发展改革委、财政部、国家林业局联合批复，同意西充为国家生态文明示范工程试点县。

2013年12月19日，中共西充县委出台《关于进一步加快生态文明建设的决定》（西委发〔2013〕40号）文件，明确提出“全面推进生态经济强县建设，深入创建国家级生态文明示范县，着力打造集绿色发展理念、绿色产业体系、绿色技术创新、绿色消费文化于一体的‘中国西部绿谷’，努力走出一条‘生态为基、绿色崛起’的特色转型发展之路”。

2015年5月23日，西充入选国家发改委等11部委联合发布的“国家级生态保护与建设示范区”名单；同年，双龙桥村入选住房和城乡建设部公布的“全国第二批宜居村庄示范”名单；同年2月，西充获四川省农产品质量安全监管示范县称号。

2015 年 12 月，在圆满实现《西充县有机产业十二五发展规划》基础上，制定完成《西充县有机产业十三五发展规划》。

2016 年 1 月 6 日，国家发改委等三部委确定西充为国家循环经济示范城（县）建设地区。

2016 年 10 月 20 日，在西充县第十三次党代会《加快绿色发展共建美丽西充为建设中国西部现代农业公园而努力奋斗》的报告中，明确提出西充以加快“绿色发展、共建美丽西充”为主题，全面推进生态经济强县建设，坚持三产融合，坚持生态化、产业化、城镇化互动，努力把西充全域建设成为“中国西部现代农业公园”。

2017 年 9 月 29 日，西充县第十三届委员会第四次全体会议召开，制定“533”发展战略规划，决定让现代农业成为西充跨越发展的主战场之一。

2018 年 8 月 21 日至 23 日，西充县第十三届委员会第六次全体会议召开。审议通过县委《关于加快推动高质量发展争当“有机农业排头兵”打造“乡村旅游目的地”建设“产城一体示范区”的决定》的报告。全会明确提出：擦亮西充有机农业金字招牌，建设西部第一、全国领先的“有机农业排头兵”；坚持旅游全域化、全域景区化、景区生态化，打造立足成渝、面向西部的“乡村旅游目的地”；坚持西充向南、融入南充、同城发展，加快建设“产城一体示范区”。因此，有机生态农业建设已经成为新时期西充实现跨越式发展的首要目标任务。

2003 年至 2018 年，西充砥砺奋进的足迹证明：西充建设者们面对农业发展过程中出现的困境，没有选择回避与退缩，而是立足县情，群策群力，创新发展，积极对接国家战略部署，在实践中始终把“生态经济强县建设”作为实现县域经济持续发展的目标，以有机农业建设作基础，谋篇布局，制定并践行现代生态农业建设发展蓝图，为西充全面实现新时期各项战略目标任务奠定坚实基础。

生态农业的成效：总结近 10 余年来西充生态农业建设的实践经验，我们坚持“尊重自然、顺应自然、保护自然”的发展理念，以保护农业资源、减少农业投入品使用、治理环境污染、修复农业生态为主要手段，积极探寻农业供给侧结构性改革的绿色发展路径，迈上了“产地良好、产出高效、产品安全”的科学发展之路。

构建生态农业产业发展体系：2011 年至 2015 年（“十二五”农业规划实施期），依托 2011 年西充被农业部批准为首批国家现代农业示范区建设县的契机，对接南充市国家现代农业示范区“一心两园三基地”建设总体规划，县农牧业局实施《西充县百里现代循环农业环形产业带建设规划》，按照“田成方、林成网、路相通、渠相连、旱能浇、涝能排、土壤肥、无污染”的标准，历经 3 年，初步建成义兴万亩有机供港果蔬农民产业园、观凤·青狮·义兴万亩粮油高产创建农民产业园、凤鸣万亩有机循环农业农民产业园、常林万亩有机特色农业农民产业园“四园工程”，面积约 4 万亩。按照“农业园区 + 公司 + 专业合作社 + 农户”经营模式，通过县政府招商引资，义兴万亩有机供港果蔬农民产业园由百科有机种养殖有限公司经营，观凤·青狮·义兴万亩粮油高产创建农民产业园，分别由四川省航粒香米业有限公司、四川丰森农业科技有限公司和西充金科种养殖有限公司经营；凤鸣万亩有机循环农业农民产业园对接省级新农村示范片建设项目，打造双龙桥新农村综合体；常林万亩有机特色农业农民产业园由四川禾盛龙兴牧业有限公司经营。依托张澜故居旅游景区建设明和农博园约 2 万亩，由四川明和农业有限公司经营。依托古楼万亩充国香桃产业，培育赵家庙村香桃种植专业合作社和元斗桃园等新型农业经营主体，打造西部美丽乡村旅游目的地。依托槐树优质家禽养殖基地，南充丰源有机农业开发有限公司注册商标“充国槐树”获省级著名商标。

四川天盛竹业有限公司开发的“竹娃娃”系列食品品牌，获四川省著名商标。获得中国农业良好规范 GAP 一级认证、绿色食品认证和无公害农产品产地认证的西充星河生物科技有限公司成功培育出白色金针菇、真姬菇等无公害食用菌特色品种，畅销省内外。

全县围绕“一线引领（国道212线）、两翼齐飞（西太路、西莲路）、三片共促（古楼香桃、凤和脐橙、槐树禽蛋）、四业并举（畜禽、粮油、水果、蔬菜）”的现代农业产业发展格局，以标准化产业基地建设为载体，按照“统一规划、突出特色、分片实施、集中连片”的要求，基本建成西充县百里现代循环农业环形产业带。

2015年至2018年（“十三五”农业规划实施中期），以市场为导向，调整优化特色农业产业结构。确立以晚熟柑橘、充国香桃、特色畜禽为主导，适宜区发展有机粮油、二荆条辣椒、西充黄心苕“2+4”特色主导产业。围绕“东桃西橙、南薯北禽、中部粮油”总体布局，规模化推进产业发展。林业产业，围绕竹（笋）、特色经果、珍稀树木、林下经济和生态旅游五大产业推进建设。抓住2017年南充市启动建设现代农业“三百示范工程”的契机，围绕做强特色产业、做优加工产业、做活服务产业的“三产融合、三化互动”发展战略目标，建设现代循环农业园区，做强中国西部现代农业公园的产业支撑。建设万亩有机粮油产业基地、龙滩河流域现代农业园区、桃博园及环线工程、星科现代农业休闲观光景区、金（泉）太（平）线万亩现代柑橘产业园区、清华智慧农业园区、10万亩水肥一体智能化灌溉基地、川东北农产品精深加工产业园、青龙湖3000亩高标准柑橘园等11个产业项目；实施现代蚕桑资源综合开发循环利用基地建设和2000亩果桑原料基地及深加工厂房建设项目。至2018年年末，全县建成现代农业示范基地35万亩（其中，柑橘基地8万亩、香桃基地10万亩、粮油基地10万亩、辣椒基地5万亩、香薯基地2万亩），万亩亿元现代循环农业示范园区20个，年出栏生猪70万头、小家禽600万只。建成有机农产品基地19.3万亩，其中有12.8万亩基地、100个品种获得有机认证，森林绿化率达45%。同时，依托特色农业园区，按照“一业为主、农旅结合、三产融合、五位一体”的乡村发展模式，建成古楼桃博园、中国有机生活公园、中国有机循环第一村、嘉和兴观光农业、凤凰谷、情人谷等乡村旅游景点34个，培育旅游农家乐1000家，年接游客500万人次，旅游综合性收入达80亿元，加速实现“园区变景区、农庄变山庄、产品变礼品”的愿景。2013年5月，西充国家现代农业示范区被列入全国首批21个农业改革与建设试点示范区。2015年2月16日，国家科学技术部批复南充农业科技园区为第六批建设的国家农业科技园区，其核心区位于西充县中岭乡、凤鸣镇和义兴镇，规划面积2.2万亩；同年12月，农业部和国家旅游局联合授予西充“全国休闲农业与乡村旅游示范县”称号。2017年12月30日，国家发展和改革委会员、农业部等七部委联合发文同意南充市西充县农村产业融合发展示范园列入“首批国家农村产业融合发展示范园”创建名单。2016年7月，义兴百科农业园区被授予“四川省省级示范农业主题公园”称号。2015年国际有机农业区域产业发展（西充）论坛暨有机产品认证示范创建工作会和国际有机农业运动联盟第二届亚洲大会暨2017年中国有机农业（西充）峰会等重要会议、现场活动先后在西充成功举办。

构建生态农业修复体系

一是农业基础设施建设。高标准农田建设，依托《全国新增1000亿斤粮食生产能力西充县田间工程建设项目》《财政现代农业生产发展水稻项目》等，在特色农业园区按国家标准建设田网、渠网、路网“三网”配套的高产稳产、生态良好、抗灾能力强、与现代农业生产和经营方式相适应的高标准基本农田。其中，园区作业道路、机耕道路、人行便道形成“路网”，便于机耕、机播、机插、机防、机收全程机械化操作，实现农机和农技的有机结合。截至目前，全县建成高标准农田40余万亩，占耕地面积58.8%。

二是大力发展循环农业。依托国家循环经济示范县建设、沼气建设和耕地地力保护与质量提升等生态农业建设项目，把“三山·两湖·两村·一故居”

百里乡村旅游环线、农业种养殖园区、河湖库和饮用水区域作为沼气工程布局的重点，以沼气池为纽带建立“畜禽—沼—菜（果、粮）”种养殖循环模式；综合运用现代种养殖加工等生态循环技术，建立“农业废弃物—畜禽养殖—有机肥加工—农作物”“秸秆—畜禽—食用菌—菌渣—有机肥”“桑、竹、林（果园）—鸡共生”等种养结合、绿色循环发展模式；依法禁止焚烧秸秆，推广秸秆还田等综合利用技术。依托国家耕地地力保护补贴政策，推行果粮、果肥、果草、稻鱼、稻鸭、林下养殖、立体蚕桑等立体循环、种养结合生态农业发展模式，以宏森双胞菇、粮王大球盖菇、丰森有机肥加工、槐树林下养鸡等为代表的7条循环产业链日臻完善。2013年12月，西充被四川省政府评为“沼气化县”。

三是加强农产品标准化生产。根据国家有机产品标准，结合西充实际，制定种养殖业南充市地理标志保护产品种植技术规范2个、有机农产品生产技术规程20个，被四川省质量技术监督局确定为区域性地方标准。指导企业规范生产，依法强化“三品一标”（无公害、绿色、有机和地理标志）农产品标识管理。依托项目创建优质畜禽标准化养殖场、生态渔业养殖基地。建成县级农产品质量检测中心，完成金科、茂源有机农业质量追溯平台和广绿、金科、丰森等6个农业生产基地标准化建设，15家有机农业企业纳入二维码质量追溯。根据国务院部署，实施西充县粮食生产功能区和重要农产品保护区划定，为农业标准化生产奠定基础。

四是开展农业面源污染综合治理工作。按照“源头控制、过程监管、末端治理”的思路，开展畜禽养殖污染整治及资源化利用行动、有机肥替代化肥行动、农作物秸秆综合利用行动、化肥农药零增长行动、农膜科学使用和残膜回收行动、水生生物保护行动、禁止肥水和网箱养鱼行动、农村能源清洁化行动、放心农资营销店创建行动、畜禽定点屠宰达标创建行动等“十大农业环境保护行动”，按照新技术、新品种、新装备、新模式的“四新”集成要求，全面示范推广测土配方施肥、水肥一体化、增施有机肥、双降解生态地膜、农作物病虫害绿色防控、轻简栽培、间（套）复种、轮作换茬等有机生态农业技术，现代农业园区有机肥施用面积达90%以上，土壤改良技术应用390余万亩，占农作物总面积的80%以上，同比减少化肥施用量10.3%左右，指导全县绿色防控面积达23.5万亩，同比减少化学农药用量11.5%左右，强制关停禁养区和整改限养区畜禽养殖场（大户）401家，建立治污台账，实行常态化监管，实施畜禽粪污资源化利用，牲畜粪便处理率达100%，基本实现达标排放，优化农田生态环境，为有机农业基地建设奠定基础。2017年5月，国际有机农业亚洲联盟在西充正式成立亚洲有机农业技术研发中心。2012年12月，西充获得省农业厅无公害农产品产地认定；2017年12月，环境保护部有机食品保护中心批准西充列为国家有机食品生产基地建设示范县。

五是推进城乡垃圾分类无害化处理。实现“户集、村收、乡运、县处理”的垃圾处理模式全域覆盖。2017年6月西充荣获“国家农产品质量安全县”称号。

构建生态农业体制机制

一是开展农村产权交易市场体系建设和抵押融资试点工作。2015年12月27日，西充列入农村承包土地经营权抵押贷款试点县。根据县委、县政府统一部署，坚持农村土地承包经营权长期不变的政策，按照“依法、有偿、自愿”的原则，引导新型经营主体适度规模流转土地，促进现代农业规模经营发展。对160多户业主经营大户办理农村流转土地经营权证，颁证的流转土地面积达10余万亩。利用流转土地经营权证开展融资抵押贷款达3.2亿元。

二是培育农村新型经营主体。按照“大园区、大产业、小业主”的要求，健全“企业+业主大户+农户”“企业+合作社+适度规模农户”等产业发展模式，创新“两统两返”“五方联动”“订单农业”“入股分红”“五统一分”“三带动、三分红、三保障”等助农增收机制，鼓励有条件的农业企业、专合社开展“强强联合”，组建联合社，集团化经营。截至2018年，招引培育农业龙头企业115家（其中，国家级1家，省级6家，市级29家，亿元企业5家）、农民专业合作社550个（其中，国家级示范合作社5个、省级示范合作社10个、市级示范合作社20个）、家庭农场和专业大户1678户。

三是探索建立农村现代高效商贸流通体系。依托农业龙头企业、农民专合社、物流快递企业、电子商务企业，构建“互联网＋有机农业”“互联网＋电商＋邮政”和“村级驿站＋物流”等西充农产品电子商务模式，打通“工业品下乡”和“农产品进城”双向流通渠道。建成县级电商运营中心1个、乡镇电商服务中心44个、村级电商驿站200个、农村网商网站400家、培育电商企业5家，全县各类农业经营主体电商覆盖面达30%以上，农村电子商务市场交易额突破50亿元，2600余户农户参与农村电商产业。2014年11月，西充获“全国电子商务进农村综合示范县”称号。

四是实施商标品牌战略，构建“区域品牌＋产品品牌”的双品牌体系。利用各种会议、媒体、广告牌等，发布西充区域公用品牌“好充食”。举办桃花节、品果节等乡村旅游活动，展示和体验优质特色农产品。拓展北（京）上（海）广（州）深（圳）等一线城市，开发成都、重庆等大城市有机农产品销售市场，综合运用订单直销、电子商务、农超对接等营销模式，提高西充优质农产品市场占有率。组织农业企业参加中国国际有机食品博览会、中国西部国际农产品交易会等活动。目前，充国香桃、西凤脐橙、西充二荆条辣椒、西充黄心苕获国家地理标志保护产品证书，其中西充二荆条辣椒和西充黄心苕获国家级证明商标；西充区域公用品牌“好充食”获国家商标注册证；西充二荆条辣椒、西充黄心苕入选《2015全国名特优新农产品目录》；充国香桃和西充甘薯录入农业部《2017年度全国名特优新农产品目录》。西充农业公司——四川省航粒香米业有限公司航粒香及图片商标获四川省著名商标，“航粒香”有机米获十四届中国国际农产品交易会参展农产品金奖。南充市凤鸣绿色食品有限责任公司南岷山紫薯获得有机食品博览会优秀产品奖、金科公司巴马香猪获得国际农产品交易会消费者喜爱产品奖。全县培育特色农产品25个、注册农产品品牌108件，省市著（知）名商标63个。

塑造生态农业文化

围绕把西充全域建设成为“中国西部现代农业公园”的战略目标，形成集有机发展理念、有机生产模式、有机生活方式、有机文化涵养为一体的“大公园”。巩固提升目前已经塑造的“古楼桃博园桃园风情”“义兴百科有机生活公园农耕文化”“凤鸣双龙桥村产村融合农家风貌”“扶君乡桑葚文化体验园”“仙林乡牡丹花体验园”等诸多乡村文化内涵，进一步挖掘潜力，开拓创新旅游新业态：发展“有机农业体验游”，依托有机基地、主题公园、特色村居等资源，大力发展农业观光、创意农业和农事体验，用丰富的田园情趣吸引游客；发展“有机美食品鉴游”，依托丰富的有机农产品资源，开发一批具有地方特色的传统美食和现代美食，打造一批美食主题街、有机食品超市、特色美食农庄，用“舌尖上的美味”赢得游客。发展“有机健康养生游”，依托良好的生态资源，大力发展乡村体育、生态疗养、森林静养和旅居康养，用“养心养生”的健康理念留住游客，西充生态农业建设前景将更加美好。

（作者：西充县农业农村局干部纪宗宝）

★英雄人物

金凤山下不老松

——记光环闪烁的共和国老兵冯周玉

金凤山矗立于双凤镇牛头山与祥龙乡云台山人称“双鹅孵蛋”的两峰之间。它的前面有卧龙山、佛宫山、乌龟寨等群峰簇拥，两翼有紫金山、金华山遥相呼应，除背部倚靠牛头山外，其余三面都是刀劈斧削的悬崖绝壁。在一览众山小的群山之间，金凤山险峰突兀，犹如金鸡独立，亦如展翅欲飞的凤凰，故名“金凤山”。

金凤山，人杰地灵。历史上这里究竟飞出了多少金凤凰，我们不得而知。但山下冯家河有一位百岁老人，他既是抗战老兵、解放军老战士，又是解放前的老党员、抗美援朝的老功臣，真可谓是头戴四顶“老字号”桂冠的国宝级人物！他的名字叫冯周玉！

抗日战争：小小西充“锤子兵”显本领

1919年农历三月，冯周玉出生于会龙场（今祥龙乡）佛宫山村冯家河的一个穷苦农民家庭，他排行老幺，前面还有两个哥哥和两个姐姐。1934年，年仅15岁的他，在车龙乡被抓了壮丁。1938年，他随川军出川抗日，编入国民革命军44军149师。由于他人小机灵，经常化装成小小少年，钻到敌人心脏去“鼓捣折腾”。

“日本鬼子简直是惨无人道啊！”冯周玉经常咬牙切齿地控诉那些我们闻所未闻的日子鬼子的残暴罪行。“日本鬼子在沦陷区实行烧杀抢虏，把老乡家的醪糟吃了，还要将大便屙在缸里，让老百姓上当。对付中国俘虏更是惨不忍睹：他们扒光我们同胞的衣服裤子，顺着屁眼插上柏树尖尖，疯狂地用力往后扳，一个活生生的人就像刷泥巴弹子一样呼地弹到空中，肉壳壳飞出很远，鲜血淋漓的肠肝肚肺被挂在周围的树丫上，发出刺鼻的血腥味。他们还用刺刀一刀一刀地把中国战俘额头、眼皮上的肉剐下来，将眼睛遮着；把鼻子上的肉一刀一刀地剐下来，把嘴巴遮着。日本畜生就是要中国人活活痛死，而这些大喊所谓‘东亚共荣’的家伙就站在旁边发出狰狞的狂笑声。”

1939年，川军上将王瓒绪毅然辞去四川省主席职务请缨出川抗战，他成功阻止了日军妄图突破大洪山向我战区腹地推进的企图，“大洪山老王推磨”享誉全国。

大洪山战役中两军对峙于攸县，冯周玉所在的川军驻扎在农村，日本鬼子驻扎在城里。在战争相持阶段，彼此都想刺探对方的军情。川军侦察连连长找到了小小“锤子兵”冯周玉，有意叫他化装侦查。他胸有成竹地说出了自己的想法后，手在胸口一拍：“锤子，我不相信不上钩。”于是，他奉命带领两个侦察兵，化装成当地拣狗粪的小孩，背上粪撮，驼着背在城附近转悠，有意识吸引一个女特务的注意。原来他们早就听说有个日本女人很厉害，多次成功侦察到我方重要情报，冯周玉他们早就想收拾她。

有一天，细雨蒙蒙，化装成当地人的女特务，看见三个不起眼的小孩，就眯缝着她那狡黠的眼睛，假装亲切地问走在前面的“小孩”冯周玉：“小伙儿，小乖乖们！过来，过来，姐姐给你们吃糖……”冯周玉他们假装缩头缩脑的样子，一动也不动。“你们知道当兵的住哪里吗？”冯周玉等知道这就是日本狗特务。他们也假装走走停停、战战兢兢，同样眯缝着侦察兵警惕而敏锐的眼睛边走边说：“不晓得，不晓得。”他仨儿有的咬着衣裳角角，有的抓耳挠腮。女特务见状，就用半生不熟的中国话娇滴滴地喊：“小孩儿，小孩儿，不跑不跑，我不会弄（整）你们的。只要你们带我去看一下他们住的地方，我就给你们钱。”说着就慷慨地给了他们一人几块当时十分稀罕的水果糖。冯周玉“胆怯”地推脱：“不要，不要。”日本特务硬将糖塞给“小伙儿”们，并要最小的冯周玉走在前面带路，说：“等我看到中国军队，我就给你们许多钱。”冯周玉说：“说话算数哟。”女人点头答应：“哄你们是小狗。”冯周玉左转山梁，右转沟壑，转了大半天来到了我方伏击地。冯周玉给化装成老百姓的游动哨兵努了努嘴，又给其余两个侦察兵丢眼色，大家一哄而上，女特务猝不及防就被五花大绑了。

在湖南攸县九女乡的一次战役中，我们一个连与鬼子一个营发生了短兵相接的肉搏战。由于处在一个山坳，地势狭窄，敌我双方胶着在一起，你涌过去，我压过来，两边的人像波浪一样此起彼伏，双方鏖战都踩死了不少人。当时，正值寒冬，敌人装备精良，身穿厚实的棉衣棉裤，脚蹬皮靴。而我川军士兵们还穿着单衣单裤，有的还穿着草鞋，很多战士都惨死在敌人的屠刀下。机智勇敢的冯周玉知道自己人小力气单薄，所以，之前就将自己的子弹全部压上膛。他先与其拼刺刀，拼着拼着又“呼”地放一声冷枪，敌人防不胜防。就这样，冯周玉一连放倒了十几个鬼子，直至子弹没了。冯周玉眼见后面的敌人又扑上来了，战友们已伤亡大半，其中不乏手足情深的西充“锤子兵”。我们勇敢的冯周玉暗下决心：“锤子，老子要死，也要拖一个垫背！”只见他紧紧抱着扑上来的鬼子跳下了悬崖。天老爷保佑，这个日本鬼子在滚崖的过程中，正巧头撞到一个岩石尖尖上，撞得脑浆四溅。冯周玉结果掉已奄奄一息的鬼子，开始见崖就跳，寻找安全的地方。他想宁愿摔死，也不当俘虏，被敌人当“泥巴弹子”或用刀割死。他白天躲在树林里观察敌人的动静，寻找回营地的路径，饿了吃野果子和野菜，终于夜里偷偷越过敌人的封锁线，跑回了自己的营地。据冯周玉讲，九女乡之战，敌人付出了惨重的代价，但我们一个连的战士牺牲了大半，只幸存了 16 人。原来连队里有 57 个西充老乡，只幸存了 8 个，一次就牺牲了 49 人。

解放战争：电影《渡江侦察记》有他的影子

1948 年 10 月，在淮海战役中，冯周玉随赵璧光师长起义投诚，被编入中国人民解放军 23 军 69 师，任师直属侦察连副班长。

1949 年，冯周玉所在连队奉命为百万雄师过大江打前战——先是侦察小分队，后来渡江时又充当突击队。“整个情况就和电影《渡江侦察记》一模一样。”冯周玉给我们介绍时，自豪地说。

4 月的长江地区，初春乍寒。渡江前一天，侦察小分队趁着月黑星稀潜入冰冷的江水，白天在江边草丛中，只现鼻孔在外出气，夜晚才出来上岸侦察敌人的火力布防。他们将侦察到的敌人的暗堡、营房、弹药库所在位置，打上了记号，火速传递回指挥部，并留下内线人员在渡江时在这些地方点上火堆，让我们的炮弹弹无虚发。4 月 21 这天凌晨，雷雨交加，江面飞起三四丈高的大浪。冯周玉突击队所在班，配合大部队在前面趁黑摸敌人的“夜螺丝”。

当他们来到敌人的一个碉堡前，听见里面的敌人正在打麻将，冯周玉走上前去敲门：“开门开门！”敌人哪里想到在这风大浪急的夜晚解放军会过江，以为是自己人想来玩一把，所以回答：“敲球啥子嘛，你想来摸两圈嘛就来摸嘛。”冯周玉他们几脚踹开门，大声吆喝：“举起手来，缴枪不杀！”全班战士鱼贯而入，有的用枪筒狠狠打还想负隅顽抗的敌人，有的赶紧收缴敌人的枪械。敌人看见是戴八角帽的解放军（当时，部队还是八路军的装束），吓得直发抖。国民党的部队早已人心涣散，所以，敌人的许多火力据点都是这样不攻自破。

1949 年 8 月，冯周玉因表现突出，在团谭参谋的介绍下，光荣地加入了中国共产党。

抗美援朝：摩天岭上再立大功

冯周玉所在部队解放了上海和舟山部分群岛后，又马不停蹄地跟随彭德怀将军“雄赳赳，气昂昂”地跨过了鸭绿江。

摩天岭是朝鲜北部山脉，盖马高原的东缘，呈西北东南走向，平均海拔 2300 米左右。为了收复已被敌军占领的中县一带的广大地区，必须攻下摩天岭。为此，师部直属侦察连把侦察任务交给了冯周玉班。冯周玉带领战士，三个人一组分别去抓“舌头”。他们埋伏在敌占区，把两个“舌头”按进麻布口袋，背起就往我方营地跑。但一个组的三个战友，很快被敌人拦截，最后与“舌头”同归于尽。冯班长立即命令副班长带领剩下的战友赶快背起另一个“舌头”回营部，他和一个新战士掩护。事后冯周玉讲，他参加了解放军后，发现国民党军队和共产党部队一个显著的不同是：共产党干部无论职位高低都是身先士卒。所以，他毫不犹豫地把危险留给自己。当时，冯周玉清楚地知道，只要敌人离开了我们，枪响的地方敌人的大炮很快就要盖过来。“快跑，不要管我”！冯周玉给自己留了 30 发子弹，两颗手榴弹。他一边带领新战士掩护战友，一边撤退。约莫跑了半里路，他感觉腿被人用棒狠狠打了一下，以为是战友不小心打在他身上，就说：“你打我做球啥了嘛”，但转眼一看战友已跑远了。他站不起来了，用手摸了摸腿上，感觉是稀的，就放在嘴上舔了舔：“是咸的！”是血啊，原来受伤了。新兵跑了一阵看见班长没跟上，就往回跑来找。当新兵看见班长满身是血，说：“班……班长枪给我，我背你。”显然，他是初次上战场，吓得哆哆嗦嗦。冯班长见状，说：“怕个锤子，上了战场就不要怕见阎王！赶快把你的子弹和手榴弹都给我，不要管我，快跑。”新兵流着眼泪小声念叨：“班……班长……不……我要……”“快跑！这是命令！”新兵极不情愿地追赶其他战友去了。冯班长拉开枪栓装满仇恨的子弹，朝追上来的美国鬼子狠狠点射，弹无虚发，消灭了部分追赶上来的敌人。他又坚持匍匐前进，拖着一条伤腿一点一点地拼命往营地爬。他咬紧牙关爬了近一公里，裤子磨烂了，只剩下皮带还拴在腰上。但，很快几个敌人又追上来了，他只好将身上剩余的手榴弹绑在一起，拉燃导火线，用全身力气扔向敌群，然后把枪挂在脖颈上，抱着枪杆滚下了悬崖。

当另外几名战士抬着俘虏回到营部，向连长汇报了他们的遭遇后，连长二话没说，自己叫上刚跑回来的新兵，飞奔向战士们回来的方向。结果，连长在坡下一个水渠里发现了正在艰难往前爬行的冯班长。原来，冯周玉从山上坠落过程中被半坡上的几棵马桑树挡了几下，就昏过去了。他醒来时，发现自己在山下水塘的一堆草丛里。他奋力爬上岸，朝着营部的方向艰难地爬行。连长不由分说，把冯周玉扛在肩上，有崖跳崖，有坎跳坎。他们听见，后面的枪声仍在响个不停，甚至感觉耳朵旁边有子弹在呼啸。

后来冯周玉在营地医院取出了子弹。此时，家乡哥哥也来电报，告之父亲病危，首长劝他回国养伤，待痊愈后也可顺便回家看望父母。但他说忠孝难两全，坚持留在部队。

解甲归田：“草鞋书记”美名扬

1955 年 8 月，冯周玉所在部队凯旋。部队回到上海后，组织考虑到他多次受伤，准备把他安排在上海市政府有关部门工作，但他坚持提出了回乡务农的申请。当年介绍他入党的谭参谋，拉着他的手说：“周玉啊，你为国家打了十几年仗，是共和国的有功之臣，怎么回农村去呢？你十七年没回去见父母兄弟姐妹了，要不我放你三个月假，回去孝敬父母，把婚结了，再回部队。”提起父母弟兄姐妹，冯周玉止不住泪水就出来了。是啊，加上抗战之前的三年壮丁时间，已经二十年没回家啦！只有1949年4月，上海解放前昔，趁人民解放军大部队对上海国民党军队围而不攻的间隙，他给家里去了一封信，询问家里的情况，但没有回信。1950年4月，他又给老家去信。当时四川已解放了，家里的母亲知道幺儿还活着，高兴得不得了，马上到金凤山去给菩萨还愿。因为自从他参加了抗日战争，就与家里失去了联系。几乎每逢庙会，老人和家里其他人都要去山上求菩萨保佑幺儿子、幺兄弟平安归来。此时此刻，国家已经太平了，他太思念故土了。其实，他哪里知道，就在他负伤不久，他父亲就带着思念儿子的遗愿离开了人世。他左想右想，向首长和好心的战友说："我的那些战友，西充好多'锤子兵'，身边一个都没有了，我已经算是幸运的了，我要凭自己的劳动养活自己，凭双手吃饭。"就这样冯周玉回到了阔别24年的金凤山下的冯家沟。

冯周玉退伍回到乡里，当过大队长，当过"万斤校"党支部书记。县上考虑到他是功臣，先后于1959年和1970年两次调他到县中药材公司和金凤山麻风病医院当领导，他都婉言谢绝。如果说，1955年冯周玉谢绝组织照顾，执意要回农村，那时城乡差别不是很大，可以理解。那么，后两次安排时，城里人吃的是"皇粮"，无论天干雨旱都有大米饭吃，按时领工资，与农村已是天壤之别。但冯周玉仍选择了农村，可见他崇高的境界。这就是战争磨砺出来的英雄品格。大家都说冯书记是好人。他处处为群众着想，每次给贫困户分配救济粮，他都只考虑群众。一年四季每逢下雨天，他脚上都穿的是谷草编的"足码子"草鞋，腰杆上再拴一根草绳又精神又御寒，还有当年打腰带的威武样子。乡亲们亲切地称他为"草鞋书记"。

再说"草鞋书记"回乡后已是37岁的大龄青年了，加之二十几年战火硝烟、血雨腥风的煎熬，面相有点像50岁的小老头，哪里还有年轻女子肯嫁于他呢？1957年，英雄的冯周玉已是39岁的人了，经人介绍与已是40岁的邹和珍结婚。邹大嫂前夫因病离去，生有一女。后来，妻子害怪病，腹大如鼓，家里的副业收入不够妻子吃药，群众干部都要给他家申请救济粮，他却说："这点困难算什么，我的那些战友都死几十年了，可能都去变人去了，我还在世上走，知足了。"不仅如此，他还伸出援助之手，帮助更困难的群众。1964年，冯周玉夫妇还没有自己的子女，冯周玉经常看见邻近村6岁的孤儿任守清骨瘦如柴，全靠灵光庙小学的任仕超老师和附近群众东家半碗剩饭西家留点汤水勉强度日，他便回家与妻子商量："我们只当做好事，把任守清这孩子收养了吧。"就这样，他将继女养子视为己出，盘他们读书、结婚、生子。但不知不觉，自己却老了。

耄耋之年闯新疆　二十年难忘桑梓情

"我是一发炮弹，打到哪里就在哪里爆炸。"1998年，冯周玉老伴已病故十几年了，80岁的他随养子冯启松（任守清），到新疆乌苏市西湖镇去打工。

在2019年中华人民共和国成立70周年时，冯周玉老人获得了由中共中央、国务院、中央军委颁发的"庆祝中华人民共和国成立70周年纪念章"等荣誉。在此，我们无不感恩像冯周玉这样的老党员，老英雄。崇尚英雄是我们中华民族的传统美德。向冯周玉同志致敬！向所有健在的抗战老兵致敬！向解放军老战士致敬！向抗美援朝时期最可爱的人致敬！向为祖国奋斗的所有英雄们致敬！2019年农历三月二十六，是冯周玉老人百岁生日。笔者谨以此拙作，献给这位英雄，遥祝他老人家生日快乐！祝福他寿比南山不老松！

他就是我们心中一棵永远苍劲挺拔的不老松！

注：

1. 资料来源于祥龙乡政府、佛宫山村和冯周玉、任守斌、冯启松等人。材料多数是根据本人录音整理，并由作者和爱心行动参与的多人到冯周玉所在村社采访形成。

2. 作者：范海钟 男，63岁，西充县财政局退休干部。主要著作有长篇小说《铜鸳鸯》（2018年团结出版社），诗歌散文论文集《简单之歌》等。